个人理财规划与实务

GEREN LICAI GUIHUA YU SHIWU

李 平 郭 耘◎主编

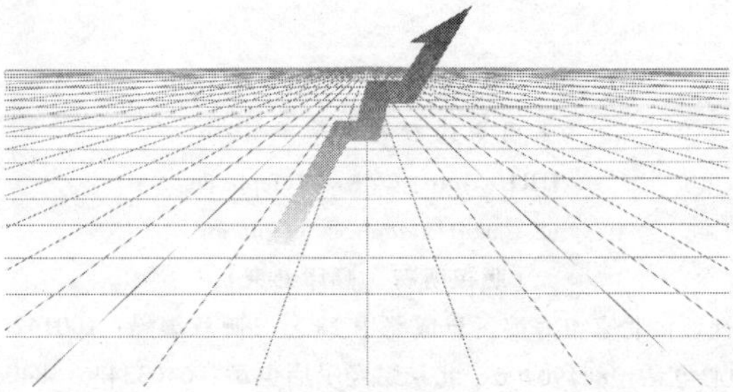

中国财政经济出版社

图书在版编目（CIP）数据

个人理财规划与实务/李平，郭耘主编．—北京：中国财政经济出版社，2014.2
ISBN 978－7－5095－5069－4

Ⅰ.①个…　Ⅱ.①李…②郭…　Ⅲ.①私人投资　Ⅳ.①F830.59

中国版本图书馆 CIP 数据核字（2014）第 018993 号

责任编辑：贾延平　　　　责任校对：王　英
封面设计：田　晗　　　　版式设计：兰　波

中国财政经济出版社 出版
URL：http：//www.cfeph.cn
E－mail：cfeph @ cfeph.cn

社址：北京市海淀区阜成路甲 28 号　邮政编码：100142
营销中心电话：88190406　北京财经书店电话：64033436　84041336
北京财经印刷厂印刷　各地新华书店经销
787×1092 毫米　16 开　20.5 印张　486 000 字
2014 年 3 月第 1 版　2014 年 3 月北京第 1 次印刷
定价：42.00 元
ISBN 978－7－5095－5069－4/F・4110
（图书出现印装问题，本社负责调换）
本社质量投诉电话：010－88190744
反盗版举报热线：88190492、88190446

前 言

"个人理财"在非常短的时间从一个时尚的概念演变成一个时代的大众产品，这也体现了中国的和平崛起是在不断积累财富、增强国力的基础上发现起来的，这是一个国家理财的过程，也是一个个人理财的过程。这样的理财过程是从一个专业理财技能的积累逐渐形成用一种智慧创造财富的过程。

笔者综合国内外个人理财最新理论并结合自身教学实践编写了本书。本书主要围绕着个人理财概述、个人理财基础、个人理财渠道和个人理财方案实操等内容，分十章进行具体讲述，意在使读者能够较全面地了解个人理财的基础理论和基本知识，熟悉我国现行的各类个人理财产品，掌握各类理财产品的内容、性质、风险和收益状况；明确个人理财过程中应当承担的义务、享有的法定权利以及应当承担的法律责任。

本书突出了学习与调研、思考与规划、案例与推演、实务与实证四个方面的有机关联，并为参与并规划个人理财活动的读者提供了极为丰富的案例资源，为读者打下了坚实的理论基础。本书以大学本科在校生为第一读者群，也期待更多的专家、学者、金融行业的工作者光顾与指导、沟通与交流、宣传与推广，因为，我们需要不断发现自己的缺陷与不足，本书也需要不断的补充与完善，这应该是一个教育工作者的责任。我们的目标不仅仅是为了出版一本书，更重要的是为推动个人理财从一门课程向一个专业过渡的实现，因为个人理财的发展是全球经济和金融业发展的需要。积极的行动本身就是智慧，让我们用智慧创造财富，也期待本书为提高读者理解、设计、运用个人理财工具的水平及解决实际问题的能力尽绵薄之力。

本书由内蒙古财经大学李平老师、郭耘老师担任主编；各章内容由李平老师编写，郭耘老师收集和整理了本书的案例；最后李平老师对全书进行了修改与总纂并最终审定。

由于编者水平有限，书中不足之处在所难免，恳请广大读者批评指正，以便在修订版中予以纠正。

编　者

2014年1月11日

目　录

第一章 ●●● 个人理财概述

第一节 个人理财的基本内容

一、个人理财的含义及分类

（一）个人理财的概念

1. 中外学者对个人理财的概念理解。美国的G. 维克托·霍尔曼等认为，理财是一系列规划，是为实现个人财务目标而制订和实施的规划。加拿大的夸克·霍等认为，理财是一系列决策，是关于需要多少钱来实现人生目标、如何得到这些钱的决策。

综合众多学者的观点，理财就是依据规划进行决策的过程。

具体来看，理财是依据对个人财务资源和财务目标的评估，制订和实施各种规划，实现人生目标的综合过程。

2. 个人理财是金融理财。理财师通过收集整理顾客的收入、支出、资产、负债等数据，倾听顾客的希望、要求、目标，在相关专家协助下，为顾客进行储蓄规划、投资规划、保险规划、税收规划、财产事业继承规划等生活设计方案，为顾客具体实施理财规划提供合理的建议。同时，个人理财作为金融理财，也指专业人士收集客户家庭状况、财务状况与生涯目标等资料，明确客户理财目标和风险属性，分析和评估客户的财务状况，为客户量身定制合适的理财方案并及时执行、监控和调整，最终满足客户人生不同阶段的财务需求，使其最终实现人生在财务上的自由、自主和自在。

3. 个人理财是家庭理财。它是通过收集整理和分析个人（家庭）收入、消费、资产、负债等数据，根据个人目标、风险承受能力、心里偏好等情况，制订储蓄计划，策划投资攻略，设计家庭整体的财务方案并予以实施的过程。

4. 个人理财分为生活理财与投资理财。

专业的生活理财包括职业选择、教育、购房、保险、医疗、养老、遗产、事业继承以及各种税收等。

投资理财指对股票、债券、金融衍生工具、黄金、外汇、不动产、艺术及收藏品等的投资，追求最优回报，加速个人或家庭资产的增长，提高生活品质。

5. 个人理财能实现财务自由。个人理财的意义在于帮助人们实现平衡收支，实现收入和财富的最大化，保证有效消费，满足对生活的各种期望，确保个人及家庭财产安全，为退休积累财富并帮助财产有序传承的实现。

概括而言，个人理财学科就是树立正确的理财观，以经济学体现的追求极大化为宗旨，以会计学的客观、忠实记录为基础，再以财务学的理财方法为行为准则，以金融投资和实物投资领域的各项产品为组合工具的一门实用科学。

在本书中，理财、金融理财、个人理财、理财策划、理财规划、理财计划、金融策划、金融规划、财务策划、财务规划等是同一含义；理财师、理财策划师、理财规划师、金融策划师、金融规划师、财务策划师、财务规划师是同一含义。

（二）个人理财的分类

个人理财可分为生活理财与投资理财两部分。

1. 生活理财。生活理财分为自发生活理财和专业生活理财两个层次。

（1）自发生活理财。自发生活理财活动贯穿于人们的衣食住行、生老病死等全过程，从简单的省吃俭用到量入为出，再到提升生活质量，有计划地平衡收入与支出，避免收不抵支。例如，为购买家电等大件商品、供孩子完成学业、改善住房和生活条件、夫妻养老防老而存钱。

（2）专业生活理财。专业生活理财主要是通过帮助客户设计一个将其生命周期考虑在内的终生生活及财务计划，将客户未来的职业选择，子女及自身的教育、购房、保险、医疗、企业年金和养老、遗产及事业继承以及生活中个人所需面对的各种税收等各方面事宜进行妥善安排。

2. 投资理财。在客户的基本生活目标得到满足的基础上，个人理财规划师帮助客户将资金投资于各种投资工具以期取得最优回报，加速个人/家庭资产的增长，从而提高家庭的生活水平和质量。

常见的投资工具包括股票、债券、金融衍生工具、黄金、外汇、不动产、艺术收藏品等。

二、个人理财的重要性

人生各个阶段的收入与支出不匹配。中青年阶段，收入大于支出，进行储蓄；老年阶段，支出大于收入，进行负储蓄。人生各阶段重要大事中，接受教育、投资、购房、结婚、育儿、旅游、购车、子女教育与婚姻、医疗、养老、丧葬等，无不显示出理财的重要性，具体表现在以下两方面。

（一）从生命周期角度

1. 防范各种个人风险，如疾病、过早死亡、丧失劳动能力、财产和责任损失、失业等。

2. 实现个人和家庭财产的保值增值。
3. 为家庭成员提供教育资金和住房。
4. 提供退休后的生活保障。
5. 减轻税收负担。
6. 为遗产传承做准备。

（二）从个人角度

1. 个人资产增加。
2. 消费增加，消费需求多样化。
3. 金融投资产品和渠道多样化。
4. 个人风险增加，财务风险增加。
5. 就业模式改变、社会保障体系重建。
6. 人口老龄化，老年人口相对贫困化。

三、个人理财与公司理财的区别

个人理财与公司理财的区别见表 1－1。

表 1－1 个人理财与公司理财的区别

项目	个人理财	公司理财
服务的对象不同	个人和家庭	企业
理财的目标不同	效用最大化	利润最大化
生命周期不同	终生，期限一般较长	公司存续期，期限一般较短
理财的主要内容不同	教育、消费、住房和退休	筹资、投资、资金营运和收益分配

四、理财与投资的区别

理财与投资的区别见表 1－2。

表 1－2 理财与投资的区别

项目	理财	投资
范围	广	窄
目标	生活无忧	资本增值
安全	最高	较高
依据	生活规划	市场趋势

第二节 个人理财的产生与发展

一、个人理财的产生

（一）个人理财在西方发达国家的发展

个人理财规划业务首先出现在美国，它是随着金融理财制度和金融创新的发展而逐步形成的。其发展大体经历了如下三个阶段。

1. 个人理财业务的萌芽时期（20 世纪 30 年代至 60 年代）。这个时期，是个人理财业务的萌芽时期。从严格意义上讲，这个阶段对于个人理财业务的概念还没有明确的界定。此时的个人理财业务主要是为保险产品和基金产品的销售而服务，也就是为客户提供购买保险和基金建议。最初，主要是保险公司的销售人员为促进保险产品的销售，根据不同年龄、不同收入状况的客户，利用生命周期不同阶段的特征，为客户提供购买保险的建议，进而促进产品销售。一直到 20 世纪 60 年代，理财业务仍主要局限于简单的委托—代理活动，商业银行主要是提供咨询顾问服务，其内容主要是代理客户进行投资收益分析、筹划资金安排和代办有关手续等。

2. 个人理财业务的形成与发展时期（20 世纪 60 年代至 80 年代）。这个时期是个人理财业务的形成与发展时期。这个时期，理财学院与国际理财人员协会（IAFP），也就是今日的理财协会（FPA）成立。这时，发达国家的金融业开始普遍实行为客户提供全方位服务的经营策略，强调与客户建立全面、长期的关系。这个时期，银行资产负债管理理论渐趋成熟并成为银行经营管理的主要理论依据，商业银行开始认识到为客户提供多元化服务的可能性和重要性。金融机构为了提高客户的忠诚度，满足客户的实际需求，提升自身的竞争能力，普遍实行以客户为中心的经营策略。通过对客户自身特点的分析，对客户的需求进行全面了解，以满足客户需求防范风险为前提，为客户提供个性化的金融产品和金融服务。

同时，银行内部也进行相关部门的职能调整，使之能够最便捷、最优化地服务于客户，强调与客户建立全面、长期的关系。在这个阶段，理财业务开始向“产品化”的方向发展，融合了传统存贷款业务、投资业务和咨询顾问业务。组合式理财得到快速发展，到了 80 年代末期，它已成为理财业务发展的主要方式。具体而言，组合式理财就是将风险特征不同的存款、基金和保险产品组合起来，向客户销售，分散投资风险，使客户获得更高的收益率。

3. 个人理财业务的成熟时期（20 世纪 90 年代）。这个时期是个人理财业务日趋成熟的时期，此时期已形成良好的经济态势以及不断高涨的证券价格。

伴随着金融市场的国际化、金融产品的不断丰富和发展，这一时期个人理财业务不仅开始广泛使用金融衍生产品，而且将信托业务、保险业务以及基金业务等相互结合，从而满足不同客户的个性化需要。这个时期，各国的金融市场及国际金融市场发展较快，各国企业的资金筹措，逐渐由过多地依赖从银行借入的间接融资型转向通过发行股票、债券等直接从金融市场筹集的直接型，使得资本市场的资金调度成为企业融资的中心。银行不再仅仅是从前单纯的存贷款中介，而是提供范围广泛的各类服务的金融服务企业。另一方面，以计算机和互联网技术为中心的科技产业迅猛发展，改变着世界，并促进和加强了金融领域的发展。高速通信网络和个人电脑等使消费者的信息通讯基础建设有了很大的改善，对于市场参与者来说，时间与空间上的距离大大缩短了，这些使银行向个人客户提供快速、高效的金融服务具备了操作技术的可行性。这个时期，发达国家的商业银行个人理财业务的发展呈现出如下特征。

（1）服务方式的电子化。随着科学技术的不断进步，尤其是互联网技术在银行业的不断应用，各银行纷纷开设网络银行业务、电话银行业务，安装自动取款机等。这些在银行和广大个人客户之间架起了桥梁，成为传统柜台服务的有力补充和重要手段。作为银行，也一改曾经靠机构扩张发展个人金融业务的模式，发展多渠道的服务方式。例如，在一些发达国家，除了现金业务，几乎所有的私人银行业务都可以通过电话解决，网上银行业务也已发展成熟。

（2）组织机构和业务重点的多元化。为满足客户多元化的需求，同时减少资源浪费，世界上著名的商业银行都纷纷成立个人金融业务部门，集中设计、开发和办理私人客户的理财业务，解决了信息无法沟通、资源不能共享这些传统问题。随着个人金融业务产品的日益丰富和规模的迅速扩大，个人金融业务收入成为各商业银行利润的主要来源。

（3）金融产品的个性化。随着证券、保险、基金行业的兴起，各家商业银行不断研究开发适应客户需求和有特色的金融产品。因个人需求不同，商业银行的业务逐渐涵盖社会生活的各个层面，如财务咨询、委托理财、外汇、代理税收、代收工资费用等。同时，商业银行通过网络进一步提供旅游、信息、交通和娱乐等个性化的服务。

从20世纪80年代到现在，随着商业银行的管理理论从资产负债管理向客户管理的转变，银行开始根据客户的风险承受能力和风险偏好，使用各类衍生品，为客户提供个性化服务。理财业务逐渐成为商业银行增强客户忠诚度、提高银行竞争力、更好管理客户风险、提高银行风险对冲和管理能力的重要业务方式，也成为商业银行适应市场需要的一项基本服务。随着美国金融服务现代化法案的颁布，理财业务进一步与信托业务、商业银行的基金管理业务等结合起来。

20世纪90年代，金融管制开始松动，各类投资工具和衍生产品市场、场外市场的交易规模迅速扩大，使理财产品的投资空间得到进一步拓展，组合方式、投资对象、风险承担和利益分配模式呈现多样化发展，保证收益（保底）、浮动收益、有条件转换收益等各类理财产品不断推陈出新。互联网的出现一方面促使了理财门户网站等新型理财机构的产生，另一方面使商业银行、保险公司、独立理财机构等理财业务的开展更加方便与丰富。20世纪90年代末期，美国颁布了《金融服务现代化法案》，使理财业务进一步与信托业务、商业银行的基金管理业务等结合起来。

到了20世纪末，体系完整、制度完善的理财行业在美国已经形成并在欧亚等经济发达国家和地区得到了迅速的推广与发展。在国际 CFP 理事会（1990 年成立，2004 年 3 月更名为国际金融理财标准委员会，英文名为 Financial Planning Standards Board，FPSB）和 CFP 标准委员会（CFP Board of Standards，CFP Board，于 1994 年由 ICFP 更名形成的非营利性金融管理机构）的推动下，国际金融理财行业基本上在金融理财师的执业标准和业务操作流程方面达成共识，即金融理财师必须达到四方面的要求，即 Education（教育）、Examination（考试）、Experience（从业经验）和 Ethics（职业道德）的要求。在个人金融理财策划中要严格遵守建立客户关系、收集客户金融信息、分析客户财务状况、提出金融理财方案、实施理财方案和监督方案的实施六大规范步骤（六步骤），以维护个人金融理财的专业标准。到 2006 年第一季度，全球共有 19 个国家和地区成为 FPSB 的协会成员，拥有 CFP 资格证书并从事金融理财业务的个人达 98 943 人。

在理财规划师认证制度的推动下，个人理财业务逐渐发展成为一个独立的金融服务行业，出现了以客观、公允为执业准则的专业技术人员——个人理财规划师。个人理财规划师的主要业务不再是从销售金融产品及服务中获取佣金，而是为帮助客户实现其生活、财务目标进行专业咨询，并通过一个规范的个人理财服务流程来实施理财建议，从而防止客户利益受到侵害。

目前，经济全球化趋势日益明显，随着拉美、亚洲尤其是中国等新兴市场的崛起，全球个人财富迅速增长，理财规划职业在各国受到越来越广泛的关注和重视，各个国家纷纷推动符合本国国情的理财规划职业认证资格的发展，如美国推行的理财规划师（注册理财规划师）资格、专业理财顾问师（CFC）资格，英国推行的独立财务顾问师（IFA）资格以及我国劳动和社会保障部推行的理财规划师资格等。

（二）个人理财在我国的发展

与发达国家个人理财业务的发展相比，我国个人理财业务发展历程非常短暂。

1. 萌芽阶段（20 世纪 90 年代中期到 21 世纪初）。20 世纪 80 年代末到 90 年代，是我国个人理财业务的萌芽阶段，当时商业银行开始向客户提供专业化投资顾问和个人外汇理财服务，然而大多数居民还没有理财的意识和概念。

20 世纪 90 年代末，我国一些商业银行开始尝试向客户提供专业化的投资顾问和个人外汇理财服务，此后，商业银行个人理财业务快速发展，理财产品日益丰富，个人客户理财资金规模日益扩大。2005 年，中国银行业监督管理委员会（简称银监会）先后颁布《商业银行个人理财业务管理暂行办法》和《商业银行个人理财业务风险管理指引》。这是中国银行业个人理财业务规范发展的重要标志，是促进我国商业银行拓展零售业务、提高服务水平、提升竞争力的必要措施。

2. 扩展阶段（21 世纪初到银监会的《商业银行个人理财业务管理暂行办法》出台前）。从 21 世纪初到 2005 年，是中国个人理财业务的形成时期，这一时期，理财产品、理财环境、理财观念和意识，以及理财师这些专业队伍的建设均取得了显著进步。从 2006 年开始，伴随着金融市场和金融环境的进一步变化，个人理财业务进入了大幅扩展时期，客户对理财的需求日益增长，同时，银行、保险、证券、信托、基金等金融机构对理财业务的重视程度也显著提高，并不断开发新的理财产品，提供优质的理财服务。我国理财业务虽然起步晚，但其增长速度却非常快。我国个人理财与西方发达国家个人理财的异同见表1-3。

表1-3 我国个人理财与西方发达国家个人理财的异同

内容相同之处	内容不同之处
现金流管理	市场环境不同——以美国为代表的西方发达国家的金融市场比我国发达，可供投资者选择的金融产品丰富，金融服务水平比我国高
投资规划	法律环境的不同——西方发达国家在税法、遗产法等方面的规定，比我国严格得多，如美国的税法规定得十分繁锁，一旦纳税人申报不符合规定，将受到严惩。而在中国，税法规定得相对简单
保险规划	信用环境的不同——在西方发达国家，已建立完善的个人信用体系，而我国的个人信用体系十分欠缺，这也从某种程度上影响了国内理财市场的发展
退休规划	理财需求的侧重点不同——国外的个人理财需求更偏重于税务筹划、遗产规划、员工福利和退休计划等方面，而我国的个人理财需求可能更偏重于保险规划和投资规划等方面
遗产规划	个人价值观的不同——许多中国人忌讳谈遗产规划
目的相同：通过理财规划使个人实现财务自由、自主	消费观念不同——中国人喜好“先储蓄，后消费”，而美国人更偏爱“超前消费”

二、我国的金融理财和理财师的发展

（一）我国金融理财的发展

1. 银行业理财发展。1996年，中信实业银行广州分行设立私人银行部，提供个人财务咨询；1997年，中国工商银行上海分行开设理财工作室，推出理财系列服务。随后各大商业银行开设了个人理财中心，进行银行理财产品创新，如外汇理财产品、人民币理财产品、信用卡等。同时，在客户经理不断拓展业务和理财软件系统的支持下，各银行不断创建理财品牌，私人银行业务兴起。

2. 保险业理财发展。保险业开始推行顾问式行销（Consultative Marketing），保险营销员转型成理财顾问，理财中心及理财工作室相继设立，同时，各大保险公司不断创新保险理财产品，如投资理财型寿险和投资理财型财险。

3. 其他金融机构理财业务的发展。其他金融机构理财业务也不断发展，证券机构的集合理财计划、信托机构的信托理财产品、私募基金（2007年）的兴起。上述三方面都迫切需要相关方面的理财规划人员。

4. 理财协会的成立。2000年，北京召开“2000年中美金融论坛”，CFP（Certified Financial Planner）的理念被介绍到中国；2002年11月16日在北京召开了“2002年中美金融论坛”，开始筹备中国的CFP资格认证体制的导入工作；2004年9月，中国金融理财标准委员会（FPCC）正式成立；2006 年，FPSCC 接受国际 CFP 组织授权，推广 CFP。

5. 媒体对理财理念和知识的宣传。专业理财媒体相继成立，如《理财周刊》，众多报纸和网站出现理财频道和专栏，电视和电台的理财节目日益增多。2003 年 12 月，上海举办了第一届理财博览会。

6. 理财职业资格认证出现。

（1）2003 年成立了金融理财标准委员会（FPSCC），负责金融理财师 AFP（Associate Financial Planner）和国际金融理财师 CFP（Certified Financial Planner）资格认证，采用内容本土化、水平国际化的标准。

（2）2004 年成立了注册财务策划师（RFP）协会香港分会，RFP 专业名衔是英国伦敦国际财务策划师公会。1984 年 IARFP 开始成立，从那时起，在英国一直被誉为专业财务策划与水平的标志。目前，除英国外，RFP 会员遍布 80 多个国家和地区，人数超过 68 000 人，中国的 RFP 执业人员已超过 8 000 人。

（3）2003 年，国家劳动和社会保障部正式推出理财规划师职业。2006 年，理财规划师列入全国职业资格统一鉴定范畴。它分三级认证：助理理财规划师（三级）、理财规划师（二级）、高级理财规划师（一级）。

7. 理财培训市场兴起。2003 年 11 月，北京推出金融策划（AFP）课程培训；2004 年 1 月，中国香港 RFP 协会与上海交通大学合作，在上海推出注册财务策划师培训。之后，各类理财培训机构相继成立。

8. 高校专业理财教育的开展。立信、对外经济贸易大学、中山大学和北京大学率先开设了个人理财课程，此后，各财经高校的金融财务专业均开设了此类课程，培养了大批的理财规划人才。

9. 国际金融理财标准委员会（Financial Planning Standards Board），简称国际 CFP 组织，其认证的 CFPTM 是全球范围最受认可的理财师认证。目前，全世界的 CFP 人数约为 9 万人。

10. 中国金融理财标准委员会（FPSCC）是国际 CFP 组织在中国的授权机构。

（二）理财规划师及其资格认证

1. 注册金融策划师（CFP）及其资格认证。注册金融策划师（Certified Financial Planner）由 CFP 标准委员会（CFP Standards of Board）考试认证，是目前国际上金融领域最权威和最流行的个人理财执业资格认证。

CFP 适合人群包括：银行、证券、保险、基金、专业投资理财公司等金融方面的从业人员；经济师、会计师及对理财规划有兴趣，有意成为全方位理财规划顾问的各行业从业人员。CFP 认证包括培训、专业考试、职业道德考核等几个步骤。

CFP 为客户提供全方位的专业理财建议，帮助客户实现财务目标，避免财务风险。它所提倡的4E标准[①]和7项原则[②]已经被全球的理财行业所普遍推崇。

2. 特许金融分析师（CFA）及其资格认证。CFA是特许金融分析师（Chartered Financial Analyst）的简称，由美国投资管理与研究协会（AIMR）于1963年发起成立。

CFA进入中国的时间为1999年，目前，我国北京、上海、香港均有CFA资格认证机构。

申请者除了需要通过3个等级全英文的资格认证考试（考试内容涉及证券分析、企业财务、定量分析、经济学、投资组合分析以及道德与职业操守等多方面；每年每人只能报考1个等级；3~7年内必须通过全部3个级别的考试）之外，还必须具有3年或3年以上的被美国投资管理与研究协会所认可的从业经验，遵守该协会公布的职业操守和道德准则，并申请成为一名该协会的成员，具备这些条件后，申请者才可获得CFA资格证书。

3. 特许财富管理师（CWM）及其资格认证。CWM（Chartered Wealth Manager）证书由美国金融管理学会（American Academy of Financial Management，简称AAFM）推出，它是美国三大理财规划证书之一。

CWM课程围绕保险计划、投资计划、退休计划、地产计划、税务计划和财务规划基本原则这六方面知识内容而设置。

CWM于2004年进入中国，中央财经大学在2004年4月开设首期以国外资深专家为主要授课阵容的CWM培训班，学习结束，考试合格并通过资历审核者，将可以获得由美国金融管理学会颁发的CWM证书。

相关调查显示，在美国银行从业人员中，CWM证书持有者的比例最高。此外，CWM与CFP的知识体系是互通的，CWM证书持有者补修规定课程后，也可申请CFP证书。

4. 我国国家理财规划师及其资格认证。2003年，我国劳动和社会保障部正式设立理财规划师职业，颁布《理财规划师国家职业准》；2004年，国家职业技能鉴定专家委员会理财规划师专业委员会成立；2005年，国家理财划师正式展开培训工作；2006年，国家理财规划师资格开始实行全国统考制度。截至2010年底，国家理财规划师队伍人数已经从最初的48人增长到10万余人。

理财规划师（Financial Planner）是为客户提供全面理财规划的专业人士。按照中华人民共和国人力资源和社会保障部（原劳动和社会保障部）制定的《理财规划师国家职业标准》，理财规划师是指运用理财规划的原理、技术和方法，针对个人、家庭以及中小企业、机构的理财目标，提供综合性理财咨询服务的人员。理财规划要求提供全方位的服务，因此要求理财规划师要全面掌握各种金融工具及相关法律法规，为客户提供量身订制、切实可行的理财方案，同时在对方案的不断修正中，满足客户长期的、不断变化的财务需求。

理财规划师有多元化发展方向，他可以服务于金融机构，如商业银行、保险公司、第

① 考试标准（Examination）、从业标准（Experience）、职业道德标准（Ethics）、继续教育标准（Continuing Education）。

② 正直诚实原则（Integrity）、客观原则（Objectivity）、称职原则（Competence）、公平原则（Fairness）、保密原则（Confidentiality）、专业精神原则（Professionalism）、勤勉原则（Diligence）。

三方理财公司等。专业的理财规划师是站在中立的角度帮客户配置资产或理财产品。而越来越多的理财规划师选择进入正规第三方理财公司或者持有从业资格的专业人士独立执业，即做私人理财顾问。

私人理财顾问更可通过收取咨询费、理财规划书制作费、每年定期服务费、客户盈利分成、产品方佣金等方式来进一步提高收入。

国家理财规划师职业资格分为三个级别：助理理财规划师（国家理财规划师三级）、理财规划师（国家理财规划师二级）、高级理财规划师（国家理财规划师一级）。2011 年 5 月，理财规划师考试政策有一些新变化，国家理财规划师二级、三级考试改为计算机上机考试；

三级考试鉴定内容有：职业道德、理论知识、专业能力；均为客观题。二级考试鉴定内容有：职业道德、理论知识、专业能力、综合评审（案例分析）；均为客观题。考试内容有基础知识、专业技能、综合评审三项，考试每年两次，分设在 5 月中旬与 11 月中旬。

理财规划师考试分为理论知识考试和专业能力考核。理论知识考试和专业能力考核采用闭卷方式，均实行百分制，成绩达到 60 分及以上者为合格，可获得理财规划师国家职业资格三级证书。

理财规划师还须进行综合评审。理论知识考试、专业能力考核、综合评审三门成绩皆达 60 分及以上者为合格，可获得理财规划师国家职业资格二级证书。

第二章 ● ● ●
个人理财基础

第一节
金融市场基础

一、金融市场概述

（一）金融市场的概念

金融市场是以金融资产为交易对象而形成的供求关系及其交易机制的总和。它包含三层含义：

1. 它是金融资产进行交易的有形和无形的场所。
2. 它反映的是金融资产供应者和需求者之间的供求关系。
3. 它包含了金融资产的交易机制，其中，最主要的是价格机制。金融资产，是指一切能够代表未来收益或资产合法要求权的凭证。

（二）金融市场的特点

金融市场的特点有以下四个：

1. 市场商品的特殊性。
2. 市场交易价格的一致性。
3. 市场交易活动的集中性。
4. 交易主体角色的可变性。

（三）金融市场的主要功能

金融市场的主要功能有微观经济功能和宏观经济功能。

1. 微观经济功能。

（1）集聚功能。金融市场可以引导大量的小额投资者，形成社会再生产的资金集合。

（2）财富功能。金融市场上的金融工具为投资者提供了储存财富、保有资产和财富增值的途径。

（3）避险功能。

（4）交易功能。

2. 宏观经济功能。

（1）资源配置功能。资本市场有配置资源的、把资金从低效率的部门流向高效率的部门，从而使资源得到最佳配置。

（2）调节功能。调节功能，是指金融市场对宏观经济的调节作用，包括金融市场的自发调节和政府实施的主动调节。

（3）反映功能。通常说，金融市场是国民经济的“晴雨表”和“气象台”，它是国民经济景气度指标的重要信号系统。

二、金融市场的分类

金融市场是由许多子市场构成的庞大市场体系。子市场的组成和关系就是通常说的金融市场结构。通常，金融市场可以从不同角度来看待金融市场结构。

（一）按照金融市场的构成要素分类

按照金融市场的构成要素分类，金融市场包括主体、客体和交易中介。

1. 市场主体。参与金融市场交易的当事人是金融市场的主体，包括企业、政府及政府机构、金融机构、居民个人。

（1）企业。企业是金融市场运行的基础，是最重要的资金供给者和需求者。

（2）政府及政府机构。政府及政府机构在金融市场上有着双重身份。政府既是资金的供给者和需求者，又是市场的监管者和调节者。

（3）金融机构。

（4）居民。在金融市场上，居民是最大的资金供给者。

2. 金融市场的客体。金融市场的客体即金融工具，是金融市场的交易对象，包括货币头寸、股票、债券、基金、金融衍生品和外汇等。

3. 金融市场的中介。金融市场的中介大体分两类：交易中介和服务中介。

（1）交易中介，包括银行、有价证券承销人、证券交易经纪人、证券交易所和证券结算公司等。

（2）服务中介。这类机构本身不是金融机构，包括会计事务所、律师事务所、投资顾问咨询公司和证券评级机构等。

（二）按照金融市场交易是否存在固定场所分类

按照金融交易是否存在固定场所分类，金融市场分为有形场所和无形场所。

（1）有形的场所，是指有固定的交易场所、有专门的组织机构和人员、有专门设备、有组织的市场。典型的有形市场是交易所市场。

（2）无形市场是在证券交易所外进行金融资产交易的统称。它没有固定的交易场所，通过现代化的电信工具和网络实现交易。

（三）按照金融工具发行和流通特征分类

按照金融工具发行和流通特征可划分为两类：发行市场和流通市场。流通市场可分为二级市场、第三市场和第四市场。

1. 发行市场，又称一级市场，有时也称初级市场，它是金融资产首次出售给公众所形成的交易市场。或者说，发行市场是金融工具产生的市场。

金融资产的发行方式主要有两种方式：一是销售给特定的机构，称为私募发行，发行对象一般为机构投资者；二是广泛发售给社会公众，称为公募发行。

2. 流通市场，又称二级市场，金融工具从一级市场发行之后就进入到流通市场。它是股票、债券和有价证券流通买卖的场所。

流通市场又分为场内市场和场外市场。场内市场，是指证券交易所市场。场外市场又称柜台交易（OTC），是指在证券交易所之外进行证券买卖的市场。第三市场相对于交易所限制比较小，成本比较低。第四市场是大宗交易者利用电脑网络直接进行交易的市场。

（四）按照交易标的物分类

按照交易标的物的不同，金融市场划分为货币市场、资本市场、外汇市场、衍生品市场、保险市场和黄金市场。

1. 货币市场，又称短期资金市场，是指专门融通短期资金和交易期限在一年以内（包括一年）的有价证券市场。货币市场包括短期银行信贷、国库券、商业票据、可转让定期存单、银行汇票、短期债券等。货币市场就结构而言，可分为同业拆借市场、银行承兑汇票市场、商业票据市场、大额可转让定期存单场、回购市场、短期政府债券市场和货币基金市场等若干子市场。

2. 资本市场。资本市场是指提供长期（一年以上）资本融通和交易的市场，包括银行中长期信贷市场、股票市场、基金市场和中长期债券市场。通常讲的资本市场是股票市场和债券市场。

3. 外汇市场。外汇市场是指由银行等金融机构、自营交易商、大型跨国企业参与的买卖外汇所形成的场所。外汇交易可以是有形的交易，也可以是无形的交易。

4. 衍生品市场。金融衍生品市场是以金融衍生工具为交易对象的市场，主要包括期货交易、期权交易、远期协议市场和互换市场。

5. 保险市场。保险是对因意外灾害事故所造成的财产损失和人身伤害所提供的补偿。保险市场是以保险单和年金单的发行与转让为交易对象，是一种特殊形式的金融市场。

6. 黄金市场。黄金市场是集中进行黄金买卖和金币兑换的交易市场。目前，黄金仍是一种国际储备工具，在国际结算中占据一席之地。

（五）按金融商品交易的交割方式分类

1. 按金融商品交易的交割方式划分，金融市场可以分为现货市场和衍生市场。

现货市场是即期交易市场，包括现金交易、固定方式交易和保证金交易。现金交易是指交易和结算交割是同一天的交易。固定方式交易指交易日和结算日之间有一定的间隔日期的交易，比如股票“T+1”交易。保证金交易，投资者在买某一证券的时候并不需要提供足额的资金，由证券商垫付，当出售时再归还给证券商。

衍生市场代表性的金融衍生工具有远期、期货和期权。它们的交易和实际结算交割中间有一个相对较长的时间间隔（例如1个月），即成交和交割是分离的。

2. 按金融市场融资的地域活动范围划分，金融市场可以划分为国内金融市场和国际金融市场。

（1）国内金融市场，是指金融资产交易的范围仅限于一国之内的市场，在一个国家内部，主要以本国货币计价的金融交易市场。

（2）国际金融市场，是指从事各种国际金融活动的场所，是由国际资金借贷、结算以及证券、黄金和外汇买卖所形成的市场。

三、货币市场概述

货币市场工具包括政府发行的短期政府债券、商业票据、可转让的大额定期存单以及货币市场共同基金等。这些交易工具可以随时在市场上出售、变现，因此它的流动性相当强，故称之为准货币。

（一）货币市场的特征与功能

1. 货币市场的特征。

（1）货币市场是一种债务工具的交易市场，相对于以股权交易为对象的资本市场而言，货币市场具有低风险、低收益的特征。

（2）货币市场是短期资金的融通市场，资金融通期限通常在一年以内，表现出高流动性的特征。

（3）相对于居民和中小机构的借款和储蓄的零售市场而言，货币市场交易量很大，在某种意义上可以称之为资金批发市场。

2. 货币市场的功能。

（1）融通短期资金。政府通过货币市场发行政府债券筹集财政资金，用于补充财政经常性开支和支持经济建设；企业通过发行商业票据融通短期资金，也通过购买商业票据提高资金使用效率。

（2）资金运营管理。金融机构通过信用拆借和回购协议进行灵活的头寸管理，并通过投资政府债券进行灵活的资产负债管理。

（3）宏观经济调控。中央银行借助金融市场，通过调整存款准备金率、再贴现率和公开市场业务三大手段调节货币供应量，影响等量利率水平的变化，进而影响就业、产出和物价水平，实现对宏观经济的有效调控。

（三）货币市场构成

1. 同业拆借市场。它是银行等金融机构之间相互借贷在中央银行存款账户上的准备金余额，以调剂资金余缺。

（1）同业拆借市场的参与者是商业银行、非银行业金融机构和中介机构。商业银行既是主要的资金供应者，又是主要的资金需求者。

同业拆借市场可以直接实施交易，也可以通过市场中介人实现交易。中介人分为两类：一类是专门从事拆借市场中介业务的专业性中介机构；另一类是非专门从事拆借市场中介业务的兼营机构，一般由大的商业银行承担。

（2）同业拆借市场的功能主要有四个。

①同业拆借市场为各银行和其他金融机构提供了一种准备金管理的有效机制。一方面，准备金不足的银行和其他存款机构能够通过同业拆借市场高效率、低成本地获取所需资金，弥补准备金缺口；另一方面，有超额准备金头寸的银行和其他金融机构通过该市场减少资金闲置，提高资产的盈利水平。

②为所有的货币市场交易提供了高效率和低成本的结算机制。在许多发达国家，现金的流动都是通过银行和其他金融机构在中央银行的准备金账户进行结算的，不同银行和金融机构之间的资金调拨也大多通过它们各自在中央银行的准备金账户结算。

③能够及时发现货币市场资金供求的变化。同业拆借市场因其市场化的运作及在此基础上形成的利率，及时、灵敏地反映了市场资金的供求，成为金融机构最重要的基准利率之一。

④同业拆借市场在中央银行货币政策实施中发挥核心作用。

2. 商业票据市场。商业票据是公司为了筹措资金，以贴现的方式出售给投资者的一种短期无担保信用凭证。由于商业票据没有担保，信用发行，能够发行商业票据的一般都是规模大、信誉好的公司。商业票据市场就是这些公司发行票据并进行交易的市场。

（1）商业票据的特点有六个。

①融资成本低。

②融资的灵活性。

③利率的敏感性。银行贷款利率对市场率变化的反应有一定的时滞，而商业票据对市场利率的变动反应灵敏。

④票据的信用度高。公司发行商业票据不仅实现了融资，而且起到宣传和提升公司形象的效果。

⑤票据的期限短。

⑥票据的面额大。

（2）商业票据的市场主体包括发行者、投资者和销售商。商业票据的发行者包括金融公司、非金融公司以及银行控股公司等。能在商业票据市场上大量发行票据、筹措巨额资金的，只有实力雄厚、信誉卓著、信用评级高的公司。商业票据的主要投资者是大的商业银行、非金融公司、保险公司等机构投资者，一般个人投资者较少。商业票据的发行和销售有两种方式：一是发行者通过自己的网络和力量直接销售；二是通过商业票据经销商间接销售。

3. 银行承兑汇票市场。银行承兑汇票市场是以银行承兑汇票为交易对象的市场。银行承兑汇票是银行对未到期的票据予以承兑，以自己的信用为担保，成为票据的第一债务人，出票人只负第二责任。

银行承兑汇票的特点：

（1）安全性高。银行承兑汇票的承兑人是银行，银行是主债务人，相对于企业而言，银行承担债务的安全性较强。

（2）信用度高。银行信用度比一般企业信用度要高得多，因此在市场上很受欢迎。

（3）灵活性好。对于持有银行承兑汇票的商业银行，在资金短缺时，可以向中央银行办理再贴现；在资金充裕时，可以将汇票持有到期。

正是因为银行承兑汇票的这些特点，所以它是货币市场上最受欢迎的一种短期信用工具。

从借款人的角度看，首先，使用银行承兑汇票的成本要低于银行贷款。其次，对于一些没有足够规模和信誉、不能发行商业票据的小企业而言，银行承兑汇票在相当程度上可解决资金困难。

从银行的角度看，提供这类服务既可以收取手续费，增加银行的经济效益，又可以提供单靠传统的银行贷款无法实现的多样化投资组合。

从投资者角度看，银行承兑汇票是重要的组合资产，符合投资者对资产收益性、安全性和流动性的需求。汇票的投资收益率高于短期国库券。

4. 回购市场。回购市场是通过回购协议进行短期货币资金借贷所形成的市场。

（1）回购市场的特点。从表面上看，回购协议同短期担保贷款类似，区别是：在担保贷款中，当借款人不能按期偿还贷款时，贷款人要经过一定的法律程序才能收回担保物并加以处置。在回购协议中，一旦证券出售者不能在交易结束时买回证券，投资者就有权处置证券。

（2）回购协议的证券品种及期限。在证券的回购中，可以作为回购协议标的物的主要有国库券、政府债券、企业债券、金融债券，另外还有担保债券、大额可转让存单和商业票据等。

回购协议期限较短，是指从卖方卖出证券资产、买方签订回购协议之时，到卖方最终将证券资产购回这段时间，具体的期限为一天到数月不等。其中，一天的回购协议被称为隔夜回购，超过一天的回购协议统称为定期回购。

5. 短期政府债券市场。短期政府债券是政府作为债务人，承诺一年内债务到期时偿还本息的有价证券。短期政府债券市场是以发行和流通短期政府债券所形成的市场，通常将其称为国库券市场。

（1）短期政府债券的特征。

①违约风险小。短期政府债券是以国家信用为担保，一般没有违约风险。

②流动性强。短期政府债券具有高度的流动性，交易成本较低。

③面额小。相对于其他货币市场工具，短期政府债券的面额较小。

④收入免税。短期政府债券利息享有免税优惠，这是吸引投资者的重要因素。

（2）政府发行短期政府债券的意义表现在三方面。

①可以满足政府短期资金周转的需要。

②规避利率风险。短期政府债券期限短，相对长期债券，利率波动小。

③为中央银行实施公开市场业务提供了可操作的工具。

6. 大额可转让定期存单市场。大额可转让定期存单市场是银行可转让大额定期存单发行和买卖的场所。大额可转让定期存单（CDs）是银行发行的有固定面额、可转让流通的存款凭证。最早发行大额可转让定期存单的银行是花旗银行。

（1）大额可转让定期存单的特点。与定期存款相比，大额可转让定期存单具有以下不同：

①定期存款记名，不可流通转让；大额可转让定期存单不记名，可以流通转让。

②定期存款的金额不固定，可大可小；可转让定期存单金额较大。

③定期存款利率固定；可转让定期存单利率既有固定的，也有浮动的，一般比同期限的定期存款的利息高。

④定期存款可提前支取，但是可以在二级市场上流通转让。大额可转让定期存单一般由较大的商业银行发行。这些机构信誉较高，可以相对降低筹资成本，且发行规模大，容易在二级市场上流通。

与其他货币工具相比，大额可转让定期存单是货币市场工具创新的产物。

对于投资者来说，大额定期可转让存单既有定期存款的较高利息收入特征，同时又有活期存款可以随时兑现的优点，是追求稳定收益投资者的一种较好选择。

从市场流动性上看，大额定期可转让存单的变现性不及国库券。

对于银行来说，发行存单可以增加资金来源，而且这部分资金可视为定期存款用于中期放款。同时，存单发行使银行在调整资产的流动性时，在实施资产负债管理上，有了更灵活的手段。

（2）大额可转让定期存单的种类。按照发行者的不同，美国大额可转让定期存单可以分为四类；国内存单、欧洲美元存单、扬基存单和储蓄机构存单。

国内存单是四种存单中最重要，也是历史最悠久的一种。

欧洲美元存单是美国境外银行发行的、以美元为面值的一种可转让定期存单。欧洲美元存单由美国境外银行（外国银行和美国银行在外的分支机构）发行。欧洲美元存单的中心在伦敦，但欧洲美元存单的发行范围不仅仅限于欧洲。

扬基存单是外国银行在美国的分支机构发行的一种可转让定期存单。其发行者主要是西欧和日本等地的著名国际性银行在美国的分支机构。

储蓄机构存单是由一些非银行金融机构（储蓄贷款协会、互助储蓄银行、信用合作社）发行的一种可转让的定期存单。

（四）货币市场交易机制

1. 同业拆借市场的交易机制。同业拆借分为两种：一是拆借双方当事人协定，直接达成协议的。这时候的交易利率取决于双方对拆借资金的意愿；另一种是借助中介人——经纪商，通过公开竞价确定。这种机制形成的利率主要取决于市场拆借资金的供求状况，利率弹性较小。

在国际货币市场上，比较典型的、有代表性的同业拆借利率有三种：伦敦银行同业拆借利率（LIBOR）、新加坡银行同业拆借利率（SIBOR）和我国香港银行同业拆借利率（HIBOR）。

2. 银行承兑汇票的交易机制。银行承兑汇票市场由一级市场（发行市场）和二级市场（交易市场）组成。发行市场产生承兑汇票需要两个环节，即出票和承兑。出票是销货方为向购货人收取汇款，出具汇票的行为。承兑是银行对票据承诺付款并确认。发行市场中的参与者包括产生汇票的商业性交易双方和作出承兑承诺的金融机构。

二级市场即银行承兑汇票作为交易对象进入流通。这既包括简单的买卖转让交易，同时还可以进行贴现。贴现，是指汇票持有人将未到期的票据转让给商业银行，商业银行在扣除贴息后对其支付票面剩余金额的行为。商业银行可以通过贴现持有未到期的票据，也可以到另一家银行转贴现。当然，这些商业银行也可以通过贴现来的票据向中央银行再贴现。因此，票据的流通环节具有：转让、贴现、转贴现和再贴现，而且再贴现是中央银行和商业银行之间的交易，是中央银行充当“最后贷款人”角色的体现。

3. 回购市场的交易机制。回购协议是卖出证券取得资金的一方，同意按约定期限，以约定价格购回所卖出证券。逆回购协议是买入证券的一方同意按约定期限，以约定价格出售其所买入证券，它是从资金供应者角度出发，相对于回购协议而言的。

在封闭式交易中，正回购方所质押证券的所有权并没有真正让渡给逆回购方，而是由交易清算机构作质押冻结处理，并退出二级市场；待回购协议到期，正回购方按双方约定的回购利率向逆回购方返还本金并支付利息后，交易清算机构将质押冻结证券解冻，质押债券重新流入二级市场流通。

开放式回购，是指证券持有人将证券卖给证券买方的同时，也将证券的所有权转移给了资金的借贷者。那么在回购期内，逆回购方就有权对质押证券进行转卖、再回购等处置。

回购利率一般参照同行业拆借市场的利率水平决定。

回购协议的市场交易价格公式为：

拆入到期利息 = 本金 × 拆入利率 × 天数/360

回购价格 = 本金 + 利息

4. 短期政府债券市场的交易机制。短期政府债券参与者主要有政府和投资者。投资者主要是参与短期政府债券发行投标的一级自营商，它们通常是由实力雄厚的大投资银行和商业银行共同组成。发行市场主要是政府发行短期的国债。二级市场包括中央银行和各类投资者。中央银行参与二级市场的主要目的是进行公开市场业务操作，通过买卖短期政府证券控制货币供应量，实现货币政策目标。

政府短期证券的发行者有中央政府，通常是由财政部负责发行，由于是短期的，没法支付利息，通常采取贴现的方式发行，即投资者以低于面值的价格购买短期政府债券，到期按面值额偿还，面额和购买价之间的差额就是投资者的收益。

短期政府债券是贴现发行，收益率和价格的计算方法是：

5. 大额可转让存单市场的交易机制。大额可转让存单的发行方式有直接发行和间接发行。直接发行是发行人自己发行大额可转让存单，并将其直接销售出去：间接发行是发行人委托中介机构发行。通常，大银行分支机构多，可以采取直接发行方式。小银行由于规模小，可以委托承销商代为办理发行，并向其支付一定的费用。发行市场的主要参与者是发行人、投资者和中介机构。发行人一般是商业银行。投资者包括企业、金融机构、外国政府及个人。

大额可转让定期存单的流通主要有四个环节：转让、贴现、转贴现、再贴现。

四、资本市场概述

资本市场是筹集长期资金的场所，主要包括中长期借贷市场和证券市场。

（一）股票市场

股票是由股份公司发行的、表明投资者投资份额及其权利和义务的所有权凭证，是一种能够给持有者带来收益的有价证券，其实质是公司的产权证明书。股票是一种权益性工具，因此，股票市场又称为权益市场。

根据股东享有权利和承担风险的大小不同，股票分为普通股股票和优先股股票；按有无票面金额，股票分为有票面额的股票和无票面额的股票；按业绩的好坏，股票可分为绩优股和垃圾股。在我国，股票又分为国家股、法人股、公众股和外资股；按上市地点不同，股票分为A股、B股、N股、H股和S股等。

（二）债券市场

1. 债券的定义。债券是投资者向政府、公司或金融机构提供资金的债务凭证，表明发行人负责在指定日期向持有人支付利息，并在到期日偿还本金的责任。

2. 债券的特征。债券有四个特征：偿还性、流动性、安全性、收益性。

3. 债券的分类。根据发行主体不同，债券可以分为政府债券、金融债券、公司债券和国际债券等几大类；按债券性质划分，债券分为信用债券、不动产抵押债券、担保债券、可转换企业债券、附新股认股权债券和可赎回债券；按债券的期限，债券可分为短期债券、中期债券和长期债券；按利息的支付方式，债券可划分为附息债券、一次还本付息债券和贴现债券等。

4. 债券的要素。

（1）债券的发行额。债券的发行额是根据发行者所需资金的数量、发行者的信誉、债券种类以及市场承受能力等因素决定的。

（2）债券的期限。债券的期限是从债券发行日起至清偿本息日止这段时间。

（3）债券的面值。债券的面值，是指债券发行时所设定的票面全额，它代表发行人借入并承诺于未来某一特定日期（即债券到期日），偿付给债券持有人的金额。

（4）债券的票面利率。债券的票面利率即债券券面上所载明的利率。

（5）债券的偿还方式。债券既可以分期偿还，也可以一次偿还。其中分期偿还又可每期付息到期还本，或每期偿还本息；到期一次偿还本息，也称利随本清，债务人所负担的实际利率与银行的名义利率相同。

5. 债券市场的功能。

（1）债券市场是债券流通和变现的理想场所。

（2）债券市场是聚集资金的重要场所。

（3）债券市场能够反映企业经营实力和财务状况。

（三）证券投资基金市场

1. 证券投资基金的定义。证券投资基金是通过发行基金份额或收益凭证，将投资者分散的资金集中起来由专业管理人员投资于股票、债券或其他金融资产，并将投资收益按持有者投资份额分配给持有者的一种利益共享、风险共担的金融产品。

2. 证券投资基金的特点有规模经营、分散投资、专业化管理、服务专业化、费用低。

投资基金的投资对象可以是资本市场的上市股票和债券、货币市场的短期票据和银行同业拆借等，也可以是金融期货、黄金、期权和不动产，有时甚至还包括虽未上市但具有发展潜力的公司债券和股权。

3. 证券投资基金的分类。

（1）证券投资基金按受益凭证是否可赎回，可分为开放式基金和封闭式基金。

开放式基金与封闭式基金的区别见表2－1。

表2－1 开放式基金与封闭式基金的区别

	封闭式基金	开放式基金
交易场所	深圳证券交易所、上海证券交易所	基金管理公司或代销机构网点（主要指银行等网点）
基金存续期限	有固定的期限	没有固定的期限
基金规模	固定额度，一般不能再增加发行	规模不固定，但有最低规模要求
赎回限制	在期限内不能直接赎回基金，须通过上市交易套现	可以随时提出购买或赎回申请
交易方式	上市交易	基金管理公司或代销机构网点（主要指银行的网点）
价格决定因素	交易价格主要由市场供求关系决定	价格则依据基金的资产净值而定
分红方式	现金分红	现金分红、再投资分红
费用	交易手续费：成交金额的2.5%	申购费：不超过申购金额的5% 赎回费：不超过赎回金额的3%
投资策略	封闭式基金不可赎回，无须提取准备金，能够充分运用资金，进行长期投资，取得长期运营绩效	必须保留一部分现金或流动性强的资产，以便应付投资者随时赎回，进行长期投资会受到一定限制。随时面临赎回压力，必须注重流动性等风险管理，要求基金管理人具有更高的投资管理水平
信息披露	基金单位资产净值每周至少公告一次	单位资产净值每个开放日进行公告

（2）证券投资基金依据其法律地位不同，可分为公司型基金和契约型基金。

公司型投资基金与契约型投资基金的区别是：法律依据不同；公司型投资基金本身是

具有法人资格的股份有限公司，契约型投资基金不具有法人资格；投资者的地位不同；融资渠道不同；资金运营不同。

（3）证券投资基金根据投资目标的不同，可划分为成长型基金、收入型（收益型）基金和平衡型基金。

成长型基金与收入型基金的区别是：投资目的不同；投资工具不同；资产分布不同；派息情况不同。

（4）证券投资基金按募集方式不同，可以分为公募基金和私募基金。

公募基金和私募基金的区别是：

①公募基金募集的对象通常是不固定的，而私募基金募集的对象是确定的。

②公募基金的最小金额要求低，且投资者众多；私募基金要求比较高的投资金额，投资者人数不多。

③公募基金的运作必须严格遵循相关的法律和法规，并受监管机构的严格监管。一般只投资于低风险的产品；私募基金受的管制较少。不需公开披露信息，往往会投向衍生金融工具等高风险产品。

（四）资本市场的交易机制

1. 股票市场的交易机制。

（1）股票的发行与交易（见表2－2）。股票发行市场又称股票的一级市场，是股票发行者为扩充经营资本按照一定的法律规定和发行程序，向投资者出售新股票所形成的市场。

表2－2 股票的发行

	发行方式	定义	好处	不足
（1）	分开发行	即公募发行，通过股票经销商公开向社会公众发行股票	股权分散化；克服垄断；具有较高的流动性	手续比较复杂；发行成本较高
	不分开发行	即私募发行，向公司内部职工和与公司有关的法人（发起人）发售股票	不必向社会公开内部信息；发行手续简单节省发行费用	一般不允许上市流通
（2）	直接发行	股份有限公司直接向认购者推销出售股票。股票发行的代办者及股票的经销商只收取一定的手续费	可节约证券发行成本	发行风险完全由发行公司自行承担
	间接发行	也叫委托发行，是指股份有限公司把股票委托给股票承销商等金融机构发行	提高发行人的知名度；筹资时间较短；发行人风险也较小	发行人支付一定的发行费用
（3）	定向募集	除发起人认购外，只是向与公司有关的法人发行及向公司内部职工发行	股权分散化；克服垄断；具有较高的流动性	
	社会募集	除由发起人认购之外，其余部分向社会公众发行		

续表

	发行方式	定 义	好 处	不 足
(4)	初次发行	公司首次在发行市场上发行股票		
	增资发行	有偿增资	股份有限公司为扩充股本而发行新股票	
		无偿增资		
(5)	平价发行	也叫面值发行		
	折价发行	以低于股票票面价值的价格发行		
	溢价发行	以高于股票票面额的价格发行		

证券交易遵循时间优先和价格优先的原则。此外，如交易所内有经纪商兼自营商的，遵循客户优先原则，即应该优先执行客户的委托指令，再进行自营交易。

（2）股票发行的定价方法。

①市盈率法。它是股票的二级市场价格与每股净利润的比率，计算公式为：市盈率 = 股票价格/每股净利润，市盈率越高，说明股票投资效果越好。

②可比公司竞价法。

③市价折扣法。发行公司和主承销商采用该股票一定时间上或时段内二级市场的价格的一定折扣，作为发行底价或发行价格区间的端点，这种方式只适用于增资发行方式。

④贴现现金流量法。它是通过预测公司将来的现金流量，并按照一定的贴现率来计算公司的现值，从而确定股票发行价格的定价方法。

（3）股票价格指数。股票价格指数简称股价指数，是用来衡量计算期一组股票价格相对于基期一组股票价格的变动状况的指标，是股票市场总体或局部动态的综合反映。股票指数是反映不同时期的股价变动情况的相对指标。世界上第一个股票价格平均数是道·琼斯股价平均数。1928 年 10 月 1 日前，股票价格指数就是使用简单算术平均法计算的。下面是股份平均数的计算：

① 简单算术股价平均数法。简单算术股价平均数是将样本股票每日收盘价之和除以样本数得出的。简单算术股价平均数虽然计算较简便，但它有缺点：一是它未考虑各样本股票的权重，不能反映不同样本股票对股价平均数的影响。二是未考虑股票分割、派发红股等情况。

②修正的股价平均数法。

一是除数修正法。

新除数 = 变动后的新股价总额/旧的股价平均数

修正的股价平均数 = 报告期股价总额/新除数

得出的平均数与未分割时计算的一样，股价水平也不会因股票分割而变动。

二是股价修正法。股价修正法是将股票分割和分红等变动后的股价还原为变动前的股价，使股价平均数不会因此变动。

股票价格指数的主要计算方法有三种：

①简单算术平均法，也就是报告期股价平均数相对于基期股价平均数的百分数。人们

可以了解报告期的股价比基期的股价上升或下降的百分比率，股票指数是一个相对指标。

②加权股价平均法。加权股价平均是根据各种样本股票的相对重要性进行加权平均计算的股价平均数，其权数（Q）可以是成交股数、股票总市值、股票发行量等。按时间划分，权数可以是基期权数，也可以是报告权数。以基期成交股数（或发行量）为权数的指数称为拉斯拜尔指数；以报告期成交股数（或发行量）为权数的指数称为派许指数。目前，世界上大多数股票指数都是派许指数。

我国主要股票价格指数有：上证综合指数、深圳综合指数、深圳成分股指数、上证30指数、上证180指数和沪深300指数。

境外主要股票价格指数有：道·琼斯股票价格平均指数、标准普尔股票价格指数、NASDAQ综合指数、《金融时报》股票价格指数、恒生股票价格指数和日经225股价指数（Nikei225）。

五、外汇市场概述

（一）外汇市场的概念

外汇是一种以外国货币表示或计值的国际结算的支付手段，通常包括可自由兑换的外国货币和外币支票、汇票、本票、存单等。广义的外汇还包括外币有价证券，如股票、债券等。根据《中华人民共和国外汇管理条例》，外汇是指下列以外币表示的可以用作国际清偿的支付手段和资产。（1）外国货币，包括纸币、铸币；（2）外币支付凭证，包括票据、银行存款凭证、邮政储蓄凭证等；（3）外币有价证券，包括政府债券、公司债券、股票等；（4）特别提款权；（5）其他外币资产。

在外汇市场上买卖外汇，与商品市场上商品买卖一样，必须按一定的价格成交。外汇买卖的价格就是汇率，从理论上说，汇率是两国货币价值的比率，是一国货币单位兑换另一国货币单位的比率，也可以说是以一种货币来表示另一种货币的买卖价格，是两种货币的比价。

在外汇市场上有两种不同的汇率标价法：直接标价法和间接标价法。

1. 直接标价法。直接标价法是以一定单位（如1或100）外国货币作为标准，折算成一定数额本国货币，也就是以本国货币来表示外国货币的价格。在直接标价法下，如果固定数额的外国货币能换取的本国货币数额比以前增多，说明外国货币币值上升，本国货币币值下降，这表示汇率上升；反之，汇率下降。

2. 间接标价法。间接标价法是以一定单位（如1或100）本国货币作为标准，折算成一定数额外国货币，也就是以外国货币来表示本国货币的价格。在间接标价法下，如果固定数额的本国货币能换取的外国货币数额比以前增多，说明本国货币币值上升，外国货币币值下降，这表示汇率上升；反之，表示汇率下降。目前，除了少数几个国家如英国和澳大利亚等国尚采用间接标价法外，大多数国家都采用直接标价法。

我国采用直接标价法。

外汇市场上一般都有外汇供给者、外汇需求者和中介机构三方参与交易。个人、公司企业、事业单位、银行、金融机构、政府和政府机构，国际组织包括国际金融机构等都可成为外汇市场的参与者。

(二) 外汇市场的功能与作用

外汇市场的主要功能与作用有四个：

1. 充当国际金融活动的枢纽。
2. 调剂外汇余缺，调节外汇供求。
3. 不同地区间的支付结算。
4. 运用操作技术规避外汇风险。

(三) 外汇市场的交易机制

1. 外汇市场交易的层次。外汇市场的交易可以分为三个层次，即银行与顾客之间、银行同业之间和银行与中央银行之间的交易。

(1) 银行与顾客之间的外汇交易。

(2) 银行同业间的外汇交易。银行同业间的外汇交易构成了绝大部分的外汇交易，占外汇市场交易额的90%以上。

(3) 银行与中央银行之间的外汇交易。

2. 外汇市场交易的内容。

(1) 外汇银行报价有即期汇率和远期汇率两种。

①即期汇率报价。即期汇率报价又有三种方式：直接标价法报价、间接标价法报价和美元报价。

美元报价是以美元为标准来表示其他各国货币的价格。美元作为基础货币，其他货币作为报价货币。欧洲大陆各外汇市场都采用这种方式报价。

②远期汇率报价。远期汇率报价有两种方式：直接报价和点数报价。

点数报价不直接报出远期汇率，而是报出远期差价，也就是报出各种远期的升水、贴水或平价的基点数，平价的基点数为零。升水是远期汇率高于即期汇率时的差额。贴水是远期汇率低于即期汇率的差额。目前，大多数外汇市场都采用这种报价方式。

在不同的汇率标价方式下，远期汇率的计算方法不同。

直接标价法下：

远期汇率 = 即期汇率 + 升水，或远期汇率 = 即期汇率 - 贴水

间接标价法下：

远期汇率 = 即期汇率 - 升水，或远期汇率 = 即期汇率 + 贴水

(2) 外汇市场交易方式有即期外汇交易、远期外汇交易、掉期交易、外汇期货交易和期权交易。

①即期外汇交易。外汇市场交易以即期外汇交易占主要地位。即期外汇交易也称现汇交易，是交易双方以当时外汇市场的价格成交，并在成交后的两个营业日内办理有关货币收付交割的外汇交易。即期外汇交易的汇率是即期汇率，或称现汇汇率。

②远期外汇交易。外汇买卖成交时，买卖双方先签订远期合约，约定到合约规定的交

割日期，按约定的远期汇率及货币金额进行交割的外汇交易。

远期外汇交易的交割方式有两种：定期交割、择期交割。

定期交割是指在固定日期进行交割，即在远期合约中确定具体的交割日期。择期交割是指可以选择日期进行交割。

③外汇掉期交易。外汇掉期交易又称时间套汇，是指在同一外汇市场上同时买进和卖出币种相同、金额相同、交割期不同的外汇合约的交易。其主要目的是外汇保值。

外汇掉期交易有三种：隔日掉期；即期对远期掉期；远期对远期掉期。

④外汇期货交易。外汇期货交易又称货币期货。外汇期货合约是以外汇作为交割内容的标准化期货合同。它主要包括以下几个方面的内容：

第一，外汇期货合约的交易单位。每一份外汇期货合约都由交易所规定标准交易单位。

第二，交割月份。国际货币市场所有外汇期货合约的交割月份都是一样的，为每年的3月、6月、9月和12月。交割月的第三个星期三为该月的交割日。

第三，通用代号。在具体操作中，交易所和期货佣金商以及期货行情表都是用代号来表示外汇期货。

第四，最小价格波动幅度。国际货币市场对每一种外汇期货报价的最小波动幅度作了规定。

第五，每日涨跌停板额。每日涨跌停板额，是一项期货合约在一天之内比前一交易日的结算价格高出或低过的最大波动幅度。

⑤外汇期权交易。外汇期权交易是指交易双方在规定的期间按商定的条件和一定的汇率，就将来是否购买或出售某种外汇的选择权进行买卖的交易。外汇期权交易是20世纪80年代初、中期的一种金融创新，是外汇风险管理的一种新方法。

根据外汇交易和期权交易的特点，可以把外汇期权交易分为现汇期权交易和外汇期货期权交易。现汇期权交易（Options on Spot Exchange）是指期权买方有权在期权到期日或以前以协定汇价购入一定数量的某种外汇现货，称为买进选择权（Call Option），或售出一定数量的某种外汇现货，称为卖出选择权（Put Option）。经营国际现汇期权的主要是美国的费城证券交易所。芝加哥国际货币市场和英国的伦敦国际金融期货交易所。

外汇期货期权交易是指期权买方有权在到期日或之前，以协定的汇价购入或售出一定数量的某种外汇期货，即买入延买期权可使期权买方按协定价取得外汇期货的多头地位；买入延卖期权可使期权卖方按协定价建立外汇期货的空头地位。买方行使期货期权后的交割同于外汇期货交割，而与现汇期权不同的是，外汇期货期权的行使有效期均为美国式，即可以在到期日前任何时候行使。经营外汇期货期权主要有芝加哥的国际货币市场和伦敦的国际金融期货交易所两家。

期权按行使权力的时限可分为两类：欧式期权和美式期权。欧式期权是指期权的买方只能在期权到期日前的第二个工作日，方能行使是否按约定的汇率买卖某种货币的权力；而美式期权的灵活性较大，因而费用价格也高一些。

外汇期权对于买方而言，其主要作用是通过购买期权增强交易的灵活性，即可以有权选择有利于自己的汇率进行外汇买卖，消除汇率变动带来的损失、谋取汇率变动带来的收益。

第二节

理财计算基础

一、货币的时间价值（TVM）

（一）货币价值随时间的变化

1. 货币价值随时间增加。例如：2005年底，存100元在银行，年利率2%，2006年底，变为102元，货币价值随时间减少；1368年底，存100两黄金，扣除保管费用和自然损耗，1644年底，变为98两黄金；投资100元入股市，一年后亏损为80元。

2. 货币价值随时间不变。例如：2008年底，放100元纸币在抽屉，2009年底，仍为100元。把不同时点的货币换算到相同时点上，才能进行加减和比较，不同时点货币的价值，可能不相等。

又如：某人的投资收益率为10%，方案一：未来3年内每年年末得到100元；方案二：第3年年末一次性得到330元；方案三：第1年年初一次性得到250元。方案一是否比方案二合算？方案一是否比方案三合算？这需将不同时点货币换算到同一时点才能作出决定。

3. 货币的时间价值增加。这个概念，一般指货币价值随时间增加的情况，指货币经历一定时间的投资和再投资，所增加的价值。例如，将现在的1元钱存入银行，年利率10%，1年后可得到1.10元。1元钱经过1年时间增加的0.10元，就是货币的时间价值。

（1）货币的时间价值与货币的购买力。货币的时间价值增加，不代表购买力同等增加，还要考虑通货膨胀，计算实际收益率（名义收益率减去通货膨胀率）。比如，扣除通货膨胀率后，我国改革开放以后银行存款实际利率为负数。

（2）货币的时间价值与投资风险。货币的时间价值越大，并不表示投资越合算，要考虑投资风险，需用名义收益率减去风险补偿收益率。

计算货币的时间价值中的符号表示如下：

I——利息（Interest），i，r——利息率，折现率，每一利息期的利率，n，t——计算利息的期数（年、半年、季度、月），P，PV——现值（Present Value），F，FV——终值（Future Value），计息期（可以是一年，半年，季，月，天等）。

二、单利和复利

我们可以先看一个例子：以"三年期定期存款"的方式存1万元，年利率3.5%，利息不计入下期本金。

（1）银行3年后一次性支付本息；

（2）银行每过一年，支付一次利息。

请思考，上述计息方法，是单利计息还是复利计息？

（一）单利与复利的区别

单利和复利主要是看前几期获得的利息，能否在后几期获得收益（利息或再投资收益）。

1. 单利：前几期获得的利息，不能在后期获得收益。在多个计息期里，利息不计入本金，不在下期获取利息的计息方式，并且利息不每期发放，无法获得再投资收益。

2. 复利：前几期获得的利息，能在后期获得收益。在多个计息期里，前一期利息计入本金，与本金一起生息的计息方式，或者利息每期发放，可以获得再投资收益。

（1）单利计算的例子。

［**例2-1**］按年利率10%存100元到银行，用单利计算利息，2年后到期一次性还本付息，2年后能得到多少钱？

解：本息和 $=100+100\times10\%+100\times10\%=120$（元）

其中，本金100元，利息20元。

【小常识】

银行挂牌的存款利率都是单利，银行每年按这个利率计算利息，但是只在存款到期时才和本金一并支付。如2年期定期存款利率是2.79%，存100元，2年的利息总和是100元 $\times2.79\%\times2=5.58$（元），2年后得到的本息和是105.58元（税前）。

（2）复利计算的例子。

［**例2-2**］在年收益率10%的基金账户上投资100元，每年分红一次，分红转入本金计息，2年后将得到多少钱？

问题分解：

1年后，获得 $100\times(1+10\%)=110$（元），本金积累到110（元）

2年后，获得 $110\times(1+10\%)=121$（元）

一次性计算方法：$100\times(1+10\%)\times(1+10\%)=121$（元）

或者：$100\times(1+10\%)\times2=121$（元）

121元的构成：

—100元，原始本金；

—10元，第1年利息；

—10元，原始本金的第2年利息；

—1元，第1年利息在第2年赚的利息。

（3）复利的威力。复利在短期内效果不明显，但随着期限延长，威力巨大。

复利的趣事：美国政府都还不起的一笔个人债务

1988年，美国人德哈文（J. Dehaven）的后代向联邦政府追讨国会欠他家族211年的债务，本利共计1 416亿美元。事情的经过是这样：1777年严冬，当时的美国联军统帅华盛顿将军所率领的革命军弹尽粮绝。华盛顿为此向所困之地的宾州人民紧急求援，大地主德哈文借出时值5万元的黄金及40万元的粮食等物资。这笔共约45万美元的贷款，借方为大陆国会，年息为6厘。211年后的1988年，45万美元连本带利已滚成1 416亿美元，这笔天文数字的债务足以拖垮美国政府，政府决定拒还。此故事足以说明复利增长的神奇力量。

3. 终值（Future Value，FV）。某时点（现在）一笔资金，在未来某时点的价值。

4. 现值（Present Value，PV）。未来一笔资金，在之前某时点（现在）的价值。

（二）终值和现值

1. 单利的终值公式：$F = P + P \times i \times n = P \times (1 + i \times n)$

2. 单利的现值公式：$P = F \div (1 + i \times n)$

[**例2-3**] 某人在银行存入1 000元，利率为10%，单利计息，期限3年。

解：3年后可得到本利和为：$F = 1\,000 + 1\,000 \times 10\% \times 3 = 1\,300$（元）

[**例2-4**] 某人希望3年后得到1 300元，银行存款利率为10%，单利计息，他应在3年前存多少钱？

解：$P = 1\,300 \div (1 + 10\% \times 3) = 1\,000$（元）

n为期数，F为复利终值，F_n为第n期复利终值，P为本金（现值），i为复利利率，则：

第一期：$F_1 = P + P \times i = P \times (1 + i)$

第二期：$F_2 = F_1 + F_1 \times i = F_1 \times (1 + i) = P \times (1 + i) \times (1 + i) = P \times (1 + i)^2$

第三期：$F_3 = F_2 + F_2 \times i = F_2 \times (1 + i) = P \times (1 + i) \times (1 + i) \times (1 + i) = P \times (1 + i)^3$

……

第n期：$F_n = F_{n-1} + F_{n-1} \times i = F_{n-1} \times (1 + i) = P \times (1 + i) \times n$

3. 复利终值计算公式：

$F = P \times (1 + i) \times n = P \times (F/P, i, n)$。

其中，$(1 + i) \times n$ 称为复利终值系数，用符号 $(F/P, i, n)$ 表示。

[**例2-5**] $(F/P, 6\%, 3)$ 表示利率6%、期限3期的复利终值系数。

企业投资某项目，投入金额128万元，项目投资年收益率为10%，投资年限为5年，收益可累积入本金，在最后一年收回投资额及收益，则企业的最终可收回多少资金？

方法一：

$F = 1\,280\,000 \times (1 + 10\%)\,5 = 1\,280\,000 \times 1.61 = 2\,061\,440$（元）

方法二：

$F = P \times (F/P, i, n) = 1\,280\,000 \times (F/P, 10\%, 5)$

$= 1\,280\,000 \times 1.6105 = 2\,061\,440$（元）

[例 2-6] 复利终值计算例子（见表 2-4）

表 2-4　复利终值系数表

期限	利率			
	5%	10%	15%	20%
1	1.0500	1.1000	1.1500	1.2000
2	1.1025	1.2100	1.3225	1.4400
3	1.1576	1.3310	1.5209	1.7280
4	1.2155	1.4641	1.7490	2.0736
5	1.2763	1.6105	2.0114	2.4883

查复利终值系数表计算。

（1）用普通计算器计算：

F = 1 280 000 ×（1 + 10%）×5 = 1 280 000 × 1.61 = 2 060 800（元）

（2）用 Excel 函数 FV（Rate，Nper，Pmt，Pv，，Type）计算：

F = PV（10%，5，0，1 280 000，0）= 2 061 452.80（元）

（3）用 hp12c 财务计算器计算：

①按 1 280 000，再按 PV。

②按 10，再按 i（表示输入利率 10%）。

③按 5，再按 n。

④求结果，按 FV。

FV（i = 10%，n = 5，pmt = 0，pv = 1 280 000）= 2 061 452.809（元）

复利在短期内效果不明显，但随着期限延长，威力巨大。

【案例 2-1】

那个岛值多少钱？

麦纽因特与印第安人的交易。1626 年，麦纽因特以价值 24 美元的商品和小饰品从印第安人手中购买了整个曼哈顿岛。如果印第安人将 24 美元以 10% 的利率进行投资，那么 2010 年这笔钱是多少呢？

复利终值系数 $(1+i)^{n}$ = $(1+10\%)^{2010-1626}$

= 7 848 000 000 000 000（美元）

FV = 24 × 7 848 000 000 000 000（美元）

4. 复利的现值公式：P = F ×（P/F，i，n）。其中，（1 + i） - n 是把终值折算为现值的系数，称为复利现值系数，用符号（P/F，i，n）来表示。（P/F，10%，5）表示利率为 10%、期限 5 期的复利现值系数。

[例 2-7] 某投资基金的年收益率为 10%，某企业 5 年后需要得到 150 万元现金，那

么，企业现在应投资多少钱到基金中？

解：

方法一：

$P = 1\ 500\ 000 \times (1+10\%)^{-5}$

$= 1\ 500\ 000 \times 0.6209 = 931\ 350$（元）

方法二：

$P = F \times (P/F,\ i,\ n) = 1\ 500\ 000 \times (P/F,\ 10\%,\ 5)$

$= 1\ 500\ 000 \times 0.6209 = 931\ 350$（元）

［**例 2－8**］复利现值计算例子（查表 2－5）。

表 2－5　　复利现值系数表

期限	利　率			
	5%	10%	15%	20%
1	0.9524	0.9091	0.8696	0.8333
2	0.9070	0.8264	0.7561	0.6944
3	0.8638	0.7513	0.6575	0.5787
4	0.8227	0.6830	0.5718	0.4823
5	0.7835	0.6209	0.4972	0.4019

（1）用普通计算器计算：

$P = 1\ 500\ 000 \times (1+10\%)^{-5} = 1\ 500\ 000 \times 0.6209 = 931\ 350$（元）

（2）用 Excel 函数 PV（Rate，Nper，Pmt，Fv，Type）计算：

P = PV（10%，5，0，1 500 000，0）＝931 381.98（元）

（3）用 hp12c 财务计算器计算：

①按 1 500 000，再按 FV。

②按 10，再按 i（表示输入利率 10%）。

③按 5，再按 n。

④求结果，按 PV。

三、名义利率与有效年利率

名义利率，是指经济合同中的标价（报价）利率。

注意：没有剔除掉通货膨胀的利率也叫名义利率，与实际利率相对应。

有效年利率（Effective Annual Rate，EAR），是指考虑一年中复利计息次数后的实际利率，即实际年利率。

我国银行利率，有年利率、月利率、日利率三种。年利率以百分比表示，月利率以千分比表示，日利率以万分比表示。例如：

年息 9 厘，写为 9%，即每百元存款一年利息 9 元；

月息 6 厘，写为 6‰，即每千元存款一月利息 6 元；

日息 1 厘，写为 1‱，即每万元存款一日利息 1.5 元。

银行对上述三种利率采用如下换算公式

年利率 ÷ 12 = 月利率

月利率 ÷ 30 = 日利率　或　年利率 ÷ 360 = 日利率

[例 2-9] 1 年期定期存款，利率 5%，利息支付有如下几种：每年计算并支付利息一次；半年计算并支付利息一次；每季度计算并支付利息一次；每月计算并支付利息一次；每天计算并支付利息一次；

请问，1 年后所获得的利息一样吗？

解：见表 2-6。

表 2-6

计息次数	m	每期收益率（%）	实际收益率（%）
每年一次	1	5.0000	5.0000
半年一次	2	2.5000	5.0625
每季度一次	4	1.2500	5.0945
每月一次	12	0.4167	5.1162
每天一次	360	0.0139	5.1267
连续复利	∞	无穷小	5.1271

四、倍增计算的简易法则

下面介绍倍增术——72 法则。

72（投资年报酬率 × 100）= 投资倍增所需年数

使本金加倍的时间约为 72（i × 100）。对 i 位于 5% ~ 20% 范围内折现率相当准确。

[例 2-10] 某人准备存够 10 000 元用以未来去中国香港旅游，现将 5 000 元存入银行，存款年利率 5%，复利计息，需要多长时间能积累到 10 000 元？

提示：建立方程　10 000 = 5 000 ×（1 + 5%）× n

使用 excel 函数 NPER(rate，pmt，pv，fv，type) 得：NPER(5%，0，-5 000，10 000，0) = 14.2（年）

[例 2-11] 假设某基金公司承诺 14 年时间倍增你的投资，那么其投资报酬率 i 是多少？

解：由 72（i × 100）= 14 可得 i = 5.14%。

五、年金的终值和现值

年金是在一定时期内，每次支付金额相等、方向相同、没有间断的系列款项，记做

A。按每次收付发生时点的不同，年金可分为以下五种：

普通年金：期末收付，如工资、利息；

预付年金：期初收付，如房租、学费；

延期年金：最初若干期无收付款项，后面若干期有等额收付款项；

永续年金：无限期支付，如优先股股利；

预付年金（或延期年金）：转换考察时点后，可视为普通年金。

（一）普通年金

普通年金又称后付年金，即一定时期内每期期末等额收付的系列款项。

1. 普通年金终值计算。

普通年金终值计算公式：

FA = A(1+i)×0 + A(1+i)×1 + A(1+i)×2 + … + A(1+i)×n−2 + A(1+i)×n−1

= A×(F/A,i,n)

其中，年金终值系数用符号（F/A，i，n）表示。例如（F/A，6%，3）表示利率6%、期限3期的年金终值系数。

[例2-12] 某人参加保险，每年交保费2 400元，年末支付保险金，投保年限25年，投保收益率8%，25年后可得到多少钱（年金终值系数见表2-7）？

F = A×（F/A，i，n）

= 2 400×（F/A，8%，25）

= 2 400×73.106 = 175 454.40（元）

表2-7 **年金终值系数表**

期限	利率			
0	5%	8%	15%	20%
5				
10				
20				
25		73.106		
30				

（1）用普通计算器计算：

F = 2 400×1.61 = 3 864（元）

（2）用Excel函数FV（Rate，Nper，Pmt，Pv，Type）计算：

F = FV（8%，25，2 400，0，0）= 175 454.26（元）

（3）用hp12c财务计算器计算：

①按2 400，再按PMT。

②按 8，再按 i。

③按 25，再按 n。

④求结果，按 FV。

FV（i = 8%，n = 25，pmt = 2 400，pv = 0）= 175 454.26（元）

［例 2－13］某人每年年末将 2 000 元存入一个利率为 3% 的退休金账户，如果他准备 30 年后退休，到时他将有多少钱？

解：2 000 ×（F/A，3%，30）= 2 000 × 47.5754 = 95 150.8（元）

2. 普通年金现值计算。

普通年金现值计算公式：

$$PA = A(1+i)^{-1} + A(1+i)^{-2} + \cdots + A(1+i)^{-(n-1)} + A(1+i)^{-n} = A \times (P/A, i, n)$$

其中，年金现值系数，用符号（P/A，i，n）表示。例如（P/A，6%，3）表示利率 6%、期限 3 期的年金现值系数。

［例 2－14］某人出国 3 年，在国内每年年末需交房租 100 元，请你代付房租。设银行存款利率 10%，那么，他应当事先在银行存多少钱，刚好够你每年取 100 元支付房租（年金现值系数见表 2－8）？

解：P = A ×（P/A，i，n）

= 100 ×（P/A，10%，3）

= 100 × 2.4868 = 248.68（元）

表 2－8　年金现值系数表

期限	利率			
0	5%	10%	15%	20%
1				
2				
3		2.4868		
4				
5				

（1）用普通计算器计算：

F = 100 × 2.4868 = 248.68（元）

（2）用 Excel 函数 PV（Rate，Nper，Pmt，Fv，Type）计算：

F = PV（10%，3，100，0，0）= 248.69（元）

（3）用 hp12c 财务计算器计算：

①按 100，再按 PMT。

②按 10，再按 i。

③按 3，再按 n。

④求结果，按 PV。

（二）预付年金

预付年金是指一定时期内每期期初等额收付的系列款项。

计算预付年金的终值与现值，可先计算前一期的普通年金终值与现值，再乘以（1+i）调整为预付年金的终值与现值。

现值公式：P=A×（P/A，i，n）×（1+i）

终值公式：F=A×（F/A，i，n）×（1+i）

预付年金均采用电子化计算。

1. 用普通计算器计算，就是乘以（1+i）。

2. 用 Excel 函数 PV（Rate，Nper，Pmt，Fv，Type）、FV（Rate，Nper，Pmt，Pv，Type）计算时，Type 取 1 表示现金流发生在期初。

3. 用 hp12c 财务计算器计算是先按 g，再按 BEG，出现 BEGIN 时，表示现金流发生在期初。

（三）递延年金

递延年金指第一次支付发生在第二期或第二期以后的年金。递延年金终值的计算，直接按普通年金求出年金终值。

递延年金的现值计算是求出递延年金在递延期（第 n 期）的现值，然后再将此现值调整为第一期期初的现值。

［例 2-15］某企业向银行借入一笔款项，年利率为 8%，银行规定从第 8 年末至第 20 年年末每年偿还 1 000 元（递延 7 期，支付 13 期的递延年金），该笔款项的现值相当于多少？

在递延期（第 8 年年初）的现值=1 000×（P/A，8%，13）

调整为第一年年初的现值=1 000×（P/A，8%，13）×（P/F，8%，7）=1 000×7.536×0.5835=4 397.31（元）

（四）永续年金

无限期定额支付的年金，称为永续年金。例如：把钱存在银行，每期取回固定的利息，直到永远，永不取回本金。

永续年金现值计算公式为：P=A ÷ i。

［例 2-16］拟建立一项永久性的奖学金，每年计划颁发 10 000 元奖金。若利率为 10%，现在应存入多少钱？

P=10 000÷ 10% =100 000（元）

永续年金现值计算见［例 2-17］。

［例 2-17］某人听到消息，市面上有一种优先股，每年可分得股息 8 元，市价是 100 元/股，假定银行存款年利率 6%，请考虑是否要购入这种优先股？

解：PV=A ÷r

=8÷6%

=133.33（元）

也就是说，6%折现率下，优先股的价值高于现行价格。

结论：

如果这一优先股的风险与银行存款差不多，可购买优先股；

如果这一优先股的风险高于银行存款，则不能确定购买优先股是否合算。

【小常识】

各种系数总结：
复利终值系数 =（F/P，i，n）
复利现值系数 =（P/F，i，n）
年金终值系数 =（F/A，i，n）
年金现值系数 =（P/A，i，n）
Excel 理财函数总结：
终值计算函数：FV（Rate，Nper，Pmt，Pv，Type）
现值计算函数：PV（Rate，Nper，Pmt，Fv，Type）
期限计算函数：Nper（Rate，Pmt，Pv，Fv，Type）
利率计算函数：Rate（Nper，Pmt，Pv，Fv，Type）
每期支付计算函数：Pmt（Rate，Nper，Pv，Fv，Type）

第三节 生命周期理论

生命周期理论是 1985 年由诺贝尔经济学奖获得者 F. 莫迪利亚尼从个人生命周期消费计划出发，与宾夕法尼亚大学的 R. 布伦博格、A. 安多共同建立的消费和储蓄的宏观经济理论。

该理论对消费者的消费行为提供了全新的解释，并指出：个人是在相当长的时间内计划他的消费和储蓄行为的，在整个生命周期内实现消费的最佳配置。人们通常在工作期间储蓄，然后将这些储蓄用于他们退休期间的支出。人口的年龄结构是决定消费和储蓄的重要因素。

一、生命周期理论的主要内容

生命周期理论的主要内容有以下四项：

（1）消费在消费者的一生中保持不变。

（2）消费支出是由终身收入加上初始财富来融资的。

（3）每年将消费掉（1/个人预期寿命）的财富。

（4）当前消费取决于当前财富和终身收入。无论是劳动收入还是财富增加，都将提高消费支出；延长相对于退休时间的工作时间从而增加终身收入并且缩短负储蓄的时间长度，也会提高消费。

二、生命周期理财的理论基础

（一）持久收入假说

1. 从长期来看，消费支出取决于持久收入。弗里德曼认为，理性的消费者为了实现终生的效用最大化，不是根据现期的暂时性收入，而是根据长期中能保持的收入水平（即持久收入水平）来作出消费决策，因此，消费者支出水平不由其现期收入而是由持久收入决定。

2. 持久收入与暂时收入不同，只有前者才影响消费支出。

3. 持久收入是稳定的，所以，个人的消费函数也是稳定的。从一个较长时间来看，个人消费支出水平相对稳定。

4. 持久收入不仅包括劳动收入，而且还包括财产收入，因此，消费不仅取决于收入，还取决于财产。

（二）生命周期储蓄假说

该假说认为，人是理性的，为了在一生中有比较稳定的生活水平，并使一生的总效用达到最大，就不能根据现期收入的绝对水平来决定自己的消费支出，而是要根据一生所能得到的收入与财产来决定各个时期的消费支出，即每个人在每一时点上的消费和储蓄决策都反映了希望在其生命周期各个阶段达到消费的理想分布，以实现一生消费效用最大化的目标。因此，每个人的消费取决于他们在各个生命期内的总收入和财产。这样，消费就取决于个人和家庭所处的生命周期阶段。生命周期储蓄假设将人的一生分为年轻时期、中年时期和老年时期三个阶段，其中，老年时期是指退休以后的阶段。

三、生命周期理论在个人理财方面的运用

（一）家庭生命周期各阶段特征及财务状况

家庭生命周期各阶段特征及财务状况见表2-9。

表 2－9　家庭生命周期各阶段特征及财务状况

	青年单身期	家庭形成期	家庭成长期	家庭成熟期	家庭衰老期
特征	从参加工作到结婚，单身	从结婚到新生儿诞生，家庭成员数目随子女出生而增加	从小孩出生到完成学业为止，家庭成员数目固定	从子女完成学业到家长退休为止，家庭成员数目随子女独立而减少	从家长均退休到家长一方过世为止，家庭成员只有夫妻两人
收支状况	收入仅为单身者个人收入，收入比较低，消费支出大	收入以双薪家庭为主，经济收入增加，已经有一定财力，往往需要较大的家庭建设支出，如购房、购车等	收入以双薪家庭为主，最大开支是子女学前教育、智力开发、家庭成员保健医疗费用，在子女上大学期间教育费用和生活费用猛增，负担较重	收入以双薪家庭为主，工作收入、经济状况、事业发展均达到巅峰，支出随家庭成员数目减少而降低	以退休双薪收入为主，或有部分理财收入或变现资产收入，医疗费用支出增加
储蓄状况	个人储蓄较少	储蓄额随家庭成员增加而下降，家庭支出负担大	收入增加而支出稳定，在子女上大学前储蓄逐步增加	收入达到巅峰，支出基本稳定，是准备退休储备金的黄金时期	支出大于收入，是消耗退休储备金的主要时期
资产负债状况	资产较少，可能还有负债（如贷款购房、购车，个人信用卡贷款等），净资产可能为负	可积累的资产有限，家庭成员因年轻可承受高风险资产的投资风险，通常要背负巨额房贷	可积累的资产逐年增加，开始控制投资风险，投资能力和还贷能力均增加	可积累的资产达到巅峰，要逐步降低投资风险，尽快在退休前把所有的负债还清，为退休做准备	逐年变现资产来应付退休后生活费开销，投资应以固定收益等低风险品种为主，应该无新增负债

（二）家庭生命周期各阶段的理财策略和产品选择

根据家庭生命周期各阶段的理财需求，家庭生命周期各阶段的理财策略和产品选择如下：

1. 在青年单身期，收入较低而消费支出较高，资产较少而负债较多，净资产可能为负，此时的理财重点是提高自身获得未来收益的能力，如加大人力资本方面的投资。

2. 在家庭形成期是家庭的主要消费期，经济收入增加而且生活稳定，家庭已经有一定的财力和基本生活用品。

3. 在家庭成长期，家庭有稳定收入，最大开支是医疗保健费、子女教育及智力开发费用，此时精力充沛，又积累了一定的工作阅历和投资经验，风险承受能力增强，可以考虑建立不同风险收益的投资组合。

4. 在家庭成熟期，父母的工作能力、工作经验、经济状况都达到巅峰状态，子女已完全自立，债务已逐渐减轻。

5. 在家庭衰老期，收益性需求最大，这时的理财一般以保守防御为原则，目标是保证有充裕的资金安度晚年，因此，投资组合中债券比重应该最高。

四、制定个人生命周期理财计划的技术方法

（一）退休前收入目标替代率法

很多理财专家认为，在制订养老储蓄计划时，应当以退休前收入的75%为目标，即退休前收入的目标替代率方法。

小李今年35岁，预计到65岁退休，退休后继续生活15年，直到80岁，其现在年收入为30 000元，且尚未积累任何资产。为了使问题简单化，假定没有税收，没有通货膨胀因素，小李在退休前收入保持不变，年利率保持为3%。那么，小李该如何为自己的养老进行储蓄呢？现在假定小李采取这种方法，希望在退休后每年能获得退休前年收入的75%，即22 500元（=30 000×75%）。

第一步，计算小李退休后连续15年获得22 500元的现值。

$$PV = A\frac{1-(1+i)^{-n}}{i} = 22\,500 \times \frac{1-(1+3\%)^{-15}}{3\%} = 268\,604\ （元）$$

第二步，计算小李为达到这一金额的养老储蓄金额而每年需储蓄的金额。

$$FV = A\frac{(1+i)^{n}-1}{i} \Rightarrow 268\,604 = A \times \frac{(1+3\%)^{30}-1}{3\%} \Rightarrow A = 5\,646\ （元）$$

由上可知，小李为了在退休后15年中每年可以取出22 500元的退休金，其在未来30年的工作期间内每年需存款5 646元。

（二）维持相同的消费水平

假定小李现在的目标是退休后维持与退休前相同的消费支出水平，即其未来的45年内都保持同样的消费支出水平，设这一支出水平为C。本方法的基本思路是：计算出小李未来30年全部收入的现值，再将这笔现值平均分配到未来的45年，平均分配到每年的现值即为C。

第一步，计算小李未来30年全部收入的现值。

第二步，计算小李未来45年中每年可支出的金额（即C）。

由上可知，小李在未来45年内的不变支出水平是23 982元，从现在开始，他每年要储蓄6 018（=30 000－23 982）元，即可保证退休后每年保持23 982元的支出水平。

第三章

家庭理财规划

第一节

理财目标及理财规划

一、家庭理财的特点与原则

（一）家庭理财的特点

家庭理财的特点有如下七个：

1. 信息不必对外公开，仅供家庭成员使用。
2. 不受国家会计制度和会计准则约束。
3. 资产负债表和损益表不要求严格对应。
4. 采用收付实现制，而非权责发生制。
5. 不必计列折旧。
6. 不进行费用支出的资本化。
7. 不计提资产减值准备。

（二）家庭理财的基本原则

家庭理财的基本原则有四个：

1. 借贷相等原则。
2. 收付实现制原则。
3. 流量与存量相对应原则。
4. 成本价值与市场价值双重度量原则。

二、人生各阶段理财目标

人生各阶段理财目标见表 3 - 1。

表 3-1 人生各阶段理财目标

人生阶段	年龄	收入支出特点	理财目标
单身期	参加工作至结婚（1~10年）	收入低、负担轻	节财、资产增值
家庭形成期	结婚到新生儿诞生（1~5年）	收入增加、开支加大	购房、购置硬件、保险、资产增值
家庭成长期	孩子出生到上大学（18年）	开支大增、家庭负担和责任最重	育儿、子女教育、保险、资产增值、购房、购车
子女大学教育期	孩子上大学（4~7年）	事业顶峰、收入稳定	子女教育、资产增值
家庭成熟期	子女参加工作到家长退休（10~15年）	财务压力减轻，结余顶峰	资产增值、养老
退休期	退休后（20年）	收入减少	养老、资产增值、遗产

（一）一般理财规划与卓越理财

1. 一般理财规划。一般财务规划的内容包括收支规划、借贷规划、投资规划、保障规划、税务规划、退休规划、员工福利规划和遗产规划。

2. 卓越理财。卓越理财是回归到人的需求本源，去寻找一生所要经历的不同经济层次、经济状态。人的心理需求与财务需求见图 3-1。

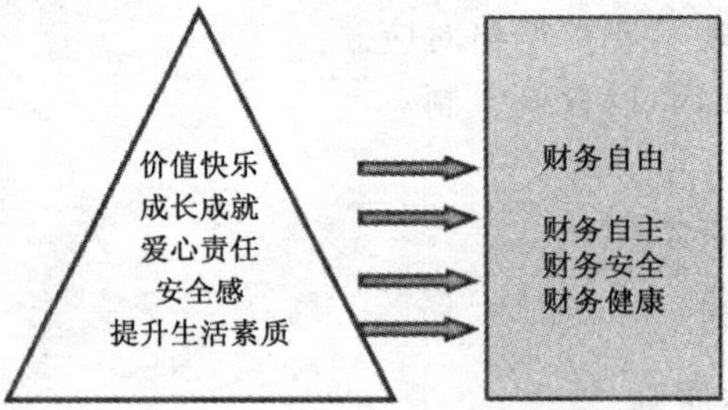

图 3-1 心理需求与财务需求

相对于不同的需要，可以把个人财务规划分成四个步骤：

（1）财务健康。这是相对于生理需要的部分。

（2）财务安全。这是相对于安全需要的部分。

（3）财务自主。这是相对于社交和尊重需要的部分。

（4）财务自由。这是相对于自我实现的部分。

这些都是体现人生价值和快乐的部分，所以，马斯洛的需求理论指出：当一个人满足了自我实现需要的时候，他会获得一种超乎生理愉悦的快乐感觉。那就是一种真正的幸福感。

三、家庭财务安全的必要性

只有完成了财务安全的家庭，才真正在投资当中更有竞争力，能够承担更大的风险。家庭财务安全是配合马斯洛的需求理论的，马斯洛需求理论中关于安全感的需要是：劳动安全、职业安全、生活稳定，希望免予灾难，希望未来有保障。每一个现实生活中的人，都会产生安全感的欲望、自由的欲望、防御实力的欲望。

（一）人生不同阶段的现金流

人生的整个的成长过程，也就是现金流量不断波动的过程：

1. 从出生开始是净支出，父母供养学习、成长。

2. 参加工作，收入通常不多，现金收入基本上等于现金支出，即所谓的“月光族”现象。

3. 30 ~40 岁进入家庭形成期的时候，人生职业生涯也进入到最辉煌的时间，通常现金收入能够大于现金支出，而且开始学习投资和理财。

4. 进入到家庭成长期，也属于现金收入大于现金支出的时候。

5. 进入退休期，可以安度晚年，这个时候，现金收入会小于现金支出。

（二）人生财务需要

人生未来虽然是未知的，但是对于人生来讲，财务需要却是已知的。

以下以一位 37 岁的男士为例（见图 3 –2）：

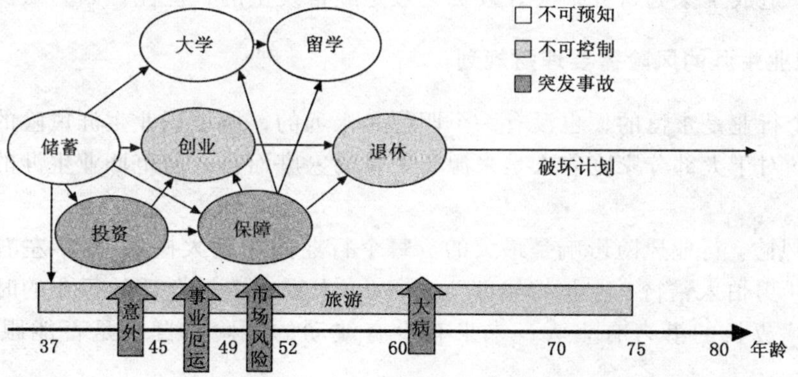

图 3 –2　未来已知财务需要

1. 人生中的各种需要。我们将人生分成几个阶段：45 岁、49 岁、52 岁、60 岁。从 37 岁开始，他有储蓄的需要，之后有投资的需要，同时有稳定保障的需要。到 40 岁职业生涯发展高峰的时候，通常有创业的需要，因为在 40 岁左右的时候，职业生涯大部分有两极分化的现象：一部分人可以继续升职，走到更高的岗位上去；还有一部分人，能够升职的机会相对较小，或者是稳定留在原来的岗位上，或者选择创业的出路。所以，在这个时候，创业和创业资本就显得非常重要。在 45 ~ 50 岁的时候，孩子要上大学，如果要留学的话，那每年所需要的费用会更高。同时，孩子留学还没有回来的时候，我们就开始了退休生活，特别是在大城市生孩子比较晚的家庭，这个现象尤为突出。除此之外，我们还有其他的需要，比如旅游等，这些都是我们的各种需要。

2. 一生中面临的风险。在满足这些需要的过程当中，还会有一些事件发生，比如意外事件，包括事业的波动，市场风险、股市波动，房市波动，甚至包括疾病等风险。它们都会是我们一生财务大计的破坏者。风险发生的时候，我们要提前做好准备，以防这些风险影响到家庭，因此，在决定投资决策的时候，一定要明确自己的底线。

（三）人生不同阶段的理财需要

从幼年、少年、青年、中年、盛年，到老年，我们理财的需要是越来越多，而我们的收入随着曲线波动，到了 60 岁左右会骤减，但是我们在老年的时候，所面对的问题反而是最多的，要花的钱也是最多的。

（四）人生风险需要合理理财规划

1. 身体健康问题。健康是一个重要的问题，很多生活在我们周边的人，往往都是因为健康出现问题而导致重大家庭财务损失。因病致穷，因病使家庭遭受重创的现象非常多。

2. 意外事件。目前，意外事件频发，特别是交通意外事故，几乎每天都有人因此而丧失生命，也会导致重大家庭财务损失。

3. 缺乏全面的家庭财务安全规划。在上一轮的牛市当中，就有 70% 的股民因为错误的投资行为，造成了家庭财务损失。投资失败是经常发生的，但往往因为缺少合理规划。

（五）职业生涯的风险需要理财规划

没有一个行业是永恒的，也没有一个职位是永远的，所以职业生涯风险的波动也会影响人的一生。对于大部分家庭收入是来源于工薪的家庭而言，防范职业生涯的风险显得额外重要。

1. 行业风险。行业风险影响是最大的。每个行业的周期大概在 10 年左右。中国有句古话，叫作“男怕入错行，女怕嫁错郎”。所以，大家在选择合适的行业的时候，要先看这个行业继续成长的潜力有多大，未来有没有波动的风险，自己是否能跟着行业一起成长。

2. 年龄风险。年龄风险也是非常重要的。人力资源当中，有一个“40 岁效应”，这种效应在英美企业特别凸显，当决定是不是要跳槽的时候，年龄风险是一个主要思考的问题。

到老年的时候，我们的身体状况会变得比较虚弱，所需要的花费非常高，所以提前准备老年生活，也是非常重要的。

3. 成长的风险。一个人获得高职位和比别人更高的收入虽然有机遇的原因，但是，这个人一定能做到别人做不到的事情，所以他才可能获得这个职位，获得这个收入。如果我也做别人都能做的事情，或者别人都会做的事情，就没有竞争力，我能拿到的收入跟周围的人差不多。如果能学习一件别人不能做的事情，那么我就能突破困难，能突破的困难越多，也就意味着成长越快，未来在职场上的竞争力也会越大。

如果真的想在职业生涯中很好地成长，努力去做自己不喜欢做的事情，或者是别人都没有做的事情，或者是看上去很困难、很麻烦的事情，你埋头做到了，你的竞争力就会比别人更高。

4. 人事风险。这种风险是不可避免的，一般而言，我们应尽可能保持为人的中性，尽可能跟周围人建立和谐的关系，这也是解决职业生涯风险的一种方法。

5. 经济风险。经济波动对每个人来讲都是非常重要的，而且肯定会遇到，所以需要理性对待。在 1997 年，中国香港经济危机的时候，出现了大量的“负翁”，因为当时房产下跌，跌到了原来市值的三分之一，很多贷款买房子的家庭，还要按照原来市值继续偿还贷款。因为经济危机，生意关门，出现了严重的失业问题，曾经的商业机会、职业机会没有了，造成很多人一方面没有现金收入，一方面还有高额负债需要继续偿还，同时，抵押给银行的房子，也只剩下原来三分之一的资产，所以大部分人就把房子直接给了银行，不还贷款了。这次巨大经济风波，就是一个警示。

四、个人（家庭）财务健康分析

财务健康是检验一个家庭未来生活是否绰绰有余，能否抵抗可预见风险的重要指标。家庭财务数据化是我们学习家庭财务规划最重要的第一步。

（一）建立家庭流水账

1. 每一笔开支都要记。我们建议分账户使用，这是一个比较好的方法。比如拿出 500 元作为汽车使用费，直到这 500 元用完为止，最后记账的时候，就记这 500 元为汽车使用费，这样不用每天来计算它。

2. 流水账记法

流水账范例见表 3－2。

表 3－2

日期	收入/支出（元）	消费事由
2008 年 5 月 27 日	（8.00）	买青菜
2008 年 5 月 28 日	（9.00）	吃酸辣粉
2008 年 5 月 29 日	（10.00）	买小吃

续表

每月小计	备注
月份	5
收入（元）	54.00
支出（元）	(27.00)
结余（元）	(27.00)

分段小计	
起始时间	2008年5月1日
结束时间	2008年6月30日
收入（元）	54.00
支出（元）	(27.00)
结余（元）	(27.00)

使用说明：

1. 自动生成编号，无需输入。
2. 支出输负数，收入输正数。
3. 锁定密码为空。
4. Ctrl + ; 快速输入当前日期。
5. 在每月小计中输入月份数。
6. 在分段小计中输入起始结束时间。

比如，当月花的医药费，就在当月的账户里面记上支出，等2~3个月从单位报销回来以后，再记入当月收入，这样能保持账务平衡，是最简单的，能保持每个月的账目清晰即可。

（二）家庭财务健康诊断

1. 负债收入比率。

（1）收支是否有盈余。它是指总收入减去总支出后，是不是还有余钱。盈余越多，在投资市场上，你的“子弹”就越充分。

（2）储备能否应付紧急开支。

（3）投资是否保本、增值、对抗风险能力。这是说你的投资是不是有稳定的保障？是不是能持续增值？是不是能对抗各种风险的波动？比如，美国的次贷风波，对美国房地产行业产生巨大影响，持有大量房产的人，日子就不好过。

（4）资产负债结构是否合理，是否有隐忧是否能达成已知的心愿。这是说是不是你想的事情都能达到？比如每年能带自己的家人去旅游等。

（5）能否抵抗可预见之未来开支，比如说疾病、子女教育和退休。

（6）能否抵抗可预见的风险，比如说意外事故、利率波动、通货膨胀波动、职业风险波动和经济变化。

（7）负债收入比率是否小于4%。负债收入比率等于家庭债务支出除以当月收入。

负债收入比率一般是按月来计算，测量每个月的财务风险。这个指标不应超过40%，这是一个警戒线。比如，一个家庭当月收入是5 000元，当月债务支出是3 000元，这个家庭每个月的负债收入比例就是60%，超过了40%的风险比率。如果负债收入比率低于40%，说明家庭负债在偿付能力之内；如果超过了40%，说明家庭负债比率过高，超过了承担能力，建议逐渐减少。特别是在国家贷款利率上调时，高负债收入比率会增加债务负担。财务健康的诊断要随时进行。

亚洲国家的人都不喜欢负债，债务是特别大的压力，是非常痛苦的感觉，而且债务的影响在金融波动中也是非常重要的，所以没有债务应该是非常好的状态。一般而言，一定程度上的举债，可以帮助我们在有限的资金状况下，扩张资本，获得更丰厚的利润。一般而言，举债会增加投资风险，所以最适合的负债收入比率应低于40%。

2. 盈余比率。盈余比率的公式：

盈余比率 =（当月收入 - 当月支出）/当月收入

这个指标反映了控制家庭开支和能够增加净资产的能力。例如，年收入18万元的一个国企职工，买房买车以后，就剩11元盈余，盈余比率相当低了，所以，他的家庭财务是不健康的。虽然他家不愁衣食，但是他的可投资资本的数量变得非常小，这就是他的家庭财务不健康的原因，除非持续地工作，否则未来获得财务自由的机会相对较小。

当月收入减去当月支出如果为负数，说明家庭收入入不敷出，属于严重的不健康状态。当月收入一般是不考虑资产增值的，因为目前这样的家庭不多，如果你现在已经形成了非常稳定的资产收益，可以考虑进去，这样是一个完整的财务报表，能知道你每个月能拿出多少钱进行投资。

3. 投资与净资产的比例。

投资与净资产的比例 = 投资资产/净资产

如果投资与净资产的比例大于50%，那就说明不靠自己上班的薪酬所得，也能过上快乐美好的日子。

（1）投资资产。凡是能带来现金收入的资产，都叫投资资产。当然，这个现金收入也可能是负的，因为投资是有风险的。

例如，一名钢琴老师，家庭中的钢琴是用来教学创造课时收入的，那么这架钢琴就可以算作投资资产；自住房不属于投资资产，自住房产卖掉获利才能算是投资资产；借出去的钱，如果能确保有利息收入，才可以算作投资资产；对于普通民众来说，真正的投资资产是我们自己，大部分收入是靠我们每天上班下班获得的工薪收入，所以要好好保护我们自己，这是非常重要的投资资产。

（2）净资产。家里所有资产减去所有负债就是净资产。如果投资与净资产比率超过50%，那就基本达到了跟美国家庭一样好的获利形态组合。如果说投资与净资产比率低于50%，也不一定不好，毕竟工薪收入有限，除去日常开支，真正能够拿出钱投资的也并不算多，所以，在保持基本物质生活水平时，尽可能多拿一点钱进行投资，是我们努力的方向。

4. 现金比率。现金比率也称为流动比率，即家庭的应急基金。

现金比率 = 流动资产/每月支出

现金比率是衡量家里活期账户上应该留多少钱的一个指标。流动资产就是马上能变现而不受损失的钱，应该相当于3~6个月的生活费，剩下的钱可以放在一些投资和获利的地方。

例如，房产本身不是流动资产，房产挂牌上市交易，也要3~6个月左右才能真正卖出去，而且本身还要交各种税费等。基金也不是流动资产，因为它有可能会赎回，包括之前的申购费用。定期存款同样不是流动资产，如果提前支取的话，定期存款会按照活期利息来计算，之前增长的利率也会完全降下来。

现金放在家里，有储放的风险，没有增值的效益，所以，家中留有3~6个月的现金作为生活费用足矣。建议：

5. 用货币市场基金代替活期账户。我们可以把包括现金流动的资金，都放在货币市场基金里面。货币市场基金是一种非常简单、低风险而且没有申购和赎回费用的一种可供临时现金周转的账户。它的收益优势是会比活期高很多，至少是3倍左右，缺点是收益具有波动性。

6. 合理使用信用卡。适当使用信用卡，利用信贷额度保持现金流转，这是费率最低的。只要在免息还款期之内全额还上，就不会产生任何费用。

使用信用卡需要注意：信用卡提现是从提现当天就开始计算利息，没有任何免息期，所以除非是万不得已的情况，尽可能不要使用信用卡提现。

五、个人（家庭）财务规划

（一）做好长期理财规划

个人（家庭）应做好长期理财规划，才能未雨绸缪（见图3-3）。

假设你从22岁开始，每个月投资200元，年复利为10%，到60岁时，你的账户上已经有1 006 874元，就能成为百万富翁。所以，获得财富的两个重要条件就是稳定的复利和坚持。

选择投资千万不要被高回报所吸引，这往往是有风险的。在投资理财当中，最容易犯的错误，就是追求高利润回报。

在人生当中，有些钱是很重要的，而且是需要长期来准备的，不能一蹴而就，儿童教育金和养老金，就是最凸显的两项。

（二）长期理财规划的内容

1. 儿童教育金。

（1）儿童教育金的特点。

①明确的时间。从孩子出生开始，到他读高中、读大学的时间就已经确定了，所以，

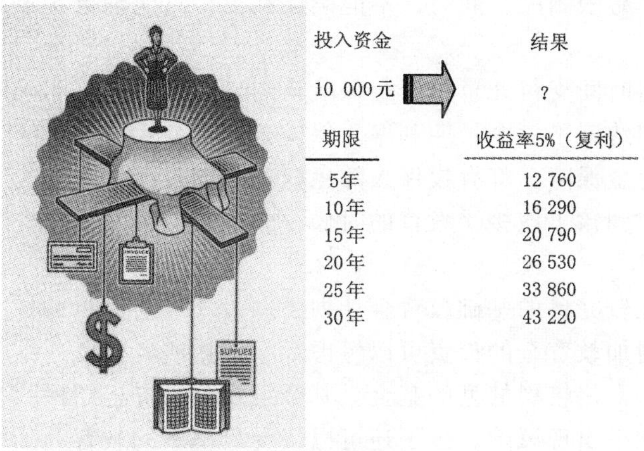

图 3－3　长期理财规划

一定要保证在这个时间段内有足够的钱供孩子读书。

②明确的现金需要。教育费用是一个现金需要，所有资产转化成现金可能发生损失，或者需要一段时间，特别是房产。所以，教育金是不能完全通过这种方法来解决。

③要稳健增值。教育费用有逐年上升的趋势，有些投资适合，而有些投资就不适合，最重要的是在使用儿童教育金的时候，这笔钱在哪儿。

（2）儿童教育金的规划步骤。

①计算教育费用需求；

②计算投资时间；

③找出缺口；

④制订投资方案。

（3）儿童教育金计划。

①基本教育金。基本教育金就是满足孩子日常的最基本教育水平，比如公立小学、公立中学、公立的大学，没有额外的费用。在我国的大中城市，要完成基本教育大概需要 18 万元（见表 3－3）。

表 3－3　大中城市教育费用一览表

项　目	费　用（万元）
完备的大学教育金	7
中学教育金	5
小学教育金	4
幼儿教育金	2
合　计	18

保证孩子的基本教育比赚钱更重要，不能把孩子的基本教育金放在风险当中。建议选用以下两种方案：

第一，银行提供的儿童教育金账户。这种账户，可以减免利息税，但是提取是有一定的条件，而且额度是有限制的；同时，不能确保利率，只能确定5年，跟着银行的利率的波动而波动。

第二，选择确定时间支付儿童教育金保险计划。因为保险有明确的长期资金准备，也就是说，跟保险公司约定了一个长期利率，保险公司每年会给付客户一笔确定的教育金，而且大部分儿童教育金保险，都有投保人豁免权利。如果投保人丧失工作能力的时候，保险公司会减免保费，到孩子该接受教育的时候，会继续支付儿童教育金，这给儿童教育做了一个重要的保证。

这样就是一个比较完备的基础教育金计划了。

②附加教育。附加教育金的投资可以考虑基金定投或者投资连结保险。基金定投就是等时、等额投资某一支比较稳健型的基金。基金定投和投资连结保险存在一定的风险，但也有收获的机会。如果出现风险，孩子还可以接受最基本的教育。如果未来中国经济持续上涨的话，基金定投会带来丰厚的回报，孩子能获得更好的附加教育费用。而且，这两项费用同时形成了一个风险的对冲和收益的互补，这个计划可以作为补充。

定投稳健型的股票。投资稳健型的股票，不能做短线，一定是长期的。因为这个钱你要十年以后才会用。定投股票型基金的方式也是一样。

这样的儿童教育金计划，才能够保证我们“进可攻，退可守”（见图3-4）。

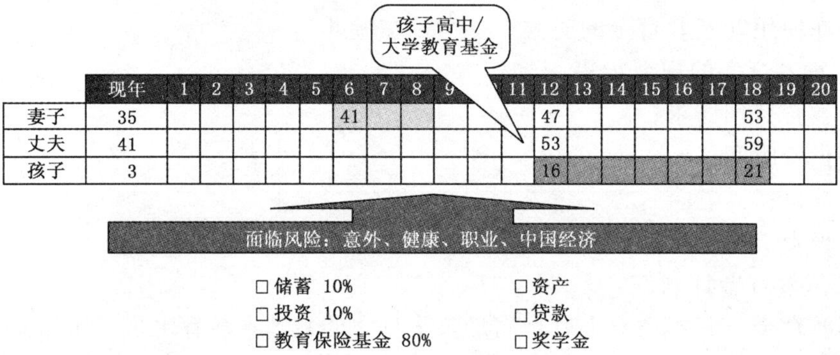

图3-4 财务安全下的子女教育

2. 养老金账户准备。例如，一个人如果现在是35岁，55岁退休，能活到85岁，现在一个月花3 000元，55岁退休以后，生活开支是每个月2 000元，每年是24 000元，55岁到85岁30年是72万元，也就是要在55岁的时候，账户上必须有72万元。如果从现在开始到55岁准备这72万元，一共是20年，每年是3.6万元，每月是3 000元，这就意味着从35岁生日开始的那个月，就必须要给自己做一个养老账户，每个月必须留下额外的3 000元存到这个账户，以保证未来的生活。无论发生什么情况都不能动用，才能够在55岁的时候账户上有72万元。如果是到45岁的时候再准备，每年要准备7.2万元，每个月准备6 000元放在这个账户上。还有一种方法就是降低生活水平，当然节流不是好方法，最好的方法还是要开源。

（1）养老金的特点

①明确的现金需要；

②明确的时间需要；

③明确的投资回报率的需要。

（2）退休规划的步骤：

①确定退休目标；

②估算退休后的支出；

③估算退休后的收入；

④计算两者的缺口；

⑤根据缺口制订一次性投资/定期供款计划；

⑥实施计划和定期检查。

（3）准备养老金的方法。我们可以把费用分成几个部分：

①基本生活费用。基本生活费用就是柴米油盐、基本房屋开支、水电、交通等基础的费用。假如基本费用占了你目前开支的60%，那么你未来每个月生活开支中的60%就必须是最基本的生活费用，千万不要用这笔钱追求高回报，用作养老保险。一定要选择当你决定养老的时候，每年或每个月都会付钱的保险。保险有其他金融机构所不能替代的投资特点，就是长期性。只有保险才能解决这种长期问题。

②家里的娱乐开支。这主要包括每个月要买的衣服、化妆品、营养费用、娱乐等基本生活品质的费用。假如它占20%，要用比较稳健型的国债，包括投资连结计划和基金的定投。投资连结计划有一定的保证性，它大部分投资在国债和银行的协议存款上。

③还有一些费用是现在最好有，但没有也不会影响生活的费用，比如定期旅游、实现个人梦想等的费用。这部分资金可以使用基金定投或股票定投。定投比较适合长期资金的规划，因为它能够分享到不同时段的利润，同时也承担不同时段的风险。这样平摊下来，那么只要经济是持续上涨的，所有的问题就都可以跟着这个上涨而解决，也能保证规避风险。

④如果说还有更大的梦想，比如到悉尼买游艇等，就可以选择投资型房产、中等风险的商业投资的方法，一般不建议使用期货，因为风险太高。

所有这些方法，最重要的是怎样去配比。

七、财务自由

（一）财务自由下的现金流

财务自由，是指自己的金融投资体系和建立的商业体系，能持续产生现金收入，完全能够应付现在的开支，工作的目的不再是为了赚钱生活，而是为了兴趣，这时你就进入了家庭财务自由的状态了。

财务自由就是改造创造丰厚现金流，摆脱财务拘束及限制，生意及投资超过生活所需，不为钱工作；更有时间，更能享受；不愁衣食，不惧风险；更有能力、更高收入；生活富足，自由自在（见图3－5）。

这个财务自由下的现金流图分成四个象限。

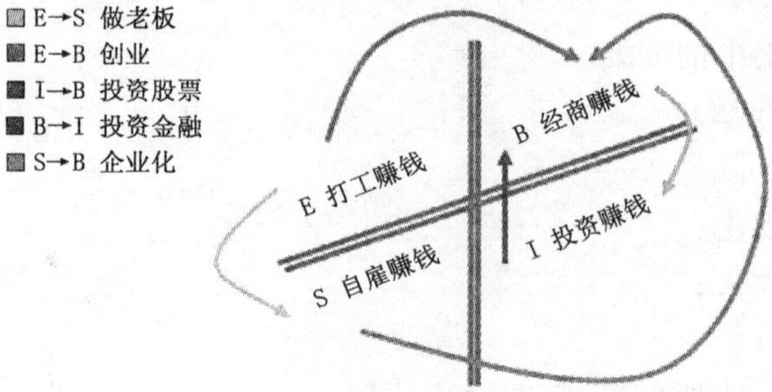

图 3-5 财务自由下的现金流

1. E 象限是打工赚钱。这是大部分老百姓的方法，中国有句古话，叫“工字不出头”，打工的通常不会有太多的现金收入。

2. S 象限自雇赚钱。自己开一个小作坊，就是自雇，一旦停手就没有了现金收入，这也不是真正的赚钱方法。

3. B 象限经商赚钱。通过组织一些人，按照合理的分配原则，共同建立一个商业系统，来完成一个商业目标这样的流程，就称为经商赚钱，或者叫商业系统。这样的方法才能够真正实现财务自由。你不在的时候，这个系统可以继续运转。

4. I 象限投资赚钱。真正的财务自由是由 B 象限和 I 象限共同组合完成的。这是非常重要的方法。

受雇者（E 象限的人）是体力等于收入，自雇者（S 象限的人）是竞争力等于收入，而对于企业家（B 象限的人），系统等于财富，投资家（I 象限的人）的经验、学习加剩余的资产，叫作财富。

（二）建立达成财务自由的系统

1. 建立企业化系统获得财务自由的最佳方法。依靠工作收入的人为了生活需求，会不停地工作下去，不能停下来和家人享受生活，不能做自己想做的事情，这样的方式不是我们的生活目的。生活的目的应该是对他人有所贡献，同时还能积极享受自己的生活。大凡成功的人一定能做到别人不能做的事情，他能创造别人暂时不能创造的价值，所以他能拥有比别人更多的金钱。

【案例 3-1】

丽华快餐是一个非常便捷的快餐公司，大城市经常加班的人几乎都吃过丽华快餐。丽华快餐仅仅是快餐，不一定比妈妈做的饭好吃，但是丽华快餐全国一年的营业额在 1 亿元以上。到底妈妈的饭和丽华快餐之间的差别在哪里？之所以妈妈的饭不能产生 1 亿元的营业额，是因为妈妈的饭缺乏系统：

第一，市场营销系统，丽华快餐有一个完备的市场营销系统，一个电话十分钟就送到；

第二，销售系统，丽华快餐有完善的配送和销售体系；

第三，成功的管理系统，包括对现金流的管理，对系统的管理，包括本人、时间、家庭的管理，以及对人员的管理。

2. 建立企业化系统需要具备的能力有销售能力、与人交往的能力、表达能力、时间管理能力及情绪控制能力。

销售能力是最重要的能力，只有把自己销售出去，才能够真正跟别人沟通，才能广泛地传播自己的理念。年轻人首先要投资自己，因为他是自己最有价值的资产，这个投资收益反而是最高的。要成为成功的经营者和老板，只靠专业知识是不可能做到的，还要不断提高与人交往和沟通的能力，并且要进行大量的练习。同时，能否清楚地表达自己，时间的管理是否合适，情绪能否得到很好控制也是我们需要重点考虑的问题。

（二）财富的陷阱

以下各因素会让人掉入财富的陷阱中。

1. 恐惧的心理。恐惧失去。能量守恒定律说，世界上的能量是不会被消灭的，也不会增加，只是从一种能量转化成另外一种能量。所以，世界上所有物质都遵循能量守恒定律。也就是说，想打破能量守恒的话，一定要做一个调整置换。当你失去能量的时候，也就意味着能量得到转化，当你得到能量的时候，也有另外一方面能量在损失，就看你有没有智慧去感知。

恐惧失去往往是投资理财当中最容易发生的。人们就是对将自己手上的东西给予他人感到恐惧。就像是说“金钱如流水”一样，我们越想用力去抓住金钱，就越抓不住；而如果能泰然处之，积聚能量，反而财富会越积越多。有的人之所以拥有财富，是因为他具备控制金钱的能力。

2. 怀疑自己。人们总是怀疑自己，愿意听别人的。别人说这个消息是这样的，就开始怀疑自己的判断。

3. 懒惰。最懒于投资理财的人往往是最忙碌的人。他们说我太忙了，没时间理财，所以不管有多少钱，都放在活期账户上，逐年贬值下去，有一天累得动不了的时候，再回过头来看自己的资产，他们就会发现所剩无几，已经被通货膨胀侵蚀掉了。建议建立能够持续享有丰厚回报的平衡财务策划组合。

4. 习惯。要想通过自主创业获得财务自由的话，除了金融投资以外，建立商业系统的过程也是非常重要的，需要有持续的源泉和动力。

5. 傲慢。这主要是能不能够听取他人意见，谦虚谨慎。

（三）成功者需要接受的教育

教育、经验，还有充足的现金，这都是成功者所需要的。成功者需要接受充分的教育。

1. 好的债务和坏的债务。凡是能够增加资产的债务就叫好的债务，凡是能够削减资产的债务就叫坏的债务。比如，汽车本身是逐渐贬值的，举债买车可能会给家庭生活造成负面影响。

2. 好的亏损和坏的亏损。好的亏损是为了未来能够持续盈利进行资金准备而产生的亏损，而坏的亏损是真的出现了经营的问题。

3. 好的支出和坏的支出。当决定消费的时候，要思考这个消费能带来的是现金收入还是现金损失。

4. 税收。面对个人收入所得税，要有好的税收计划，以便于利用税收优惠政策，比如儿童教育金储蓄就有利息税的税收优惠政策。

5. 怎样开办企业，怎样稳步发展，让公众了解企业等。

6. 各种金融投资理念。

（四）创造恒久的富足

是否有钱与一个人的智商、机遇，以及投资理财技巧有一定的关系，但不是决定性因素的关系，能够影响恒久富足的是人的观念（见表3－4）。

表3－4 如何创造恒久的富足

成功	相对于	意义
财富	—	慷慨
成就	—	服务
地位	—	关系

1. 财富的意义在于是不是真正的慷慨。比如沃伦·巴菲特，他是世界首富，全世界最有钱的人，不但超级能赚钱，而且超级慷慨。真正的财富在于慷慨，在于你是不是能给予他人，越慷慨，所能得到的回馈也就越多。

2. 成就的意义在于是否能持久地服务于他人。把你自己了解的东西倾情奉献给他人。比如百度的创始人李彦宏，几次面对困难，仍然坚持服务他人的价值，带领百度成为最有价值的企业。

3. 地位的意义在于是否能从周围的人身上获得持久的和谐关系。周恩来总理的一生都是奉献他人的一生，虽然自己没有获得任何利益，但是周恩来总理在中国百姓的心里是最有地位的。因为周恩来总理始终如一地坚持与他人的关系，任何情况下，始终把他人的关系放在第一位，永远从别人的角度来出发。

工作的目的就在于真诚地渴望把你的知识和资源奉献给他人，不计回报，不恐惧失去。只有真心诚意、不求回报地帮助别人，获得的回馈或幸福，才是真正持久和永恒的，你的生命价值才能真正彰显出来。

八、理财规划的内容

理财规划的内容主要包括：投资规划，实现个人和家庭财产的保值增值；保险规划，防范各种个人风险；教育规划、住房规划，为家庭成员提供教育资金和住房；退休规划，提供退休后的生活保障；税收规划，减轻税收负担；遗产规划，为遗产传承作准备。

第二节
家庭财务报表的编制

一、家庭资产负债表的编制

（一）家庭资产负债表的格式（见表3－5）

表3－5　　家庭资产负债表

日期：				姓名：	
资产			金额	负债	金额
1. 金融资产	现金与现金等价物	现金		1. 信用卡透支	
		银行存款		2. 教育贷款	
	小计			3. 汽车贷款	
	其他金融资产	证券资产		4. 住房贷款	
				5. 其他贷款	
		理财产品		6. 其他负债	
		其他		负债总计	
	小计				
金融资产小计					
2. 实物资产	房产				
	机动车				
	家具和家用电器类				
	珠宝和收藏品类				
	其他				
实物资产小计					
资产总计					
净资产（总资产－总负债）＝					

（二）家庭资产负债表的内容

1. 家庭资产。

（1）投资资产/生息资产（现金、存款、股票、投资住房、收藏品……）。

（2）自用资产/个人消费资产（家具、电器、自用住房、珠宝首饰……）。

2. 家庭负债。

（1）按期限分类，家庭负债可分为流动负债（信用卡透支、应付租金）、长期负债

（住房贷款、消费贷款）。

（2）按用途分类，家庭负债可分为投资负债、消费负债。

3. 家庭净资产就是家庭资产减去家庭负债。

（三）家庭资产负债表的编制方法

1. 各项资产负债的计价方式有以下三种。

历史价值：也叫成本价格，按最初购买的价格计算。

市场价值：按市场交易的公允价格计算，用于确定交易活跃资产的价值。

重置价值：在新条件下，重新购买这一资产的价格。

2. 资产负债的编制依据有现金、存款、证券类资产、房地产、其他耐用消费品、保单现金价值、负债余额。

个人/家庭资产（见表3-6）包括：

（1）金融资产或生息资产；

（2）个人使用资产或自用资产；

（3）奢侈资产。

表3-6　　个人/家庭资产

金融资产或生息资产	个人使用资产或自用资产	奢侈资产
手中的现金 在金融机构的存款 退休储蓄计划 预期的税务返还 养老金的现金价值 股票 债券 共同基金 期权、期货商品 贵重金属、宝石 不动产投资 直接的商业投资	自用住宅 汽车 家具 衣物、化妆品 家居用品 厨房用具、餐具 运动器材 家庭维护设备、五金 电视、音响、录像机	珠宝 度假的房产或别墅 有价值的收藏品

个人/家庭负债（见表3-7）。个人/家庭负债，是指家庭的借贷资金，包括所有家庭成员欠非家庭成员的所有债务。

表 3－7 个人/家庭资产

流动负债	长期负债
信用卡贷款 应付电话费、电费、水费、煤气费等 应付房屋租金 应付保险金 应付税款：房产税、所得税等 到期债务	消费信贷：汽车贷款、装修贷款、大额耐用消费品贷款等 住房按揭贷款 投资贷款 个人助学贷款

个人/家庭资产负债表的主要科目和细目如表 3－8 所示。

表 3－8 个人/家庭资产负债表的主要科目和细目

资产科目	可进一步划分的细目
现金、活期存款	手边现金/银行或邮局的活期储蓄
定期存款	存款银行/存续期间/利率/币别
债券	国债、公司债券/买入日期/金额/利率/到期日
股票	股票名称/买入日期/买入股数/成本/市价
共同基金	基金名称/买入日期/买入单位数/成本/市价
期货	期货名称/买入日期/合约数/成本/市价
保值性商品	黄金白银/收藏品明细/单位数/成本/市价
寿险保单现值	保单种类/受益人/保障年期/保费/解约现值
应收账款或应收款项	债务人姓名/借期/还款方式/利率/目前余额
不动产投资	不动产坐落地点/面积/成本/市价/目前房租
金融资产/生息资产合计	
期房预付款	坐落地点/面积/总价/首付款/已缴工程款/未缴余额
自用住宅	坐落地点/面积/买入日期/成本/市价/首付款和房贷金额
汽车	车型/购买日期/成本/折旧率/市价/车贷余额
其他个人使用资产	家电家具细目/购买日期/成本/折旧率/市价
个人使用资产总计	
资产合计	
负债科目	可进一步划分的细目
信用卡应付款	发卡银行/当期应缴款/期限/循环信用余额
汽车贷款	贷款期限/贷款额/利率/每期应缴额/车贷余额
自用住宅贷款	贷款期限/贷款额/利率/每期应缴额/房贷余额
股票质押贷款	股票名称/股数/贷款时价格/贷款额/质押余额
股票融资融券	股票名称/股数/融资时价格/融资额/融资余额
负债合计	
净资产 = 资产 － 负债	

(四) 家庭资产与负债的价值评估

评估家庭资产与负债的价值可以有三种计价方式：市场价值、历史价值和重置价值。

1. 资产的价值评估主要包括三点：

(1) 住房、汽车按照市场价值来确定价值。

(2) 所有其他个人的使用资产按照重置成本确定价值。

(3) 珠宝、古玩、字画等奢侈资产一般按照市场价值减去处置的费用来确定价值。

2. 负债的价值评估。负债中贷款的价值就是到评估时间为止所欠金额的当前价值。通常，房贷、车贷和小额消费信贷最近缴款通知单上所载的余额减去本期的本金还款额，就是负债余额。

信用卡的循环信用余额 = 上月未还余额 + 本月应缴款额 - 月实际缴款额

二、家庭损益表

(一) 家庭损益表 (现金流量表) 的内容 (见表3-9)

表3-9　　家庭损益表

日期：		姓名：	
收入	金额	支出	金额
1. 工资和薪金		1. 住房	
2. 自雇收入		租金/抵押贷款支付	
3. 养老金和年金		修理、维护和装饰	
4. 奖金和佣金		2. 家电、家具和其他大件消费	
5. 投资收入		3. 汽车	
利息和分红		4. 日常生产开支	
资本利得		5. 购买衣物支出	
租金收入		6. 个人护理支出	
其他投资收入		7. 休闲和娱乐	
6. 其他收入		8. 商业保险费用	
收入总计		9. 医疗费用	
		10. 其他支出	
		支出总计	
现金结余（或超支）：			

1. 家庭收入。

（1）工作所得，如家庭所有成员的工资、奖金、补助、福利、红利等。

（2）经营所得，如自有产业的净收益，如生意、自由职业、佣金、店铺等。

（3）投资收益，如现金分红、资本收益、租金收入、利息收入、其他投资收入等。

（4）其他所得，如劳务报酬、稿酬、失业保险所得、中奖等偶然所得、离婚获得的赡养费、子女给付的赡养费和生活费等。

2. 家庭支出。一般包括日常生活支出、投资支出、奢侈消费支出。

3. 编制个人/家庭损益表包括：个人/家庭损益表的格式和主要科目、编制个人/家庭损益表或现金流量表的注意要点。

4. 个人/家庭损益表的财务分析。

（1）消费率。消费率是消费支出占总收入水平的比率。

（2）自由储蓄额。

自由储蓄额 = 总储蓄额 - 已经安排的本金还款及投资（包括房贷应定期摊还的本金额、应缴储蓄型保费额、应缴定期定额投资额等）

（3）流动性比率。

流动性比率 = 流动资产/月支出

5. 损益表编制应注意的要点包括：根据需要选定编制日、注意对账调整、大额支出作特殊处理。其中，住房和汽车购买，不计入当期损益表。

未实现资本利得（股票未卖出）：按历史成本计价，资产增值不计入资产负债表，未实现收益不计入损益。

损益表编制应注意的要点：贷款本息偿付处理；将房贷、车贷每月还款划分为本金和利息。

（三）家庭预算表

1. 编制家庭预算表的目的：以现有财务状况为基础；对未来收支进行合理计划；合理实现各项生活目标。

2. 家庭预算编制程序。

（1）设定财务目标。

①长期目标：拥有自己理想的住房；给子女准备足够的教育费用；有充分的医疗保障；积累足够的退休金。

②短期目标。

（2）对财务目标进行分解。例如：长期目标是 10 年内储蓄 100 万元买房。短期目标：①每年储蓄 7.95 万元；②投资收益率达到 5%。

（3）对收入、支出的初步测算。

①收入的初步测算。收入的测算是对家庭收入未来增长状况的预测，应考虑宏观因素、行业因素、职业因素、个人因素；普通雇员，国家机关工作人员、大企业的工薪阶层；收入稳定，增长率不能设定太高，通常比通货膨胀率高 3%；公司业务人员、个体经营者、自由职业者、企业主根据经济发展前景、经济周期、行业景气度进行预测。

②支出的初步测算[①]。支出的测算是在收入测算基础上，根据储蓄目标，对家庭收入支出状况的预测。需要预测的支出有基本消费支出、不可控支出。基本消费支出是在基本、平均和满意的水准下维持日常生活需求的支出；不可控支出是按照过去的承诺或规定必须进行的支出，如贷款的每月摊还、保费的每年缴纳、房租、所得税。

③紧急备用金的初步测算。紧急备用金是用于应付收入突然中断或支出突然暴增，收入中断和支出暴增的情况。

比如：失业——因意外伤害或疾病导致无法工作，家庭成员的重大疾病，一般准备满足3~6个月固定支出的资金即可。

④紧急备用金的形式有现金、活期存款、货币市场基金额度、短期定期存款。

（3）预算控制与调整的方法是：先总后细，先大后小，重点改善，年月结合，控制支出，增加收入。

第三节 家庭财务分析

一、财务结构分析

（一）财务结构分析原理

首先考察资产负债细分项目占总资产的比重，然后按资产负责结构的基本要求进行分析。

主要用的三个公式：

资产 - 负债 = 净资产

以成本计的期初净资产 - 期末净资产 = 当期储蓄额

以市价计的期初净资产 - 期末净资产 - 当期储蓄额 + 未实现资本利得（ - 损失）+ 资产评估增值（ - 资产评估减值）

基本要求是：现金和准现金占总资产的比例不能太低，一般应满足家庭3个月开支；家庭总负债要小于总资产，净资产应为正。

（二）收入支出结构分析

1. 原理是考察收入支出细分项目占总收入的比重。

（1）工作收入。通常较为稳定，风险小，不同职业人群，工作收入占总收入比例差异很大。

（2）理财收入。通常不稳定，风险大，年轻人工作收入比重大，老人理财收入比重

---

① 固定支出 = 每月基本消费支出 + 每月不可控支出

大，随着年龄增长，应以理财收入占比应逐步提高。

(3) 资产负债调整支出主要考虑生活以下三个公式：

工作收入 - 生活支出 = 生活储蓄（生活储蓄一般大于零）

理财收入 - 理财支出 = 理财储蓄（理财储蓄一般应大于零，否则反映投资失败）

现金净流入 = 生活储蓄 + 理财储蓄 + 资产负债调整的现金流入

二、家庭财务比率分析

家庭财务比率分析需要考察资产负债表与损益表中，一个科目与另一个科目的比率。财务比例分析的类型有两种：

(1) 常见财务比率分析：结余比率、投资与净资产比率、清偿比率、负债比率、即付比率、负债收入比率、支出保障比率、支出比率、收支平衡点收入、储蓄比率和净资产投资比率。

(2) 综合财务比率分析：理财成就率、资产增长率、财务自由度、致富公式。

(一) 结余比率

结余比率 = 年结余 ÷ 年总收入

结余比率主要反映家庭提高其净资产的能力，指标值越高，说明家庭提高其净资产的能力越强，反之也成立。本指标（见表 3 - 10）的参考值为 10%，即正常情况下，家庭应将其年度总收入的 10% 结余下来，用于储蓄或投资。

表 3 - 10　各指标计算方法及分析

指标名称	计算方法	指标分析
个人使用资产贷款比率	$\frac{\text{个人使用资产贷款额}}{\text{个人使用资产市值}}$	该指标会随着个人使用资产未还款余额、资产市场价值的变化而变动。指标的降低说明客户在个人使用资产上债务负担的减轻
投资活动融资比率	$\frac{\text{投资负债}}{\text{金融资产市值}}$	股票融资融券、证券质押贷款等都应计入投资负债，客户可利用其财务杠杆效应来加速资产的增长
消费负债与资产比率	$\frac{\text{消费负债额}}{\text{总资产}}$	在个人理财中应该尽量避免消费负债，消费负债的合理额度不宜超过总资产的一半

(二) 投资与净资产比率

投资与净资产比率 = 投资资产 ÷ 净资产

投资与净资产比率反映家庭运用其净资产投资的比率，参考值为 50%，即一般来说，家庭可运用其净资产值的一半进行各种形式的投资。

（三）清偿比率

清偿比率＝净资产÷总资产

清偿比率反映了家庭综合偿债能力的高低，参考值为50%，该指标值越高说明家庭财务状况越安全。

（四）负债比率

负债比率＝负债总额÷总资产

负债比率从另一个角度反映了家庭综合偿债能力的高低，负债比率与清偿比率的和等于1。

（五）即付比率

即付比率＝流动资产（仅指现金及现金等价物）÷负债总额

即付比率反映了家庭利用可随时变现的资产以偿还债务的能力，参考值为70%。即付比率低于70%表明家庭短期偿债能力弱，家庭资产流动性弱，即付比率大于70%，说明家庭短期偿债能力强，但流动资产所占比重较高，总体收益水平较低，财务结构不够合理。

（六）负债收入比率

负债收入比率＝负债÷年收入

负债收入比率从另一个角度反映了家庭短期偿债能力的高低，临界值为40%，在此以下，说明家庭短期偿债能力较强。

1. 公式解释。如果偿债支出可以抵扣应纳税所得额，使用税前收入。否则，使用税后收入。我国属后一种情况，个人所得税应纳税所得额不抵扣个人债务利息支出。

2. 合理的负债收入比率。一般而言，此比率在0.4以下，财务状况正常。年轻人负债收入比率高，中年人负债收入比率低。收入的稳定性高，可容忍较高的负债收入比率。

（七）流动性比率

流动性比率＝流动资产（仅指现金及现金等价物）÷每月支出

流动性比率反映家庭短期支出能力的强弱，参考值为3，表明家庭的流动资产总额应保持在家庭月平均支出的3倍为宜。

（八）净资产比率

净资产比率应控制在0.5以上（见表3－11）。

表 3-11 客户净资产状况

客户净资产状况	财务分析结果
净资产为负	目前的财务状况不容乐观，有必要将近期的债务尽快偿还，同时尽快增加收入
净资产/年收入 $<\frac{1}{2}$	有必要控制开支，需要更多地进行储蓄或投资，同时努力工作以使收入增加
$\frac{1}{2}<$ 净资产/年收入 <3	如果客户还年轻，则其财务状况良好；但如果客户已经超过 45 岁，则仍有必要采取措施增加其净资产
净资产/年收入 >3	客户目前的财务状况良好

（九）支出保障比率（支出保障倍数）

1. 流动资产保障比率。该比率反映了在不发生价值损失的条件下，资产迅速变现以应付基本支出需要的能力。

流动性资产包括：现金、活期存款、可及时变现的短期债券。金融创新产品有：货币市场基金账户、定期存款的“约定存款”业务。该比率为 3 较适宜，即流动性资产满足 3 个月支出需要。

2. 变现资产保障比率。当流动性资产不能满足基本支出需求时，就要动用其他需要付出一定变现成本的可变现资产。可变现资产包括流动性资产，如基金、定期存款、中长期债券。如果持有的股票是短期投资，视为可变现资产；反之，则不应视为可变现资产。该比率为 6 较适宜。

3. 净资产保障比率。

净资产 = 家庭总资产 - 家庭总负债

当可变现资产仍不能满足家庭发生变故后的基本支出需要，需要变卖流动性差的资产（长期投资股票、自用资产）。该比率为 12 较适宜。

4. 灾变保障率

灾变保障率是一旦发生意外和灾变，利用现有资产和保险理赔，可以维持一定时期家庭正常生活的程度。分子是发生灾变后可支配的净资产，分母是发生灾变后重建期的支出。该比率大于 1，表明灾变承受能力较高，可用来检验现有保险是否充足。

（十）支出比率（支出收入比率）

理财支出：利息支出、投资的交易费用、顾问费用支出；保障型寿险、财产险保费支出。

注意：投资支出不计入理财支出，债务本金偿还（如房贷本金偿还）一般也不计入理财支出。

理想的财务负担率不应超过 30%，利息支出、投资的交易费用、顾问费用支出占总收入的比率不应超过 20%，保障型寿险、产险保费支出占总收入的比率不应超过 10%。

（十一）收支平衡点收入

1. 工作收入净结余。能用于家计支出安排的工作收入，即用工作收入减去所得税扣缴额、社保扣缴额、为工作所必须支付的费用（交通费、午餐费、交际应酬费等）。

【案例3-1】

郭先生每月工资8 000元，社保扣缴300元，所得税扣缴1 000元，交通费500元，快餐费300元，交际应酬费平均300元。

那么，工作收入结余=8 000-300-1 000-500-300-300=5 600元，结余率=5 600/8 000=70%

郭先生每月固定生活开销3 000元，房贷还本付息2 000元，子女教育1 000元，退休储蓄1 000元。

那么，每月固定支出为7 000元，收支平衡点收入=7 000÷70%=10 000元，大于8 000元。

结论：工作收入未能达到收支平衡点。

思考：

思考1：如何才能实现收支平衡?

思考2：工作收入是否需要增加到10 000元?

（十二）储蓄比率（结余比率）

储蓄比率反映了客户控制开支、增加净资产的能力。

总储蓄率：当期总支出不包括资产负债调整支出，反映客户总体上积累财富的能力。

自由储蓄率：反映客户的超额储蓄能力。

例如,某一家庭一年的税后收入20万元,年结余10万元,则结余比率10万÷20万=0.5。

说明一年下来可以留存50%的税后收入，用于投资，来增加净资产规模。

（十三）净资产投资比率

净资产投资比率反映家庭资产用于投资，而非用于消费的比例。投资资产是否包括房产，视房产的用途而定。

净资产投资比例可能高于1，当家庭通过借债进行投资时，投资资产可能高于净资产。年轻人的该比率在0.2左右适宜，中年人该比率在0.5以上适宜。

三、综合财务比率分析

（一）理财成就率

理财成就率是检验你的理财收益率是否高于市场平均投资报酬率。该比率高于1，说明理财成绩理想；该比率小于 1，说明理财成就不好，理财收益率低于市场平均投资报酬率。

如果每年储蓄增长率等于市场平均投资报酬率，那么，储蓄累计总额 = 当前年储蓄额 × 工作年数

如果上述假设不成立，应该根据每年储蓄增长率、市场平均投资报酬率，准确计算储蓄累计总额。

【案例 3-2】

一个客户现在年储蓄 5 万元，已工作 5 年，目前净资产为 20 万元，假设这个客户近 5 年的储蓄增长率与市场平均投资报酬率相等，那么，储蓄累计总额 = 5 万元 × 5 = 25（万元）。

理财成就率 = 20 万元 ÷ 25 万元 = 0.8

结论：理财收益率低于市场平均投资报酬率，理财效果不太好。

（二）资产增长率

资产增长率 =（期末总资产 - 期初总资产）/期初总资产

=（年终储蓄 + 负债余额变动）/期初总资产

=（年生活储蓄 + 年投资净收益）/（期初总资产 + 负债余额变动）/期初总资产

=（年生活储蓄/年收入 × 年收入/期初总资产 + 年投资净收益/生息资产 × 生息资产/期初总资产 + 负债余额变动）/期初总资产

= 生活储蓄率 × 收入周转率 + 投资报酬率 × 生息资产比重 + 负债变动率

年生活储蓄 + 年工薪收入 - 年消费支出

（三）财务自由度

财务自由度 = 生息资产收益（非工资收入）/年消费支出（日常消费支出）

=（生息资产 × 平均收益率）/年消费支出

临近退休，生息资产（包括退休金）的利息收益应足以维持退休后的消费开支，这时财务自由度为 1，工作期间，财务自由度应从较低水平逐渐提高，向 1 靠近。

生息资产愈多　　　财务自由度愈大

投资报酬率越高　　财务自由度越大

当年年支出越低　　财务自由度越大

财务自由度是家庭理财中一项很重要的指标，因此，提高家庭财务自由度指标要及早树立理财意识，提高理财收入，同时要将消费支出控制在合理的范围内，这样，当理财收入已经远远超过了工资收入，不单会财务自由，人生也会更加自由惬意。

【案例 3-3】

预计一个客户退休后每年消费支出 5 万元，资产收益率为 5% 保持不变，要实现财务的完全自由，则退休时生息资产需要多少？

需要的生息资产 = 5 万元 ÷ 5% = 100 万元

经济含义：净资产退休时达到 100 万元时，可以完全依靠生息资产的利息收入生活。

4. 致富公式。

（1）提高生活储蓄率 s。

（2）提高投资报酬率 r。

（3）提高生息资产比重 f。

（4）逐步降低工薪收入相对于理财收入的比率 w。

（5）降低资产负债率 l。

（6）降低净资产占总资产的比重 e（充分利用财务杠杆效应）。

四、个人理财需求和目标分析

确定个人理财目标是个人理财规划过程中关键的步骤。只有正确评估和确定客户各方面的需要，分析个人当前的财务状况后，才能制订出合理并可行的财务目标，而目标的确立将为整个个人理财规划指明了方向。人生最基本的理财需求来自消费。应该充分认识合理的目标和消费水平在个人理财规划中的重要性，从而自发地制订和执行消费计划与投资规划。

（一）理财需求的内容

理财需求一般包括：实现收入和财富的最大化；进行有效消费；满足对生活的期望；确保个人财务安全；为退休和遗产积累财富。

确保个人财务安全又包括：

（1）有一份稳定而充足的收入；

（2）工作中有发展的潜力；

（3）有退休保障；

（4）有充足的紧急备用金以备不时之需；

（5）有一定的房产（如果是分期付款，则要有足够的资金来源）；

（6）购买了合适和充足的保险；

（7）有实物资产方面的投资；

（8）有合理的金融投资组合；

（9）制订有效的投资规划、税收规划和退休计划、遗产管理规划。

（二）个人理财目标的种类

个人理财目标的种类有短期目标、中期目标、长期目标。

短期目标是指那些需要个人每年制订和修改的，并在较短时期内（一般5年以内）实现的愿望。中期目标是指那些制订后在必要时可以进行调整，并希望在一定时期内（一般6~10年）实现的愿望，比如子女教育经费的筹集、购房首付款的积累等。长期目标是指那些通常一旦确定，就需要个人通过长时期（一般10年以上）的计划和努力才能实现的愿望，典型的长期目标如退休生活保障计划、遗产计划与管理等。

（三）个人理财目标的制定

1. 制定理财目标的原则。

（1）制定理财目标要具体化，并且要明确财务目标；

（2）将现金储备作为理财目标之一；

（3）理财目标必须具有合理性和可实现性，而且不同的计划之间应该没有矛盾：

（4）通常个人都有不止一个的理财目标，而且这些目标无法一次完成；

（5）改善个人总体财务状况比仅仅为客户创造投资收益更重要；

（6）短期目标、中期目标和长期目标要同时兼顾，不可厚此薄彼。

2. 合理的理财目标体系特点。

（1）灵活性，可以根据时间和外在条件的变化作适当的调整；

（2）可实现性，在个人现有的收入和生活状态下是可以实现的；

（3）明确性和可量化性，个人对目标的实现状态、风险、成本和实现的时间都有清晰的认识，并且可以用数字描述出来；

（4）对不同的目标有不同的优先级别，同级别的目标之间没有矛盾；

（5）该目标可以通过制订和执行一定的行动方案来实现；

（6）实现这些目标的方法应该是最节省成本的。

（四）个人理财规划

一个全面的理财规划涉及个人/家庭的现金规划、风险管理和保险规划、金融投资规划、人生事件规划、税收规划、退休规划及遗产规划等各个方面。

1. 现金规划。现金规划是解决客户资金节余的问题，这是做理财规划的起点。列举出家庭现金储备的种类，即可能用到现金的各方面，一般包括日常生活开支、意外事项开支等；详细列明现金储备的来源，如定期存款、股票套现、信用上学额度等；说明现金储备的使用和管理，如将其转化为诸如活期存款、期限较短的定期存款和货币市场基金等。

2. 消费支出规划。

（1）家庭消费支出规划主要包括购房规划、购车规划、信用卡和个人信用消费规划等主要内容。每个家庭要根据实际情况选择上述全部内容或部分内容。

购房规划部分中，首先应分析购买一套新房所需的费用，并注明诸如面积、地域、每平方米价格、装修费用等因素。接下来要分析申请银行贷款的有关事项，如贷款总额、贷款利率、月供金额，以及可供选择的商业银行等因素，如果新房买好后，入住新房并将旧房出租，则还需要分析旧房的租金等因素。

购车规划部分和购房规划部分有很多类似的地方，即首先分析购车的所需费用，及车型、牌照费、车辆购置税、耗油量、养路费、车位费、配件价格、保养维修等因素；然后考虑申请的贷款类型，分析贷款总额、贷款期限、贷款利率、月供金额等，并根据当前的汽车市场状况，综合考虑各方面因素，给出购买具体品牌车型的选择对象。

（2）教育规划。分析家庭的教育需求信息、分析教育费用的变动趋势并估算教育费用。为家庭成员选择适当的教育费用准备方式及工具，制订并根据情况的变化调整教育规划方案。在制订教育规划时需要列明子女将来所需的各项教育费用，一种方案是子女在国内接受教育，要分析国内学校的学费、生活费用及学费的年均增长率等因素；另一种方案是送子女到国外接受教育，要分析国外学校每年的学费、生活费、学费的年均增长率和汇率变动情况。根据家庭的实际情况，选择上述方案中的一种，并制订教育费用储备规划。

（3）风险管理和保险规划。将家庭成员已有的险种列举出来，针对每位家庭成员所需要的保险种类进行具体分析。

与市场现有保险品种进行对比分析进而确定应补充购买的险种；在制订风险管理和保险规划时，要注意最大程度节约财务成本，以及规划中的不确定性。对于不能用商业保险进行风险保障的家庭成员，应考虑采取其他自保措施。风险管理和保险规划是研究风险转移的问题。

3. 税收筹划。

（1）税收筹划是在遵守国家税收法律规定的前提下，分析家庭成员的日常生活、投资活动等行为中涉及的主要税种，如个人所得税、消费税、营业税、关税、印花税、房产税、车辆购置税等，可以用表格的形式对各税种的税率、征税范围、计算方法、税收优惠等列示，接下来可分别从金融投资、退休养老计划、其他投资等方面分析和说明不同活动中涉及的税种，并分析这类活动中合理的避税空间和方法。

（2）投资规划。要列举家庭现有金融资产和实物资产的主要内容，如现金、银行存款、股票、债券、基金等金融资产，房产、汽车、收藏品等实物资产；对资产的风险和收益进行分析和评估，分析当前金融资产市场和实物资产市场行情并预测其未来走势，进而提出理想的投资组合计划，并根据这一计划对现有投资组合进行调整和补充。

（3）退休养老规划。我们可以知道家庭支柱成员的预计退休年龄、预期退休金收入、现有商业保单在退休后的年金收入，对比其退休后的预期生活开支、医疗费用支出水平，二者的差额即是家庭支柱成员从现在开始需要建立的养老储备基金。要制订一个相对独立的养老储备基金投资计划，明确这一投资计划的投资对象、月供款、年回报率、投资期限等，便于在实际中操作。

（4）财产分配和传承规划。财产分配是指为了家庭财产在家庭成员之间进行合理分配而制订的财务规划，以满足不同家庭成员在不同阶段的各种需要。财产传承是指家庭支柱成员在其健在时通过选择遗产管理工具和制订遗产分配方案，将拥有或控制的各种资产进行合理安排，确保在其去世后或丧失行为能力时实现家庭财产的代际相传。

五、案例思考分析

【案例 3－4】

普通家庭理财

郑先生夫妇共同拥有价值 63 万元的固定资产（自用房），10 万元银行存款，价值 6 万元的汽车。在实物投资方面，他们拥有价值 79 200 元的 22 亩林木。同时，有债务住房贷款 6 万元。郑先生夫妇年工资收入共 84 000 元，年租金收入有 20 400 元。

请分析这对夫妇的财务状况是否合理（见表 3－12、表 3－13）？

表 3－12　个人资产负债表　单位：元

资　产	金　额	负　债	金　额
银行存款	10 000	住房贷款	60 000
房屋不动产	630 000		
汽车	60 000		
林木投资	79 200		
资产总计	779 200	负债总计	60 000
			净资产：719 200

表 3－13　个人损益表（现金流量表）　单位：元

收　入	金　额	支　出	金　额
工资	84 000	日常支出	13 870
租金收入	20 400	交通费用	8 000
		人寿和其他保险	130
		子女教育费用	3 000
		住房贷款支出	15 600
收入总计	104 400	支出总计	40 600
			结余：63 800

1. 财务指标分析。

资产负债比率 = 负债总额 ÷ 总资产

= 60 000 ÷ 779 200 = 0. 08

负债收入比率 = 偿债支出 ÷ 税后收入

= 15 600 ÷ 104 400 = 0. 15

流动资产保障率＝流动性资产÷每月支出

＝10 000÷（40 600÷12）＝2.96

自由储蓄比率＝结余÷税后收入

＝63 800÷104 400＝0.61

净资产投资比率＝投资资产÷净资产

＝（79 200＋10 000）÷719 200＝0.124

2. 财务分析结论：郑先生的家庭资产负债结构较为稳健；负债收入比例合理，负债支出有保障；现金流量比较充足，支出保障情况较好；净资产投资比率不高，自用住房资产占家庭资产比重较大。

【案例3－5】

部门经理王先生的家庭理财

基本情况

王先生，男，45岁，任某公司部门经理，月工资8 000元，年底一次性奖金30 000元。妻子40岁，注册会计师，在物流公司当财务主管，月工资5 000元，年底一次性奖金20 000元。儿子18岁，在私立国际学校读高三，年教育费用支出45 000元。他们现有一套住房，价值60万元，欠银行公积金贷款10万元，每年需偿还2万元。王先生贷款买了一辆车，价值20万元，每年偿还19 000元，尚欠95 000元。还有古玩收藏品5万元，银行活期存款5万元，定期一年存款10万元，股票现值10万元，三年期国债15万元。他家一年的膳食费用约为3万元，通讯费用为1万元，医疗费用约为7 000元，水、电、煤气费支出约8 000元。另外，他家衣物购置花费1万元，维修费用为1 000元，旅游费用为3万元（见表3－14、表3－15）。

表3－14　　个人资产负债表　　单位：元

资　产	金　额	负　债	金　额
现金与现金等价物		长期负债	
银行活期存款	50 000	房屋贷款	100 000
银行定期存款	100 000	汽车贷款	95 000
国债	150 000		
股票	100 000		
汽车	200 000		
房屋不动产	600 000		
古玩收藏品	50 000		
资产总计	1 250 000	负债总计	195 000
		净资产：	1 055 000

表 3－15　个人现金流量表（年）　单位：元

收入项目	金　额	支出项目	金　额
工资性收入	156 000	膳食支出	30 000
奖金收入	50 000	子女教育支出	45 000
		通讯费用	10 000
		服装费用	10 000
		房贷、车贷	39 000
		医疗费用	7 000
		旅游费用	30 000
		水电支出	8 000
		维修费用	1 000
合计	206 000	合计	180 000
		每年节余：	26 000

理财分析

1. 王先生家的资产负债结构不尽合理，活期存款、定期存款、国债等低风险资产比例偏高，影响了资产的增值能力：资产负债率 =（50 000 + 100 000 + 150 000）÷1 055 000×100% =28%

资产流动比率偏高，超出了应付每月支出的需要，影响资产的收益性。

流动资产保障率 =50 000 ÷（180 000 ÷12）=3.33

变现资产保障率 =（50 000 +100 000 +150 000）÷（180 000 ÷12）=20

2. 收支管理较为混乱，家庭收支结余较少，家庭支出项目过多，容易导致家庭财务发生危机。

自由储蓄比率 =（206 000 －180 000）÷206 000×100% =12.6%

总储蓄比率 =（206 000 －180 000 +39 000）÷206 000×100% =31.6%

【案例 3－6】

典型中产之家庭理财

家庭收入情况

先生 30 岁，工作 8 年，个人年收入约 25 万元，稳定趋升，其中，工资及奖金 20 万元左右，单位股份红利每年约 5 万元。妻子年收入 2 万元左右（以上均为税后收入）。儿子 3 岁多，父母都有退休工资和劳保，年收入三四万元，其他无负担。全家都有社保。先生及儿子各有 1998 年购买的保额为 5 万元的寿险，年交保费各 1 800 元左右，交费期 20 年。无其他商业保险。拥有 140 平方米住房一套，距市中心 8 公里，市价约 40 万元，无贷款。无其他负债。

家庭资金运用和投资情况

持有的单位股份对应的实际净资产约为 50 万元，变现需 7 折（投资成本约 20 万元）；

借给亲戚8万元（2年左右可还）；上市股票一只，市值约5万元（2001年起陆续购进，成本约10万元）；偏债平衡型开放基金1只，5万元；货币基金18万元；银行活期存款1万元。因日常开销大部由父母承担，其他开销不超过2万元（见表3－16、表3－17）。

表3－16 家庭资产负债表 单位：元

资　产	金　额	负　债	金　额
现金及活期存款		按揭贷款	0
定期存款		汽车贷款	0
货币市场基金	10 000	信用卡贷款	0
偏债型开放基金	0	对外借款	0
偏股型开放基金	180 000	债券质押贷款	0
封闭式基金	50 000	保险单质押贷款	0
股票	0	典当贷款	0
流动资产合计	0	负债合计	0
非上市股权	500 000		
私人借贷	80 000		
信托产品	0		
人民币理财产品	0		
外汇理财产品	0		
保险现金价值	10 000		
公积金账户	100 000		
养老保险账户	0		
长期投资合计	690 000		
自住性房产	400 000		
投资性房产	0		
汽车	0		
固定资产合计	400 000		
家庭总资产合计	1 380 000	家庭净资产合计	1 380 000

注：资产按当前估计市值记账，保险现金价值、公积金为估算假设。

表3－17 家庭年现金流量表 单位：元

收　入	金　额	支　出	金　额
本人工资收入	200 000	基本生活开销	20 000
配偶工资收入	20 000	房贷月供	0

续表

收　入	金　额	支　出	金　额
非固定劳务收入	0	车贷月供	0
资产生息收入	55 100	保费支出	3 600
	0	非定期休闲大额支出	0
收入合计	275 100	支出合计	23 600
节余	251 500		

注：生息收入中对不同的金融资产分红率进行了假设，货币基金 0.02，偏债基金 0.03，偏股基金 0.05，封闭基金 0.05，ETF 0.03，可转债 0.015，股票 0.04。

家庭整体财务状况分析

1. 该家庭的整体财务状况显示了两个明显特点：结余比例高和零负债，家庭资产负债状况极为安全。

2. 家庭消费支出控制能力较强，有充足的净现金流收入，有良好的收入预期。

3. 生活支出和保险支出不足，可根据个人需要加大生活与保险支出，为小孩的未来教育进行准备。

4. 流动资产与长期资产的比例配置尚可，但低收益资产过多，大部分流动资产利用效率低，投资效率较低。

【案例 3－7】

李先生家庭理财规划书

1. 李先生家庭资产负债情况（见表 3－18）。

表 3－18　　家庭资产负债表　　单位：元

资　产	金　额	负　债	金　额
现金及活期存款	30 000	信用卡贷款余额	0
预付保险费	10 000	消费贷款余额	0
定期存款	100 000	汽车贷款余额	0
债券	60 000	房屋贷款余额	0
债券基金	0	其他	0
股票及股票基金	0		
汽车及家电	30 000		
房地产投资	0		
自用房地产	0		
其他	0		
资产总计	230 000	负债总计	0

2. 李先生家庭收支情况（见表3－19）。

表3－19 家庭月度税后收支表 单位：元

收　入	金　额	支　出	金　额
本人收入	1 600	房屋支出	200
其他家人收入	3 700	公用费	
其他		衣食费	1 500
		交通费	300
合计	5 300	合计	2 000

3. 家庭保障情况（见表3－20）。

表3－20 家庭保障情况 单位：元

	商业保险	其他保障
本人	已投保平安分红型保险	部队已为军人安排医疗保险
妻子	平安保险的住院补助型保险	社保三项（失业、大病医疗、退休养老）

从成熟家庭的保障情况看，一般建议年度保险费支出占投保人年收入总额的10%至20%，在案例中有提到，家庭预付保险费金额为10 000元，占年度总收入的13.6%。而李先生和妻子所在单位又分别为二人安排了军人医疗保险及社保三项，故认为：李先生家庭的保障情况与其家庭的收入状况已基本上相适应。

理财分析

1. 李先生家庭属于无负债家庭，流动性尚好的可变现资产（注：债券及定期存款的保值、变现能力还是相对较强的）占总资产（因本案例中未给出住房估值，暂不计入）的82%以上。这种资产配置虽然抗风险能力极强，但太偏重于安全性、流动性，保守有余，进取不足，需要改善。

2. 由图3－6可以看出，李先生家庭的财务状况和收支情况相对稳定，家庭的保障情况也相对良好，且无负债之忧。但家庭资产配置中银行储蓄及债券投资所占比重太高，没有股票、基金等资本市场投资，整个家庭的财务管理过于保守。而过分追求资产的安全性、流动性，往往导致投资收益率低，影响收入预期，并制约未来生活质量的提高。

李先生家庭年度税后奖金（年终奖）是10 000元，目前李先生家庭年收入应该是73 600元，年度开支为24 000元，收支相抵，目前每月结余3 300元，年度结余49 600元。

3. 流动性比率分析。

流动性比率＝流动性资产/每月支出＝30 000/2 000＝15

资产的流动性是指资产的快速变现能力。在本案例中，因李先生的家庭无负债，流动性比率反映的是他家庭的“现金与活期存款”与“每月支出”之比。财务管理中的流动

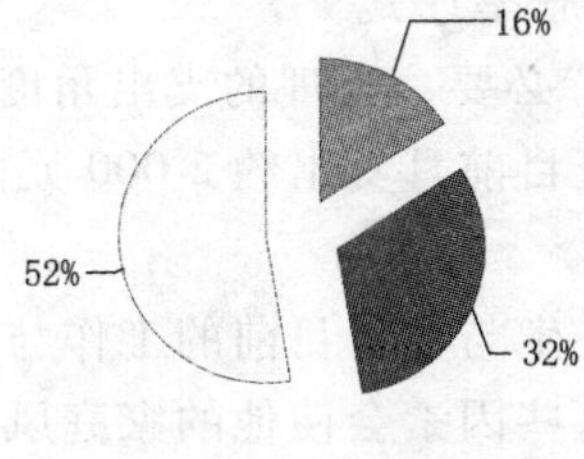

图 3－6 李先生家庭可变现资产分布

性比率要求一般视企业或家庭或个人的具体情况不同而有所差别。

由于流动性资产的收益一般较低，对于像李先生这样工作稳定、收入有保障的家庭来说，资产的流动性比率可以相对低些，从而可以将更多的资金用于像股票、基金等资本产品的投资，以期获得更高的收益。目前，李先生家庭的流动性比率为 15，说明流动性资产可以满足 15 个月以上的家庭开支，远远高于适用水平。

李先生家庭年度收支示意图见图 3－7。

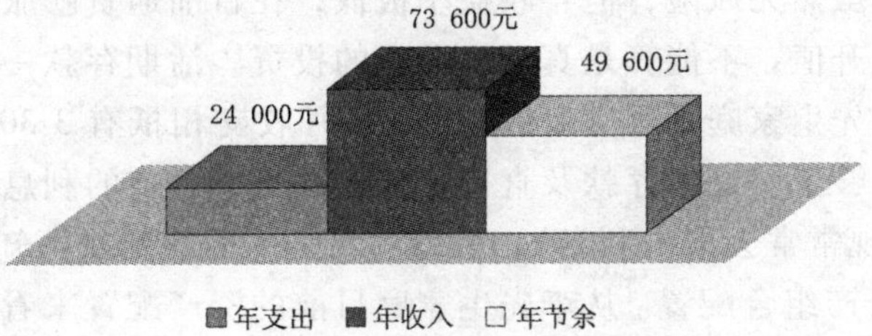

图 3－7 李先生家庭年度收支示意图

李先生和妻子都还年轻，未来孩子教育等开支都需要未雨绸缪，因此要充分利用目前证券市场的大牛市趋势，尽快调整资产结构，适度投资股票、基金等资本市场，以实现您家庭资产长期保值、增值的理财目标。

4. 李先生家庭理财计划。

（1）通货膨胀压力值得关注。据国家统计局公布：某年上半年居民消费品价格指数（CPI）上涨加速，同比增长 3.2%；7 月份受农产品价格上涨拉动，CPI 涨幅更是高达 5.6%，达到十年来的最高值。虽然最近政府大幅下调了储蓄利息税，并在年内两次加息，但扣除利息税后的实际利率仍然低于通货膨胀水平。在可预期的一段时间内，这种情况难以根本改变。

（2）家庭收入增长可期。据统计，近 4 年来，扣除价格因素，我国职工收入年均增长超过 12%。基于李先生对自己及妻子未来收入增长预期的描述，在此可假定李先生家庭未来的年收入增长幅度为 10%。

（3）孩子教育费用大致估算。您目前没有教育费支出，假设孩子现在 3 岁，学历教育一般分三个阶段，从小学到中学，从中学到大学。大学阶段是非义务教育，分别是 9 年、4 年。假定孩子上大学之前每月开支 500 元，9 年后上大学每年 1.7 万元（以目前每年 1 万元起算，按 4% 的年通货膨胀率计）。

（4）最低现金持有量。从维持必要、合理的支出角度出发，李先生家庭应拥有满足 3 个月以上支出的现金流。以其家庭目前月支出约 2 000 元的水平计，维持约 1 万元的活期存款已经足够。

（5）风险承受能力分析。李先生与妻子目前的工作与收入都相对稳定，正处于事业发展阶段，年富力强，身体健康，这些因素会使他的家庭风险承受能力较强。考虑到目前家庭资产的配置太偏重于稳定型，准备拿出一部分资金进行投资；本人能够承受中等程度的投资风险，主要看重的是投资的长期收益，特别是每年 5% ~10% 左右的收益；投资风险只要不影响家人的正常生活及孩子的教育就可以。

据此，李先生的家庭对投资资本市场的风险已有一定认知，并对风险具有中等偏上的承受能力，已经做好必要的心理准备。

（6）对现有资产进行处置。目前，除家电资产、预付保险费共 4 万元外，共有 19 万元属于可变现用于证券投资的资金。按上述分析，除留出 1 万元现金存活期以备急用外，其余包括债券投资、定期储蓄在内的 18 万元资产均可套现重新进行资产配置。

理由如下：

活期及定期储蓄虽然无风险，但年收益率极低，在目前通货膨胀加剧的背景下连保值都困难，根本谈不上升值，不能算是真正意义上的投资。活期存款一般是为生活日常开支或应急准备的，以李先生家庭月开支 2 000 元、每月收支相抵有 3 300 元节余的生活情况看，留有 1 万元就足够了。定期存款及直接投资债券虽有一定的利息，但因为流动性受限（提前支取或提前兑现常常会损失利息），所以主要是那些缺乏投资知识的年长者的备选。

（7）建立新的资产组合配置。从李先生家庭目前的资产配置来看，李先生从未涉足过股票、基金等证券品种，投资经验相对不足，估计直接进行股票投资在时间、精力上也不够，况且根据有关规定，现役军人不得以自己军人的身份开户炒股。有鉴于此，可改以购买证券投资基金的方式间接投资股市，分享证券市场的收益。

需要考虑：

股债混合的平衡配置型基金投资 50%，股票型基金投资 30%，债券型基金投资 20%。

理由如下：

①平衡配置型基金是一种介于股票基金与债券基金之间、比较中庸的配置基金，也就是在基金组合中相对均衡地投资股票和债券，由基金经理人根据他对市场的判断适时地调整股票和债券的投资比重，以期取得较好收益。这类基金的投资回报一般要高于债券型基金，但风险小于股票型基金。鉴于李先生家庭属于对风险具有中等偏上的承受能力，建议重点配置该类基金占投资组合的 50%。

②股票型基金是以投资股票为主（通常投资组合中股票的比重占 60% 以上）的一种积极进取型的投资基金。从世界各国证券市场的发展历史来看，股票型基金的长期回报一般要高于其他投资基金。鉴于股票型基金高收益、高风险的市场属性，建议配置该类基金占投资组合的 30%。

③债券型基金主要投资于各种债券（包括国债和企业债等）。这类基金投资回报率相

对较低，但是价格波动小，收益稳定。由基金经理对不同品种、不同期限结构的债券进行灵活的组合投资，其收益率往往要高于普通投资者自己直接投资债券。有的债券型基金还采取边缘化投资策略，可投资于上市公司发行的可转换债券，甚至有的在募集说明书中明示，可以将部分资金用于目前几无风险的新股申购，故实际收益率常常超出市场预期（如2006年可比的10支普通债券型基金整体年度平均净值回报率高达16.11%）。债券基金一般具有净值相对稳定的保值功能，如果家庭一时急用现金，可按净值赎回，避免了直接投资债券在提前套现时可能会损失期间收益的尴尬，所以，建议李先生将原来直接投资债券的资金改为投资债券型基金，投资比例占投资组合的20%。

李先生的资产组合配置见图3-8。

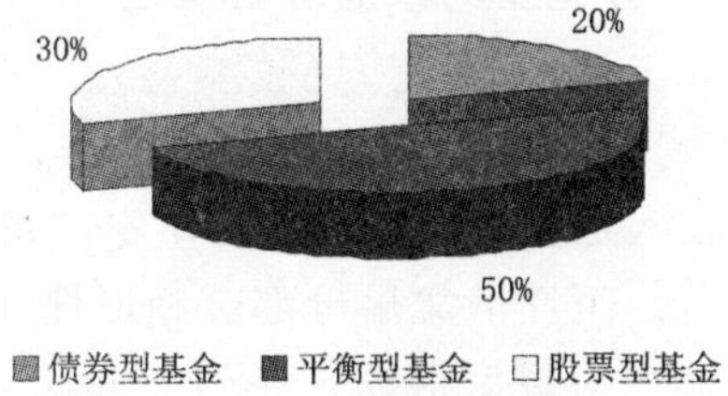

图3-8 资产组合配置图

（8）投资组合收益预期。考虑到证券市场的一些不确定因素，我们根据国际通行的惯例并结合我国证券市场的历史情况，排除了一些波动剧烈的非常态数据，以审慎、严谨、保守的原则，对新建立的基金投资组合作了年收益率的大致预测：债券型基金预期收益率为5%，投资比例为20%；平衡型基金预期收益率为9%，投资比例为50%；股票型基金预期收益率为15%，投资比例为30%。该组合综合预期回报率为10%，可以满足您关于年收益率在5%~10%左右的理财要求（见表3-21）。

表3-21 组合投资收益预期

基金类别	预期收益率	投资比例	折算预期回报率
债券型基金	5.00%	20%	1.00%
平衡型基金	9.00%	50%	4.50%
股票型基金	15.00%	30%	4.50%
总计		100%	10.00%

当然，未来实际的市场情况与其家庭的情况都会发生变化，这个投资组合主要是反映一种投资理财思路，需要根据实际回报率定期进行回顾，以适应市场和李先生家庭收支的变化。建议每年对投资组合进行一次考核，以此决定是否进行调整，确保投资理财目标的实现。

如果按照上述基金投资组合的收益率测算，假设以红利再投资的复利方式进行，以李先生目前18万元的本金投资，5年后将增值到：18×（1+10%）×5=29万元，届时可考虑拿出11万元购车，满足您拥有一辆自己汽车的“最高目标”，余下的18万元本金可继续投资。又假设李先生妻子与李先生年龄相当，55岁退休，则继续投资16年将升值到：18×（1+10%）×16=82.7万元，届时满足妻子养老已较充裕，并能让孩子接受良好的教育。

而如果李先生在5年后放弃购车或用年度节余的累计款项满足购车欲望，一直将18万元的本金投资下去，则在妻子退休时，投资升值将达到：18×（1+10%）×21=133.2万元；等到李先生自己60岁退休时，投资升值将达到：18×（1+10%）×26=214.5万元，这样，他们就能够过上比较稳定、富足的生活了。

【案例3-8】

万先生的家庭理财规划

家庭情况

万先生今年36岁，目前在一家国有企业从事行政工作，月收入是8 000元。太太34岁，是一名事业单位职工，月收入是4 000元。女儿5岁，正在上幼儿园。目前，他和岳母住在一个小区，两家离得不远，而且岳父岳母都已经退休在家，生活悠闲，孩子也是岳母帮着照顾，他们夫妻俩基本是在岳母家混吃。不过，每个月他都会给岳母2 000元钱，算是入伙费。

除此外，家里购买基本生活用品等支出约1 000元。女儿学英语、钢琴等兴趣班每月支出大概要1 000元，包括岳父母在内的全家娱乐、休闲每月估算要1 500元，加上养车费用1 500元。每月结余5 000元。

万先生家庭的年度收入主要是年终奖金，夫妻俩总共有6万元左右。年度开销则是逢年过节的走亲访友、购物消费等，约在1万元。

家庭资产方面，万先生现在有活期存款5万元，定期存款30万元，基金市值10万元。一辆经济型轿车市值5万元左右，一套单位集资房市值约240万元，当初向亲戚朋友借的钱均早已还清。

家庭理财目标

1. 在未来两年的安排中，万先生说家中一个比较重大的计划就是，他们夫妻准备再要一个孩子。

2. 万先生很担心经济方面的压力。一方面，现在养孩子成本高，另一方面家里这两年支出项目的确不少，而且爱人的工作还可能有变动。比如，女儿今年就升入幼儿园大班了，明年将面临入学问题，这是个大问题。如果他们选择好学校，择校费估计要5万元。

3. 今明两年，万先生还有个换车计划。一家三口加上岳父岳母一起出游，现在的汽车明显觉着有点挤，舒适性也欠佳，如果第二个孩子出生，那更不够用了。万先生打算换辆比较宽敞、价格在20万元左右的车。

4. 万先生妻子的单位马上要进行改革，把事业单位改制成企业，工资收入以及未来的养老都会受到影响。他表示，目前唯一能做的就是尽早开始准备养老金。

育儿、女儿入学、换车以及妻子工作变动、尽早开始准备养老，一系列理财问题，万先生该如何合理筹划安排？

家庭财务状况分析和诊断（见表 3 – 22）

表 3 – 22　家庭财务状况分析和诊断

每月收支状况（单位：元）			
收入		支出	
本人月收入	8 000	房租	0
配偶收入	4 000	基本生活开销	3 000
其他收入	0	娱乐开销	1 500
合计	12 000	养车费用	1 500
		教育	1 000
		合计	7 000
每月结余	5 000		
年度收支状况（单位：万元）			
收入		支出	
年终奖金	6	保费支出	0
其他收入	0	购物、消费	1
		合计	1
合计	5		
年度结余	5		
家庭资产负债状况（单位：万元）			
家庭资产		家庭负债	
活期及现金	5	房屋贷款	0
定期存款	30	其他贷款	0
房产市值	240	信用卡未付款	0
基金市值	10	合计	0
汽车市值	5		
合计	290		
家庭资产净值	290		

理财规划建议——分步实施投资保障计划

1. 建立健康的家庭财务体系。从资金安全角度来讲，合理的负债、适当的紧急备用金以及合理的保险配置能保证家庭资金安全。万先生家没有负债，活期存款 5 万元可以应对家庭 7 个月的支出，这表示家庭资金流稳定，但对于重疾或意外这样的突发事件，万先生则缺乏必要的应对方案。像万先生这样的三口之家，上有老下有小，正是家庭责任最重的阶段，如果没有做足够的准备，突发事件一旦出现，家庭将陷入经济危机，所以需要尽早做好准备，而保险是最佳解决方案。

从收支结构来看，保持适当的流动性资金，良好的储蓄习惯，以及合理的月还贷额能使家庭收支系统健康。万先生支出合理，5 万元活期存款应对家庭生活意外支出，每月储蓄 5 000 元，占收入的 40% 以上，储蓄习惯良好。

从投资结构来看，家庭资产稳定增长的同时，理财收入逐渐增加并占家庭收入比例提高，表示家庭财务自由度逐步提高。万先生家目前资金稳步增长，但增长点主要靠储蓄，投资渠道比较单一，主要是定存和基金。下一步的目标应该是提高资金投资效率，增加投资收益。对于非专业投资者来说，时间精力不够，投资信息较少，不建议投资风险过高，周期较短的理财品，建议选择长期稳定增长的理财产品，定期定额持续投资，牺牲资金的灵活性，用时间换取收益。

另外，万先生应为理财目标设定明确时间、金额和先后次序以便帮助家庭尽快达成目标，同时要根据家庭实际情况全面考虑理财目标。

2. 足额定投解决教育养老问题。对于生育二胎计划，这是万先生应重点考虑的问题，因为妻子年龄已经 34 岁，受年龄制约，应尽早打算，养育子女费用不菲，新生儿每月将至少额外支出 1 000 ~ 1 500 元，教育费用也需要筹备。因此，应尽早实施这个计划。

教育费用无法推迟，也无法更改，准备教育费用建议尽早规划，预算充足。万先生目前教育费用已经明确的有 1 年后缴纳的 5 万元择校费，之后女儿的各项教育费用并没有列入理财目标，粗略计算至少需要 20 万 ~ 30 万元，应重点加以考虑。对于确定的 13 年后所需要的教育费用，可以选择定期定额的投资方式，每月 1 000 元，如果按 6% 收益，到 18 岁时能获得 25 万元左右，应该能够满足基本教育费用。

对于万先生夫妇二人的养老规划，也建议采用定期定额投资的方式。万先生夫妻均在 35 岁左右，距离退休约有 20 年，选择定期定额的投资方式进行养老储备比较合适。若月投入 1 000 元，投资回报率为 6% ~ 8%，20 年后将获得约 50 万 ~ 60 万元的收益，夫妻俩各建立月投入 1 000 元的养老计划，退休时加上社会养老金，能基本满足退休需求。

近一两年内，万先生夫妇还有换车计划。汽车属于耐用消费品，不具备升值空间，最好具备一定经济实力再行换购。如果考虑到育儿支出以及未来的教育费用筹划，建议暂缓换车，等过几年经济状况更为宽松时再考虑。

3. 建议补充基础的保险保障。万先生在国企工作，肯定有公司提供的基本社保，妻子在事业单位，也有基本的保障，但是这些保障还不充足，不能帮助家庭应对各种突发事件。

保险类型分为储蓄型保险、保障型保险和投资型保险。储蓄型保险能帮助定期储备资金应对不确定时发生的资金需求。保障型保险主要考虑家庭经济支柱发生风险后对家庭生活质量，各种理财目标的影响，以消费型为主。投资型保险结合投资和保障，帮助家庭达成长期理财目标的同时提供必要的保障，以账户型为主，如投资连结保险、万能保险等。

对万先生而言，建议夫妻双方补充重大疾病保险以及意外险，以应对突发的疾病以及意外。保险类型则以保障型为主，能和社保形成补充，这样花费低，保障额度大。

第四节
理财规划案例

【案例 3－9】

家庭情况

张女士今年30岁，在一家国有企业工作，丈夫（30岁）也就职于国企单位。家庭年收入合计18万元，家庭开支情况如下：生活开销10万元/年，住房按揭还款4万元/年，其他支出大概1万元/年。目前张女士家庭拥有1万元银行活期存款，2万元银行定期存款。目前，家庭双方父母健在，张女士父母国企退休；张女士丈夫的父母在农村，无任何养老保险。夫妻保险方面均只有五险一金，无商业保险。张女士希望通过合理理财，实现：两年内购买一辆10万元以下的汽车；两年之内计划要宝宝；以后能送宝宝出国读书；能解决双方父母的保障问题。

财务状况分析

张女士夫妇在保持高收入的同时，其家庭的支出也较高，这样结余下来的资金就较少，不利于家庭资产的快速积累。张女士家庭应该注意两点：首先，为了避免购车规划与孩子教育费用准备出现重叠，建议购买汽车采用全款付清的方式；其次，考虑到双方父母的年龄过大，不建议通过购买商业保险的方式进行保障规划。

理财建议

购车规划：考虑张女士家庭现有的收入、支出、资产状况，张女士为了达成购车规划的目标，家庭需要进行适当的“牺牲”，减少日常生活的开销，用来进行购车规划。假设每年的投资收益率为8%，两年后需要准备10万元的购车金和1万元左右的相关税费，则张女士家庭现在每月需要投入4 241.67元，占到其家庭月收入的比重为28%，未超过30%的比重，处于尚可以接受的范围内。

教育规划：假设出国留学学费合计为80万元，每年的投资收益率为8%，则张女士家庭每月只需要投入1 666.37元，通过定期定额的方式就可以实现积累目标，建议积累18年。教育金投资品种的风险不宜过高，可以适当考虑搭配资产组合，比如指数型与偏债型基金相结合。

保障规划：考虑到父母的年龄和身体状况，不建议通过商业保险进行保障规划，可以适当建立家庭应急基金的方式进行分散风险，以备不时之需。

对于张女士夫妇，还需要适当补充商业保险，越早购买越便宜，主要考虑两种保障型保险产品，一是意外伤害保险，为了避免因意外所造成的医疗费用的开支，以及收入中断等情况的发生；二是重大疾病保险，可以应对因罹患重大疾病而导致家庭巨额的开销。

【案例 3－10】

个人情况

徐阳（化名），大三学生，现有存款 5 000 元，每月纯收入 500 元（除去所有开支后），无负债。徐阳希望自己手中的每一分钱都能得到充分的投资。

如今，像徐阳这样的大学生不在少数，对他们而言，如何在学生阶段树立良好的理财观念，养成良好的理财习惯，学会一定的理财技巧，进而使自身财产保值增值显得越发重要。

财务状况分析：每月略有结余，具有一定的流动资产

对于一般大学生来讲，很难说是否真正实现了财务上的独立，从徐阳的情况来看也许她是勤工俭学或做兼职工作取得了一定的收入，但也有可能是按月向父母领取生活费，目前二者都很普遍。根据资料我们推断徐阳属于前者。于是，对徐阳的财务状况进行分析总结，可以表现为每月略有结余、无负债、无投资、具有一定的流动资产，这也是目前大学生最普遍的财务状况。

从她的财务状况本身来看，没有太多负担和压力，财务安全性尚好，基本能够支持自己的学习和生活。但对于多数大学生来说，财务状况能够反映出一些理财观念的问题，也就是大学生的节约意识、储蓄意识，以及投资意识，这些方面都需要加以改进。

理财建议：留足生活备用金，适当进行投资

徐阳自己提出的理财目标是希望手中的每一分钱都能够得到充分的投资。首先，这个理财目标就有欠斟酌，这也反映了大学生普遍缺乏正确的理财观念。很多大学生都认为理财就等于投资，但实际上投资只是理财的一部分，是手段与工具，而不是最终目的。对于徐阳来说，手中的流动资产必须先留出一部分作为生活备用金，由于徐阳每月的生活支出具体数额不明，备用金额度可由自己考虑决定，应当介于每月生活支出的 3 到 6 倍之间。

留出备用金后，流动资产中剩余部分可以考虑适当进行投资，在投资方向上，如果徐阳属于金融学或相关专业学生，在不影响学业的情况下可以适当涉足股票市场，这样可以积累投资经验。但如果是其他专业学生，不建议选择需要知识与基础的投资领域，可以投资一些风格比较稳健的开放式基金。另外，每月结余部分如果比较稳定可以考虑进行基金定投，这样也可以达到强制储蓄的目的，定投的品种可以选择偏股类基金甚至指数型基金，积少成多。总之，要安排好生活，在不影响学习的情况下，再进行适当的投资理财活动。

大学生理财规划的重点

理财对于当前大学生来说具有重要的现实意义，而大学生存在的理财问题也较为普遍，在此我们给广大在校大学生提出了一些理财建议。

1. 理财原则：勤俭节约，稳健当先。目前，很多大学生都谈不上财务独立，也没有稳定的收入来源，主要的资金需求就是满足自己的生活需要。从这个角度来讲，大学生遵循的理财原则应为勤俭节约，稳健理财。在支出方面要进行严格管理，不与人攀比，不爱慕虚荣，形成节俭的宝贵品质，同时也能够更有效地积累净资产。在投资方面要理性，不要盲目跟风，有闲置资金可以适当学习投资，但一定要注意风险。

2. 关注对账单，慎用信用卡。在理财行业内，信用卡的使用问题其实颇受争议，对于大学生来说更是如此。信用卡的问题在于其容易助长人们的消费，甚至是不良消费习惯。受还款能力所限，信用卡的债务一旦无法偿还，对学习生活一定会有所影响，甚至会造成学生家长的财务压力。

在此，建议使用信用卡的大学生养成良好的理财习惯，具体做法可从关注对账单开始。只要开始关注自己的对账单，就能够有所发现。对账单应集中管理，便于分析，有时间的话应动手列出汇总表格。一方面可以观察自己的消费行为是否合理，能否改进；另一方面可观察是否发生利息费用，即产生成本，同时，学习了解信用卡的计息方式，尽量避免不必要的支出。

3. 学习金融知识，认识理财工具。一些大学生在校期间急于尝试进行投资，希望早日积累投资经验，帮助自己日后能够投资获利。这个出发点是不错的，但是在投资之前必须做好充分准备，首先就是要认识和了解投资工具。如果是金融相关专业的学生，或是准备将来从事金融领域工作的学生，可结合学业课程进行系统学习，结合书本知识观察市场行情。其他专业的学生可在业余时间学习投资工具的基础知识，从图书馆入手，阅读相关书籍，然后再结合市场行情进行观察。

另外，大学生可以参加一些金融理财行业内相关的知识讲座，多接触实践中的投资信息。建议大学生从股票、基金、债券等基本的投资理财工具入手，从基本的基础知识入手，熟悉其特点与方式后可利用自己的闲散资金进行实践体会，但最基本的原则是一定要找到适合自己的投资工具，坚持稳健策略，不能急功近利。

4. 理财需要付出长期的艰苦努力。积极学习科学、合理的理财观念，培养良好的理财习惯，对当前大学生来说是有必要的，但与此同时，大学生也不能忘记一个前提，就是不能影响自己的学业与课程，不能过度沉迷于理财与投资。另外，就是要做好理财的心理准备，理财并不像很多大学生所想的那样是一夜暴富或一劳永逸的，理财需要付出长期的艰苦努力，需要极大的耐心和毅力。

【案例 3 - 11】

家庭情况

高先生 30 岁，是一名医生，妻子李女士 28 岁是同单位的护士。夫妻两人收入稳定，分别是 5 500 元和 3 500 元。每月家庭支出也比较稳定，大约在 4 000 元左右。因为刚结婚不久，所以只有 3 万元的活期储蓄。夫妻两人现在居住在高先生父母早期准备的住房中，市价 80 万元。夫妻俩想换一套附近的商品房，考虑在 150 万元左右。高先生夫妇没有投资理财经验，也没有购买过保险。夫妻俩打算两年后要个小孩，从现在起准备一笔婴幼儿的抚养费用。

财务分析

高先生家庭的年结余比例较高，说明高先生家庭储蓄意识与能力较好，家庭净资产提升能力也较高。另外，高先生家庭没有负债，也没有金融资产投资，一方面反映出家庭财务较为安全，没有财务风险，还具有利用财务杠杆的空间，另一方面反映了家庭缺乏投资意识，整体资产的增值力不强。

理财建议

现金规划：因为高先生与妻子收入都比较稳定，因此建议其流动资产可以保持在1.5万元，作为家庭生活的备用金。这部分备用金可以把活期存款作为预留，也可以将其中一部分配置为货币市场基金来持有。

消费支出规划：高先生家庭主要有换房的目标，但高先生资金尚不充裕，必须用旧房换新房。如果换150万元的房子，则需要贷款70万元，月供额为3 757元左右，占月收入的42%。显然，这个比例已经超过了房屋贷款占月收入的合理比例的上限，会给家庭带来较重的负担。因此，建议降低规划目标，可以考虑总价为120万元的房子，这样贷款负担会大为减轻。

风险管理规划：建议夫妻俩每年拿出6 000元左右来购买商业保险，在险种配置方面，高先生和李女士应当选择的品种是一些健康险、医疗险、意外险以及养老保险等。应当更多注重保险资产的保障功能，分红应当不是保险主要考虑的因素。

养子规划：准备在两年后要孩子的计划可以从现在开始准备，每月可以拿出2 000元进行积累资金，可以投资于债券型基金，这样损失本金的风险很小，还可以收到5%左右的年收益，经计算可得出两年后可以积累5万元资金，用来准备孩子出生需要的费用。同时，他们还应该尽早准备孩子的教育经费，可以坚持定投到孩子上大学时。

【案例3－12】

家庭情况

27岁的李小姐是某国企的行政人员，月薪7 000元；其丈夫在事业单位担任行政工作，月薪5 000元，两人都有三险一金。目前，两人拥有一套70平方米的小户型，每月除去住房公积金，还需还贷1 500元，10年还清。目前，李小姐家庭有存款5万元，每月定投基金1 000元（目前已有2.5万元），此外无其他投资，每月家庭支出约2 500元（不含房贷）。李小姐计划两年内要孩子，并想在5年内购买一辆约10万元的轿车。

财务分析

总体来讲，李小姐家庭的财务状况安全性尚好，但缺乏资产增值潜力。随着生孩子计划的实行，预计家庭支出还会有一定的增长。李小姐家庭所要关注的理财目标主要有合理配置流动资产、实现购车计划、完善风险保障、积累教育金、提升资产增值力。

理财建议

现金规划：由于夫妻二人收入都比较稳定，我们建议家庭流动资产可以保持在15 000元，但是不需要全部以银行存款的形式保留，也可以将一部分额度购买货币市场基金。

消费支出规划：李小姐计划5年内购买一部10万元的汽车，可以先从银行存款中拿出2万元，再从现在起每年拿出13 478元投资于债券基金，预期会有平均5%的年收益，这样5年后就可以积累10万元用于购车。

风险管理规划：可以看出李小姐家庭的保险资产尚不充足，因此建议二人每年拿出9 000元左右来购买商业保险，在险种配置方面，李小姐和老公应当选择的品种是一些健康险、医疗险、意外险以及养老保险等。

子女教育规划：建议李小姐家庭可以每月拿出2 000元用于该项资金的积累，投资品种可以选择风格比较稳健的配置型基金，年复合收益率预计为8%左右。坚持20年后，可以积累的资金总额为117.8万元左右，预计可以满足孩子接受高等教育以及创业的资金需求。

投资规划：根据李小姐与先生的年龄分析，投资策略上可以偏进取型，所以建议李小姐采用构建基金定投组合的方式，具体品种可以选择一部分优质偏股类基金甚至是指数基金，比例大约为70%左右，另一部分为平衡型或债券型基金，比例为30%左右。李小姐可以在原定投额度上每月再追加1 500元进行投入，从结余中拿出，坚持长期定投，才能获得比较理想的收益。

【案例3－13】

家庭情况

蔡先生今年30岁，在北京一家事业单位工作，妻子29岁，就职于国有企业，女儿今年2岁。蔡先生家庭年收入合计17万元，家庭年开销8.6万元左右。蔡先生每年投入5 000元买基金作为女儿上大学之前的教育费用。家庭有80平方米住房一套，无房贷；私家车一辆，市值5万元；银行活期存款1万元，定期存款10万元。蔡先生家庭近几年的理财目标如下：每年预算5 000～8 000元的旅游费用；3年内换一辆15万元以内的车。除此之外，蔡先生还希望能在50岁左右积累足够的养老金，提前退休。

财务分析

总体来讲，蔡先生家庭的财务状况安全性较好，有一定资产增值潜力，同时家庭成员缺乏完善的人身风险保障。

理财建议

现金规划：根据科学的现金规划原则，个人或家庭持有的流动性资产作为日常备用金，应该能够满足其3至6个月的生活支出。蔡先生夫妇工作都比较稳定，综合考虑，可以将流动资产额度设定为2.5万元。也就是说，除了活期存款以外，定期存款中保持1.5万元即可，其余部分可以用作其他用途。

消费规划：在消费支出方面，蔡先生每年的旅游费用可以直接从年结余中拿出，合并入家庭每年生活支出，这样年度支出总额最多将增至94 000元。

3年内换购一辆15万的汽车，可以从现在起每年拿出1.7万元积累资金，可以投资于债券基金，预期会有平均5%的年收益，这样3年后可以积累53 593元。旧车预计还可以变卖2万元，另外从定期存款中拿出8.5万元，可实现换车计划。

风险规划：蔡先生夫妇需要补充一定商业保险。根据保险原则，蔡先生与太太每年可以拿出 7 000 元左右保费进行投保，险种方面主要考虑意外险、健康险等品种，主要注重保障功能。

教育规划：蔡先生家庭每年投资 5 000 元基金来积累女儿将来上大学所需费用是合理的。按照混合型基金年复合平均收益率 8% 计算，16 年后，女儿上大学时这笔资金可以积累到 15 万元左右，能满足国内大学费用，但如果准备出国留学则需要加大投入资金额度。

退休养老规划：蔡先生准备在 20 年后准备好退休养老资金，按照平均寿命 80 岁，退休后还要生活 30 年，则退休养老资金需准备 325 万元左右。蔡先生可以从现在开始采取按月投资于基金的方式积累养老金，每月投入 4 281 元，可以选择风格比较灵活的优质偏股类基金，长期坚持，年复合平均收益率可达到 10% 左右。这样，在蔡先生 50 岁时可以积累 325 万元作为退休后生活费用，并继续进行保守投资。

【案例 3－14】

家庭情况

李先生今年 55 岁，是一名家具厂的职工，月收入 2 500 元左右。妻子 50 岁，已经退休在家，每月退休金为 1 500 元，周末还在超市做兼职促销员，每月大概能有 1 000 元左右的收入。目前，他们和女儿女婿住在一起，没有债务。还有一套住房用于出租，每月租金 2 000 元左右。每月日常开销为 1 500 元左右（含一辆小轿车每月花费大约 500 元）。目前，家庭有 10 万元股票、5 万存款。李先生请教专家，如何使老年生活有保障？

财务分析

从结余方面来看，李先生家庭结余比例较高，说明家庭储蓄意识与能力很好，家庭净资产提升能力也较高；从投资方面来看，有一定的金融资产投资，反映了家庭有一定的投资意识，整体资产也有一定的增值力，但投资工具单一，且承担了一定的投资风险。另外，李先生家庭没有负债，反映出家庭财务较为安全。

理财建议

风险管理规划：从科学的保险规划来看，家庭的保费支出可以占到年收入的 10% 左右，保险额度应当做到年收入的 10 倍左右。由于李先生与妻子已接近或超过退休年龄，在保险产品方面，李先生和太太可以选择一些意外险品种，应当更多注重保险资产的保障功能，分红应当不是保险主要考虑的因素。

退休养老规划：李先生的年龄已快接近退休年龄，因此，准备时间已经较短，但是也可以通过稳健投资计划来准备一部分。假如李先生在 60 岁退休，可以建议李先生先拿出 4 万元存款作为启动资金，再每月拿出 5 000 元来进行定期定额投资积累退休养老准备金，投资工具可以选取风格较为稳健的平衡型基金，综合年收益率可达到 6% 左右。则在开始投资后 5 年末，即李先生 60 岁退休时，李先生家庭积累的退休养老准备金可以达到 40 万元左右。

投资规划：李先生家庭投资资产比较单一，投资风险较大，收支状况显示尚有一定的可投资空间。在投资策略选择上，根据李先生与妻子的年龄以及家庭结构分析，我们建议采取防守型的投资策略。因此，比较明智的投资策略是构建一个合理的投资组合，建议采用投资基金组合的方式。具体品种上，建议选择一部分优质平衡型基金，比例大约为30%左右；另一部分为偏债类基金，比例为70%左右。预计投资组合的整体收益率为平均每年5%左右。李先生家庭的股票资产可以视行情而定，逐步向合理的投资组合转化，转为退休后需要的保守型策略。

【案例3-15】

家庭情况

郝先生今年30岁，是一股份制银行销售部的客户经理，税后月收入在3 000元到1万元不等。妻子在事业单位工作，月收入5 000元。夫妻两人都有五险一金。郝先生家庭现有活期存款10万元，没有负债，家庭每月生活费支出4 200元，另外每年给双方老人5 000元左右的费用。住房是5年前父母全款购买的，郝先生还出租一套父母单位分的房子，每月能收到租金2 500元。2006年投入股市的5万元，现在市值约15万元。夫妻俩计划一年后生孩子，需要为孩子积累教育金，还计划换一套大房子。

财务分析

家庭结余比率为42%至69%，这反映出家庭有一定的储蓄意识和节约意识，也有着一定的提升净资产能力。郝先生家庭拥有投资性房产与股票资产，反映了一定的投资意识，但金融资产投资仍不是很充足。

理财建议

现金规划：建议郝先生家庭的流动资产可以保持2万元作为家庭生活的备用金。这部分备用金可以把活期存款作为预留，也可以将其中一部分配置为货币市场基金来保持。

消费支出规划：对于郝先生换购大房子的计划，从郝先生家庭的资金规模来看还面临着较大的压力，在偿还贷款方面也具有较大的不确定性。所以，建议郝先生的换房计划应推迟考虑，最好能够通过出售旧房来帮助实现购买新房的目标，这样才不会给家庭造成过重负担。

风险管理规划：可以看出郝先生家庭的保险资产尚不充足。二人每年至少拿出4 000元左右来购买商业保险。在险种配置方面，郝先生和妻子应当选择的品种是一些健康险、医疗险、意外险以及养老保险等。

子女教育规划：建议每月拿出1 500元投资于风格比较稳健的优质平衡型基金，这样按照年复合收益率6%来计算，19年后也就是孩子18岁时，将达到635 370元的资金积累，预计可以基本满足孩子将来在国内上大学以及创业或者去国外留学的费用需求。

投资规划：郝先生家庭之前的股票投资收益还是不错的，但郝先生的金融投资品种较为单一，面临的风险较大，应进行调整。郝先生可以从存款中拿出8万元作为启动资金，另外每年从家庭年结余中拿出 2 万元实施投资计划。投资品种方面可以考虑构建投资组合，可以在组合中配置偏股票类基金，比例为 40%，另外配置债券型基金，比例为 60%。这样，年复合收益率可以达到 7% 左右。

【案例 3－16】

家庭理财规划综合案例

家庭情况

1. 基本情况。张新，男，高学历的文职军人，风华正茂，身体健康，职业稳定。收入中等，但每年都会有所增长，且退休后的基本生活费用有保障。其妻子月收入高于张新，她在民营律师事务所从事行政管理工作，孩子年龄 3 岁。

理财需求：夫妻养老、家人医疗，为孩子将来的教育作准备。

2. 资产负债情况见表 3－23。

表 3－23　家庭资产负债表　单位：元

资　产	金　额	负　债	金　额
现金及活期存款	30 000	信用卡贷款余额	0
预付保险费	10 000	消费贷款余额	0
定期存款	100 000	汽车贷款余额	0
债券	60 000	房屋贷款余额	0
债券基金	0	其他	0
股票及股票基金	0		
汽车及家电	无汽车，家电 30 000		
房地产投资	0		
自用房地产	0		
其他	0		
资产总计	230 000	负债总计	0

家庭可变现资产分布见图 3－9。

图 3－9　家庭可变现资产分布图

张新家庭属于无负债家庭，流动性尚好的可变现资产（注：债券及定期存款的保值、变现能力还是相对较强的）占总资产（因本案例中未给出住房估值，暂不计入）的82%以上。这种资产配置虽然抗风险能力极强，但太偏重于安全性、流动性，保守有余，进取不足，需要改善。

3. 家庭收支情况见表3－24、图3－10。

表3－24　家庭月度税后收支表　单位：元

收　入	金　额	支　出	金　额
本人收入	1 600	房屋支出	200
其他家人收入	3 700	公用费	
其他		衣食费	1 500
		交通费	300
合计	5 300	合计	2 000

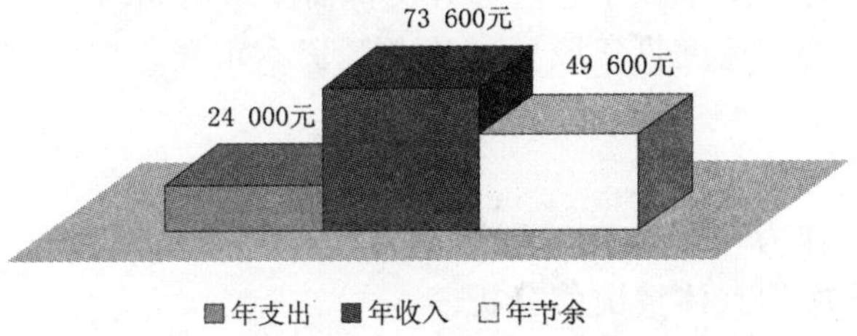

图3－10　年度收支示意图

张新家庭年度税后奖金（年终奖）是10 000元，这样目前家庭年收入是73 600元，年度开支为24 000元，收支相抵，目前每月结余3 300元，年度结余49 600元。

流动性比率分析如下：

流动性比率＝流动性资产/每月支出＝30 000/2 000＝15

资产的流动性是指资产的快速变现能力。因张新的家庭无负债，流动性比率反映的是他家庭的现金与活期存款与每月支出之比。财务管理中的流动性比率要求一般视企业、家庭或个人的具体情况不同而有所差别。

由于流动性资产的收益一般较低，对于像张新这样工作稳定、收入有保障的家庭来说，资产的流动性比率可以相对低些，从而可以将更多的资金用于像股票、基金等资本产品的投资，以期获得更高的收益。目前，张新家庭的流动性比率为15，说明张新的流动性资产可以满足15个月以上的家庭开支，远远高于适用水平，所以提出了对资本市场投资的建议。

4. 家庭保障情况见表3－25。

表 3-25 家庭保障情况

	商业保险	其他保障
本人	已投保平安分红型保险	部队已为军人安排医疗保险
妻子	平安保险的住院补助型保险	社保三项（失业、大病医疗、退休养老）

从成熟家庭的保障情况看，一般建议年度保险费支出占投保人年收入总额的10% ~ 20%，张新家庭预付保险费金额为10 000元，占年度总收入的13.6%。而张新和妻子所在单位又分别为他们安排了军人医疗保险及社保三项，故张新家庭的保障情况与其家庭的收入状况已基本上相适应。

5. 情况小结。通过上述分析可以看出，张新家庭的财务状况和收支情况相对稳定，家庭的保障情况也相对良好，且无负债之忧。但家庭资产配置中银行储蓄及债券投资所占比重太高，没有股票、基金等资本市场投资，整个家庭的财务管理过于保守。过分追求资产的安全性、流动性，往往导致投资收益率低，影响收入预期，并制约未来生活质量的提高。

张新和妻子都还年轻，未来孩子教育等开支都需要未雨绸缪。建议充分利用目前证券市场，尽快调整资产结构，适度投资股票、基金等资本市场，以实现家庭资产长期保值、增值的理财目标。

理财建议

1. 几点基本假设。作为一个长期的理财规划，有必要先说明一下目前中国的通货膨胀情况，并结合张新家庭的具体情况作分析。

（1）通货膨胀压力值得关注。

（2）家庭收入增长可期。随着我国经济的不断发展，我国职工收入年均增长超过12%。基于张新对自己及妻子未来收入增长预期的描述，假定张新家庭未来的年收入增长幅度为10%。

（3）对孩子教育费用的大致估算。张新目前没有教育费支出，孩子现在3岁，学历教育一般分三个阶段，从小学到中学，从中学到大学，大学阶段是非义务教育，分别是9年、4年。假定张新孩子上大学之前每月开支500元，14年后上大学每年1.7万元（以目前每年1万元起算，按4%的年通货膨胀率计）。

（4）最低现金持有量。从维持必要、合理的支出角度出发，张新的家庭应拥有满足3个月以上支出的现金流。以张新家庭目前月支出约2 000元的水平计，维持约1万元的活期存款已经足够。

2. 风险承受能力分析。张新与妻子目前的工作与收入都相对稳定，正处于事业发展阶段，年富力强，身体健康，家庭风险承受能力较强。

考虑到目前家庭资产的配置太偏重于稳定型，准备拿出一部分资金进行投资；并表示本人能够承受中等程度的投资风险，主要看重的是投资的长期收益，特别是每年5% ~ 10%左右的收益；投资风险只要不影响家人的正常生活及孩子的教育就可以。

据此，张新和他的家庭对投资资本市场的风险已有一定认知，并对风险具有中等偏上的承受能力，已经做好必要的心理准备。

3. 投资理财建议。

（1）对现有资产进行处置。张新目前除家电资产、预付保险费共4万元外，共有19万元属于可变现用于证券投资的资金。按上述分析，除留出1万元现金存活期以备急用外，其余包括债券投资、定期储蓄在内的18万元资产均可套现重新进行资产配置。

理由如下：

活期及定期储蓄虽然无风险，但众所周知，年收益率极低，在目前通货膨胀加剧的背景下连保值都困难，根本谈不上升值，不能算是真正意义上的投资。活期存款一般是为生活日常开支或应急准备的，以张新家庭月开支2 000元、每月收支相抵有3 300元节余的生活情况看，留有1万元就足够了；定期存款及直接投资债券虽有一定的利息，但其流动性受限（提前支取或提前兑现常常会损失利息），故主要是那些缺乏投资知识的年长者的备选。

（2）建立新的资产组合配置。张新是一名现役文职军人，妻子在律师事务所从事行政管理工作，从张新家庭目前的资产配置和自我描述来看，从未涉足过股票、基金等证券品种，投资经验相对不足，估计直接进行股票投资在时间、精力上也不够，况且根据有关规定，现役军人不得以军人的身份开户炒股。有鉴于此，不建议张新家庭现在就直接进入股市投资，而改以购买证券投资基金的方式间接投资股市。

具体的家庭投资基金产品的配置是：股债混合的平衡配置型基金投资占50%，股票型基金投资占30%，债券型基金投资占20%。

理由如下：

①平衡配置型基金是一种介于股票基金与债券基金之间、比较中庸的配置基金，也就是在基金组合中相对均衡地投资股票和债券，由基金经理人根据他对市场的判断适时地调整股票和债券的投资比重，以期取得较好收益。这类基金的投资回报一般要高于债券型基金，但风险小于股票型基金。鉴于张新家庭属于对风险具有中等偏上的承受能力，建议重点配置该类基金占投资组合的50%。

②股票型基金是以投资股票为主（通常投资组合中股票的比重占60%以上）的一种积极进取型的投资基金。从世界各国证券市场的发展历史来看，股票型基金的长期回报一般要高于其他投资基金。基金专家选股理财，免去了直接投资的许多困惑，是提高投资组合总体收益的重要一环。但鉴于其高收益、高风险的市场属性，建议配置该类基金占投资组合的30%。

③债券型基金主要投资于各种债券（包括国债和企业债等）。这类基金投资回报率相对较低，但是价格波动小，收益稳定。由基金经理对不同品种、不同期限结构的债券灵活地进行组合投资，其收益率往往要高于普通投资者自己直接投资债券。有的债券型基金还采取边缘化投资策略，可投资于上市公司发行的可转换债券，甚至有的在募集说明书中明示，可以将部分资金用于目前几无风险的新股申购，故实际收益率常常超出市场预期。

债券基金一般具有净值相对稳定的保值功能，如果家庭一时急用现金，可按净值赎回，避免了直接投资债券在提前套现时可能会损失期间收益的风险，所以建议将原来直接投资债券的资金改为投资债券型基金，投资比例占投资组合的20%（见图3－11）。

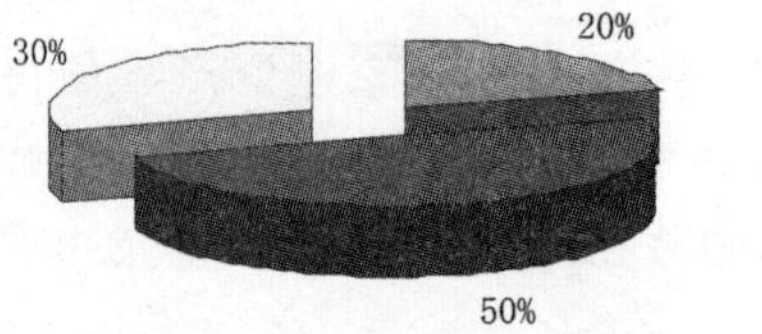

图3－11 基金投资组合配置图

4. 投资组合收益预期（见表3－26）。考虑到证券市场的一些不确定因素，根据国际通行的惯例并结合我国证券市场的历史情况，排除了一些波动剧烈的非常态数据，以审慎、严谨、保守的原则，对新建立的基金投资组合进行年收益率的大致预测：债券型基金预期收益率5%，投资比例20%；平衡型基金预期收益率9%，投资比例50%；股票型基金预期收益率15%，投资比例30%。该组合综合预期回报率为10%，可以满足张新家庭关于年收益率在5%～10%左右的理财要求。

表3－26 组合投资收益预期

基金类别	预期收益率	投资比例	折算预期回报率
债券型基金	5.00%	20%	1.00%
平衡型基金	9.00%	50%	4.50%
股票型基金	15.00%	30%	4.50%
总计		100%	10.00%

当然，未来实际的市场情况与张新家庭的情况都会发生变化，这个投资组合主要是反映一种投资理财思路，需要根据实际回报率定期进行回顾，以适应市场和张新家庭收支的变化。建议每年对投资组合进行一次考核，以此决定是否进行调整，确保投资理财目标的实现。

如果按照上述基金投资组合的收益率测算，假设张新以红利再投资的复利方式进行，以其家庭目前18万元的本金投资，5年后将增值到：$18\times(1+10\%)^5=29$ 万元，届时可考虑拿出11万元购车，满足张新拥有一辆自己汽车的最高目标，余下的18万元本金可继续投资。假设张新妻子与他年龄相当，55岁退休，则继续投资16年将升值到：$18\times(1+10\%)^{16}=82.7$ 万元，届时可满足张新及妻子养老的要求，并能让孩子接受良好的教育。

如果张新在5年后放弃购车或用年度节余的累计款项满足购车欲望，一直将18万元的本金投资下去，则在妻子退休时，投资升值将达到：$18\times(1+10\%)^{21}=133.2$ 万元；等到张新60岁退休时，投资升值将达到：$18\times(1+10\%)^{26}=214.5$ 万元，这样，他们就能够过上比较稳定、富足的生活。

第四章
信用卡与债券理财

第一节
信用卡理财

一、信用卡概述

（一）信用卡的概念

信用卡，是指由商业银行、信用卡公司或者其他金融类机构发行的具有消费支付、信用贷款、转账结算、存取现金等全部功能或者部分功能的电子支付卡。从狭义上来讲，主要是指由金融机构或商业银行机构发行的贷记卡，即无需预先存款就可以贷款消费的信用卡。如果明确了信用额度的循环信贷账户，其持有人可以借支部分或者全部额度，偿还借款也可以是部分或全部款额。一旦已使用的余款得以偿还，该信用额度又重新恢复。

国内的信用卡分贷记卡和准贷记卡（先存款后消费，允许小额、善意透支的信用卡）。

从广义上，凡是能够为持卡人提供信用证明、消费信贷或持卡人可凭卡购物，消费或享受特定服务的特制卡片均可称为信用卡。

1. 银行卡（Bank Card）。

签账卡（赊账卡）　Charge Card

贷记卡（信用卡）　Credit Card

准贷记卡　Semi Credit Card

借记卡　Debit Card

提款卡　ATM Card

芯片卡/智能卡　Chip Card/Smart Card

储值卡　Prepaid Card

认同卡　Affinity Card

联名卡　Co－Branded Card

商务卡　Business Card

上述所列的全部卡种都属于支付卡（Payment Card）。

2. 非银行卡，主要是指商业机构发行的零售信用卡和旅游服务行业发行的旅游娱乐卡。

另外，用信用卡外出不用再担心现金没带够，手头缺钱时，也可解燃眉之急。收到银行对账单时可以对自己的消费有清晰的了解，知道自己哪些消费是必要的，哪些是可以延后的，哪些是根本不必要的，从而使自己的消费变得理性，对自己的财务状况也有一个较为完整、系统而方便的管理。此外，使用信用卡的时候也会使自己的信用度得到积累。

信用卡的核心特征是个人信用和循环信贷，它的基本功能是支付功能和信用功能，其他的各种功能都是在这两个功能的基础上发展起来的。

（二）信用卡的功能

1. 支付结算。信用卡的支付结算功能，可以提供广泛的结算服务，方便持卡人的购物消费活动，减少社会的现金货币使用量，加快货币的流转，节约社会劳动。

2. 汇兑转账。信用卡的汇兑功能，体现在持卡人外出商旅、销售、度假的过程中，在异地甚至异国都可以借助汇款的方式，通过任何一家国际信用卡组织的会员机构的网点，实现资金的调拨流转。

3. 规模购买。发卡机构作为所有会员集体——全体持卡人的代表，通过市场力量，以期更有力的讨价还价能力，从卖方获取更多的谈判收益，让持卡人分享。例如，运通公司和花旗银行等机构已经普遍为持卡人提供持卡消费折扣、保证持卡购物为最低价格等附加服务。

4. 个人信用。持卡人通过使用信用卡，可以在金融机构进行个人的信用度积累，长期优良信用的积累会给持卡人带来很多高价值的回报。个人信用会牵涉持卡人日常经济生活的方方面面。

5. 信用销售。信用卡实质上是一种信用购销凭证，它的运作模式体现了背后商业信用或银行信用的支持。实际上，今天的信用卡的信用购销功能已经从开始的商业信用行为转化为银行信用行为。信用卡的信用购销改变了传统的消费支付方式，扩大了社会的信用规模，使一手交钱一手交货的直接交易方式变成迂回交易，改变了社会货币实际购买力决定社会的购买行为的状况，超前的购买能力和扩大的信用规模势必扩大社会的总需求，为确保宏观经济的综合平衡必须加大社会总供给，以便与扩大的社会总需求相适应，从而促进了社会经济的发展。

6. 循环授信。信用卡实质上是消费信贷的一种，它提供一个有明确信用额度的循环信贷账户，借款人可使用部分或全部额度，一旦已经使用的余额得到偿还，该信用额度又可以恢复使用。尤其是贷记卡的持卡人，只要每月支付一定金额的最低还款额度，在此额度之外的账款及贷款利息可以延至下个还款期偿还，如果借款人的账户一直处于循环信贷状况，那么周转中的贷款余额几乎可以看作是无期贷款。通过循环信用，持卡人可以在金融机构积累自己的信用度。

7. 其他功能。虽然信用卡的基本功能都是大致相同的，但是通过发卡机构所提供的差别性服务可以形成种类繁多且功能服务各不相同、各有侧重的，针对不同目标客户群体的信用卡产品，因而所具备的功能举不胜举。在很大程度上，信用卡所具备的差异化功能和附加值服务受限于社会的实际需求和发卡机构业务拓展产品开发能力。

（三）借记卡

借记卡指先存款后消费（或取现），没有透支功能的信用卡。借记卡按功能不同分为转账卡（含储蓄卡）、专用卡、储值卡。

1. 转账卡具有转账、存取现金和消费功能。

2. 专用卡是在特定区域、专用用途（是指百货、餐饮、娱乐行业以外的用途）使用的借记卡，具有转账、存取现金的功能。

3. 储值卡是银行根据持卡人要求将资金转至卡内储存，交易时直接从卡内扣款的预付钱包式借记卡。

为获得借记卡，持卡人必须在发卡机构开有账户，并保持一定量的存款。持卡人用借记卡刷卡付账时，所付款项直接从他们在发卡银行的账户上转到售货或提供服务的商家的银行账户上。因此，借记卡的卡内资金实际上来源于持卡人的支票账户或往来账户（即活期存款账户），借记卡的支付款额不能超过存款的数额。借记卡是中国特有的一种信用卡，在西方国家，一般的转账支付等功能是由支票来做媒介的，因此借记卡也被称为支票卡。

（四）准贷记卡

准贷记卡也是一种具有中国特色的信用卡，是在我国信用机制还不健全的情况下产生的，它的出现和发展为贷记卡的普及打下了不可忽视的基础。准贷记卡兼具贷记卡和借记卡的部分功能，一般需要交纳保证金或提供担保人，使用时先存款后消费，存款计付利息，在购物消费时可以在发卡银行核定的额度内进行小额透支，但透支金额自透支之日起计息，欠款必须一次还清，没有免息还款期和最低还款额。

（五）贷记卡

贷记卡也就是我们常提及的狭义上的信用卡，是一种向持卡人提供消费信贷的付款卡，持卡人不必在发卡行存款，就可以“先购买，后结算交钱”。根据客户的资信以及其他情况，发卡行给每个信用卡账户设定一个“授信限额”。

一般发卡行每月向持卡人寄送一次账单，持卡人在收到账单后的一定宽限期内，可选择付清账款，不需付利息；或者付一部分账款，或只付最低还款额，以后加付利息。此种信用卡是目前流通最为广泛的支付卡种，其核心特征是信用销售和循环信贷。

借记卡、准贷记卡、贷记卡的基本情况见表4－1。

表4－1 借记卡、准贷记卡、贷记卡的基本情况

借记卡	准贷记卡	贷记卡
先存后用	先存后用，可适当透支	先用后还
存款计息	存款计息	存款不计息

续表

借记卡	准贷记卡	贷记卡
同城取现无手续费	同城取现无手续费	取现收取高手续费
年费很低	年费介于借记卡和贷记卡之间	年费最高
无使用年限限制	使用年限最长为两年	使用年限一般为三年
不提供对账单，可索取	不提供对账单，可索取	每月免费提供账单
不可透支	可透支（额度小）	可透支（额度大）
	无免息期	最长56天的免息期
	透支之日起每天按万分之五计单利	免息期后每天按万分之五计复利
	最长透支天数60天	无透支天数约束

二、信用卡的基本常识

（一）信用卡与借记卡的识别

1. 借记卡上一般都是明确标示：此卡为借记卡，不可透支。卡的标识一般位于借记卡背面。

2. 信用卡背面签名栏后方有三位数的CVV2码，这是信用卡最明显的标志。

3. 信用卡正面标有信用卡有效期，借记卡一般不会标注有效期。

除了以上三点之外，专业的人士可以通过卡面上的号码准确的表述该卡的类型，不过对于一般“卡友”来说，通过以上三点就足以让你分辨信用卡与借记卡。

（二）信用卡综合授信额度

信用卡综合授信额度，是指同一家银行对同一个持卡人持有的该银行的所有信用卡只审批一个信用透支额度，即无论该持卡人拥有多少张该银行的信用卡，其实际能透支的总额不会超过这个审批的信用额度。

比如，某人共持有工商银行A、B、C、D四张不同种类的信用卡，该持卡人综合授信额度为20 000元人民币，那么这四张信用卡是共同使用这个20 000元的信用额度，当持卡人使用A卡刷卡消费4 000元后，则B、C和D卡仅可以再透支消费余下的16 000元，依次类推。

（三）信用卡账单日

信用卡账单日就是发卡银行将持卡人一个账单周期内所有消费情况汇总并打印出来账单的的日期。例如，您的信用卡账单日为7日，到期还款日为26日。那么每个月7日的时候，银行将统计1月7日到2月7日所有的消费并打印成账单，在次日将账单通过邮寄的方式发送给您。

（四）信用卡记账日

在发卡银行的解释中，信用卡记账日的概念是：发卡银行将信用卡交易记入持卡人的账户中的日期。信用卡记账日一般不是刷卡交易的当天，正常情况下银行会在您刷卡的第二个工作日将刷卡的款项记入您的账户中，您在第二天登陆网银或者拨打信用卡中心电话就能查询到该次刷卡交易的细节。

（五）到期还款日

到期还款日，是指当前记账周期内消费款项的最后还款期限，到期还款日也称最后还款日，如果您在到期还款日之前没有全额还款同时也没有选择信用卡最低还款额还款，可能面临的惩罚有：

1. 所有消费款项不再享受免息还款待遇，银行会从发生消费的当天，以消费金额为本金按日计算利息，日息万分之五，按月计收复利。

2. 收到银行的催缴电话、催缴信，点击查看：信用卡欠款不还的严重后果。

3. 冻结您的账户并将您的欠款记录反馈到人民银行记入您的信用档案，影响您的个人信用。

如果您在到期还款日确实没有足够的钱全额还款，那么请选择信用卡最低还款额还款，采用这种方式还款每期只要归还总费用的 10%，这样还款虽然没有免息还款期，但是可以避免个人信用受损。

（六）信用卡滞纳金计算方法

信用卡持卡人刷卡消费后要及时还款，如果持卡人在到期还款日时实际还款额低于最低还款额，那么最低还款额未还部分要支付滞纳金。

滞纳金的比例由中国人民银行统一规定，具体比例为最低还款额未还部分的 5%，该费用一次性收取，人民币账户最低收取人民币 10 元，美元账户最低收取 1 美元。

例如：持卡人小刘刷卡消费 15 000 元，他的当期最低还款额为 1 500 元，如果在到期还款日小刘只向银行还款 500 元，那么银行将对低于最低还款额的部分即 1 500 - 500 = 1 000 元收取滞纳金，收取滞纳金的金额为：1 000 × 5% = 50 元。

（七）免息还款期的定义

使用信用卡进行刷卡消费等对非现金交易时，从银行记账日起至到期还款日之间的日期为免息还款期。免息还款期最短 20 天，最长 50 天。在此期间，您只要全额还清当期对账单上的本期应还金额，便不用支付任何非现金交易由银行代垫给商店资金的利息（预借现金则不享受免息优惠）。

例如：您的信用卡对账单日为每月 1 日，指定到期还款日为每月 21 日。如果您在 6 月 2 日签账消费了 5 000 元，在 7 月 1 日账单上指定您的到期还款日为 7 月 21 日，如您在 7 月 21 日全数还清本期欠款，则该笔 5 000 元的消费已享受了从 6 月 2 日至 7 月 21 日的免息还款期，长达 50 天。

需要特别说明的是，使用信用卡提取现金没有免息还款期，从提取现金当日开始计算利息，而且是复利。

（八）信用额度

信用额度，是指银行在批准客户的信用卡的时候给予客户信用卡的一个最高透支的限额，客户只能在这个额度内刷卡消费，超过了这个额度就无法正常刷卡消费。信用额度是依据您申请信用卡时所填写的资料和提供的相关证明文件综合评定核定的，主卡、附属卡共享同一额度。一般情况下，双币信用卡的额度中人民币额度和美元额度是可以互相换算的，例如：您的额度是30 000人民币，当你在境外用卡时，您的信用额度就大约等值于3 600美元。

信用额度将由银行定期进行调整，但您可以主动提供相关的财力证明要求调整信用额度。此外，当您在出国旅游、乔迁新居等情况在一定时间内需要较高额度时，可要求调高临时信用额度。

（九）信用卡取现额度

信用卡取现额度，是指银行信用卡中心核定给客户通过客户的信用卡可提取现金的最高额度，取现额度包含于信用额度之内。一般情况下，国内商业银行给予信用卡客户的取现额度是客户信用额度的三分之一。

（十）CVV2、CVC2、CVN2、CSC2码

CVV2、CVC2、CVN2、CSC2为验证码，是银行卡用于非直接刷卡消费场合，例如网络支付等下交易使用的。CVV2、CVC2、CVN2、CSC2可以识别银行卡交易的在场性。一般可见于银行卡背面的签名条一串数列的末三位。

对于银联组织的银联标准卡使用的称为CVN2，万事达卡称为CVC2，VISA卡使用的称为CVV2，AE运通卡则称为CSC2。CVV2、CVC2、CVN2、CSC2四种名称对应的验证码产生原理都是一样的，只是不同组织有不同的命名。

（十一）年费

正常使用的信用卡收取年费尽人皆知，但是未激活的信用卡也要收费可能很多朋友就不知道了。国内很多商业银行对没有激活的信用卡按照“年”为单位收信用卡的年费，如果信用卡长期未激活又没有注销，您可能会因此而背上信用卡污点。

某银行客户服务中心工作人员介绍说，他们银行的信用卡标准卡年费80元，第一年免年费，第二年以后即使未激活也会收取年费，而且年费会从信用额度里自动扣除，如果规定期限内未能及时还款，就会留下个人信用“污点”。因为不论信用卡是否被激活，银行已经对其进行管理，付出了成本，所以要收取费用。

不打算使用的信用卡一定要及时注销！现在各个银行信用卡的注销都很简单，拨打客服电话要求银行客服人员注销就可以，注销的过程中也没有任何费用。如果您已经有信用卡长时间没有激活，那么请立即致电银行的客服中心，咨询相应的处理方式。

(十二)已经发行信用卡的银行

目前，已经发行信用卡的银行有：招商银行、中信银行、中国银行、中国工商银行、建设银行、农业银行、广东发展银行、浦东发展银行、深圳发展银行、交通银行、民生银行、光大银行、兴业银行、东亚银行、上海银行、平安银行、邮政储蓄银行。

(十三)信用卡不存钱就能取钱和消费的原因

信用卡刷卡消费和提取的现金都来自客户办理的信用卡所属的银行。客户刷卡消费用的钱和提取的现金都相当于银行借给客户的钱，客户只需要在规定的时间内还给银行就可以了，这样也就明白了信用卡里的钱来自哪里了。

三、银行卡的其他分类

银行卡按发行对象不同，可以分为单位卡和个人卡；按币种不同，可以分为人民币卡和外币卡；按信息载体不同，可以分为磁条卡和芯片卡。

四、信用卡国际组织及中国的信用卡组织

(一)国际信用卡组织

目前，国际上的信用卡组织主要有五个，分别是威士（Visa）国际组织、万事达（Master）国际组织、美国运通、大来卡（Diners Club）、日本JCB。

1. 威士（Visa）国际组织。1959年，美洲银行发行了第一张银行信用卡，1966年，Bank of America Service Corp.（BSC）公司成立。1970年BSC公司改名为National Bank Americard INC（NBI），为美国各地银行提供信用卡服务。1977年，NBI改组成Visa International，即Visa国际集团。

Visa国际组织是由国际上各银行会员组成的信用卡组织，属于非营利机构。总部设在美国加州旧金山。Visa帮助会员开发各种Visa支付工具（又称信用卡）及旅行支票业务，为会员提供各种Visa产品及服务，帮助会员利用Visa产品及服务获取利润，降低会员在网络上的重复投资，提供给会员、消费者及特约商户自动无现金的付款工具及系统。

Visa全球电子支付网络——Visa Net是世界上覆盖面最广、功能最强和最先进的消费支付处理系统，不断履行使持卡人的Visa卡通行全球的承诺。目前，全世界有超过2 000万个特约商户接受Visa卡，还有超过84万个ATM遍布世界各地。因此，Visa的全球网络让持卡人不论身在何处，都能方便地使用Visa卡。

Visa国际组织本身并不直接发卡。在亚太地区，Visa国际组织有超过700个会员金融机构发行各种Visa支付工具，包括信用卡、借记卡、公司卡、商务卡及采购卡。

Visa国际组织分别于1993年和1996年在北京和上海成立代表处。Visa国际组织在国内拥有包括银联在内的17家中资会员金融机构和五家外资会员银行。

2. 万事达（Master）国际组织。万事达国际组织于20世纪50年代末至60年代初期，创立了一种国际通行的信用卡体系，旋即风行世界。1966年，组成了一个银行卡协会（Interbank Cand Association）的组织，1969年银行卡协会购下了Master Charge的专利权，统一了各发卡行的信用卡名称和式样设计。随后10年，将Master Charge原名改名Master Card。

万事达国际组织是一个包罗世界各地财经机构的非营利协会组织，其会员包括商业银行、储蓄与贷款协会以及信贷合作社。其基本目标为：沟通国内及国外会员之间的银行卡资料交流，并方便发行机构不论规模大小，也可进军银行卡及旅行支票市场，谋求发展。

3. 美国运通。美国运通卡始创于1958年，本身是一张信用卡，它主攻大额消费市场，不设信用额，只要纪录良好，买飞机都没有问题。运通亦是首个发行白金卡及黑卡的机构。享誉国际的黑卡，在我国香港目前有12 000张，持卡人包括陈奕迅夫妇、梁朝伟、邓永锵爵士等，年费高达几十万美金，美国运通的白金卡与黑卡一样，只供邀请，不予申请。

自1958年发行第一张运通卡以来，迄今为止，运通已在68个国家和地区，以49种货币发行了运通卡，构建了全球最大的自成体系的特约商户网络，并拥有超过6 000万名的优质持卡人群体。成立于1850年的运通公司，最初的业务是提供快递服务，随着业务的不断发展，运通于1891年率先推出旅行支票，主要面向经常旅行的高端客户。可以说，运通服务于高端客户的历史长达百年，积累了丰富的服务经验和庞大的优质客户群体。

美国运通公司凭借百余年的服务品质和不断创新的经营理念，保持着自己“富人卡”的形象。过去运通一直走独立发卡之路，从1996年才开始向其他金融和发卡机构开放网络，1997年成立环球网络服务部（GNS），允许合作伙伴发行美国运通卡。至今，GNS已与全球90多个国家的80个合作伙伴建立了战略合作伙伴关系。它在亚太区的17个国家和地区拥有28个合作伙伴，包括中国工商银行、中国台湾的台新银行、中国香港的大新银行、新加坡发展银行、新西兰银行、国立澳大利亚银行等。

4. 大来卡（Diners Club）。大来卡于1950年由创业者Frank M C Mamaca创办，是第一张塑料付款卡，最终发展成为一个国际通用的信用卡。1981年美国最大的零售银行——花旗银行的控股公司接受了Diners Club International卡。

大来卡公司的主要策略是在尚未被开发的地区增加其销售额。该公司通过大来卡现金兑换网络与ATM网络之间形成互惠协议，来加强其在国际市场上的地位。

5. 日本JCB。1961年，JCB（Japan Credit Bureau）作为日本第一个专门的信用卡公司宣告成立。它是代表日本的名副其实的信用卡公司，其业务范围遍及世界各地100多个国家和地区。

（二）联网通用

中国银联的主要职责是负责建设和运营银联跨行交易清算系统这一基础设施，推广统一的银行卡标准规范，为商业银行、特约商户、持卡人提供跨行信息交换、清算数据处理、风险防范等银行卡基础服务，推动银行卡产业集约化、规模化发展，同时联合商业银行，创建银行卡自主品牌。

中国银联从 2002 年成立伊始，通过三步走的方法，推动银行卡联网通用在全国的实现。

第一步，同城联网通用。通过城市银行卡信息中心，实现银行卡在中心城市的同城通用。

第二步，重点城市联网通用。按照温家宝总理提出的联网通用“314”目标（即在全国 300 个以上地市级城市实现各商业银行系统内银行卡的联网运行和跨地区使用，在 100 个以上城市实现各类银行卡的跨行通用，在 40 个以上城市推广普及全国统一的银联卡），实现银行卡在重点城市的跨银行、跨地区通用。

第三步，全国联网通用。在重点城市联网通用的基础上，逐步把网络覆盖到全国地市以上城市和发达地区县级城市，并通过农民工银行卡特色服务，把联网通用扩大到农村地区。

（三）自主品牌

中国银联已经建成了具有自主知识产权、全国统一的银行卡跨行交易清算系统。与商业银行协同，初步建立了符合国际通用要求的银行卡标准规范体系，并在银联标准卡上集中应用这些标准规范。

自主品牌银联卡（银联标准卡）是商业银行（含信用社）按照中国银联的业务规范和技术标准发行的，采用中国银联国际 Bin 号标准，卡正面右下角带有“银联”标识，卡号前两位为 62 的银行卡。

（四）国际化

为满足中国人日益增长的境外商务、旅游、学习的用卡需要以及把境内商业银行的服务通过银联网络延伸到境外，中国银联积极展开国际受理网络建设。截至 2009 年 6 月底，银联卡已在境外 61 个国家和地区实现受理。银联卡在我国港澳地区和新加坡等国已成为境内持卡人境外用卡首选品牌。

三、信用卡申请条件

（一）普通卡申请条件

凡具有完全民事行为能力，有合法收入的个人可凭本人有效身份证件及工作证向银行申领个人主卡，还可为他人申领附属卡。

（二）学生卡申请条件

各大银行都推出了面向学生的信用卡，一般额度较小，但可不提供收入证明，凭身份证及学生证即可办理。

（三）金卡申请条件

一般在使用普通卡一段时间，还款纪录良好都可以申请金卡。如果没有普通卡的使用纪录而希望直接办理金卡，则需要提供工作收入证明。

（四）白金卡申请条件

由于白金卡的透支额度大，且有很多额外的服务，对其办理条件的要求较其他信用卡要严格很多。一般说来，白金卡的申请人需要是符合下列条件之一的客户才可以申办白金卡：

1. 拥有一定金额的存款（100 万元左右）。
2. 日均存款额达到一定数额（50 万元左右）。
3. 持有非白金信用卡年消费金额达到一定金额（10 万元左右，且有消费笔数限定）。
4. 已持有其他银行的白金信用卡。
5. 拥有其他银行认可的个人经济状况证明。

四、信用卡免年费的规则

通常，信用卡在以下五种情况下可以免年费。

1. 刷卡次数达到要求即可免次年年费，不限消费金额。
2. 办理后即可免首年年费，以后每年刷卡次数达到要求即可免次年年费，不限消费金额。
3. 消费金额达到要求即可免次年年费，不限刷卡次数。
4. 刷卡次数达到要求或消费金额达到要求都可免次年年费。
5. 信用卡消费积分达到一定数额后可免次年年费或可以用积分换年费，如深圳发展银行、招商银行的 MINI 信用卡。不过，一般免年费的规则只适用于普通卡和金卡，白金卡和钻石卡年费通常是不免的。

五、办理信用卡的十大理由

1. 可以在没有往卡里存钱的情况下直接刷卡消费，还可以直接从卡里取出现金。
2. 跟现金相比，信用卡方便携带，刷信用卡还可以获得积分能够兑换银行提供的大量礼品。
3. 跟普通银行借记卡相比，信用卡消费不需要密码，像吃饭酒吧这种场合不用跟着服务员去输密码。
4. 出国消费不需要兑换美元可以直接使用美元刷卡消费，另外在国外没有信用卡不仅麻烦，而且用现金经常会被当成异类。
5. 信用卡消费以后可以每月最低还款，客户可以在只有 1 000 元的情况下买下 10 000

元的东西。

6. 部分银行可以分期还款，买一件东西分成24个月还款，客户可以在一定限度内提前消费。

7. 在携程之类的订机票或者订酒店，有信用卡可以更快的出票。

8. 刷卡消费好像挺酷，刷金卡更酷，虽然都越来越不酷。

9. 银行每个月会邮寄给你信用卡账单，可以让你轻松查看每一笔消费。

10. 累积个人信用记录，使用信用卡并且及时还款可以提高你的个人信用度，在以后贷款或者购房的时候获得更多的便利。

六、信用卡非法套现的五大危害

1. 涉嫌非法发放贷款和超范围经营，扰乱了正常的金融秩序。非法信用卡中介以广告方式向不特定社会公众发出交易邀约，通过代信用卡持卡人偿还到期款或协助持卡人刷卡虚假消费套现，向持卡人垫付或提供周转资金，从中收取高额手续费，其行为违反了我国的相关法规，应当予以取缔和严厉打击。

2. 变相增加了信贷投放，削弱了宏观调控的效果。信用卡持卡人在不法中介的协助下，利用虚拟的刷卡消费套现，往往是将取得的款项用于经营活动或其他用途。这变相地增加了全社会信贷投放，造成消费信贷转变为生产流通经营信贷、短期信贷资金长期化使用、资金流动性进一步增加的局面。同时，这部分资金游离了银行正常的信贷管理渠道，脱离了监管层的管理视线和控制，宏观调控的效果被削弱。

3. 不以真实的交易为基础，给金融安全带来威胁。非法信用卡中介活动一方面冲击了国家对现金和反洗钱的日常管理体系，相关部门难以对套现资金进行有效的鉴别与跟踪；另一方面加大了银行经营成本和经营风险，信用卡持卡人套现后一旦无法还款，有时甚至是恶意欠款，发卡银行则必须承担相应的催收费用、恶意透支的诉讼费用，以及坏账损失的核销费用等。特别是当信用卡套现泛滥、大量的套现资金累积到一定规模后，发卡银行将会背上巨大的风险包袱。

4. 助长欺诈和不法经营之风，破坏了社会信用环境。由于可以获得无风险的收益，非法信用卡中介活动的猖獗助长了不法经营之风，将可能诱使更多特约商户从事信用卡套现业务，进一步给社会信用环境造成破坏。

5. 容易诱发信用卡诈骗行为，使无辜者蒙受损失。一些个人甚至在不知情的状况下，身份被别人冒用申领了信用卡。此前曾有媒体报道南京的“信用卡套现诈骗串案”，就是一起不法中介非法金融活动的典型案例。罪犯是一专业犯罪团伙（有5名涉案人员），使用虚假的身份证明骗领信用卡30多张，进行违规透支套现或虚假消费套现，总额高达60余万元，其行为均已构成信用卡诈骗罪。

七、银行信用卡理财方法

信用卡，这个被称之为超前消费的工具，已经在我们的生活中占据越来越重要的地位了。信用卡作为全球最通用的支付工具，体现了其在金融体系中的重要地位。当然，信用卡作为一种“先消费，后还款”，并且具有一般50天免息期和刷卡有积分的工具来说，巧妙地利用信用卡，也能把它变成我们日常生活中重要的理财工具。要想利用信用卡这个理财工具，先得把信用卡的一些特点搞懂，比如信用卡的免息期、利息、还款日、积分等功能。

（一）多刷卡可以免年费

信用卡每年所收取的150元或300元的年费常常让领办卡人觉得是一笔过高的额外开销。这样看来，办信用卡似乎并不划算。然而，在目前国内的信用卡市场，各大银行都推出了一年中刷卡若干次，即可免年费的优惠政策。这样说来，其实，在国内，信用卡的拥有和使用基本上是免费的。

（二）学会计算和使用免息期

使用信用卡一般都可以享受50~60天的免息期，各个银行的免息期有所不同，这也正是信用卡最吸引人的地方。免息期是指贷款日（也就是银行记账日）至到期还款日之间的时间。因为持卡人刷卡消费的时间有先后顺序，所以享受的免息期也是有长有短的，而我们上面说到的50~60天的免息期，则是指最长免息时间。举个简单的例子，比如某客户的一张信用卡的银行记账日是每月的20日，到期还款日是每月的15日。那么，如果客户在本月20日的刷卡消费，到下月15日还款，就是享有了25天的免息期；但如果客户是本月21日刷卡消费，那么就是在再下一个月的15日还款，也就是享受了55天的免息期。而在这55天的时间里，客户享受着无息贷款。

此处需要特别说明的是，很多持卡人会忘记自己的到期还款日，从而导致利息的产生。为了避免出现这种不必要的损失，办理信用卡的时候，可以设定自动还款功能，即银行在免息还款期限临近的时候自动完成还款。这样，就不用担心会有利息损失了。

目前的信用卡促销手段包括积分换礼、协约商家享受特殊折扣、刷卡抽奖、连续刷卡送大礼、商家联名卡特殊优惠等。应该说，使用信用卡比用现金更经济、更优惠，持卡消费1元绝对比用现金消费1元得到的价值多。

（三）信用卡是商旅好帮手

经常出差或是喜欢出去旅游的人，会对信用卡更为钟爱。习惯用信用卡通过各大旅行网来订机票，手续简便而且可以享受免息的优惠。同时也避免了携带大量现金出行的麻烦。此外，信用卡在异地刷卡使用是免手续费的，可节省异地提取现金的手续费开支。

（四）用信用卡理财

信用卡持卡人其实也可以通过信用卡定期定额购买基金，可享受到先投资后付款及红利积点的优惠。在基金扣款日刷卡买基金，在结账日缴款，不仅可以赚取利息，还可以以

“零”付出赚得报酬。但是，必须说明的是，这种借钱投资的风险性也是非常大的，而且不适合用来做长线投资。2 年期的信用卡借贷利息会高达 36%，投资回报可以达到这一数值的并不多。

（五）持卡人的自我约束

持卡人不能一味透支。使用信用卡必须严格考虑自身的经济实力，切忌盲目消费，攀比消费，否则，信用卡的办理就是得不偿失了。

第二节 债券理财

各国债券市场的发展都得益于政府债券的发行，最早的债券市场形成于荷兰的阿姆斯特丹，然而，英国的伦敦和法国的巴黎使之更加完善。

一、债券的分类

债券按发行主体可分为政府债券、金融债券和企业债券，其风险依次递增。

政府债券是政府为筹集资金而发行的债券，包括国债、财政债券等。国债因其信誉好、利率优、风险小而又被称为“金边债券”。在我国，国家为了鼓励人们购买国债，规定国债的利息收入免征个人所得税。

金融债券是由银行和非银行金融机构发行的债券。在我国目前金融债券主要由国家开发银行、进出口银行等政策性银行发行。

企业债券是企业为筹集资金而向投资者发行的债券。企业债券以公司经营利润作为还本付息的担保，其风险高于国债和金融债券，故企业债券的利率会高于前两者。目前，我国规定企业债券的利息收入要征收 20% 的个人所得税。企业债券的风险分级：AAA、AA、A、BBB、BB（标准普尔）。1994 年 11 月第一只企业债券“深盐田”在深交所上市，信用等级为 AAA 级，由中国诚信证券评估有限公司和中诚信国际信用评级有限责任公司评估。

二、债券的收益率

债券收益率的衡量方法主要有三种：即期收益率、到期收益率和提前赎回收益率。

（一）即期收益率

即期收益率也称当期收益率，是年息票利息与债券市场价格的比值。

（二）到期收益率

债券的到期收益率是债券投资者持有到期所获得的复利率，它等于使债券未来现金流的折现值等于当前购买价格的折现率，代表了债券的实际投资回报率。

（三）提前赎回收益率

对于可赎回债券，债券的发行人有权在债券到期日前将债券赎回。赎回价格通常在债券契约中事先约定。

三、债券投资的风险

债券投资的风险因素有价格风险、再投资风险、违约风险、债券赎回风险、提前偿付风险和通货膨胀风险。

价格风险也叫利率风险，是指市场利率变化对债券价格的影响。债券价格与利率变化成反比。

再投资风险也是由于市场利率变化而使债券持有人面临的风险。

违约风险又称信用风险，是债券发行者不能按照约定的期限和金额偿还本金和支付利息的风险。如果利率下降，债券的提前偿付就会使投资者面临再投资风险。

四、债券的发行与交易

（一）债券的发行与交易

1. 国债的发行。

国债市场分为两个层次，一是国债发行市场，也称一级市场；二是国债流通市场，也称为二级市场。一级市场就像批发市场，二级市场就像零售市场。

一般说来，国债发行有四种方式：直接发行、代销发行、承购包销发行和招标拍卖发行。直接发行方式是财政部面向全国，直接销售国债。这种发行方式，共包含三种情况：一是各级财政部门或代理机构销售国债，单位和个人自行认购；二是摊派式；三是私募定向方式。

承购包销，是指大宗机构投资者，先承购国债，然后实施包销，销售不出去的部分自留。承购包销成为我国国债发行的主要方式。

国债发行的第四种方式是招标拍卖方式。招标有两种方式，即竞争性招标和非竞争性招标，也叫荷兰式招标和美国式招标。所谓荷兰式招标，是按投标人报价由高到低顺序中标，直到满足预定发售额为止，中标者的国债认购价格是投标人报出的最低价——单一价格，所有投资者按照这个价格，分得各自的国债发行份额。美国式招标，投标人报价由高到低顺序中标，直到满足预定发售额为止，中标单位以投标人各自出标价认购国债（见表4－2）。

表 4－2 荷兰式招标与美国式招标的比较

	招标方式	特点
荷兰式招标	以价格为标的	以募满发行额为止，所有投标商的最低中标价格为最后单一的中标价格，全体投标商的中标价格一致
	以缴款期为标的	以募满发行额为止，中标商的最迟缴款期作为全体中标商的最终日期，所有中标商的缴款日期相同
	以收益率为标的	以募满发行额为止，中标商最高收益率作为全体中标商的最终收益率，所有中标商的认购成本相同
美国式招标	以价格为标的	以募满发行额为止，中标商各自价格上的中标价作为各中标商的最终中标价，各中标商的认购价格不同
	以缴款期为标的	以募满发行额为止，中标商的各自投标缴款日期作为中标商的最终缴款日期，各中标商的缴款日期不同
	以收益率为标的	以募满发行额为止，中标商各个价位上的中标收益率作为中标商各自最终中标收益率，每个中标商的加权平均收益率不同

2. 公司债券的发行。按照国际惯例，只有股份有限公司才能公开发行债券。我国《公司法》规定三类公司可发行公司债：股份有限公司、有限责任公司和国有独资企业或国有控股企业。我国《公司法》对发行股票债券作出如下规定：

（1）公司的生产经营符合法律、行政法规和公司章程的规定，符合国家产业政策。

（2）公司内部控制制度健全，内部控制的完整性、合理性、有效性不存在重大缺陷。

（3）经资信评级机构评级，债券信用级别良好。

（4）公司最近一期末经审计的净资产额应符合法律、行政法规和中国证监会的有关规定。

（5）最近三个会计年度实现的年均可分配利润不少于公司债券一年的利息。

（6）本次发行后累计公司债券余额不超过最近一期末净资产额的40%；金融类公司的累计公司债券余额按金融企业的有关规定计算。

3. 债券的交易形式。

（1）现货交易。债券的现货交易指债券的买卖双方同意于成交时即进行清算交割的交易方式。一般来说，现货交易按交割时间不同分为即时交割、次日交割、例行交割三种。

（2）期货交易。债券的期货交易指在债券成交后，买卖双方按契约中规定的价格在将来的一定日期（如三个月、半年）后进行清算交割的交易。

（3）回购交易。

（二）债券价格的确定

债券的发行价格，是指在发行市场（一级市场）上，投资者在购买债券时实际支付的价格，通常有四种不同情况：

一是按面值发行、面值收回，其间按期支付利息。

二是按面值发行，按本息相加额到期一次性偿还，我国目前发行债券大多数是这种形式。

三是贴现发行，即以低于面值的价格发行。

四是公司债大多是附息债券，即定期支付利息，到期一次还本并支付最后一期利息。

市场交易价格是指债券发行后，一部分在流通市场（二级市场）上按不同的价格进行交易。一般来说，债券价格与到期收益成反比。

五、债券投资在个人理财中的应用

债券是比较稳定的投资理财产品。由于其具有投资风险较低、收益相对固定、流动性较好等特点，受到投资者的广泛青睐，是投资组合中重要的基础组合资产。

第五章
股票与基金理财

第一节
股票理财

股票是股份制度的基本要素之一，它同股本与股份、股东与股权密切相关。股票是股份公司发给股东，以证明其进行投资并拥有权益的有价证券。股票既是作为股份的一种凭证，又是作为记载股东权利的股权证书。普通股是一种最常见、最重要、最基本的标准型股票。通常情况下，股份制企业只发行普通股。

一、影响股票价格的因素

引起股票价格变动的直接原因是供求关系，在供求关系变化的背后还有一系列更深层次的原因，包括公司自身微观因素和宏观经济因素。

影响股票价格波动的微观因素有六个。

1. 公司盈利水平。

2. 公司资产净值。资产净值代表了全体股东的所有者权益的大小，是股票价格形成的实体基础。净值增加，股价上升，净值减少，股价下跌。

3. 公司的派息政策。

4. 股票分割。股票分割又称拆股。股票分割对投资者持有股票的市值总额没有直接影响，投资者持有的股票总数增加了，股价的上升空间更大，因此，股票分割往往比增加股息派发对股价上涨的刺激作用更大。

5. 增资和减资。

6. 公司管理层变动等因素。

二、股票及股票市场的风险

股票及股票市场的风险包括系统性风险和非系统性风险。系统性风险不能通过投资组合实现风险分散。非系统性风险通常可以通过组合投资不同程度地得到分散。上述影响股票价格的微观因素，可以通过投资组合实现不利因素的对冲。

三、股票的种类

（一）蓝筹股

蓝筹股指上市公司具有稳定的业绩和优厚的分红，行业前景佳，在所属的行业中处于领导地位，具有较大的市场占有率和市场影响力。一般需满足以下的条件：

1. 盘子较大，属于航空母舰，而“小舢板”是难以挑起大梁的。
2. 具有较强的分红能力，注重对股东的回报。
3. 公司在该行业中占据领导地位。
4. 公司所处的行业正处成长期，行业景气度高。

“蓝筹”一词源于西方赌场。在西方赌场中有三种颜色的筹码，其中，蓝色筹码最为值钱，红色筹码次之，白色筹码最差。投资者把这些行话套用到股票上。

美国通用汽车公司、埃克森石油公司和杜邦化学公司等股票，都属于蓝筹股。

在中国香港股市中，最有名的蓝筹股是“汇丰控股”及华资背景的“长江实业”和中资背景的“中信泰富”。“蓝筹股”在股市中又分为一线、二线、三线蓝筹。

（二）红筹股

红筹股是指那些在香港上市，但由中资企业直接控制或持有三成半股权以上的上市公司股份。

（三）成长股

成长股是这样一些公司所发行的股票，它们的销售额和利润额持续增长，而且其速度快于整个国家和本行业的增长。这些公司通常有宏图伟略，注重科研，留有大量利润作为再投资以促进其扩张。

（四）潜力股

潜力股，指在公司的经营管理和盈利有增长的趋势，同时对利润的分配上有送配的潜力，能够给投资者带来丰厚回报的股票。

（五）垃圾股

垃圾股，指业绩较差的公司的股票。这类上市公司或者由于行业前景不好，或者由于经营不善等，有的甚至进入亏损行列。其股票在市场上的表现萎靡不振，股价走低，交投不活跃，年终分红也差。投资者在考虑选择这些股票时，要有比较高的风险意识，切忌盲目跟风投机。

（六）周期性股票

周期性股票，指销售收入和利润呈周期性波动的公司所发行的股票。

（七）防守性股票

防守性股票，指受经济周期影响较小，收益比较稳定的公司的股票，如公用事业类公司的股票。

（八）投机性股票

投机性股票，指价格波动较大、经营前景不确定的公司的股票。

四、股票的入市与交易

投资者如需入市，应事先开立证券账户卡，可分别开立深圳证券账户卡和上海证券账户卡。

（一）办理深圳证券账户卡

如果投资者是个人，可以通过所在地的证券营业部或证券登记机构办理，需提供本人有效身份证及复印件，委托他人代办的，还需提供代办人身份证及复印件。

如果是法人投资股票，则须持法人营业执照（及复印件）、法人委托书、法人代表证明书和经办人身份证办理。

证券投资基金、保险公司要开设账户卡，则需到深圳证券交易所直接办理。

（二）办理上海证券账户卡

个人可以到上海证券中央登记结算公司在各地的开户代理机构处，办理有关申请开立证券账户手续，带齐有效身份证件和复印件。

法人需提供法人营业执照副本原件或复印件，或民政部门、其他主管部门颁发的法人注册登记证书原件和复印件以及法定代表人授权委托书和经办人的有效身份证明及其复印件。

委托他人代办开户的须提供代办人身份证明及其复印件和委托人的授权委托书。

（三）证券营业部开户程序

投资者办理深、沪证券账户卡后，到证券营业部买卖证券前，需首先在证券营业部开户，开户主要在证券公司营业部营业柜台或指定银行代开户网点，然后才可以买卖证券。

证券营业部开户程序如下：

1. 个人开户需提供身份证原件及复印件，深、沪证券账户卡原件及复印件。若是代理人，还须与委托人同时临柜签署“授权委托书”并提供代理人的身份证原件和复印件。

法人机构开户的，应提供法人营业执照及复印件、法定代表人证明书、证券账户卡原件及复印件、法人授权委托书和被授权人身份证原件及复印件、单位预留印鉴。B股开户还需提供境外商业登记证书及董事证明文件。

2. 填写开户资料并与证券营业部签订“证券买卖委托合同”（或“证券委托交易协

议书”)，同时签订有关沪市的“指定交易协议书”。

3. 证券营业部为投资者开设资金账户。

4. 需开通证券营业部银证转账业务功能的投资者，注意查阅证券营业部有关此类业务功能的使用说明。

（四）选择交易方式

投资者在开户的同时，需要对今后自己采用的交易手段、资金存取方式进行选择，并与证券营业部签订相应的开通手续及协议，例如电话委托、网上交易、手机炒股、银证转账等。

（五）B股开户一般程序

第一步：凭本人有效身份证明文件到其原外汇存款银行将其现汇存款和外币现钞存款划入证券商在同城、同行的B股保证金账户。境内商业银行应当向境内居民个人出具进账凭证单，并向证券经营机构出具对账单。

第二步：凭本人有效身份证明和本人进账凭证单到证券经营机构开立B股资金账户，开立B股资金账户的最低金额为等值1 000美元。

第三步：凭刚开立的B股资金账户，到该证券经营机构申请开立B股股票账户。

（六）深圳B股开户

中国证券登记结算公司深圳分公司作为深圳B股的法定登记机构，负责B股投资者开户业务。同时，深圳证券交易所授权给一些证券营业部，一些银行或其他代理开户点开立B股账户。目前，网上实时B股开户允许境内外个人和境外代理人、境外一般法人开户。一些证券营业部作为深圳B股开户代理证券商，也可代办B股开户业务。

投资者可到具备从事深圳证券交易所B股业务资格的证券营业部、深圳证券交易所委托的开户代理机构办理B股证券账户。

1. 境内个人投资者需提交的资料有：

（1）金额7 800港元（相当于1 000美元）以上的外汇资金进账凭证及其复印件；

（2）境内居民身份证及其复印件。

注：境内个人投资者办理B股开户必须是本人亲自办理，不得由他人代办，境内法人不允许办理B股开户。境外个人投资者可委托他人代办，每个投资者只能开立一个账户。

2. 境外个人投资者需提交的资料有：

（1）境外居民身份证或护照、其他有效身份证件及其复印件；

（2）境外机构投资者开立B股证券账户须提供商业注册登记证、授权委托书、董事身份证明书及其复印件、经办人身份证件及其复印件。

（七）沪市B股开户

凭B股资金账户证明，到境内具有经营B股资格的上海证券交易所会员申请开立B

股股票账户。开户时须提交本人有效身份证明文件、1 000 美元以上的银行进账凭证、“上海 B 股境内居民个人开户登记申请表” 以及上海证券交易所及登记公司认为需要提供的其他材料。

(八) 证券营业部 B 股开户

投资者在证券公司下属的证券营业部开立 B 股保证金账户时，必须提供以下文件原件及复印件一份，并签署各项有关开户文件，预留印鉴或密码。

(1) B 股股东账户确认书（即 B 股代码卡）；

(2) 个人的有效身份证件或机构的有效营业执照及机构法定代表人签署的委托代理授权书和委托代理人身份证件；

(3) 代理开户的户主授予代理人各种权限公证书；

(4) 沪市须办理指定交易。

五、股票买卖的委托程序

投资者在证券公司营业部根据行情作出买卖股票的决定之后，要按照股票买卖委托的内容要求，通过一定的报单手段和方式，向证券公司下达委托指令，证券公司一方面可以通过有形席位，即通过热线电话，将股民的委托指令传达给派入评判交易所场内的“红马甲”（证券公司的出市代表），由“红马甲” 在场内的席位上将委托指令输入证券交易所的电子计算机主机。

投资者也可以通过无形席位即通过连接证券商和证券交易所的卫星通信系统，将投资者的委托指令直接传入证券交易所的电子计算机主机（点对点交易）。

证券交易所的电子计算机主机接收到买卖交易指令后，自动撮合成交，并通过卫星通信系统将成交结果传给投资者。

每日收盘后，由设在沪深两市的中间登记结算中心与设在各城市的登记结算公司（每地只有一家）进行股票和资金的结算（差额结算），然后由当地的证券登记结算公司与当地证券公司与买卖股票的投资者进行清算交割。

六、股票买卖委托的内容

(一) 基本委托内容

股民买卖股票时，向证券公司下达的委托指令主要包括下列内容：股东姓名、资金卡号、买入（或卖出）、上海（或深圳）、股票名称、股票代码、委托价格、委托数量。

(二) 查单和撤单委托

投资者下达买卖股票的委托指令后，当日不知是否成交，可以按照委托单的合同号进行查询，如果发现买卖委托没有及时成交，或有一部分没有成交，想取消委托指令时，可以进行撤单委托。

撤单委托要根据买卖委托单的合同操作，并交纳一定的撤单费，投资者如果对于没有成交的委托单不想撤销，也可以持单在盘内，所持的委托申报当日有效，第二天自动作废。

七、股票买卖的委托手段和方式

投资者买卖股票，进行下单委托，可以根据证券公司所提供的设备条件，采用以下一些手段和方式报单：

1. 人工委托（在营业部填单委托，目前已很少使用）。
2. 磁卡委托（刷卡委托，营业部交易终端）。
3. 电脑终端自动委托（一般在大户室中使用）。
4. 电话委托（一般的证券公司都有委托交易用的电话，按照电话自动指令进行即可，目前比较普遍）。
5. 网上交易（目前大部分的证券公司可开通网上交易，输入账号密码即可登陆，交易比较方便，而且比较迅速即时，但安全指数仍待提高）。
6. 热线电话委托（在大户室直接通过热线电话与“红马甲”通话报单）。

八、股票交易费用（见表5-1）

表5-1　股票交易费用表

收费项目	深圳A股	上海A股	深圳B股	上海B股
印花税	3‰	3‰	3‰	3‰
佣金	小于或等于3‰,起点:5元	小于或等于3‰,起点:5元	3‰	3‰,起点:1美元
过户费	无	1‰(按股数计算,起点:1元)	无	无
委托费	无	5元(按每笔收费)	无	无
结算费	无	无	0.5‰,上限500港元	0.5‰

九、股票投资理论

（一）股市周期循环理论

1. 股市周期循环九大阶段

人们经过长期统计和归纳分析，发现股价趋势呈现有规则的周期性，一个周期分九个阶段，投资者认清所处的阶段。投资行为可减少失误。

首先是低迷期，表现为股份屡创新低，市场气氛悲观，不论主力及中小散户都亏损，没有耐性的投资者认输、抛空股票，离场观望，市场成交值最低，只有少数有实力的大户开始默默地进货。

然后是初升期，表现为跌价已跌到不合理的低价，想卖的人已卖完，高价套牢的人因亏损已多，已不愿再卖，市场卖压减轻。这时市场成交值开始呈现不规则上升，平均成交比低迷期多出一半以上，少数领导股票的价格大幅上涨，多数股价盘坚，冷门股略有成交，内行人开始作短期操作。股价虽上涨速度慢，做中长期的投资人开始买进。之后是回挡期、主升期、末升期、初跌期、反弹期（逃命期）、主跌期、末跌期。

国外投资理论认为 18 年为一个大周期，误差有 3 年，以美国的道琼斯指数从 1840 年开始大致可以看出这个周期性；也有 9 年周期理论的说法。

2. 股市季节月份走势。

在每年的 1 月份，如果投资人士看好全年，最佳入货时机应是 1 月；反之，1 月份应看淡出货。所以，股票市场有一句格言："一月份是升市，全年是升市；一月份是跌市，这一年就是跌市。"

再看 2 月份，如果 1 月股价狂升，2 月多半巩固；如果是上升，2 月会继续；如果 1 月下跌，2 月则多数盘整。

3 月和 4 月没有特别的说法，如果 1、2 月是跌市，则 3 月初入货、则 4 月的反弹机会会比较大。5 月、6 月被称为"五穷六绝"，如果国外的股市是升市，则升幅不大，如果是跌市，则跌幅会较大。如果 1 ~4 月上升，在 4 月底或 5 月初出货，下跌可再买回。如果 5 ~6 月是跌市，6 月底回补，抢反弹、短线获利也高。

对 7 月、8 月来说，如果"五穷六绝"应验了，那么 7 月、8 月是升市的可能性很大。

一般来说，9 月是转势，有"9 月转势预言"的说法。国外从 1960 年起，如 9 月份股市下跌，则第四季度多数上升。如 9 月份上升，则下一年度全年多数下跌，9 月份下跌，下一年全年都升的可能性也很大。

10 月是重大转折点，因股市上不少大跌市出现在 10 月。1929 年，华尔街股市大灾引发了世界经济大萧条，1987 年、1979 年、1974 年、1962 年，1960 年都如此。所以，要特别留心 10 月的狂升与暴跌。

一年中的最后两个月一般没有大变化，比较平淡。

（二）股价走势理论

1. 波浪理论。波浪理论由瑞福·尼森·艾略特（Ralph Nelson Elliott）在研究道琼斯工业股票指数变动基础上创立的。他认为，股票市场的发展，是遵循着五波上升、三波下降的基本节奏或形态形成了一个含八个波的完整周期；前五波主要趋势是向上行进，后三个下降波是对前五个上升波的修正。

波浪理论提出的要点是：

（1）小波浪可以合并为高级的浪，大波浪可以分割为低一级的小浪。

（2）在第一、三、五这三个推动浪中，第三浪不可以是最短的一个波浪。

（3）假如三个推动浪中的任何一个浪成为延伸浪，其余两个波浪的运行时间及幅度将会趋于一致。如果第三浪是延伸浪，其他两个波幅相等，延伸浪长度最少为第一浪的1.618倍。

(4) 调整浪通常以三个浪的形态运行，简单的调整浪形成“之”字形或平势调整两种。

(5) 调整常见的回吐比率常为0.382、0.5、0.618、3/5、5/8、8/13、13/21（黄金分割率），这组数字通常是1、2、3、5、8、13、21、34、55、89、144、233、377、610。

2. 牛市与熊市理论。

(1) 牛市特征。

①不利股市的消息出现时，如利率上升、公司业绩衰退，甚至亏损消息见报时，股价不跌。

②有利消息见报时，股价上涨。

③除息除权股能很快填息填权。

④行情上升时成交量跟着上升，表现为“量价配合，量价齐升”。

⑤各种股票轮流跳动，形成向上比价的形势。

⑥投资人的开始重视纯益、股利，开始计算本益比、本利比。

⑦新开户的人数逐渐增加。证券营业部里人数大增，新面孔增多、出现拥挤，人人都赚钱，互相在问你赚了多少。

⑧投资人踊跃到证券公司办理过户，查股息股权有多少等。

(2) 熊市特征。

①不利消息或流言流传于证券市场时，行情下降，像兵败如山倒。

②当好消息频传时，行情仍上升乏力或升幅有限。

③证券交易部里人数越来越少，冷冷清清，工作人员上班甚至打瞌睡。

④市场上一片悲观气氛，报纸、网上有报道，人人都亏损。

(3) 牛市三阶段。

第一阶段：它往往和熊市最后阶段在一起，此时股市低迷，股价低廉，报纸上股评文章无一看好后市，主力与散户已亏损累累，但此时牛市第一阶段悄然来临。标志是出现收集低价优质股的资金进场，因抛压已轻，不多的买盘就会推动大盘上升。但此时股民恐惧心态未消，当股价上升一段时间后，马上回档，甚至回档幅度很大（认为是熊市反弹）底部几经振荡，但行情再创新低已不可能，成交量开始明显增加。

第一阶段从起步到结束，一般须耗时2~3个月，称“小弯三个月”；第一阶段结束后，股价要回档1/3~1/2，时间要花第一阶段的1/2，再进入第二阶段。

第二阶段：投资者在股价跌不下去行情触动下，开始逐渐把失去的信心寻找回来。短线投资者开始获利，场外资金开始入场，利好消息越来越多，从股价上涨可反映出来，股市重新进入繁荣。有业绩支撑的优质股，二线股成为市场追捧对象。

大户手中股票增多，市场浮动筹码减少，成交随股价的接连上涨不断增加，上涨股票已由热门股，优质股延伸到三线股，冷门股，市场日益活跃。这时精明的投资者趁机平仓了结，中小散户却兴高采烈，有的甚至被胜利冲昏了头脑。

第三阶段：经第二阶段涨升后，大约1~2个月的回档整理，其幅度大约已是第二阶段涨幅的1/3~1/2，这就到了第三阶段。这时股价多数已不甚合理，炒手们大炒低价的垃圾股，行情反映出“鸡犬升天”景象。投资大众仍持股待升，对涨幅已难再大涨的股票仍心存期望，这时常出现价增量减行情和价跌量增行情，股价上升不规则，出现急涨急跌反复行情。在技术图表上，下跌随时都可能发生，多出现顶背驰严重超买信号，有高处不胜寒的感觉。

（4）熊市三阶段。

第一阶段：由于垃圾股和优质股都被炒高，再涨乏力，尽管股市成交量一时还不小，涨势却逐渐缓和，紧接着出现第一轮急跌，使多数股民措手不及，这时，成交量开始减少，大多数中小散户被套牢，但还是期望这一行情只是一次回档，做多头心态仍未调整过来。这一阶段普遍特征就是垃圾股和未有业绩支撑的冷门股往往处于跌幅前列。

第二阶段（反弹期）：尽管牛市尽头出现很少遇到过的大跌，但仍有不少股民认为这是牛市的一段回档。在技术面及市场面均构成了反弹要求，高价卖者及企图摊平成本的高档套牢者相继进场，企图挽回股价景气状态、股价开始上跌回升。其实，这一阶段正是解套良机。称“逃命期”。由于这一阶段投资者已有成戒心，股价缺乏长期标升动力，反弹之后即再度回落。

第三阶段（主跌段）：这一阶段是熊市主跌段，二线股、一线股都难逃恶运，各种政策面业绩面的利空消息满天飞，下跌时间更长，跌势更猛，间或出现的反弹多数是昙花一现。甚至连公司业绩变好，分红诱人等利好消息传来，在行情上也无动于衷，而稍有利空消息，股价就加速下跌。此时多头越来越少，离场者增加，价跌量减。高价绩优股经几次盘跌打压股价已低廉，逐渐过渡到每天都有创新低的股票出现，这时又酝酿着牛市到来。在熊市，投资者有度日如年的感觉。但根据过去记录，国外熊市时间普遍比牛市短，大约是牛市1/3~1/2时间。

3. 股市盘局理论。在股市上当多空双方势均力敌，旗鼓相当，谁也赢不了谁时，股市便进入盘局（盘整）这时股价上下波动幅度小，震荡变动不大。这表明很多时候股价不具备升跌显著的行情。往往会在某一价位区域徘徊，时间短则几日，长则一年半载，甚至数年。

按价位可分为高档盘局和低档盘局，高档盘局是指股价涨了一阵后，无力再向上挺进，此时只好停顿盘旋，流动筹码经换手整理消化后，才会产生新的变动趋势。上升后盘旋，虽可培养再涨动力，但高档盘旋大多出现的是回跌趋势。低档盘旋，是指股价跌了一阵后，再跌不下去了，不得不停顿盘旋，虽然它也可以再跌，但低档盘旋的结果往往促成了回升的趋势。

4. 道氏理论与随机漫步理论。道氏理论是技术图表派的基石，创立人查尔斯·道（Charles Dow）是道琼斯指数创立人之一。

理论要点：股价指数的升跌波动反映的是一种市场行为。市价反映了投资人心态，乐观时买入推动股价上升，悲观时抛出使股价下跌，一方最终控制市场大势。

（三）相反理论与亚当理论

1. 相反理论。这个理论认为："市场上所有的人都在卖时，你就要买入，直至当市场上所有的人都在买时，你就卖出。"因为当市场上所有人士对股市都看好时，就是牛市开始到顶，而当人人都看淡时，熊市已经见底。你只要和大多数群众意见相反的话，致富机会才永远存在。

相反理论者是从实际市场研究中，发现赚大钱的人只占5%，其余95%都容易是输家，要做赢家只可以和大多数群众思想路线相背离，切不可以同流。这是不是说大众是错误的，强调的是大众看好、看淡的人数比例趋势。

2. 亚当理论。由韦特创立（J. W. wilder），它原是相对强弱指数RSI等的发明人，后他又发表文章，否认技术指标作用，认为市势根本不可预测。因为有些人靠这些指标去作预测，反而亏得很惨，他认为持相反理论去出入市将会一败涂地，原因是升市时，升完可以再升，跌市时，跌完可以再跌。事前无人可以预计升跌会何时完结，只有顺势而为才能取胜。

应用原则是：

（1）不可以逆市而行，"升市买跌，跌市买升"是最愚蠢而且危险的做法，一定要顺势而行，顺势者昌，逆市者亡。

（2）放弃一切分析工具。一些技术指标都各有其优缺点，不要盲目相信。唯一有用的指标是移动平均线，看升市还是跌市，是升就买，是跌就卖。

（四）量价关系理论

1. 量价关系总论。成交量的增减变化，在股市分析者中占有重要地位，是投资者用来判断行情的重要指标之一。因为它表明了真正交易的数量。股市中流传有一句名言："在股市中什么都可以骗人，唯独成交量是不会骗人的。"这句话突出了成交量所独具的客观性特征，也反映了它在股市分析中所具有的重要意义。

由于每只股单价不同，成交量与股票成交价格乘积，就是成交金额，它反映了投资者在股票上投入的资金量。

量与价的关系如下：

（1）价涨量增顺势推动。它指股价指数涨升时，成交量应有"配合性"增加。指数小涨成交量略增，指数中涨或大涨，成交量有明显增加，但有理性幅度，如过大，反而引起持股者心慌，认为是主力拉高出货。

（2）价涨量减呈现背离。此现象多产生在反弹行情之中，是套牢者解套成短空回补所致。这时不宜见冲高跟进，但若第二天仍续上涨，成交量已增加时，则量减的当天可视为浮额已少现象。

（3）价跌量增时需要观察。

2. 成交量与股价趋势。

（1）价涨量增，股价继续上升。

（2）价暴涨，量急增后又萎缩，股价急跌，表明涨势已到末期。

（3）第二谷底量低于第一谷底量，是价将要上涨的信号。股价位下跌落一段相当长的时间，出现恐慌性的卖出，此时随着日益扩大的成交量，股价大幅度下跌，所创的低价，将不可能在极短时间内跌破。随着恐慌性大量抛盘卖出后，往往是（但并非一定是）空头市场的结束，预期股价可能上涨。

（4）股价下跌，向下跌破股价向下趋势线或移动平均线，同时出现大成交量，是股价转势的信号，趋势可能出现反转。

（五）稳固基础理论

稳固基础理论认为每一种股票都有某种称为“内在价值”的稳固基点，可以通过仔细分析现状和预测未来而确定。当市场价格低于（或高于）这一内在价值的稳固基础时，就会出现买进或卖出的机会，因为这一波动总会被纠正。这是价值与价格的关系。

该理论强调一种股票的价值应建立在公司将来以股息形式所发放的收益总和基础上。现实的股息及递增率越大，股票的价值就越高，当然，还要看增长的持续性有多久。

（六）“空中楼阁”理论

这一理论强调股票的心理价值，这种理论观点是投资者不要用很多精力花在计算股票内在价值上，应主要分析投资大众未来可能的投资行为，以及在经济景气时期他们如何在“空中楼阁”上寄托希望成功的投资者会估计哪种股票会被公众认为是可以建立“空中楼阁”的，那么他会抢先买进选中的股票成交，以待涨升后抛出。

（七）搏傻理论

该理论认为股票市场很多时候不可以用常理推测，人心狂热的时候，什么理智都可以被抛到脑后，如果你用常理去看投机行为，应用最理性的工具去解释各种市场，你会很难接受现实。运用最理性的分析工具在市场里面运用你可能是大输家。

在投资市场上，不少投资专家，经济学家，资讯充足的大机构，也曾输得一败涂地。在 1995 年熊市中、浙江某机构因为太过理性损失了 1 亿多元。而投资市场很多时候不讲理性，大家在市场上都像傻子一样，见到价升股票就买，越买越升，越升越买，股票价在人丧失理性状态下可能疯长；相反，跌价时，越跌抛的人越多，越卖股价越低，人人都变傻了。

投资者凭理性可能有很多时候会丧失时机，赚不到钱，搏傻者反而可能会赚到钱。

十、常用的技术指标

通常，投资者以 K 线均线为本，量能均线为辅，各种技术指标线为参考。

（一）K 线

1. K 线含义。K 线是由四个最有特点的股票价位组成，即开盘价、收盘价，最高价、最低价。由这四个价位构成的 K 线，实际上是将一天（周、日等）的重要价位用一根 K

线表示出来。这样，分析者看到 K 线图时，对价格的变化就会有最基本、最重要的了解。K 线是股价变化的图形表现形式。

K 线的四个价位实际上是一个四维向量，反映的是股价的高低和变化趋向。按时间周期不同 K 线可分为：5 分钟 K 线、15 分钟 K 线、30 分钟 K 线、60 分钟 K 线、日 K 线、周 K 线、月 K 线、年 K 线等。按四个价位的关系 K 线可分成三类：阳线类、阴线类、非阳非阴类。

2. K 线的绘制。绘制方法是利用最高价、最低价、开盘价、收盘价共四个数据绘制 K 线图。

3. 单根 K 线的判断。

见图 5－1，单根 K 线主要是一看阴阳，二看实体，三看影线长短。

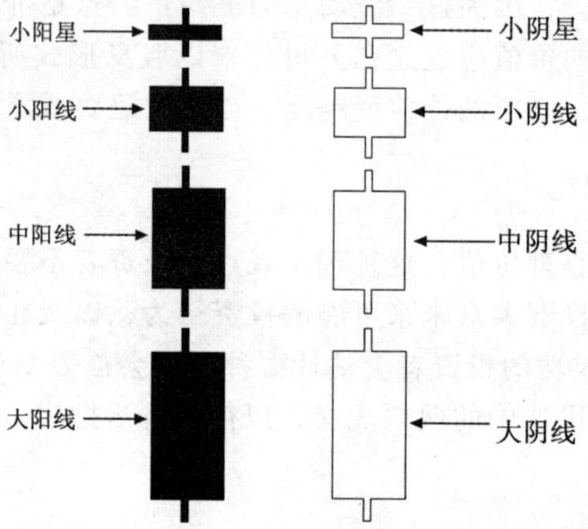

图 5－1　单根 K 线

（二）MA（移动平均线，又称均线、成本线）

绘制收盘价的移动平均线，MA 是投资者闯荡股海的最好导航工具，在操作中有很强的指导性，反映了一段时间内股票平均市场成本，一般取 5 日、10 日、20 日、60 日。

用法：短期均线向上穿越长期均线，是买入信号；短期均线向下跌破长期均线，是卖出信号。

（三）MACD（平滑异同移动平均线）

MACD 主要是利用长短期的二条平滑平均线，计算两者之间的差离值，作为研判行情买卖之依据。MACD 被证明是较有效的技术分析手段之一，能帮助研判买入卖出时机。

1. 算法。

（1）DIFF 线。收盘价短期、长期指数平滑移动平均线间的差。

（2）DEA 线。DIFF 线的 M 日指数平滑移动平均线。

（3）MACD 线。DIFF 线与 DEA 线的差，彩色柱状线。

2. 参数有 SHORT（短期）、LONG（长期）、M 天数，一般为 12 天、26 天、9 天。

3. 用法。当 DIFF、DEA 均为正，DIFF 向上突破 DEA，是买入信号。当 DIFF、DEA 均为负，DIFF 向下跌破 DEA，是卖出信号。DEA 线与 K 线发生背离，是行情反转信号。

分析 MACD 柱状线时，由正变负，是卖出信号；由负变正，是买入信号。

4. 原理。用目前股价在近阶段股价分布中的相对位置来预测可能发生的趋势反转。

（三）KDJ

KDJ 是最重要的超买、超卖指标之一，能指示股票价格波动区间，预示买卖信号。

K 线：RSV 的 M1 日移动平均；

D 线：K 值的 M2 日移动平均；

J 线：3 × D − 2 × K。

1. 算法：求每一交易日的 RSV（未成熟随机值）。

RSV =（当天收盘价 − 最近 N 日最低价）/（最近 N 日最高价 − 最近 N 日最低价）× 100

2. 参数有 N、M1、M2。

天数一般取 9 天、3 天、3 天。

%D 是对%K 的指数平滑，相对而言，%K 的变动速度更快，指标反应得更加敏捷，但%K 由于发出信号过早，较容易出错。%D 反应得较慢，但更为稳健可靠。

3. 用法。

D > 80，超买；D < 20，超卖；J > 100% 超卖；J < 10% 超卖。K 线向上突破线 D，是买进信号；K 线向下跌破线 D，卖出信号。

K 线与 D 线的交叉发生在 70 以上 30 以下时，才有效。KD 指标不适于发行量小，交易不活跃的股票；KD 指标对大盘和热门大盘股有极高准确性。

（四）BOLL——布林带（布林通道）

1. 原理。以移动平均线为中线，收盘价的均方差为带宽的轨道带。

BOLL 一般作为研判股价走势的辅助指标，能通过布林通道内的位置来显示股票走势的强弱。

BOLL 带能绘制支撑线（LOWER）、阻力线（UPER）、中线（MID）。

MID：收盘价的 N 日移动平均。

UPER：中线加偏移值。

LOWER：中线减偏移值。

2. 参数有 N（设定统计天数），一般为 26 天。P（设定 BOLL 带宽度），一般为 2。

3. 用法。股价处于盘整状态时，股价下碰支撑线买入，上碰阻力线卖出；股价连续上涨时，会沿着中线和阻力线形成的通道上升。当股价不能再触及阻力线时，则上涨趋势减弱，应卖出。

当股价连续下跌时，会沿着中线和支撑线形成的下降通道下跌，当股价不能再触及支撑线时，下跌趋势减弱，应买入。

另外，还有一些指标：RSI——相对强弱指标；%R——威廉指标；OBV——能量潮指标；SAR——停损指标；BIAS——乖离率；DMI——动向指标；VOL——均量线。

十一、股票市场名词

1. 基本面：它包括宏观经济运行态势和上市公司基本情况。

宏观经济运行态势反映了上市公司整体经营业绩，也为上市公司进一步的发展确定了背景，因此，宏观经济与上市公司及相应的股票价格有密切的关系。

上市公司的基本面包括财务状况、盈利状况、市场占有率、经营管理体制、人才构成等各个方面。

2. 政策面。政策面指国家针对证券市场的具体政策，例如股市扩容政策、交易规则、交易成本规定等。

3. 市场面。市场面指市场供求状况、市场品种结构以及投资者结构等因素。市场面的情况也与上市公司的经营业绩好坏有关。

4. 技术面。技术面指反映介变化的技术指标、走势形态以及K线组合等。技术分析有三个前提假设：市场行为包容一切信息；价格变化有一定的趋势或规律；历史会重演。

因为技术分析认为市场行为包括了所有信息，那么对于宏观面、政策面等因素都可以忽略，而认为价格变化具有规律和历史会重演，就使得以历史交易数据判断未来趋势变得简单了。

5. 除息日（Ex－Dividend Date）：除息日是指除去股利的日期，即领取股利的权利与股票分开的日期。按照债券业的惯例，一般在股权登记日的前4天为除息日。权益登记日就是指有权领取本期股利的股东资格登记截止日期。一般，除息日后股票会跌。

6. 填权。填权是指在除权除息后的一段时间里，如果多数人对该股看好，该只股票交易市价高于除权（除息）基准价，即股价比除权除息前有所上涨，这种行情称为填权。

7. 贴权。贴权是指在除权除息后的一段时间里，如果多数人不看好该股，交易市价低于除权（除息）基准价，即股价比除权除息前有所下降，则为贴权。

8. 每股税后利润（EPS）。每股税后利润又称每股盈利，可用公司税后利润除以公司总股数来计算。

9. 每股收益。

基本每股收益＝归属于普通股股东的当期净利润÷当期发行在外普通股的加权平均数

分母是仅考虑当期实际发行在外的普通股股份；

权数是新发行普通股。

例如，期初发行在外的普通股10 000股，3月2日新发行4 500股，12月1日回购1 500股，以备将来奖励职工。那么，普通股加权平均数＝10 000×12/12＋4 500×10/12－1 500×1/12＝13 625（股）。

10. 股东权益。公司净资产代表公司本身拥有的财产，也是股东们在公司中的权益，因此又叫作股东权益。

11. 净资产收益率。净资产收益率是公司税后利润除以净资产得到的百分比率，用以衡量公司运用自有资本的效率。

12. 龙头股。龙头股指的是某一时期在股票市场的炒作中对同行业板块的其他股票具有影响和号召力的股票，它的涨跌往往对其他同行业板块股票的涨跌起引导和示范作用。龙头股并不是一成不变的，它的地位往往只能维持一段时间。

13. 大盘股、小盘股。一般流通股本在1个亿元以上的个股称为大盘股；5 000万元至1个亿元的个股称为中盘般；不到5 000万元规模的称为小盘股。就市盈率而言，相同业绩的个股，小盘股的市盈率比中盘股高，中盘股要比大盘股高。特别在市场疲软时，小盘股机会较多。在牛市时大盘股和中盘股较适合大资金的进出，因此盘子大的个股比较看好。由于流通盘大，对指数影响大，往往成为市场调控指数的工具。投资者选择个股，一般熊市应选小盘股和中小盘股，牛市应选大盘股和中大盘股。

14. T+1交收。T+1交收是指交易双方在交易次日完成与交易有关的证券、款项收付，即买方收到证券、卖方收到款项。

15. 涨跌幅限制。涨跌幅限制是指在一个交易日内，除上市首日证券外，证券的交易价格相对上一交易日收市价格的涨跌幅度不得超过10%；超过涨跌限价的委托为无效委托。

16. 分红。分红即是上市公司对股东的投资回报。

17. 送红股。送红股是上市公司将本年的利润留在公司里，发放股票作为红利，从而将利润转化为股本。

18. 转增股本。转增股本是指公司将资本公积转化为股本，转增股本并没有改变股东的权益，但却增加了股本规模，因而客观结果与送红股相似。

19. 特别处理（ST）。沪深证券交易所在1998年4月22日宣布，根据1998年实施的股票上市规则，将对财务状况或其他状况出现异常的上市公司的股票交易进行“特别处理”，由于“特别处理”的英文是Special Treatment（缩写是“ST”），因此这些股票就简称为“ST”股。

上述财务状况或其他状况出现异常主要是指两种情况：一是上市公司经审计连续两个会计年度的净利润均为负值；二是上市公司最近一个会计年度经审计的每股净资产低于股票面值。

在上市公司的股票交易被实行特别处理期间，其股票交易应遵循下列规则：

（1）股票报价日涨跌幅限制为5%；

（2）股票名称改为原股票名前加“ST”，例如“ST辽物资”；

（3）上市公司的中期报告必须审计。

20. 牛市。股票市场上买入者多于卖出者，股市行情看涨称为牛市。形成牛市的因素很多，主要包括以下几个方面：

（1）经济因素：股份企业盈利增多、经济处于繁荣时期、利率下降、新兴产业发展、温和的通货膨胀等都可能推动股市价格上涨。

（2）政治因素：政府政策、法令颁行，或发生了突变的政治事件都可引起股票价格上涨。

（3）股票市场本身的因素，如发行抢购风潮、投机者的卖空交易、大户大量购进股票都可引发牛市发生。

21. 熊市。熊市与牛市相反。股票市场上卖出者多于买入者，股市行情看跌称为熊市。引发熊市的因素与引发牛市的因素差不多，不过是向相反方向变动。

22. 多头、多头市场。多头是指投资者对股市看好，预计股价将会看涨，于是趁低价时买进股票，待股票上涨至某一价位时再卖出，以获取差额收益。一般来说，人们通常把股价长期保持上涨势头的股票市场称为多头市场。多头市场股价变化的主要特征是一连串的大涨小跌。

23. 空头、空头市场。空头是投资者和股票商认为现时股价虽然较高，但对股市前景看坏，预计股价将会下跌，于是把借来的股票及时卖出，待股价跌至某一价位时再买进，以获取差额收益。采用这种先卖出后买进、从中赚取差价的交易方式称为空头。人们通常把股价长期呈下跌趋势的股票市场称为空头市场，空头市场股价变化的特征是一连串的大跌小涨。

24. 利多。利多是指刺激股价上涨的信息，如股票上市公司经营业绩好转、银行利率降低、社会资金充足、银行信贷资金放宽、市场繁荣等，以及其他政治、经济、军事、外交等方面对股价上涨有利的信息。

25. 利空。利空是指能够促使股价下跌的信息，如股票上市公司经营业绩恶化、银行紧缩、银行利率调高、经济衰退、通货膨胀、天灾人祸等，以及其他政治、经济军事、外交等方面促使股价下跌的不利消息。

26. 长空。长空是指长时间做空头的意思。投资者对股势长远前景看坏，预计股价会持续下跌，在借股卖出后，一直要等股价下跌很长一段时间后再买进，以期获取厚利。

27. 长多。长多是指长时间做多头的意思。投资者对股势前景看好，现时买进股票后准备长期持有，以期股价长期上涨后获取高额差价。

28. 死多。死多是指抱定主意做多头的意思。投资者对股市长远前景看好，买进股票准备长期持有，并抱定一个主意，不赚钱不卖，宁可放上若干年，一直到股票上涨到一个理想价位再卖出。

29. 跳空。股价受利多或利空影响后，出现较大幅度上下跳动的现象。当股价受利多影响上涨时，交易所内当天的开盘价或最低价高于前一天收盘价两个申报单位以上。当股价下跌时，当天的开盘价或最高价低于前一天收盘价在两个申报单位以上，或在一天的交易中，上涨或下跌超过一个申报单位。以上这种股价大幅度跳动现象称之为跳空。

30. 实多。投资者对股价前景看涨，利用自己的资金实力做多头，即使以后股价出现下跌现象，也不急于将购入的股票出手。

31. 开盘价。开盘是指某种证券在证券交易所每个营业日的第一笔交易，第一笔交易的成交价即为当日开盘价。

按上海证券交易所的规定，如开市后半小时内某证券无成交，则以前一天的盘价为当日开盘价。有时某证券连续几天无成交，则由证券交易所根据客户对该证券买卖委托的价格走势，提出指导价格，促使其成交后作为开盘价。首日上市买卖的证券经上市前一日柜台转让平均价或平均发售价为开盘价。

32. 收盘价。收盘价是指某种证券在证券交易所一天交易活动结束前最后一笔交易的成交价格。如当日没有成交，则采用最近一次的成交价格作为收盘价，因为收盘价是当日行情的标准，又是下一个交易日开盘价的依据，可据以预测未来证券市场行情，所以投资者对行情分析时，一般采用收盘价作为计算依据。

33. 报价。报价是证券市场上交易者在某一时间内对某种证券报出的最高进价或最低出价，报价代表了买卖双方所愿意出的最高价格，进价为买者愿买进某种证券所出的价格，出价为卖者愿卖出的价格。报价的次序习惯上是报进价格在先，报出价格在后。

在证券交易所中，报价有四种：一是口喊；二是手势表示；三是申报纪录表上填明；四是输入电子计算机显示屏。

34. 最高价。最高价也称高值，是指某种证券当日交易中最高成交价格。

35. 最低价。最低价也称为低值，是指某种证券当日交易中的最低成交价格。

36. 涨停板价。为了防止证券市场上价格暴涨（暴跌），避免引起过分投机现象，在公开竞价时，证券交易所依法对证券所当天市场价格的涨（跌）幅度予以适当的限制。即当天的市场价格涨（或跌）到了一定限度就不得再有涨（跌），这种现象的专门术语即为停板。当天市场价格的最高限度称涨停板，涨停板时的市价称为涨停板价。当天市场价格的最低限度称为跌停板，跌停板时的市价称跌停板价。

37. 除权。除权与除息一样，也是停止过户期内的一种规定：即新的股票持有人在停止过户期内不能享有该种股票的增资配股权利。配股权是指股份公司为增加资本发行新股票时，原有股东有优先认购或认配的权利。这种权利的价值可分以下两种情况计算。

在显示屏幕上如果是分红利，就写作“DR **”，叫作除息；如果是送红股或者配股，就写作“XR **”，叫作除权；如果是分红又配股，则写作“XD **”，叫作除权除息。后面两个字是公司名称的缩写，例如“DR 长虹”。那这一天就叫作该股的除权日或除息日（除权除息日）。

①无偿增资配股的权利价值 = 停止过户前一日收盘价 - 停止过户前一日收盘价 ÷（1 + 配股率）

②有偿增资配股的权利价值 = 停止过户前一日收盘价 - （停止过户前一日收盘价 + 新股缴款额 × 配股率） ÷ （1 + 配股率）

其中，配股率是每股老股票配发多少新股的比率。

除权以后的股票买卖称为除权交易。

38. 市盈率。市盈率是某种股票普通股每股市价与每股盈利的比率，所以它也称为股价收益比率或市价盈利比率。

其计算公式为：

$$\text{市盈率} = \frac{\text{普通股每股市场价格}}{\text{普通股每年每股盈利}}$$

上述公式中的分子是当前的每股市价，分母可用最近一年盈利，也可用未来一年或几年的预测盈利。这个比率是估计普通股价值的最基本、最重要的指标之一。

一般认为该比率保持在 10 ~ 20 之间是正常的，过小说明股价低，风险小，值得购买；过大则说明股价高，风险大，购买时应谨慎，或应同时持有的该种股票。从股市实际情况看，市盈率大的股票多为热门股，市盈率小的股票可能为冷门股，购入也未必一定有利。

39. “抢帽子”。“抢帽子”是股市上的一种投机性行为。在股市上，投机者当天先低价购进预计股价要上涨的股票，然后待股价上涨到某一价位时，当天再卖出所买进的股票，以获取差额利润。或者在当天先卖出手中持有的预计要下跌的股票，然后待股价下跌至某一价位时，再以低价买进所卖出的股票，从而获取差额利润。

40. “坐轿子”。“坐轿子”是股市上一种哄抬操纵股价的投机交易行为。投机者预计将有利多或利空的信息公布，股价会随之大涨大落，于是投机者立即买进或卖出股票。等到信息公布，人们大量抢买或抢卖，使股价呈大涨大落的局面，这时投机者再卖出或买进股票，以获取厚利。先买后卖称为“坐多头轿子”，先卖后买称为“坐空头轿子”。

41. “抬轿子”。“抬轿子”是指利多或利空信息公布后，预计股价将会大起大落，立刻抢买或抢卖股票的行为。抢利多信息买进股票的行为称为“抬多头轿子”，抢利空信息卖出股票的行为称为“抬空头轿子”。

42. 洗盘。投机者先把股价大幅度杀低，使大批小额股票投资者（散户）产生恐慌而抛售股票，然后再股价抬高，以便乘机渔利。

43. 回档。在股市上，股价呈不断上涨趋势，终因股价上涨速度过快而反转回跌到某一价位，这一调整现象称为回档。一般来说，股票的回档幅度要比上涨幅度小，通常是反转回跌到前一次上涨幅度的1/3左右时又恢复原来上涨趋势。

44. 反弹。在股市上，股价呈不断下跌趋势，终因股价下跌速度过快而反转回升到某一价位的调整现象称为反弹。一般来说，股票的反弹幅度要比下跌幅度小，通常是反弹到前一次下跌幅度的1/3左右时，又恢复原来的下跌趋势。

45. 拨档。投资者做多头时，若遇股价下跌，并预计股价还将继续下跌时，马上将其持有的股票卖出，等股票跌落一段差距后再买进，以减少做多头在股价下跌那段时间受到的损失，采用这种交易行为称为拨档。

46. 整理。股市上的股价经过大幅度迅速上涨或下跌后，遇到阻力线或支撑线，原先上涨或下跌趋势明显放慢，开始出现幅度为15%左右的上下跳动，并持续一段时间，这种现象称为整理。

整理现象的出现通常表示多头和空头激烈互斗而产生了跳动价位，也是下一次股价大变动的前奏。

47. 套牢，是指进行股票交易时所遭遇的交易风险。例如投资者预计股价将上涨，但在买进后股价却一直呈下跌趋势，这种现象称为“多头套牢”。相反，投资者预计股价将下跌，将所借股票放空卖出，但股价却一直上涨，这种现象称为“空头套牢”。

48. 多杀多，即多头杀多头。股市上的投资者普遍认为当天股价将会上涨是大家抢多头帽子买进股票，然而股市行情事与愿违，股价并没有大幅度上涨，无法高价卖出股票，等到股市结束前，持股票者竞相卖出，造成股市收盘价大幅度下跌的局面。

49. 轧空，即空头倾轧空头。股市上的股票持有者一致认为当天股票将会大大下跌，于是多数人却抢卖空头帽子，卖出股票，然而当天股价并没有大幅度下跌，无法低价买进股票。股市结束前，做空头的只好竞相补进，从而出现收盘价大幅度上升的局面。

50. 关卡。股市受利多信息的影响，股价上涨至某一价格时，做多头的投资者认为有利可图，便大量卖出，使股价至此停止上升，甚至出现回跌。股市上一般将这种遇到阻力时的价位称为关卡，股价上升时的关卡称为阻力线。

51. 支撑线。股市受利空信息的影响，股价跌至某一价位时，做空头的投资者认为有利可图，大量买进股票，使股价不再下跌，甚至出现回升趋势。股价下跌时的关卡称为支撑线。

十二、股票在个人理财中的应用

股票投资可能给投资者带来高于固定利息证券的收益，也可能带来低收益甚至亏损。相对于债券的利息收入，投资者购买股票最主要的是为了获得资本增值，股息在一些投资者看来，只是进行投资的次要原因。

一般来说，在稳定的宏观环境下，股价和公司经营状况在长期呈正相关关系，但在短期，股价和公司基本面情况的关系却极其复杂，会呈现“随机游走”状态。

（一）收益因素——收益率的计算

债券收益率的计算：

购进价格 = 每年利息 × 年金现值系数 + 面值 × 复利现值系数

V = I（P/A，i，n）+ M（P/S，i，n）

收益率 = ［（债券的买卖价差 + 利息）÷ 持有年限］/购买价格

投资报酬率 =（股票的买卖价差 + 股息 + 新股认购收益 + 无偿增资收益等）/购买价格 × 持有年限

（二）案例

【案例 5－1】

某人于 2004 年 6 月 1 日以 102 元的价格购买一面值为 100 元、利率为 8.56%、每年 12 月 1 日支付一次利息的 1999 年发行的 5 年期国债，并持有到 2004 年 12 月 1 日到期。请计算到期收益率？

到期收益率 = 4.47%

【案例 5－2】

2003 年 2 月 9 日，某人购买四方公司每股市价为 14 元的股票。2004 年 1 月，通过公司每股获现金股利 3.90 元，2004 年 2 月 9 日，通过公司将该股票以每股 15.50 元的价格出售。持有期收益率为多少？

持有期收益率 = ［15.5 − 14 + 3.9］÷ 14 = 38.57%

第二节
基 金 理 财

一、投资基金概述

投资基金是一种利益共享、风险共担的集合证券投资方式，即通过发行基金单位(份)，集中投资者资金，由基金托管人托管，由基金管理人管理和运用资金，投资股票和债券，收益按投资比例分配的一种间接投资方式。

(一) 投资基金功能

1. 为中小投资者拓宽了投资渠道。
2. 把储蓄转化为投资，促进产业发展和经济增长。
3. 有利于证券市场发展。

(二) 投资基金与股票债券的区别

1. 投资者地位不同。股票持有人是公司的股东，有权对公司的重大决策发表自己的意见；债券的持有人是债券发行人的债权人，享有到期收回本息的权利；基金单位的持有人是基金的受益人，体现的是信托关系。

2. 风险程度不同。一般情况下，股票的风险大于基金。

对中小投资者而言，由于受可支配资产总量的限制，只能直接投资于少数几只股票，这就犯了“把所有鸡蛋放在一个篮子里”的投资禁忌，当其所投资的股票因股市下跌或企业财务状况恶化时，资本金有可能化为乌有。

基金的基本原则是组合投资，分散风险，把资金按不同的比例分别投于不同期限、不同种类的有价证券，把风险降至最低程度。

债券在一般情况下，本金得到保证，收益相对固定，风险比基金要小。

3. 收益情况不同。基金和股票的收益是不确定的，而债券的收益是确定的。一般情况下，基金收益比债券高。

以美国投资基金为例，国际投资者基金等 25 种基金 1976 ~ 1981 年 5 年间的收益增长率，平均为 301.6%，其中，最高的 20 世纪增长投资者基金为 465%，最低的普利特伦德基金为 243%。而 1996 年国内发行的二种 5 年期政府债券，利率分别只有 13.06% 和 8.8%。

4. 投资方式不同。与股票、债券的投资者不同，证券投资基金是一种间接的证券投资方式，基金的投资者不再直接参与有价证券的买卖活动，不再直接承担投资风险，而是由专家具体负责投资方向的确定、投资对象的选择。

5. 价格取向不同。在宏观政治、经济环境一致的情况下，基金的价格主要决定于资产净值；影响债券价格的主要因素是利率；股票的价格则受供求关系的影响巨大。

6. 投资回收方式不同。债券投资是有一定期限的，期满后收回本金；股票投资是无限期的，除非公司破产、进入清算，投资者不得从公司收回投资，如要收回，只能在证券交易市场上按市场价格变现。投资基金则要视所持有的基金形态不同而有区别，封闭型基金有一定的期限，期满后，投资者可按持有的份额分得相应的剩余资产，在封闭期内还可以在交易市场上变现。开放型基金一般没有期限，但投资者可随时向基金管理人要求赎回。

（三）投资基金的特点

1. 集合理财，专业管理。
2. 组合投资，分散风险。
3. 费用较低，收益率较高。

（四）基金类型

1. 按组织形态不同，基金可分为契约型基金（单位信托基金）和公司型投资基金（见表5-2）。

表5-2

项目	契约型基金	公司型基金
资金性质	信托财产	公司法人资本
投资者地位	受益人：参与分红但不能参与管理	股东：参与分红而且能参与管理
运营依据	基金契约	公司章程
当事人	受益人、管理人、托管人	股东、管理人、托管人

2. 按照变现方式，基金可分为封闭式基金和开放式基金（见表5-3）。

表5-3

项目	封闭式基金	公司开放式基金型基金
期限不同	有固定期限	无固定期限
发行规模要求	发行时明确规模	发行时无规模限制
转让方式	封闭期限内不能赎回	发行结束一段时间可申请赎回
交易价格计算标准	考虑净资产和市场供求关系	净资产±一定的费用
投资策略	可进行长期投资	不能全部投资，必须保证资产的流动性以对付赎回

3. 按投资标的不同，基金可分为以下七种。

（1）股票基金：投资股票，是最流行的，变现性和流动性强；

（2）债权基金：投资债权，风险和收益较低；

（3）货币基金：投资外汇，风险小、成本低、安全性和流动性高；
（4）期货基金：投资期货，高风险、高回报；
（5）期权基金：投资期权；
（6）认股权基金：投资认股权证，高风险基金（比股票风险大）；
（7）专门基金：投资黄金、地产等。

二、证券投资基金的交易机制

（一）基金的设立与发行

设立一项投资基金必须具备两个条件：首先要有发起人，即设立或拟设立基金的法人，它可以是一个也可以是多个；其次必须制订相关的文件。相关的文件包括基金章程、信托契约和公开说明书。

证券投资基金在运作机制上，一般通过设置信托的方式进行投资运作，委托基金管理人管理运作资产，委托基金托管人保管基金资产。基金投资者是委托人和受益人，基金管理人和基金托管人是受托人。在基金的治理结构中，有三个基本的当事人，即基金投资人、基金管理人和基金托管人。

在我国，证券投资基金的发行方式主要有两种：上网发行方式和网下发行方式。上网发行方式主要是封闭式基金的发行方式。网下发行方式主要是开放式基金的发行方式。

（二）证券投资基金的交易

封闭式基金和开放式基金的交易方式不同：封闭式基金的单位买卖价格以基金的净资产为基础，基金单位价格随行就市。市场供求关系是主要的影响因素。此外，股票市场走势和基金税收政策也对交易价格有所影响。开放式基金一般是每天报价，并且每天只有一个买入价和卖出价。基金单位的买入价，即赎回价，不受市场供求关系的影响，主要取决于基金单位净资产值。一般买入价即为基金单位净资产值加申购手续费，卖出价则为基金单位净资产值加上赎回手续费。

（三）证券投资基金的价格和费率

基金发行价格，是指基金受益凭证在发行市场出售的价格。公式如下：

发行价格 = 基金单位金额 + 发行手续费

发行手续费 = 基金单位金额 × 发行手续费率

三、投资基金的费用、收益与风险

投资基金作为一种专业化理财产品，投资者购买基金时需要支付一定的费用。投资于证券投资基金主要有两种费用：销售费用和管理费用。

（一）投资基金的费用

1. 销售费用主要包括购买基金时的申购费用，卖出基金时的赎回费用，以及一只基金转变为该基金公司旗下其他基金的转换费用。

2. 管理费用包括基金营销费用、总运营费用和交易费用等。

（二）投资基金的收益

1. 证券买卖差价，也称资本利得。这是基金收益的重要组成部分之一。

2. 红利收入，即因持有股票而享有的净利润分配所得。这也是基金收益的主要组成部分。

3. 债券利息，即基金因投资债券而获得的定期利息收入，是基金收益不可缺少的组成部分。

4. 存款利息收入，即基金资产的银行存款利息收入。

基金可分配收益也称基金净收益，是基金收益扣除按照国家规定可以扣除的费用等项目后的余额。

四、基金净资产的估值公式

资产值的估算公式：

基金资产总值 = 所持债券市值总额 + 现金 + 应计利息收入

净资产的计算公式：

基金资产净值总额 = 基金资产总额 − 基金负债总额

单位基金净资产 = 基金资产净值总额/发行的基金份数

五、基金的申购与赎回

（一）基金赎回价格

基金赎回价格，指基金赎回申请日当天，基金单位净值减去一定比例的赎回费用后形成的价格。基金赎回价格是投资者赎回基金单位时可实际获得的金额。

（二）基金认购价格

基金认购价格，指开放式基金设立发行基金时投资者购买单位基金支付的价格。

基金认购价格 = 基金单位面值 + 认购费用

（三）基金申购价格

基金申购价格，指基金申购申请日当天，基金单位净资产加上一定比例的申购费用后形成的价格。基金申购价格是投资者申购基金单位时可实际支付的金额。在基金申购价格时，可以利用如下公式：

认购价格 = 基金单位面值 + 认购费用

申购价格 = 单位基金净值 × （1 + 申购费率）

申购单位数 = 申购金额/申购价格

赎回价格 = 单位基金净值 × （1 - 赎回费率）

赎回金额 = 赎回单位数 × 赎回价格

一般，赎回费用不超过赎回金额的 3%。

（四）开放型基金的价格决定公式

认购价 = 单位基金净资产 + 销售费用

或者，认购价 = 单位基金净资产/（1 - 销售费用率）

赎回时不收费：赎回价 = 单位基金净资产

赎回时收费：赎回价 = 单位基金净资产 + 固定赎回费用 × （1 - 折扣率）

【案例 5-3】

一位投资人有 100 万元用来申购开放式基金，假定申购的费率为 2%，单位基金净值为 1.5 元。

那么，申购价格 = 1.5 × （1 + 2%） = 1.53（元）

申购单位数 = 100 万/1.53 = 65.333 万基金单位（非整数份额由各基金公司设定取整方法，并在招募说明书中详细说明）。

【案例 5-4】

假如一位投资人要赎回 100 万份基金单位，假定赎回的费率为 1%，单位基金净值为 1.5 元，

那么赎回价格 = 1.5 × （1 - 1%） = 1.485（元）

赎回金额 = 100 × 1.485 = 148.5（万元）。

六、证券投资基金在个人理财中的应用

投资基金可以分散投资，降低风险，但不能完全消除风险。基金的风险可能来自政治和经济、政策或法令的变化等外在因素，也可能来自管理人的管理不善、道德风险等内在因素。

证券投资基金种类繁多，各个基金的风险状况也不同，个人客户在购买之前需要对基金产品类型、特点、投资范围、所投资证券的市场表现、收益、信誉等有基本的了解。例如，成长型基金比较适合于风险承受能力强、追求高投资回报的投资者。而收入型基金则比较适合于退休的，以获得稳定现金流为目的的稳健投资者。投资者应当

根据自身的投资目标、风险偏好、所处的生命周期阶段、税收状况以及其他约束条件等作出决策。

七、货币市场基金

（一）货币市场基金的含义

货币市场基金主要投资于短期货币工具，如国库券、商业票据、银行定期存单、政府短期债券和企业债券等短期有价证券。

（二）货币市场基金的特点

1. 从投资对象看，货币市场共同基金投资于短期商业票据、可转让定期存单、银行承兑汇票、政府短期债券和银行间同业拆借市场等。

2. 从投资成本来看，货币市场基金都无销售代理，一般不收取首次购买费。年管理费只收取资产净值的0.25%～1%，比股票基金和债券基金年管理费低。

3. 从投资收益来看，货币市场投资基金投资的对象是货币市场工具，这些金融工具期限较短，流动性较高，风险较小，收益不高但相对稳定。

4. 从增值的表现形式来看，货币市场共同基金通常保持基金份额的净资产值固定不变，其单位资产净值的变化以收益率的形式每天公布。衡量货币市场共同基金好坏的标准是收益率，而不是资本利得。

5. 从风险水平来看，货币市场基金到期的时间通常较短、质量较高且具有相对稳定性，基金价格通常只受市场利率的影响，极少有不能还本付息的情况，风险较小。

八、基金在个人理财中的应用

（一）行之有效的基金投资方法——定期定额投资法

定期定额投资，是指每隔一段固定的时间（如每月）以固定金额的资金投资于某一种投资工具。例如，你每个月固定拿出1 000元投资于某只开放式基金，并持续进行，就是定时定额投资。对于大多数没有时间研究证券的普通人而言，这是一种省时省力而且风险很低的投资方法，也适合于家庭日常理财。

利用定期定额法投资基金，因为每个月固定投资，当股市上涨基金净值高时，买到的单位数较少；当市场下跌基金净值低时，买到的单位数较多。如此长期下来，成本和风险自然会被摊低（见表5－4）。

由表5－4可以清楚地看到，如果每个月固定投资1 000元，不论多头还是空头市场，所取得基金的平均成本都比平均市价低。因此，即使在比较差的市场状况下，由于可以买到较多的单位数，一旦市场状况转好，获利反而更可客观。

表 5－4 定期定额投资

定期投资金额（元）	多头市场（股票上涨时）		空头市场（股票下跌时）	
	单位价格（元）	购得单位数	单位价格（元）	购得单位数
1 000	1.00	1 000.00	1.00	1 000.00
1 000	1.02	980.39	0.98	1 020.41
1 000	1.05	952.38	0.95	1 052.63
1 000	1.05	952.38	0.95	1 052.63
1 000	1.08	925.93	0.92	1 086.96
合计：5 000	合计：4 811.08 单位		合计：5 212.63	
平均单位成本（元）	1.0392＝5 000/4 811.08		0.9592＝5 000/5 212.63	
平均市价（元）	1.0400＝（1.00＋1.02＋1.05＋1.05＋1.08）/5		0.9400＝（1.00＋0.98＋0.95＋0.95＋0.92）/5	

定期定额投资法可以再进一步细分为三种不同的投资策略。

1. 分期购入法。一般所说的定期定额投资法指的就是分期购入法。如果你做好了长期投资基金的准备，同时又有一笔相当数额的稳定资金，不妨采用分期购入法进行基金的投资。这种方法是每隔一段固定时间（月、季或半年），以固定等额的资金去购买一定数量的基金单位。该方法的功能是在一定时期内分散了投资基金以较高的价格认购的风险，长期下来，就总体上降低了购买每个基金单位的平均成本。

2. 定期赎回法。在基金投资上，投资者除了可以在投资是采用定期定额法外，在赎回的时候也可以采用定期定额法，亦即我们所称的定期赎回法。定期赎回法是在不同的价位上赎回，既减少了时间性的风险，又避免了在低价位时无可奈何的斩仓，尤其适合一些退休老人，定期支付生活费之用。实行方法时一次性认购或分期投资某一基金，在一段时间后，你开始于每月或其他固定的时间段，赎回部分的基金单位，便可以定期收到一笔现金。

3. 固定比例投资法。固定比例投资法是将一笔资金按固定的比例分散买进几只不同种类的基金，当某只基金价格飙升后，就补进低成本的基金单位，从而使原定的投资比例保持不变。这样不仅可以分散投资成本，抵御投资风险，还能见好就收，不至于因某只基金表现欠佳或过度奢望价格会进一步上升而使得到手的收益成为泡影或使投资额大幅度上升。例如，投资者决定分别把 50%、35% 和 15% 的资金各自买进股票基金、债券基金和货币市场基金，当股市大涨时，设定股票增值后投资比例上升了 20%，投资者便可以卖掉 20% 的股票基金，使股票基金的投资仍维持 50% 不变，或者追加投资买进债券和货币市场基金，使它们的投资比例也各自上升 20%，从而保持投资者原有的投资比例。如果股票基金下跌，投资者就可以购进一定比例的股票基金或卖掉部分等比例的债券基金和货币市场基金，恢复原有的投资比例。当然，这种投资策略并不是经常性的、一有变化就调整，有经营的投资者大致遵循这样一个原则：每隔三个月或半年才调整一次投资组合的比例，股票基金上涨 20% 就卖掉一部分，跌 25% 就增加投资。

因为定时定额投资策略可以通过投资时点的分散来降低风险，且具有“跌时买多、涨时买少”的长期平均成本效果，再加上每隔一段固定时间固定投资的金额时以复利的方式不断地来积累资金，所以只要选好基金，长期下来自然可以发挥聚沙成塔的投资效果，积累到一笔可观的投资报酬。

（二）货币基金理财案例

【案例5-5】

某工薪家庭，每月得还房贷1 300元，每年得交保险费1.42万元。因为不愿意在银行排队，所以都是每年年初一次性往银行存足约3万元，银行及保险公司到时按时扣款。

每年年初存往银行的约3万元只有活期利息，收益不高。若通过国债或人民币理财产品替代储蓄，可能找不到到期日正好符合交款日要求的产品，而且还需要去排队买卖，因此建议通过网上银行购买货币市场基金，在每个还款日前的3天卖出适当金额的基金，这样既可以不必排队而又能做到如期还款，同时还可以享受到高于同期活期存款利息的收益。

以上这个小案例，很好地利用了货币市场基金收益较高、流动性较强和买卖方便的优势，为该家庭的情况提供了很好的解决方案。

（三）基金套利的四个常见方法及案例

所谓套利，通常是指在一个市场买进某交易工具，在另一个市场卖出，两个交易工具可能相同或类似，借以套取价格差异的利润。其实，套利之所以迷人是因为这是风险极小的赚钱机会，可以在短期内赚取丰厚的回报。但套利机会往往转瞬即逝，因为套利活动将会很快消除价格差异。

方法一：套利基金重仓的部分股票

这种套利方式并不是近一两年才出现的，只是股权分置改革启动后，市场行情较好，于是，就有一些资金通过大量买入重仓该股票的基金实现套利。

比如贵州茅台（600519）因即将进行股权分置改革于2006年2月24日起停牌，前一交易日收盘价为62.27元，到2006年4月17日股票复牌，股价大幅上扬（停牌期间，上证指数上涨近7%），连续3个交易日报收涨停，2006年4月20日，收盘价为84.03元。假设在获知股票复牌的信息后，买入重仓该股票的基金，即可在短期内实现套利。这种套利方式之所以能够实现，与现在的基金估值方法有很大关系。开放式基金的申购和赎回是以净值为基础进行计算的，而基金净值是按照每天下午3点闭市后所持有各类证券资产的收盘价来计算的，这样就很难反映处于停牌期间的股票的真实价值，基金的净值就可能存在着被低估的情况，当然也可能被高估，曾经重仓持有银广夏的基金，在银广夏于2001年8月3日至9月10日停牌期间，净值实质上就被高估，2001年9月10日复牌后，银广夏连续10个跌停板，基金净值随之大幅下滑。如正好在停牌前不久投资这些基金，短期内的损失就在所难免。

道理听起来很简单，但这种套利操作仍然存在着风险。首先，这些待复牌的股票到底何时复牌就存在着很大的不确定性，而有明确消息出来的时候，现在的基金公司大多采取叫停开放式基金的申购和转入业务，同样无法买入，只能选择可以在二级市场交易的封闭式基金。其次，在买入持有的期间，大盘的走向也是影响收益的重要因素，特别是对封闭式基金。最后，如果是通过开放式基金来套利，手续费是不小的成本，如果复牌后股票的上涨不理想，短期内赎回基金还可能造成损失。所以，既然是通过基金来做，不妨还是多花些心思，尽量找含有这些概念的盈利能力强的基金，即便复牌后的股票涨幅不理想，还可以长期持有获取稳定回报，做到进可攻、退可守。

【案例 5－6】

套利重仓待复牌未股改股的基金

2006 年 4 月 28 日，国泰基金管理公司发出公告，因金鹰增长、金龙行业精选、金马稳健回报三只基金持有的部分股票处于股权分置改革阶段，鉴于该部分股票的资产转让事宜取得重大进展，预计将在近期复牌并对基金份额净值产生较大影响，为保持基金份额持有人的利益，自 2006 年 4 月 30 日起，暂停上述三只基金所有申购和转入业务。此处所说的部分股票，即 S 双汇。2006 年 4 月 27 日，S 双汇（000895. SZ）公告，接控股股东河南省双汇实业集团通知，香港罗特克斯有限公司已于日前收到中国证监会《关于同意罗特克斯有限公司公告河南双汇投资发展股份有限公司要约收购报告书的意见》，称对罗特克斯公告要约收购报告书无异议。因包含股改和股权转让外资双重概念，S 双汇复牌后大涨已成共识。

S 双汇股改进程始于 2006 年 3 月 2 日，2006 年 5 月 23 日复牌后的 6 个交易日，股价经历 5 个涨停板和一个 7. 63% 的涨幅。2006 年 5 月 31 日，S 双汇再次停牌时收盘价为 31. 17 元，当时深成指为 4292. 10 点，截至 2007 年 4 月 27 日 S 双汇公告日，深成指已达 10688. 55 点，涨幅 149%。不少行业研究员认为 S 双汇复牌后的涨幅很可能超过 150%。

若复牌后 S 双汇补涨 150%，以国泰旗下的封闭式基金金鑫为例，基金份额为 30 亿份，获赠对价后，持有 21 292 269 股，净值增加 9. 9 亿元，每份净值增长 0. 33 元，按照 27 日 2. 03 元的净值计算，净值增幅为 16. 27%。

方法二：封闭式基金的套利机会

封闭式基金套利的根源在于折价交易。封闭式基金的长期折价是国际上普遍存在的现象，一般认为这是对基金代理问题、流动性问题和信息浑浊问题所要求的补偿。但是，我国封闭式基金一度高达 50% 以上的折价率，使得基金被严重低估，这既有多年熊市的原因，也与投资者的认识误区有关。因此，在封转开的刺激下，2006 年的封闭式基金表现抢眼。

为便于说明问题，假设某封闭式基金折价率为 50%，因其资产组合中，大概有 30% 的资产为债券、银行存款等风险很低的资产，所以，其股票资产的实际折价率高达 70%，即封闭式基金中的股票资产相当于以平均三折的价格出售，而大多数封闭式基金的重仓股多为中国石化、万科、招商银行等蓝筹股，其间蕴含的套利机会可想而知。因此，基金兴业顺利封转开之后，封闭式基金的投资价值逐渐得到普通投资者的认可。

封闭式基金套利的另一个机会是分红，因封闭式基金在基金合同中规定，每年必须分配已实现收益的90%，因此，每年三四月份基金分红的高潮期，就容易出现一波分红行情。其实，分红行情的背后原因，很大一部分仍是折价交易。假设某封闭式基金现在的净值为2元，折价率为30%，其交易价格即1.4元，现按基金合同，分红0.9元，分红后净值变化1.1元，相当于投资者用0.5元购买了价值1.1元的资产，折价率超过45%，在随后的价值恢复过程，投资者就可以实现套利，假设折价率仍然回到30%，交易价格就会在短期内达到0.77元，投资获利54%。

【案例5-7】

套利高额分红预期的封闭式基金

在S阿胶即将于2006年5月9日复牌的刺激下，套利资金涌入重仓该股的基金泰和，导致基金泰和暴涨8.89%。S阿胶在停牌期间大盘由2103.82点上涨至的3950.01点，因此，市场普遍认为其复牌后涨幅将相当惊人。一季报显示，基金泰和3月底持有1 578.65万股S阿胶，占流通股比例5.49%，S阿胶复牌后将对基金净值带来很大提升，因此吸引大量资金通过泰和套利。

方法三：LOF基金的套利机会

LOF（Listed Open-Ended Fund）基金，即上市型开放式基金。也就是说，在基金发行结束后，投资者既可在指定网点申购与赎回基金份额，也可以在交易所买卖该基金。不过投资者如果是在指定网点申购的基金份额，想要通过交易所的系统卖出，需要办理跨系统的转托管手续。同样，如果是在交易所系统买进的基金份额，想要在其他指定网点赎回，也要办理转托管手续。转托管手续的办理一般需要2天时间。

目前，深圳证券交易所开放了LOF基金的场内申购与赎回业务，即除了场内的实时连续竞价交易以外，还可以以基金净值来申购和赎回基金份额。这样可为基民节省办理转托管手续的时间，申购的基金份额或赎回资金均在T+2日可用。当日场内买入的基金可于T+1日在场内卖出；当日申购的基金份额T+2日可以在场内卖出；场内卖出基金份额资金当时到账可用，赎回基金份额的资金2个工作日后可以到账使用。目前，融通巨潮100、南方积配等15只LOF基金均可办理场内申购与赎回。

LOF基金的套利来自基金净值与实时成交价格间存在的价差。以目前一般交易情况来看，净值与实时成交价格之间的价差一般可达到1%~2%。如果基金净值高于成交价格，投资者可在场内按成交价格买入，然后按净值赎回；相反，如果基金净值低于成交价格，投资者可选择在场外申购或在场内申购，然后在场内按成交价格卖出，获得套利收益。

【案例5-8】

以场内交易最活跃的广发小盘基金为例。2006年11月21日，基金场内全日收盘价为1.805元/份。当日基金净值为1.8428元。如果21日在场内买入基金，18日基金份额到账后在场内市场赎回基金。22日基金净值为1.856元。完全计算全部成本（基金赎回按 0.5%，买入 0.1% 手续费计算成本为 1.8158）两天的套利收益约为 2.21%；在行情下跌时，根据广发小盘基金的历史数据，基金净值与场内交易价格价差在 1.0% 左右水平的时候。那么，利用 LOF 基金套利算得上是一种比较稳健的获利方式。

【案例 5-9】

始于 2006 年年底的 LOF 基金高溢价现象非常有代表性。2006 年 11 月 23 日，南方高增长基金当日发布了大比例分红和暂停申购预告，每 10 份基金预计分红 7 元，该基金接连两日出现涨停。南方高增长带动了一大批 LOF 基金大幅上涨，基金溢价率迅速提高。南方积配、景顺鼎益、景顺资源等 LOF 基金先后出现涨停。到了 12 月 1 日，LOF 的溢价率达到了顶峰。14 只 LOF 基金收盘时加权平均溢价率达到 6.83%，其中，溢价率超过 10% 的基金有 6 只，特别是景顺资源、南方高增和景顺鼎益三只大比例分红基金，溢价率分别达到 41.04%、34.53% 和 28.19%。

一部分投资者通过场内申购 LOF 基金，T+2 日就可以通过场内卖出；一部分投资者在场外市场认购了 LOF 基金之后，然后申请跨系统转托管，T+2 日基金份额可以通过场内卖出。

可以理解为大比例分红加上暂停申购成为 LOF 高溢价的导火索，再加上当时股市行情不断向上，一些资金参与了 LOF 的炒作。由于 LOF 基金场内交易规模较小，投资者对于 LOF 套利机制不熟悉，以及和 LOF 一样在交易所交易的封闭式基金大涨，LOF 出现了完全脱离基本面的暴涨。其实，大比例分红对于 LOF 的投资价值没有任何提升，部分投资者把基金分红和上市公司分红进行错误地类比是 LOF 非理性上涨的重要原因。另外，由于这些大比例分红基金获得了投资者巨额资金申购，LOF 场内交易份额迅速增加，遏制了市场炒作行为。

方法四：ETF 基金的套利机会

ETF（Exchange-Traded Funds）基金，即交易所交易基金，是可在交易所上市交易的开放式基金。一般，ETF 基金采用被动式投资策略跟踪某一标的市场指数，因此，ETF 基金也被称为交易型开放式指数基金。一方面，ETF 基金可以像封闭式基金一样，在交易所挂牌上市交易。另一方面，机构投资者又可以像开放式基金一样，在一级市场向基金管理公司进行基金股份/单位的申购与赎回。但是，ETF 基金的申购与赎回，不是采用现金，而是采用一篮子股票（或者债券）。

ETF 基金的套利机制一般是这样，当基金二级市场价格高于基金的单位净值时，投资者可以买入基金股票篮，申购基金份额，并将基金份额在二级市场卖出；当基金二级市场价格低于基金的单位净值时，投资者可以在二级市场买入基金份额，并赎回基金份额，将赎回获得的基金股票篮卖出。

ETF 基金套利的参与者主要是资金实力比较雄厚的投资者，因为一级市场上的申购赎回交易，金额一般至少要求 100 万元，中小投资者无力参与。

（四）基金综合理财案例

【案例 5－10】

张季现年 33 岁，是一位在广州打拼多年的私营企业主，除了拥有自己的房、车、公司等固定资产外，还拥有 500 万元金融资产。由于是靠实业起家，加上自己年富力强，张季的投资意愿非常强烈，所以多年来张季的金融资产主要是存款与股票两大类。但是，2000 年以来，张季的几项投资却比较失败：一方面，他在银行的 300 万元定期存款由于利率低还要收利息税，一点可怜的利息收益都无法抵抗通货膨胀；另一方面他 2000 年投入股市的 200 万元资金刚开始还赚了几十万元，但由于缺乏专业的股票投资技巧、科学的炒股理念、严格的炒股纪律，在 5 年惨烈的熊市中损失近半，到 2004 年初只剩余 110 万元，还老是搅得张季心烦意乱，既赔钱又操心。

2004 年初，因为自己的公司要进入高速发展期，张季觉得不能再投太多精力在股票上了，而且以自己的水平就算投入大量精力在股票上也是赔钱，所以决定自己不玩股票了。但是，他又不愿意将钱全部存在银行，只赚微薄的利息。所以，张季决定借助理财师和基金经理的专业能力。在理财师的专业建议下，张季将主要的金融资产以投资基金产品的形式投资，努力获取较高的回报。于是，张季开始以基金投资为主要工具，采用多种基金投资策略和技巧 改变资产配置结构，投资取得明显成效。

首先，理财师分析和确定了张季可投资的资产，张季计划将现在的金融资产预留 200 万元用于家庭生活储备与意外储备和其他用途，确定 300 万元可以长期用于投资。除了这笔可以一次性投资的金融资产外，张季每个月的收入中还可以拿出 10 000 元进行定期定额投资。然后，理财师了解了张季的生活目标、人生理想和投资期望。张季希望这笔金融资产通过 10 年的投资能达到 1 000 万元，作为自己与太太未来退休后的生活费用。此外，他还希望在自己 50 岁提前退休时分别拥有三只基金：一只给父母准备的总额 100 万元的赡养基金；一只总额为 100 万元的周游世界旅游基金；一只总额 100 万元的儿子教育创业基金。再次，理财师分析了解到张季是一位开明而且风险承受能力很强的人，投资风格属于进取型，愿意投资较高收益的产品。最后，理财师为张季设定了几个基本的基金投资策略，即以基金为主要投资工具的策略、组合投资策略、一次性投资与定期定额投资相结合策略、两基金分离法投资策略、核心组合投资策略等，并采取一系列科学的基金投资技巧，努力帮助张季在风险可控的情况下获得尽可能高的投资回报。

2004 年初，理财师为张季进行了一系列投资安排：分别为张季开立三个不同的基金投资账户，并命名为父母赡养投资基金、周游世界旅游投资基金、儿子教育创业投资基金，将每月的收入结余 10 000 元分别按月定额投入 4 000 元、3 000 元和 3 000 元，这三笔资金又分别定期定额投资于嘉实债券基金、景顺成长基金和易方达积极成长基金。

在对每月现金流进行了分配投资后，2004 年，理财师进一步对张季的 300 万元可投资金融资产进行了配置：50 万元购买折价率高达 20% 的科瑞封闭式基金；50 万元购买即将到期的兴业封闭式基金；50万元投资于小盘的易方达策略成长基金；50万元投资于嘉实沪深300指数基金；50万元投资于景顺长城股票型基金；50万元购买景顺货币基金。

2006年4月初，中国股市加速上升，这时，理财师认为牛市中持有货币基金收益太低，于是建议张季将景顺货币基金换成收益更高的股票基金以分享牛市的丰厚利益。当时，国内市场因为广发小盘精选基金半年收益率高达40%，4月份新推出的广发主题基金受到了市场的热烈追捧。受到一些朋友的感染，张季也准备把这50万元基金赎回后买进广发主题基金。理财师经过分析认为，一些基金公司为了树立公司品牌形象，往往会集中资源与精力培养一两个业绩非常优秀的明星基金，所以同一基金公司有一两只业绩非常好的基金并不意味着该公司的所有基金业绩都好，而且根据当时的媒体报道，由于股市处于牛市，国人买股票基金非常热烈，广发主题基金的申购额不断创出新高，几天就突破了100亿元。于是，理财师认为规模太大的基金明显不适合投资，而且将货币基金赎回再买广发基金就要支出2%的手续费。因此，理财师建议张季改买只有5亿元规模、单位净值为1.15元的景顺鼎益股票型开放式基金，盘子小、净值低，而且与要赎回的货币基金同属一家基金公司，转换成鼎益股票基金可以免交手续费。于是，张季在理财师的建议下选择了4月15日大盘大跌之际以每份1.12元买入50万元鼎益基金。仅仅一个月后，鼎益基金净值最高就达到了每份1.56元，月收益率高达35%，而同期广发主题基金净值仅1.02元，2%的收益率仅仅刚好够抵消申购基金的手续费。

2006年初，张季又在理财师的建议下接连进行了两次无风险套利投资。一次是利用贵州茅台停牌进行的无风险套利投资，另一次是利用封转开进行的封闭式基金套利投资。

2006年3月初，贵州茅台因为股改停牌一个多月，在此期间大盘大涨200点，市场普遍预期茅台复牌后至少3个涨停板。这时，理财师建议张季在4月18日茅台牌牌前以每份1.35元购入100万份重仓持有茅台的易方达积极成长基金，果然茅台复牌后连续5个涨停，直接拉动该基金一周内净值上升到1.50元，给张季带来了近10%的无风险收益。

2006年5月，理财师又建议张季将易方达积极成长基金赎回套现130万元转而购买即将到期封转开的基金兴业，以每份0.86元价格买入150万份该基金。到2006年9月，基金兴业转为开放式基金后，以该基金目前的净值1.05元计算，届时即可获得20%的无风险收益，这笔投资现值就变为180万元。

经过一段时期的基金投资后，理财师帮张季对现有的基金资产进行了盘点，并对基金投资效果进行了初步的后评价（见表5-5、表5-6）。

表5-5 3个定期定额投资的专项储备基金现值与累积收益率情况

基金功能	每月定投额（元）	投资品种	基金年均收益率	到2006年末的现值（元）	累计收益（元）
父母赡养投资基金	4 000	嘉实债券	8%	162 142	18 142
周游世界旅游基金	3 000	景顺成长	25%	158 508	50 508
儿子教育创业基金	3 000	易方达积极成长	30%	171 904	63 904

表 5-6 几只开放式基金的现值与累积收益率情况

投资基金类型	基金名称	初始投资（元）	投资时间	累计净值（元）	累计回报率	年均回报率
货币基金	泰信天天收益	50 万	2004 年 2 月 10 日			1.873%
指数基金	嘉实沪深 300	50 万	2005 年 8 月 29 日	1.472	47.2%	39%
债券基金	嘉实债券	50 万	2003 年 7 月 9 日	1.238	23.8%	7.5%
股票基金 1	易方达策略	50 万	2004 年初	2.05	105%	33%
股票基金 2	大成蓝筹	50 万	2004 年 6 月	1.633	63.3%	25%
股票基金 3	科瑞封闭	50 万	2004 年 1 月			

可见，张季陆续性投入基金市场的金融资产 300 万元在理财师的组合配置下，到 2006 年中，总资产已升至 4 121 578 元，累计投资回报率高达 38.95%，在风险可控的情况下取得了较好的投资回报。

此外，2006 年 6 月中国股市重启 IPO 后，理财师又建议张季将到期的 200 万元定期存款取出进行无风险的打新股投资套利，在短短的两个月内就获得了 8% 的无风险收益，远远超过银行存款收益。

第六章 外汇与金融衍生工具理财

第一节 外汇理财

外汇储备，指一国政府所持有的国际储备资产中的外汇部分，即一国政府保有的以外币表示的债权。

自2000年起，我国外汇储备呈快速增长趋势，2006年2月达到8 536亿美元，首次超越日本，成为全球第一大外汇储备国，到年底外汇储备更悄然越过1万亿美元大关，这是有史以来第一次一个国家的外汇储备超过十位数。

随着外汇储备的增加和人民币汇率形成机制改革的深入，我国也从国家持有外汇为主到逐渐放宽持有和使用外汇的政策限制，让民间更多地持有外汇，逐步放宽境内居民个人购汇政策，实行年度总额管理，从2007年2月1日起，我国个人年度购汇额度将由2万美元提高至5万美元，这在极大程度上促进了我国国内外汇投资市场的发展。

2013年一季度我国外汇储备增加约1 300亿美元，相当于2012年全年外汇储备增幅。2013年第二季度外汇储备增幅出现明显放缓，增加约600亿美元。中国人民银行2013年10月14日公布的数据显示，截至2013年9月末，国家外汇储备余额为3. 66万亿美元，再度创出历史新高。与第二季度末相比，第三季度国家外汇储备增加约1 600亿美元，出现2013年最高季度增幅。历史数据显示，这也是2011年第二季度以来国家外汇储备的最高季度增幅。

个人进行外汇投资有两种方式：一是进行外汇买卖，通过外汇的买进和卖出的汇率差价赚取收益；二是外汇储蓄，通过将外汇存入银行赚取利息收益。

一、外汇概述

（一）外汇市场的概念

1. 外汇的概念。外汇是一种以外国货币表示或计值的国际结算的支付手段，通常包括可自由兑换的外国货币和外币支票、汇票、本票、存单等。广义的外汇还包括外币有价证券，如股票、债券等。根据《中华人民共和国外汇管理条例》，外汇是指下列以外币表示的可以用做国际清偿的支付手段和资产，包括：外国货币，包括纸币、铸币；外币支付凭证，包括票据、银行存款凭证、邮政储蓄凭证等；外币有价证券，包括政府债券、公司债券、股票等；特别提款权；其他外币资产。

在外汇市场上买卖外汇，与商品市场上商品买卖一样，必须按一定的价格成交。外汇买卖的价格就是汇率。从理论上说，汇率是两国货币价值的比率，是一国货币单位兑换另一国货币单位的比率，也可以说是以一种货币来表示另一种货币的买卖价格，是两种货币的比价。

2. 汇率的标价。在外汇市场上有两种不同的汇率标价法：直接标价法和间接标价法。

（1）直接标价法。直接标价法是以一定单位（如1或100）外国货币作为标准，折算成一定数额本国货币，也就是以本国货币来表示外国货币的价格。在直接标价法下，如果固定数额的外国货币能换取的本国货币数额比以前增多，说明外国货币币值上升，本国货币币值下降。这表示汇率上升；反之，汇率下降。

（2）间接标价法。间接标价法是以一定单位（如1或100）本国货币作为标准，折算成一定数额外国货币，也就是以外国货币来表示本国货币的价格。在间接标价法下，如果固定数额的本国货币能换取的外国货币数额比以前增多，说明本国货币币值上升，外国货币币值下降。这表示汇率上升；反之，表示汇率下降。目前，除了少数几个国家如英国和澳大利亚等国尚采用间接标价法外，大多数国家都采用直接标价法。

我国采用直接标价法。

【案例6－1】

小王有10 000美元外汇现钞，存入招商银行后打算进行外汇投资。他预测欧元将会相对美元升值，拟卖出美元买入欧元。他面临的欧元报价为1.3508/1.3510，则小王能够换得多少欧元？

根据欧元报价，EUR/USD当前的银行买入价为1.3508、卖出价为1.3510，即银行以1.3508的价格买入欧元卖出美元，以1.3510的价格买入美元卖出欧元，从中赚取差价。小王要向银行卖出美元，只能以1.3510的价格买入欧元，因此，他可以换得的欧元为：

$10\ 000 \div 1.3510 = 7401.92$（欧元）

场上一般都有外汇供给者、外汇需求者和中介机构三方参与交易。个人、公司企业、事业单位、银行、金融机构、政府和政府机构、国际组织包括国际金融机构等都可成为外汇市场的参与者。

（二）外汇市场产生的原因

1. 贸易和投资。

进出口商在进口商品时支付一种货币，而在出口商品时收取另一种货币。这意味着，它们在结清账目时，收付不同的货币。因此，他们需要将自己收到的部分货币兑换成可以用于购买商品的货币。与此相类似，一家买进外国资产的公司必须用当事国的货币支付，所以，它需要将本国货币兑换成当事国的货币。

2. 投机。两种货币之间的汇率会随着这两种货币之间的供需的变化而变化。交易员在一个汇率上买进一种货币，而在另一个更有利的汇率上抛出该货币，他就可以盈利。投机大约占了外汇市场交易的绝大部分。

3. 对冲。由于两种相关货币之间汇率的波动，那些拥有国外资产（如工厂）的公司将这些资产折算成本国货币时，就可能遭受一些风险。当以外币计值的国外资产在一段时间内价值不变时，如果汇率发生变化，以国内货币折算这项资产的价值时，就会产生损益。公司可以通过对冲消除这种潜在的损益。这就是执行一项外汇交易，其交易结果刚好抵消由汇率变动而产生的外币资产的损益。

（三）外汇市场的功能与作用

有了外汇市场，就便于不同种货币的兑换，促进国际贸易的顺利实现；可以提供买方、卖方信贷及担保，促进国际贸易规模的不断扩大和进出口商的资金正常周转；同时可以保持外汇平衡，规避外汇风险。

1. 充当国际金融活动的枢纽。国际金融活动包括由国际贸易、国际借贷、国际投资、国际汇兑等引起货币收支的一系列金融活动。这些金融活动必然会涉及外汇交易，只有通过在外汇市场上买卖外汇才能使国际金融活动顺利进行。同时，货币市场、资本市场上的交易活动经常需要进行外汇买卖，两者相互配合才能顺利完成交易，而外汇市场上的外汇交易在很大程度上带动和促进了其他金融市场的交易活动。因此，外汇市场是国际金融活动的中心。

2. 调剂外汇余缺，调节外汇供求。任何个人、企业、银行、政府机构，甚至国际金融机构都可在外汇市场买卖外汇，调剂余缺。调剂余缺还包括这种情况，即出售某种或某些多余货币，换取某种或某些短缺货币。通过外汇市场上的外汇交易，调节外汇供求。

3. 不同地区间的支付结算。通过外汇市场办理支付结算，既快速又方便，而且安全可靠。

4. 运用操作技术规避外汇风险。外汇市场的存在，为外汇交易者提供了可以运用某些操作技术如买卖远期外汇期权、掉期、套期保值等来规避或减少外汇风险的便利，使外汇买卖受行市波动的不利影响降低到最小，从而达到避险保值的目的。

二、外汇市场的交易方式

（一）基本原理

1. 定义。

即期外汇交易，又称现汇买卖，是交易双方以当时外汇市场的价格成交，并在成交后的两个营业日内办理有关货币收付交割的外汇交易。

2. 交易惯例。

（1）一般采用直接标价法。

（2）按即期外汇市场得的报价惯例，通常用五位数字来表示买卖价。

例如：US＄1＝DM1.7668～1.7673

（买入价）（卖出价）

US \$1 = J￥137.31 ~ 137.41

（二）交叉汇率的计算

1. 如果两种货币的即期汇率都以美元作为单位货币，那么计算这两种货币的比价的方法是交叉相除。

例如：US \$1 = DM1.8100 ~ 1.8110

（买入价）（卖出价）

US \$1 = J￥127.10 ~ 127.20

$$DM1 = J¥\frac{127.10}{1.8110} \sim \frac{127.20}{1.8100} = J¥70.182 \sim 70.276$$

（1）卖出马克表示为：US \$1 = DM1.8110

（2）买入日元表示为：US \$1 = J￥127.10

DM1.8110 = J￥127.10

所以：$DM1 = J¥\frac{127.10}{1.8110} = J¥70.182$

（3）卖出日元表示为：US \$1 = J￥127.20

（4）买入马克表示为：US \$1 = DM1.8100

2. 如果两个即期汇率都以美元作为计价货币，那么，汇率的套算也是交叉相除。

£1 = US \$1.6125 ~ 1.6135

AU \$1 = US \$0.7120 ~ 0.7130

$$£1 = AU\$\frac{1.625}{0.7130} \sim \frac{1.635}{0.7120} = AU\$2.2616 \sim 2.2662$$

（1）卖出英镑、买入美元　　　£1 = US \$1.6125

（2）买入澳元、卖出美元　　　AU \$1 = US \$0.7130

所以：$£1 = AU\$\frac{1.625}{0.7130} = AU\$2.2616$

3. 如果一种货币的即期汇率以美元作为计价货币，另一种货币的即期汇率以美元作为单位货币，那么此两种货币间的汇率套算应为同边相乘。

（1）买入英镑，卖出美元　　£1 = US \$1.6135

（2）卖出澳元，买入美元　　AU \$1 = US \$0.7120

所以：$£1 = AU\$\frac{1.6135}{0.7120} = AU\$2.2662$

US \$1 = DM1.8100 ~ 1.8110

£1 = US \$1.7510 ~ 1.7520

£1 = DM1.7510 × 1.8100 ~ 1.7520 × 1.8110

= DM3.1693 ~ 3.1729

（三）即期外汇交易的方式

1. 电汇。电汇即汇款人用本国货币向外汇银行购买外汇时，该行用电报或电传通知国外分行或代理行立即付出外汇。

2. 信汇。信汇即汇款人用本国货币向外汇银行购买外汇时，由银行开据付款委托书，用航邮方式通知国外分行或代理行办理付出外汇业务。

3. 票汇。票汇是指外汇银行开立由国外分行或代理行付款的汇票交给购买外汇的客户，由其自带或寄给国外收款人办理结算的方式。

三、远期外汇交易

（一）基本原理

远期外汇交易（Forward Transaction），又称期汇交易，是指买卖外汇双方先签订合同，规定买卖外汇的数量、汇率和未来交割外汇的时间，到了规定的交割日期买卖双方在按合同规定办理货币收付的外汇交易。

（二）远期外汇交易的目的

1. 进出口商和外币资金借贷者为避免商业或金融交易遭受汇率变动的风险而进行得期汇买卖。

2. 外汇银行为平衡其远期外汇头寸而进行期汇买卖。

3. 外汇投机者为谋取投机利润而进行的期汇买卖。

投机有两种形式：先卖后买（卖空）、先买后买（买空）。

（三）远期汇率的标价方法与计算

远期交易的汇率也称作远期汇率，其标价方法有两种：一种是直接标出远期汇率的实际价格；另一种是报出远期汇率和即期汇率的差价，即远期差价或称远期汇水。

1. 若远期汇水前大后小时，表示单位货币的远期贴水，用减法。

即期汇率：　US $1 = DM1.7640 ~ 1.7650

　　　　　　　　　　　　-0.0049 ~ 0.0044

3 个月远期汇率 US $1 = DM1.7591 ~ 1.7606

2. 若远期汇水前小后大时，表示单位货币的远期汇率贴水，用加法。

市场即期汇率：£1 = US $1.6040 ~ 1.6050

　　　　　　　　　　　　+0.0064 ~ 0.0080

3 个月远期汇率：£1 = US $1.6104 ~ 1.6130

（四）远期外汇交易方式

远期外汇交易的交割方式有两种：

1. 定期交割。定期交割是指在固定日期进行交割，即在远期合约中确定具体的交割日期。

2. 择期交割。择期交割是指可以选择日期进行交割。

四、掉期交易

掉期交易也叫外汇掉期（Swap），又称时间套汇，是指买入（卖出）一种货币的同时，卖出（买入）相同金额的远期货币的外汇交易业务，即同时买卖金额相同，但交割日不同的外币。通过外汇掉期，可以满足临时性外币资金支付需求，也可以使外汇持有者对其所持外币币种进行合理的调整，达到规避风险的目的。

1. 远期对远期：在买进或卖出一笔现汇的同时，卖出或买进相同金额该种货币的期汇。

2. 明日对次日：在买进或卖出一笔现汇的同时，卖出或买进同中货币的另一笔即期交易，但交割日期不同。

3. 远期对远期：指同时买进并卖出两笔相同金额、同种货币不同交割期限的远期外汇。

【案例 6 -2】

一家欧洲贸易公司向美国出口产品，收到货款 500 万美元。该公司需将货款兑换为欧元用于国内支出。同时，该公司需从美国进口原材料，并将于 3 个月后支付 500 万美元的货款。此时，公司可以采取怎样的外汇掉期措施？

该公司可以做一笔 3 个月美元兑欧元掉期外汇买卖：即期卖出 500 万美元，买入相应的欧元，3 个月远期买入 500 万美元，卖出相应的欧元。通过上述交易，公司可以轧平其中的资金缺口，达到规避风险的目的。

五、外汇理财

（一）外汇理财的种类

1. 按投资期限，外汇理财产品大致可以分为：1 年内（不包括一年）、1 ~3 年（包括 3 年）、3 ~5 年（包括 5 年）、5 年以上等理财产品。

2. 按投资币种，外汇理财产品主要有美元、英镑、欧元、日元和港元等。

3. 按照产品设计思路和运用金融工具的不同，外汇理财可以分为：个人外汇存款类、实盘操作类、浮动收益类、结构投资类和期权类。

（1）个人外汇存款，是指居民将自有的外币现钞或国外汇入的外汇直接存入银行，并获得利息。

（2）实盘操作外汇买卖是由银行根据国际外汇市场行情，提供即时外汇交易牌价，接受客户的委托，为客户把一种外币兑换成另一种货币，获取汇率差价。

（3）浮动收益类产品，是指利率随着市场利率浮动，即每隔一段时间利率被重新调整一次，且合约中不包括期权调控的外汇投资工具。

（4）结构类投资工具，是指将基础产品如储蓄、浮动收益产品等，与利率期权、汇率期权等相结合，并在合约中体现这种期权的复合产品。

（5）期权类产品，是金融机构提供的一种权利产品，权利的买方在支付一定数额的期权费后，有权在未来的一定时间内按约定的汇率向权利的卖方买进或卖出约定数额的外币，权利的买方也有权不执行上述买卖合约。

主要外汇投资货币名称见表6－1。

表6－1 主要外汇投资货币名称表

国家（地区）	货币	英文缩写
美国	美元	USD
欧元区12国	欧元	EUR
日本	日元	JPY（YEN）
英国	英镑	GBP（STG）
瑞士	瑞士法郎	CHF（SFR）
中国香港	港元	HKD
新加坡	新加坡元	SGD
澳大利亚	澳大利亚元	AUD（AUS）
新西兰	新西兰元	NZD
加拿大	加拿大元	CAD

（二）结构性外汇理财产品

外汇结构性存款产品，是金融机构（主要是银行）根据客户所愿承担的风险程度，将固定收益产品和利率期权、汇率期权等相结合，设计出的一系列风险、收益程度不同的复合型外币存款产品。该外汇产品主要是将客户收益率与市场状况挂钩，可与利率（美元LIBOR等）、汇率、黄金价格、油价、股票指数和美国公债收益率、信用主体等挂钩，也可以根据客户的不同情况量身度造。由于这种产品包含了外汇存款的固定收益和期权价值两个部分，投资者有可能获得比普通存款更高的收益。

目前，各家银行的个人外汇理财产品实际上都是一种结构性存款。结构性存款将固定收益产品与外汇期权交易相结合，赋予交易双方一定的选择权，将产品本金及报酬与信用、汇率和利率等标的价格波动相联动，以达到保值和获得高收益的目的。

结构性外汇存款的主要种类有与利率挂钩型、与汇率挂钩型和与利率区间挂钩型等品种。目前，我国银行推出的外汇理财产品一般采用的是与外币的利率或者利率区间挂钩，具有100%的本金保证，化解了本金风险，但是它的期限和收益具有一定的不确定性。

1. 结构性个人外汇存款分类

（1）收益固定型。此类产品的收益固定，但是银行可行使提前终止权。一般而言，当市场利率下跌，银行可以用更低的利率吸收存款时，银行会行使提前终止权。

（2）收益与利率挂钩型。在整个投资期限内，收益不固定，根据该区间市场利率的变化情况来确定最终的收益。

2. 结构性个人外汇产品的风险。虽然结构性个人外汇产品也被称为“存款”，但是它有一定的投资风险。由于本金能够得到保证，结构性存款与一般存款相比，风险主要体现在收益的不确定性和机会成本方面。具体来说就是：利率风险，即利率上升的风险；汇率风险；流动性风险和资金的机会成本。

2003 年，中国建设银行率先向全国推出“汇得盈”个人外汇结构存款产品以来，各中资和外资银行也纷纷推出了自己的外汇结构性存款产品，如中国银行的“日进升金”、工商银行的“聚金理财”、民生银行的“非凡理财”和“安心理财”、招商银行的“金葵花”以及花旗银行的“优利账户”等。

（三）实盘外汇交易

实盘外汇交易指个人客户在金融机构通过柜台服务人员或其他电子金融服务方式进行的不可透支的可自由兑换外汇（或外币）间的交易。

（四）保证金交易

保证金交易，指个人在交纳一定的保证金后进行的交易金额可放大若干倍的外汇（或外币）间的交易，即投资者用自有资金作为担保，从银行或证券公司处提供的融资放大来进行外汇交易，融资的比例大小，一般由银行或者证券公司决定，融资的比例越大，客户需要付出的资金就越少。

1993 年以前，我国的即期外汇交易主要存在于银行间即期外汇市场，个人除了外汇储蓄以外，几乎没有其他外汇交易。当时，中国银行首家推出了“外汇宝”作为个人实盘外汇交易的平台，一个月内成交笔数就达到了 1 000 笔，交易量超过 300 万美元。其后交通银行、工商银行、建设银行、农业银行、招商银行等各商业银行纷纷推出各自的“外汇宝”业务。目前，我国的个人外汇投资者仍主要通过各商业银行提供的“外汇宝”产品进行即期外汇交易。

2007 年开始，交通银行、工商银行、中国银行等各家商业银行陆续推出具有杠杆作用的外汇保证金交易产品。

【案例 6-3】 交通银行：“满金宝”交易

“满金宝”交易，是指客户按照与银行约定的币种和名义金额买入或沽空外币，在开盘交易被平盘后双方进行轧差清算。根据“满金宝”交易规则，客户做交易的单位是“手”，一手相当于一个交易货币对的左边货币的 10 000 货币单位，如：美元/日元时指 10 000 美元，欧元/美元时指 10 000 欧元，欧元/日元时指 10 000 欧元。若按放大倍率为 5 倍计算，客户应至少存入 2 000 美元的保证金才能进行交易。现有多种倍率供客户选择，交通银行将视市场情况适时对倍率进行调整。保证金账户币种目前仅限于美元。

【案例 6-4】 工商银行：“外汇宝”交易（见表 6-2）

工商银行外汇保证金交易服务于 2007 年 7 月 1 日推出，第三季度在北京、上海及浙江三地试点，第四季度将广到除西藏外的全国所有省、直辖市和自治区，可以通过外汇保证金交易系统中集成的“银汇达”接口即时将资金划转到工商银行其他的“一本通”账户（需开通借记卡），资金往来可实时在网上银行中呈现。

工商银行外汇保证金交易服务初期共开通12个货币对，以10 000个基础货币单位为一手，限制最高交易量为200手，双边点差均为8点，初期将提供10倍、20倍、40倍和50倍共4个放大级别，杠杆设置已经集成到交易系统中，完全由用户自行选择设置杠杆。

表6－2 “外汇宝”交易

项目	描述
产品名称	保证金外汇宝
交易方式	通过专门的网上交易客户端交易
主要特点	“放大效应”及“双向交易功能”
交易货币对	欧元/美元、英镑/美元、美元/日元、美元/瑞郎、澳元/美元、美元/加元、欧元/日元、英镑/日元、欧元/英镑、澳元/日元等10个货币对
起点金额	500基础货币的等值美元
委托方式	限价委托、止损委托、二选一委托、追加委托
交易点差	直盘货币对双边报价10点
最大放大倍数	10倍
强制平仓标准	保证金充足率降至20%以下时，银行有权强制平仓

（五）外汇投资产品在个人理财中的应用

根据中国人民银行和国家外汇管理局的有关规定，凡持有有效身份证件，拥有完全民事行为能力的境内居民个人，有一定金额的外汇，均可进行个人实盘外汇交易。

目前，我国商业银行推出的业务包括传统业务品种（个人外币定期、活期储蓄，境外汇入款和汇兑等），同时，还针对投资者需求和汇市变化不断创新，设计出许多新型的外汇产品，主要是一些结构性存款。

客户在选择外汇理财产品时主要应考虑以下几个因素：

1. 收益率。外汇结构性存款产品的收益率有名义收益率与实际收益率之分。

2. 期限。目前，各家银行推出的结构性存款的期限多在6个月至6年之间。外汇理财产品的投资期限越长，客户承受的风险越大。当然，投资期限越长，产品的收益率越高。客户在选择投资之前一定要分析未来市场的利率和汇率的走势，并规划自己的资金使用。

3. 流动性。外汇结构性存款是否可以转让、银行与客户是否可以提前终止、是否可以办理质押贷款等。

4. 其他。挂钩的利率种类、利率水平、利率变动范围和利息税等因素也会对客户的收益产生影响。

【案例6-5】

若A产品的名义收益率为5%，协议规定的利率区间为0~4%；B产品的名义利率为6%，协议规定的利率区间为0~3%，其他条件相同。假设一年中有240天中挂钩利率在0~3%之间，60天的利率在3%~4%之间，其他时间利率则高于4%。计算以下两产品的实际收益率。

解：（1）A产品的实际收益率=5%×300/360=4.17%

（2）B产品的实际收益率=6%×240/360=4%

第二节 金融衍生工具

一、金融衍生工具概述

金融衍生产品是从标的资产派生出来的金融工具，这类工具的价值依赖于基本标的资产的价值。

（一）金融衍生工具的种类

1. 按照基础工具的种类划分，金融衍生工具可以分为股权衍生工具、货币衍生工具和利率衍生工具。

股权衍生工具，是指以股票或股票指数为基础工具的金融衍生品，主要包括股票期货、股票期权、股票指数期货、股票指数期权以及上述合约的混合交易合约。

货币衍生工具是指以各种货币作为基础工具的金融衍生工具，主要包括远期外汇合约、货币期货、货币期权、货币互换以及上述合约的混合交易合约。

利率衍生工具，是指以利率或利率的载体为基础工具的金融衍生工具，主要包括远期利率协议、利率期货、利率期权、利率互换以及上述合约的混合交易合约。

2. 按照交易场所划分，金融衍生工具可以分为场内交易工具和场外交易工具。

3. 按照交易方式，金融衍生工具可以分为远期、期货、期权和互换。

（二）衍生金融市场的特点

衍生金融市场的特点主要体现在其工具特性、市场主体和交易组织方式上。

金融衍生工具的特性表现在：

1. 可复制性。可根据市场和客户的需要订制出具有不同支付特征的产品，只要掌握了衍生工具的定价和复制技术，就可以较随意地分解、组合，根据不同的市场参数设计不同的产品。

2. 杠杆特征。由于允许保证金交易，交易主体在支付少量保证金后就可签订衍生交易合约，利用少量资金进行名义金额超过保证金几十倍的金融衍生交易，产生“以小搏大”的杠杆效应。同时，高杠杆比例的特点放大了金融衍生工具的风险。

（三）金融衍生工具的交易主体

金融衍生工具有四类交易主体：套期保值者、投机者、套利者和经纪人。

（四）金融衍生品市场的交易组织

衍生品金融市场的交易组织方式为交易所交易和场外交易。

1. 交易所交易，即场内交易。

2. 场外交易无固定的场所，由交易者和委托人通过电话和电脑网络直接进行。

（五）金融衍生品市场的功能

金融衍生品市场的功能主要有四个：

1. 转移风险。

2. 价格发现。在衍生金融工具交易中，市场主体根据市场信号和对金融资产的价格走势进行预测，进行金融衍生品的交易。大量的交易，形成了衍生金融产品基础的金融产品的价格。

3. 提高交易效率。

4. 优化资源配置。

二、金融衍生品市场的交易机制

金融衍生品市场分为四大基本类别，即金融远期市场、金融期货市场、金融期权市场和金融互换市场。

（一）金融远期市场

1. 金融远期合约及其交易机制。远期合约，是指双方约定在未来的某一确定时间，按确定的价格买卖一定数量某种金融工具的合约。在合约中规定，将来买入资产的一方称为“多方”，而在未来卖出资产的一方称为“空方”。合约中规定的未来资产买卖的价格称为“履约价格”。按照基础资产的性质划分，金融远期合约主要有远期利率协议、远期外汇合约和远期股票合约。

（1）金融远期合约的优点是规避价格风险。

（2）金融远期合约的缺点表现在：

① 非标准化合约。每份远期合约千差万别，这就给远期合约的流通造成较大不便。

② 柜台交易。柜台交易不利于信息交流和传递，不利于形成统一的价格。

③ 没有履约保证。当价格变动对一方有利时，另一方就有可能或无力履行合约，因此违约风险较高。

2. 远期利率协议的交易机制。远期利率协议（FRA），是交易双方或者为规避未来利率波动风险，或者为在未来利率波动上达到投机目的而签订的协议。

远期利率协议的作用在于，通过固定将来实际交付的利率而避免利率变动风险。

远期利率协议不交付本金，利率是按差额结算的，所以资金流动量较小。

与金融期货和金融期权等场内交易的衍生工具相比，远期利率协议具有简便、灵活、不需支付保证金等优点。同时，由于远期利率协议是场外交易，存在信用风险和流动性风险。但对于远期利率协议而言，这种风险又是有限的，远期利率协议最后实际支付的只是利差而非本金。

（二）金融期货市场

1. 金融期货合约。期货合约，是指协议双方同意在约定的将来某个日期，按约定的条件买入或卖出一定标准数量的金融工具的标准化协议。期货可以分为商品期货和金融期货。

从保值避险者和投机者的角度看，金融期货和金融远期合约都能起到降低风险和通过冒险获利的作用，但二者有两个很重要的区别。

（1）期货市场是在期货交易所，按规定进行的标准化合约交易的有组织的市场。远期交易大多进行柜台交易，合约是非标准化的，二级市场非常不活跃，并且买卖双方一般会根据合约进行实物交割。

（2）金融期货和金融远期合约在合约的支付和价值方面不同。目前，国际市场上最主要、最典型的金融期货交易品种有利率期货、外汇期货和股票价格指数期货。

2. 金融期货市场的交易机制。金融期货市场的参与主体包括金融期货交易者、金融期货交易所、经纪行、结算公司和保险公司。

（1）金融期货合约的特征。

①金融期货合约是标准化合约。金融期货合约在商品品种、品质、数量、交货时间和地点等方面事先确定好标准条款。这使期货合约具有可转让性和流动性较强等特点。

②金融期货合约的履约大部分通过对冲方式。金融期货合约只有很少一部分进行实物交割，绝大多数合约都会在交割期之前以平仓的方式了结。

③金融期货合约的履行由期货交易所或结算公司提供担保。交易双方在交易所都设立相应的保证金账户，合约一旦在交易所登记，全部信用风险完全由交易所承担，并通过有效的制度使这种风险得以控制。

（2）期货交易的主要制度。期货交易的主要制度有：保证金制度、每日结算制度、持仓限额制度、大户报告制度（与持仓限额相联系）和强行平仓制度。

①保证金制度，指在期货交易中，任何交易者必须按照其所买卖期货合约价值的一定比例（通常为5%～10%）缴纳资金，用于结算和保证履约。保证金制度，是指在股指期货交易中，为了确保履约，维护交易双方的合法权益，实行保证金制度。凡参与股指期货交易，无论买方还是卖方，均需按所在交易所的规定缴纳保证金，保证金是交易者履行合约的财力担保金。

在《中国金融期货交易所结算细则》（征求意见稿）中，保证金分为交易保证金和结算准备金。

交易保证金，是指结算会员存入交易所专用结算账户中确保合约履约的资金，是已被合约占用的保证金，其金额按合约总价值的一定比例来计算。当买卖双方成交后，交易所按公布标准向买卖双方、按买入和卖出的持仓量分别收取交易保证金。

结算准备金，是指结算会员在交易所专用结算账户中预先准备的资金，是未被合约占用的保证金。结算准备金最低余额须以会员自有资金缴纳。交易所有权根据市场情况调整结算会员结算准备金最低余额标准。

结算会员向非结算会员和投资者收取的交易保证金不得低于交易所向结算会员收取的交易保证金。非结算会员向投资者收取的交易保证金不得低于结算会员向非结算会员收取的交易保证金。结算会员的自营业务只能通过其专用自营结算账户进行，其保证金必须与其经纪业务分账结算。

② 每日结算制度。期货交易的结算，是由期货交易所统一组织进行的。期货交易所实行每日无负债结算制度，又称为“逐日盯市”，是指每日交易结束后，交易所按当日结算价结算所有合约的盈亏、交易保证金及手续费、税金等费用，对应收的款项同时划转，相应增加或减少会员的结算准备金。

③持仓限额制度，指交易所规定会员或客户可以持有的，按单边计算的某一合约投机头寸的最大数额。

④大户报告制度，是与限仓制度紧密相关的另外一个控制交易风险、防止大户操纵中场行为的制度。期货交易所建立限仓制度后。当会员或客户某品种持仓合约的投机头寸达到交易所对其规定的投机头寸持仓限量 80% 以上（含本数）时，必须向交易所申报。申报的内容包括客户的开户情况、交易情况、资金来源。交易动机等等，便于交易所审查大户是否有过度投机和操纵市场行为以及大户的交易风险情况。

⑤强行平仓制度。强行平仓制度是与持仓限制制度和涨跌停板制度等相互配合的风险管理制度。当交易所会员或客户的交易保证金不足并未在规定时间内补足，或当会员或客户的持仓量超出规定的限额，或当会员或客户违规时，交易所为了防止风险进一步扩大，将对其持有的未平仓合约进行强制性平仓处理，这就是强行平仓制度。

（三）金融期权市场

1. 金融期权合约。金融期权是 20 世纪 70 年代以来国际金融创新发展的最主要产品。金融期权实际上是一种契约，它赋予了持有人在未来某一特定的时间内按买卖双方约定的价格，购买或出售一定数量的某种金融资产权利的合约。

2. 金融期权的要素。

（1）基础资产，或称标的资产，是期权合约中规定的双方买卖的资产或期货合同。

（2）期权的买方，是购买期权的一方，是支付期权费，并获得权利的一方，也称期权的多头。

（3）期权的卖方，是出售期权的一方，获得期权费，因而承担在规定的时间内履行该期权合约的义务。期权的卖方也称为期权的空头。

（4）敲定价格，也称执行价格，是期权合约所规定的、期权买方在行使权利时所实际执行的价格。

（5）到期日，是期权合约规定的期权行使的最后有效日期，又叫行权日。

（6）期权费，又称为权利金、期权价格或保险费，是指期权买方为获取期权合约所赋予的权利而向期权卖方支付的费用。

3. 金融期权分类。

（1）金融期权按权利性质分类，可分为看涨期权和看跌期权。

看涨期权，是指赋予期权的买方，在预先规定的时间，以执行价格从期权卖方手中买入一定数量金融工具权利的合同。当人们预期某种标的资产的未来价格上涨时购买的期权，叫做看涨期权。

看跌期权，是指期权购买者拥有在规定的时间以敲定价格向期权出售者出卖约定的金融工具的一种权利，因为它是人们预期某种标的资产的未来价格下跌时购买的期权，所以被称为看跌期权。

（2）金融期权按期权到期日划分，可分为欧式期权和美式期权。

（3）金融期权按敲定价格与标的资产市场价格的关系不同，可分为溢价期权、平价期权和折价期权。

溢价期权是指如果期权立即执行，买方具有正的现金流（这里暂不考虑期权费因素），该期权具有内在价值。平价期权是指如果期权立即执行，买方的现金流为零。折价期权是指如果期权立即执行，买方具有负的现金流。

（4）金融期权按交易场所划分，可分为交易所交易期权和场外交易期权（柜台式期权）。

（5）金融期权按基础资产的性质划分，期权可以分为现货期权和期货期权。

4. 金融期权市场的交易机制。金融期权有四种基本的交易策略，即买进看涨期权、卖出看涨期权、买进看跌期权、卖出看跌期权。

（1）买进看涨期权。当交易者预期某金融资产的市场价格将上涨时，他可以购买该基础金融工具的看涨期权。如果市场价格真的上涨，且在协议价格之上，那么，选择执行期权，从而获得收益。从理论上讲，基础金融工具的市场价格上涨的幅度是无限的，所以购入看涨期权的收益也是无限的。相反，如果预测失误，市场价格下跌，且跌至协议价格之下，那么可以选择放弃执行期权。这时期权购买者损失有限，买入看涨期权所支付的期权费就是最大损失。

（2）卖出看涨期权。与买入期权相对应的是卖出看涨期权。对于选择卖出看涨期权的交易者而言，他预期某金融资产的市场价格将下跌。期权卖出者的最大利润是出售期权所得到的期权费，最大损失随着基础金融工具价格的上涨水平而定。从理论上讲，损失无限。发生巨额损失的概率有限。

（3）买进看跌期权。当交易者预期某金融资产的市场价格将下跌时，除了可以选择卖出看涨期权外，还可以选择买进看跌期权，但是买进看跌期权的盈亏与卖出看涨期权的盈亏分布不同。买进看跌期权后，如果市场价格真的下跌，且在协议价格之下，那么购买者选择执行期权，获利程度取决于市场价格下跌的程度。如果预测失误，市场价格上涨，那么交易者可以放弃执行期权，且面临有限的损失，即买入看跌期权所支付的期权费。

（4）卖出看跌期权。卖出看跌期权与卖出看涨期权的交易者对未来市场价格的走向看法相反，但是，他们的目的是相同的，即希望通过卖出期权收取期权费获利。如果交易者预期某金融资产的市场价格将上涨，那么，他选择出售看跌期权。如果日后市场价格高于执行价格时，看跌期权的买方不会执行期权，从而看跌期权的卖方会获得最大利润，即出售期权所得到的期权费。反之，市场价格下跌，则可能面临损失，最大的损失是协议价格与期权费之差。

（四）金融互换市场

1. 金融互换的概念。互换是约定两个或两个以上当事人按照商定条件在约定的时间内，相互交换等值现金流的合约。互换是李嘉图的比较优势理论在金融领域的运用。

2. 金融互换的类型

（1）利率互换。利率互换是指不包含本金交换的两组利息现金流之间的交换，一般都是固定利率交换浮动利率，也有的以一种基准利率（如 LIBOR）的浮动利息交换另一种基准利率（如美国 30 年期国债）的浮动利息，而不交换本金。

（2）货币互换。货币互换是将一种货币的本金和利息与另一种货币的等价本金和利息进行交换。货币互换中到期本金的交换水平取决于汇率水平，所以需要事先敲定汇率。

货币互换的作用主要表现在两个方面：一是降低筹资成本。二是调整资产负债的币种结构。

一般的，货币互换有三个基本步骤：

第一，期初的本金互换。

第二，利率的互换。

第三，期末本金的再次互换。

三、产品交易中的作用

（一）结构性金融衍生产品的特点

结构性金融衍生产品的特点有三个：

1. 以场外交易为主。

2. 传统金融工具与衍生工具相结合。

3. 灵活性强，且风险和收益范围可以预知。

（二）结构性金融衍生产品的种类

1. 利率挂钩结构性产品，包括与利率正向挂钩的产品、与利率反向挂钩的产品、区间累积产品和达标赎回型产品等。

【案例 6－6】

2004 年，ABC 银行发售的第 9 期“汇聚宝”中，包含了一个“上浮封顶”型产品。

该产品将收益与国际市场利率正向挂钩。所谓“正向挂钩”就是市场利率与客户收益存在正相关关系，即客户收益率将随着美元市场利率的升高而升高。

产品设计：投资起点是5 000美元，期限4年，每半年支付一次投资收益。第1年收益率固定为3%，不受市场情况影响；第2年至第4年，收益率在事先设定的上限范围内为美元6个月LIBOR加上0.4%。

分析：若一个投资者投资5 000美元，第1年可获150美元。第2年上半年，如届时美元6个月LIBOR为2%，则客户收益率为2.4%，可获60美元。第2年下半年，如届时美元6个月LIBOR为2.5%，则客户收益率为2.9%，可获72.5美元。第3年和第4年依次类推。通常，LIBOR较同期储蓄存款利率高。如果美元利率在未来几年缓慢稳步升息，投资“正向挂构”型产品将可以享有利率上升带来的稳健、丰厚的收益。

2. 汇率挂钩结构性产品。银行在普通外汇存款的基础上，嵌入与汇率相挂钩的期权，将这个“一揽子”的“结构性”产品提供给投资者。投资者的收益将包括两个部分：一是存款的利息收入；二是出售期权的收入。2004年2月4日中国银监会《金融机构衍生产品交易业务管理暂行办法》的发布更为银行用这类产品抢占外汇理财市场开辟了通道。

3. 信用挂钩结构性产品。信用挂钩结构性产品的收益与若干信用主体（银行或企业）的信用挂钩。

四、结构性金融衍生产品在个人理财中的应用

投资者在进行投资决策时，应当对产品的收益—风险特点、现金流分布、交易对手的信用状况和交易成本等进行了解。虽然投资者可以分享结构性产品的高收益，但同时也需承受损失，甚至是本金损失。

第七章 保险与信托理财

第一节 保险理财

一、保险概述

（一）保险的含义

保险，是指投保人根据合同约定，向保险人支付保险费，保险人对于合同约定的可能发生的事故及相应的财产损失承担赔偿保险金责任，或者当被保险人死亡、伤残、疾病，或者达到合同约定的年龄、期限时，承担给付保险金责任的商业保险行为。

（二）保险的相关要素

1. 保险合同。保险产品的直接表现形式是保险合同，保险合同是投保人与保险人约定保险权利义务关系的协议。

2. 投保人。投保人是指与保险人订立保险合同，并按照保险合同负有支付保险费义务的人。

3. 保险人。保险人是指与投保人订立保险合同，并承担赔偿或者给付保险金责任的保险公司。

4. 保险费。保险费是指被保险人参加保险时，根据其投保时所订的保险费率，向保险人交付的费用。

5. 保险标的。保险标的可以是保险对象的财产及其相关利益，也可以是人的寿命和身体。

6. 被保险人。被保险人是指其财产或者人身受保险合同保障，享有保险金请求权的人。

7. 受益人。受益人是指人身保险合同中由被保险人或者投保人指定的享有保险金请求权的人。投保人、被保险人都可以是受益人。

8. 保险赔偿。

（三）保险产品的主要功能

保险产品的主要功能有三个：

1. 转移风险，分摊损失。
2. 补偿损失。
3. 融通资金职能。

（四）保险产品的种类

1. 按照保险的性质划分，可分为社会保险、商业保险和政策保险。
2. 按保险实施的方式，可以分为自愿保险和强制保险。

人身保险是以人的身体和寿命作为保险标的一种保险。

保险产品的种类具体见表 7－1。

表 7－1 保险产品种类

人身保险	人寿保险	生存保险
		死亡保险
		生死两全保险
	意外伤害保险	
	健康保险	医疗保险
		收入补偿保险
财产保险	物质财产保险	普通家庭财产保险
		还本家庭财产保险
		货物运输保险
		运输工具保险
		工程保险
		农业保险
	责任保险	公众责任保险
		产品责任保险
		雇主责任保险
		职业责任保险
		环境责任保险
		个人责任保险
	保证保险	产品质量保险
		忠诚保证保险
	信用保险	一般商业信用保险
		投资保险（政治风险保险）
		出口信用保险

续表

投资型保险产品	寿险类投资型保险产品	分红保险
		万能寿险
	投资连结保险	分红型
		万能型
		投资连结型
	非寿险类投资型保险	

财产保险，是指以财产及其有关利益为保险标的，保险人对保险事故导致的财产损失给予补偿的一种保险。

投资型保险产品同时具有保障功能和投资功能，能够满足个人和家庭的风险保障与投资需要。

投资型保险产品使保险从单纯保障走向兼有保障、投资等多种功能。

投资型保险产品的最大特点就是将保险的基本保障功能和资金增值的功能结合起来，其给付的保险金由两部分组成：一是风险保障金；二是投资收益。

二、保险产品在个人理财中的应用

保险产品最显著的特点是具有其他投资理财工具不可替代的保障功能。同时，利用保险产品还可以合理避税。值得注意的是，保险产品是具有法律效应的合同，具有长期性的特点，一旦签订保险合同，不能随意更改。投保人应当在购买保险时对保险产品的内容有足够了解。

三、保险理财个案分析

【案例7－1】 风险与保险

案例介绍

一场工业意外事故造成死103人、伤数百人的惨剧。其中，两人生前购买了某保险公司的“分期支付储蓄终身寿险”和“综合个人意外保险”，其家属分别得到了人民币24万元和13万元的保险赔偿和给付。而其他不幸者因为没买过任何保险，只能得到有关部门有限的抚恤金。

案例分析

当风险事故发生时，保险公司的赔偿虽然不能给死者家属多少精神上的安慰，但在经济上却是一种恰逢其时的帮助。相比之下，没有购买保险的死难者家属不得不承受精神与经济上的双重打击。

启示

任何人在其一生中都有可能遇到意外事故甚至灾难，其后果可能是轻微的，也可能是严重的，严重时，不但引起伤害，也可能丧失生命，并使依靠其生活的家人失去生活来源。这种经济上的不稳定性需要得到保障。保险就是一种有效的保障方式。保险虽然不能事先化解风险，但是却能在较大程度上减轻或消除风险事故的损害。

【案例7－2】 保险与储蓄

案例介绍

在中国，保险与银行储蓄对客户的吸引程度存在差别。一个调查表明，被调查者的家庭收入中，有30%用于购买金融产品，而在这些金融产品中，银行储蓄占50%，保险占18%，股票也占18%。这说明，银行储蓄在我国国民心目当中还占有很重要的地位，保险等金融产品的重要性还没有被国民所完全认识。

案例分析

“把钱存银行好，要用时随时可以领取，而若购买保险，则没有这么方便。”这是很多中国人对保险的看法。事实上，这种看法是不全面的。

从预防风险上看，保险和银行储蓄都可以为将来的风险做准备，但它们之间有很大的区别：用银行储蓄来应付未来的风险，是一种自助的行为，并没有把风险转移出去；而保险则能把风险转移给保险公司，实际上是一种互助合作行为。从预期收益上看，银行储蓄的收益包括本金和利息，它是确定的；购买保险后得到的“收益”表面上看是不确定的（它取决于保险事故是否发生），但实际上是确定的：购买保险即意味着得到了风险的保障，而且这种保障的保障程度非银行储蓄所能相比：只要缴纳了足额的保险费，就能得到完全的、充分的保障。

启示

保险有着储蓄所没有的功能。二者具有本质的区别，并不能作简单的类比。并且，单纯从风险保障的角度来看，保险的保障程度显然比银行储蓄要高。

【案例7－3】 “平安世纪理财”——投资型人寿保险险种

案例介绍

1999年10月22日，中国平安保险公司在上海正式推出国内第一份投资连结保险“平安世纪理财”。有人认为它标志着我国寿险品种开始由传统型向现代型转换。人寿保险市场的重心开始从有预定利率的储蓄型险种向投资型险种转移。

以下是《平安世纪理财投资连结保险投资账户2002年半年度报告》投资账户的介绍部分：

1. 平安发展投资账户

（1）账户特征：稳健平衡型投资账户。本账户不保证投资收益。

（2）投资政策：采用稳健的投资策略，根据对利率及证券市场走势的判断，调整资产在不同投资工具上的比例。追求账户资产的长期稳定增值。

（3）主要投资工具：银行存款、债券、证券投资基金、债券回购。

（4）投资组合限制：投资于国债及银行存款的比例不低于20%；投资于证券投资基金的比例不高于60%。

（5）主要投资风险：基金市场风险、利率风险、企业债券信用风险是影响本账户投资回报的主要风险。

2. 保证收益投资账户

（1）账户特征：低风险收入型投资账户。设有保证投资收益率。保证投资收益率不低于当年银行活期存款利率按时间（天）进行加权平均的收益率。

（2）投资政策：在保证本金安全和流动性的基础上，通过对利率走势的判断，合理安排各类存款的比例和期限，以实现利息收入的最大化。

（3）主要投资工具：银行存款，现金拆借等。

（4）投资组合限制：投资于银行存款、现金及现金拆借。

（5）主要投资风险：银行利率风险是影响本账户投资回报的主要风险。

3. 平安基金投资账户

（1）账户特征：高风险、高收益型投资账户。本账户不保证投资收益。适合愿意作较长期投资及承担较高风险、追求较高的长期回报的投保人。

（2）投资政策：积极参与基金市场运作，把握市场机会，采取对账户所有人有利的积极措施，在一定范围内调节投资于不同投资工具上的比例，从而使投资者在承受一定风险的情况下，有可能获得较高的投资收益。

（3）主要投资工具：证券投资基金、银行存款、债券、债券回购。

（4）投资组合限制：主要投资于证券投资基金，同时兼顾对债券、债券回购、银行存款等收益型投资品种的投资；投资于基金的比例为60%～100%。

（5）主要投资风险：股票市场风险、基金市场风险、利率风险、企业债券信用风险是影响本账户投资回报的主要风险。

案例分析

首先，我们需要了解什么是平安世纪理财投资连结保险（见表7-2）。它是集保险保障和投资理财于一身的险种。客户所交保险费，一部分用于保险保障，其余部分进入专门投资账户，通过专家理财达到资产保值、增值的目的。举个例子，平安公司收到每期应交保费后，保费分配方法如下：第一个保单年度，所有保险费用于购买保险保障，第二个保单年度起保费开始进入投资账户。

表7-2　平安世纪理财投资连结保险　　单位：人民币元

保单年度	每期保险费	投资账户	保险保障
首年	1 260	—	1 260
次年	1 260	240	1 020
以后各年	1 260	1 056	204

该保险设置了多个不同风格的投资账户，客户可根据自身的风险承受能力、投资目标等具体情况灵活选择，同时，客户还可以在不同的账户之间进行资产转换，充分满足客户

个性化的理财需求。

上面是从投保人进行投资的角度来说，而从汇集了资金的保险公司投资角度来说又有所不同，它要考虑债券市场、股票市场、银行利率等。但它的投资方式必然受到保险资金的结构限制，包括期限结构，即短期资金来源与短期资金运用相对应，中长期资金来源与中长期资金运用相对应，此外，对于收益率要求高的资金需购买高收益的资产，但需承担更高的风险。

保险资金的运用要以“三性”为基准，但不同的投资方式又有不同的侧重点。这也就是我们在案例中所看到的三个不同账户的原因。

平安发展投资账户和平安基金投资账户均不保证投资收益率，它们的投资工具更加多样化，而且都包括风险相对比较大的证券投资基金，这两个账户的不同在于平安基金投资账户的风险更高。从二者的投资政策中，我们也能发现它们的侧重点是收益率，适合中长期资金的运用。在债券的投资策略上，如果能够准确地预测到降息并增加债券的投资比例，或利用债券市场火爆的有利时机，适时地获利了结，同时调整债券品种及期限结构，将获得不错的收益。在证券投资基金投资上重点应关注那些管理规范、运作稳健公司所推出的开放式基金，同时还需要尽力把握封闭式基金的波段投资机会，加强对现有持仓基金进行结构调整，才能确保账户能够获取持续、稳健的收益率。同时，要尽量坚持“价值发掘为主，突出风险控制，把握波段机会，追求账户净值稳健增长”的投资原则。

我们再来看保证收益投资账户。它向投保人保证了以银行利率为基础的收益率，因为它只投资于银行存款和回购协议。很明显，该账户的侧重点是安全性和流动性，适合短期资金的运用，主要考虑的是如何准确预测利率的变动情况。

启示

通过对这三个账户的分析，我们看到投资连结险的确是一种能进一步解决保险公司利差损问题的良药。保险投资是一门需要很强的专业知识的学科，但投资业绩的高低不仅要靠专业人才的智慧和经验，也与整个大经济环境息息相关。

【案例7－4】新旧《保险法》对保险投资的不同规定[①]

案情介绍

原《保险法》规定：

“第一百零四条　保险公司的资金运用必须稳健，遵循安全性原则，并保证资产的保值增值。

保险公司的资金运用，限于在银行存款、买卖政府债券、金融债券和国务院规定的其他资金运用形式。

保险公司的资金不得用于设立证券经营机构和向企业投资。

保险公司运用的资金和具体项目的资金占其资金总额的具体比例，由金融监督管理部

① 资料来源：www.pa18.com。

门规定。"

新《保险法》规定：

"第一百零五条 保险公司的资金运用必须稳健，遵循安全性原则，并保证资产的保值增值。

保险公司的资金运用，限于在银行存款、买卖政府债券、金融债券和国务院规定的其他资金运用形式。

保险公司的资金不得用于设立证券经营机构，不得用于设立保险业以外的企业。

保险公司运用的资金和具体项目的资金占其资金总额的具体比例，由保险监督管理机构规定。"

案例分析

细看之下，变化在于把"不得用于向企业投资"改为了"不得用于设立保险业以外的企业"。这说明：

第一，保险公司进行权益性投资的大门进一步打开。

企业对外投资，一般可分为权益性投资和债权性投资。凡投资于企业，持有股份，利益共享、风险共担，均属于权益性投资；而因借贷和买卖债券等方式形成货币性债权债务关系的为债权性投资。对外投资是企业正常的经营活动，也是企业作为独立法人的基本权利。《公司法》第12条规定："公司可以向其他有限责任公司、股份有限公司投资，并以该出资额为限对所投资公司承担责任。"

按照原《保险法》的规定，保险公司只能投资于存款、债券等利率产品，而不能进行任何权益性投资，完全关上了保险公司对企业投资的大门。直到1999年，保险资金被允许间接入市，即通过购买基金来间接持有企业的股票。由于保险基金要求直接入市的呼声一直很高，而新的《保险法》虽然没有直接规定保险资金可以进入股市，但不允许投资于企业的禁令已经解除，权益性投资的大前提已经成立，剩下的是监管部门如何把握具体放开时间的问题。

第二，保险公司可以通过对外投资开展股权和资本运作。

启示

允许保险公司进行权益性投资，其意义不仅在于保险资金有渠道获得比债权投资更大的收益率。随着中国加入世贸组织和国有保险企业体制的转变，国内保险业通过购并、拆分、重组实现超常发展和优胜劣汰已是必然趋势。借新《保险法》出台的东风，应进一步拓展保险公司资本运作的舞台。

【案例7-5】 新《保险法》引起的纷争

新的《保险法》刚一露面，其中关于保险投资的修改就引起了两派的纷争（见表7-3）。

表 7－3 激进派与保守派的纷争

激进派	保守派
基本立场：强调保险资金的盈利性； 保险投资渠道要加快放开； 这次《保险法》的修改还是太保守	基本立场：强调保险资金的安全性； 保险投资渠道要谨慎放开； 这次保险法的修改得适宜
投资型险种已成保险销售的主流，加大了保险资金入市的压力	我国资本市场还不规范，不成熟；金融衍生规避工具还未发展起来，保险资金直接进入股市的风险将难以估量
投资渠道的不同将使中资保险在与外资保险公司的竞争中处于更为不利的地位	保险公司的投资经验不足，风险控制能力不够高，对保险公司偿付能力的监管机制还不完善
保险资金入市能为资本市场带来规范的机构投资者，实现"证保"双赢	保险资金入市对证券市场的远期影响有限，目前的影响只是在于加大了市场的流通量
保险资金入市为保险公司调整资产结构，实现资产与负债的匹配，有利于保险公司开发新险种	

案例分析

以上列举的只是两派比较有代表性的观点。从中可以看出，"激进派"更多是从保险公司自身的生存发展状况出发来看待保险投资渠道的问题。先来看一组数据：统计显示，2001 年末，中国保险公司的总资产为 4 591 亿元，全国保费增幅超过 32%。其中，寿险收入增幅超过 42%。2002 年一季度，全国保险收入的增长速度更惊人，达到 100%，寿险收入增长超过 120%，中国人寿甚至出现超过 220% 的增长，其资金运用中心每天保费进账就超过 2 亿元。以中国人寿为例，其可运用资金达 2 000 亿元，可投资于基金的资金超过了 200 亿元。

这么大的保费收入，对于保险公司来说不见得一定是好事。巨大的保费收入同时也意味着保险公司背负了沉重的偿付压力，特别是当保险公司无法找到为资金增值的良好渠道时。

同样，在证券投资基金方面，投资收益也大幅下降。2002 年上半年证券市场持续疲软，连 6 月 24 日的"井喷行情"也只维持了 3 天的上涨行情。受其影响，保险公司投资证券投资基金的收益也大幅回落，由 2001 年同期的 19.07% 下降到 0.39%。所以说，保险公司仅仅依靠银行存款、协议存款、买卖政府债券、金融债券和投资证券投资基金等有限的投资形式是无法正常经营的。正是在这样一种情况下，"激进派"强烈要求加快保险投资渠道的拓宽。

相比之下，"保守派"则更多地从社会、从这个金融市场的发展全局来考虑，具体的理由可从表中看到。其实，两派的基调是一致的，大家都认为随着国内保险市场的开放，保险投资渠道一定要放开。分歧在于，放开的速度如何、程度如何。

【案例 7－6】 对保险的重新思考

案情介绍

2002 年 10 月 12 日，印度尼西亚旅游胜地巴厘岛连续发生两起炸弹爆炸事件。造成近 200 人死亡、300 余人受伤的惨剧。死者中包括了来自新加坡的四名橄榄球运动员，他们生前都购买了保险，然而，不幸的是，他们的保险单都不包括恐怖活动这种风险责任。

案例分析

“9·11 事件”后，全球各再保险公司纷纷宣布，不为保险公司提供因恐怖活动造成伤亡的再保险。如此一来，主要靠再保险公司分担承保风险的普通保险公司自然只能将恐怖袭击列为除外风险。

启示

美国纽约世贸中心遭受恐怖袭击对于世界保险业来说，无论在财务方面，还是在心理承受方面，都是一次重创。随着恐怖活动愈演愈烈，给无数无辜者带来生命安全隐患，并且对整个社会经济造成巨大破坏，人们开始重新认真考虑保险所扮演的角色。

【案例 7－7】 保险的基本职能与作用

案情介绍

1998 年盛夏的洪灾使位于洞庭湖畔的安乡县蒙受了新中国成立以来最大的灾难。从 6 月份开始，在长江、澧水、洞庭湖水的夹击下，该县 400 公里长的防洪大堤就开始处于险情之中。7 月 24 日深夜，洪水撕开了一段堤防，吞没了三个乡镇，十余万百姓被赶上大堤。直到 9 月中旬，洪水才缓慢退去，灾民们回到家园，眼前的景象如同经历了一场战争，田野失去了绿色，房屋倒塌了 60%，其中，安全乡 6 657 户农户中的 6 549 户的财产都受到了不同程度的损害，重建家园的工作相当艰难。虽然政府和社会提供了援助，但还远远不够。由于资金紧缺，寒冬来临时，人们的生活遇到了较大的困难。

安全乡农户曾向平安保险公司投保：1998 年 4 月，由乡保险代办站为全乡农户代投农村家庭财产保险，每户缴费 7.5 元，保额为 2 500 元。1998 年 12 月 8 日，平安保险公司一次性给付安全乡 6 549 户投保农户赔款及各种开支费用共计人民币 380 万元。这笔巨款对正处于冬季里的因洪灾失去家园的灾民来说，无疑是雪中送炭。

案例分析

我国是自然灾害发生最频繁的国家之一，各种自然灾害发生频率高，波及范围广，不但给人民的生命财产造成严重的威胁，而且在遭遇重大自然灾害时，整个国民经济也会受到影响。保险不仅为遭灾的个人和家庭提供经济补偿，而且保证了灾害过后社会生产的持续进行，从而起到稳定国民经济发展的作用。

启示

从本案例中我们可以体会到保险的基本职能及其在国民经济中的作用。

第一，保险的基本职能是组织经济补偿和实现保险金的给付。保险的本质是一种经济关系，它是面临着共同风险的经济单位和个人为补偿灾害事故或其他约定事件所产生的损失建立和使用保险基金而形成的经济关系的总和。在灾害事故、意外事故或约定的事件发生后，通过保险的补偿和给付，企业可以得到足够的资金，购买劳动资料、劳动对象，支付生产停顿期间所用的费用，以保证简单再生产的顺利进行。保险对个人可免除或减轻不幸事故造成的经济损失，保障本人或家属的物质福利。

第二，保险也有利于国民经济持续稳定的发展。在现代社会生产中，灾害和意外事故越来越多。灾害和意外事故的发生总是会造成生产或经营的终止或缩小，也有可能造成各种间接经济损失，引起一系列不良反应，影响国民经济计划的执行。由于保险具有经济补偿和给付保险金的职能，任何单位，只要在平时缴付少量保费，那么一旦发生保险责任范围的事故，就可以立即得到保险的经济补偿，消除因自然灾害和意外事故造成经济损失引起生产中断的可能，保证国民经济持续稳定地朝着既定的目标发展。

第三，保险还有利于社会的稳定。自然灾害和意外事故可能给人们带来突然的财产损失和人员伤亡，突如其来的灾害事故完全有可能使企业生产和人们生活陷入困境，给社会带来许多不安定因素。但是，有了保险保障，情况就会发生根本的变化。保险能在最短的时间里帮助企业恢复生产，帮助居民重建家园，解除人们在经济上的各种后顾之忧。这能从根本上稳定企业，稳定家庭，消除社会不安定因素。

【案例 7－8】 保险的防灾减损功能

案情介绍

某工厂于2000年1月31日与某保险公司签订财产保险合同。其后的某天，厂值班人员擅自离开工厂，结果厂内的财产被盗，该厂的财产损失约16万元。工厂向保险公司索赔，但保险公司拒赔，其理由是，保险公司的《企业财产保险条款附加盗窃险特约条款》（以下简称《特约条款》）约定，“由于保险地址无人看守而发生的被盗窃损失，保险人不负赔偿责任”。工厂向法院起诉保险公司，要求其赔偿财产损失。

一审法院认为，保险合同合法有效，但被盗是由于保险地址无人看守导致的，该行为属于保险条款中的除外责任。因此，法院作出如下判决：驳回工厂的诉讼请求。一审法院判决后，工厂不服，遂向上级法院提起上诉。二审法院以同样的理由维持原判。

案例分析

本案中，投保人是接受了附加险条款并了解其内容的，《特约条款》中的除外责任对被保险人具有法律约束力。所以，保险公司的拒赔及法院的判决都是正确的。

启示

购买保险是投保人分散和转移风险的一种手段，但投保人切不可在投保后就“高枕无忧”，对保险财产不管不顾。减少灾害和意外事故的发生，避免保险财产损失和人员伤亡，这是保险人与被保险人的共同利益所在。把防灾减损列为保险职能，有助于保险人把防灾减损放到一个正确的位置。保险人为了提高经济效益，减少赔款，增加盈余，必然要与被保险人共同做好防灾减损工作。防灾减损必须具体地体现在保险制度、保险条款和保险费率上。本案例中保险公司《特约条款》的约定（由于保险地址无人看守而发生的被盗窃损失，保险人不负赔偿责任）就是从保险条款保证被保险人防灾减损的自觉性，增强保险的防灾减损功能。被保险人在自觉遵守保险条款的同时也在不自觉中起到了防灾减损的作用。

【案例 7－9】 代理人失职后的责任承担者

案情介绍

某工厂于2001年1月1日向某保险公司投保企业财产险，保险期限为一年。合同到期后该厂提出了续保要求。2002年1月1日，该厂向保险公司的业务员王某递交了投保单，王某接受了该投保单并足额收取了保险费，但未及时将投保单和保险费交到保险公司，因此保险公司没有给该厂签发保险单。

2002年2月13日，该厂发生火灾，财产损失巨大。该厂向保险公司索赔，保险公司拒赔，理由是并未收到该厂的保险费，也未经核保签发保单。该厂诉至法院，要求保险公司承担赔偿责任。法院受理该案后，判决保险公司败诉。

案例分析

法院的判决是正确的。以下从三个方面对此进行分析：

第一，一般，保险合同只有在保险公司收到保险费并同意承保后才能成立。但是，本案中，工厂没有得到保险公司签发的保险合同是由于该公司业务员未及时将投保书和保险费交到保险公司。保险公司未及时承保的“过错”是保险代理人造成，根据我国《民法通则》关于民事责任承担的“过错责任原则”，投保人不负责任。

第二，按照保险代理人的性质与特征，保险代理人以保险人名义进行代理活动，在保险人授权范围内做独立的意思表示；保险代理人与投保人之间签订的保险合同产生的权利义务，被视为保险人自己的民事法律行为，法律后果由保险人承担。所以，本案中，王某作为保险公司的代理人，接受投保人的投保书和保险费的行为，视同为保险公司的行为。该行为是对投保人订立保险合同的要约行为的承诺，表明保险合同已经成立，保险公司应当承担赔偿责任。

综上所述，保险公司应对该工厂进行赔偿。保险公司可以根据《民法通则》有关“代理人不履行职责而给被代理人造成损害的，应当承担民事责任”的规定，追究王某的经济责任。

启示

对于投保人来说，保险代理人的行为在法律上等同于保险人的行为；对于保险人来说，保险代理人要承担自己的行为所造成的法律后果。这两点不能混淆。特别是，保险公司必须承担其代理人的过错给投保人造成的损失。

在本案中，保险代理人王某显然缺乏保险从业人员应该具备的业务素质，造成保险人的损失，保险人应当引以为鉴，加强对保险代理人的管理。

【案例7－10】 保险经纪人成功定责财产险[1]

案情介绍

某企业因台风发生保险事故，其一幢旧厂房遭暴风、暴雨袭击而受损。事故发生前，该企业在保险经纪人的安排下向保险公司投保了财产一切险，遂向保险公司提出索赔，保险公司理赔人员在查勘过程中发现，该幢建筑物的屋顶、梁、柱、壁有破损及倾斜的现象，的确存在一定的损失。但通过进一步调查，发现该幢建筑物在事故发生前已出现轻微的破损及梁、柱倾斜的情况，该企业在发现上述情况后，也的确采取了临时的加固措施，并准备加以修复。保险公司在得知上述情况后，即提出厂房受损的近因是厂房的“年久失修”，不属保险责任范围，据此予以拒赔。

在事故发生后，该企业即向保险经纪人提出协助索赔的请求。保险经纪人也参与了上述事故的处理，在得知保险公司的拒赔决定后，又进行了进一步的调查分析，认为保险公司的拒赔并不合理。在和该企业沟通后，向保险公司提出拒绝接受其拒赔处理的决定。保险经纪人的主要意见是：第一，若厂房结构完好，则不可能造成如此大的损失，因此“年久失修”的确是事故的一个近因；第二，若受损厂房未经受暴风、暴雨，即使“年久失修”，也不会造成如此大的损失，因此暴风、暴雨也是事故的一个近因；第三，“年久失修”和“暴风、暴雨”都是该事故的近因，都对最终损失的发生有独立的影响，两个近因并不相互依存；第四，“年久失修”和“暴风、暴雨”造成的损失无法区分；“年久失修”不属责任范围（不能认为是“意外事故”），但也不属列明的除外责任，“暴风、暴雨”则很明确地属于列明的责任范围。两个近因，一个是责任范围内，另一个也并非除外责任，且两者造成的损失无法区分，因此，保险公司应该对全部损失承担赔偿责任。

保险公司在接到经纪人提出的意见后仍坚持拒赔，该企业遂向法院提起诉讼，法院受理后，由经纪人代表该企业出庭。在法庭上，经纪人依据保险相关法规、保险条款以及保险的原理及过往案例据理力争，迫使保险公司最终接受索赔要求，同意进行调解。最终，保险公司按照企业的实际损失进行了赔付。

案例分析

保险经纪人是基于投保人的利益，为投保人与保险人订立保险合同提供中介服务，并依法收取佣金的组织和个人。保险经纪人的主要工作是帮助投保人选择保险人和保险产品，同时也可以帮助投保人处理风险，或参与理赔谈判，协助索赔。

由于保险事故的定责是一项对专业知识要求较高的工作，一般投保人难以掌握，经纪人作为企业的保险顾问，可以利用自身对专业知识的熟悉，对保险公司的不合理的定责处理提出不同意见，帮助投保人行使正当权利。

启示

财产保险因其专业技术性较强，投保人和保险人常常处在不平等的地位。正是基于这一点，保险经纪人在保险市场上扮演着重要的角色。投保人应该充分利用保险经纪人专业

① 资料来源：《中国保险报》。

技术上的优势，维护其自身利益。

【案例7－11】意外死亡还是自杀谁来举证①

案情介绍

某人分别同四家保险公司签订了共6份意外伤害保险合同，保险金总额为4.5亿日元，保险期间为一年。受益人为其妻子和子女。一个月后，投保人在建筑工地上工作时，从脚手架上坠地而亡。受益人向保险公司提出支付保险金的要求。保险公司拒绝了受益人的要求。受益人向法院提起诉讼，要求保险公司按合同规定支付保险金。

一审法院认定投保人不是意外死亡，而是自杀，驳回了受益人的请求。受益人不服，向高级法院提起控诉。二审法院审理后认定投保人的自杀嫌疑仍然很大，同样驳回了受益人的请求。受益人不服，向最高法院提起上诉。最高法院同样驳回了受益人的请求。

案例分析

第一，一审法院明确地断定投保人是自杀。其举证责任是完全由保险人承担的，由保险人提供证据证明投保人不是死于非命，而是故意自杀。保险人提供的依据是：投保人所经营的公司濒临破产，负有2.3亿日元的债务。并且，投保人还在其他保险公司投了将近26亿日元的人寿保险，每年支付的保费高达2 200万日元。以此，断定投保人的死亡是具有故意性。

二审法院没有公开断定其死亡原因是自杀，而是将其归结为“具有十分浓厚的自杀嫌疑”。

最高法院没有直接对是“自杀还是事故中意外死亡”作结论，而是认为，如果对保险事故产生怀疑，怀疑事故的发生是基于投保人故意行为时，对事故偶然性的举证责任，不应当由保险人承担。最高法院虽然没有直接下判断，但是它是站在更高的层次上，进行了一个十分重要的判断，也是对保险法学理论作出了一个重要的法理解释，这就是举证责任的归属问题。它引起了保险实务界和保险法学理论界的重视。

第二，意外伤害保险的三要素问题。在日本，意外伤害保险中，支付保险金的根据是，保险事故必须具备三项要素，即偶然性、外来性、急剧性。如果不具备这三要素，保险事故的发生只能被认定是投保人或被保险人故意行为。

第三，举证责任的归属问题。在一般情况下，根据意外伤害保险条款的规定，保险人对保险金受益人提出的支付死亡保险金的请求，表示怀疑而拒绝支付保险金的话，则对其发生的保险事故的偶然性负有举证责任。从日本的中、下级法院的判例来看，分为两种倾向，一种是倾向于保险人举证，另一种则要求受益人举证。鉴于本案情况的复杂性，从事故现场找到排除偶然性的证据十分困难，故这种举证责任完全由保险公司来承担的话，不具有公平合理性。因此，最高法院才作出了上述判断。

启示

法律只能从众多的事例中找到十分抽象的法理来立法，不可能网罗所有的现象加以详

① 资料来源：《中国保险报》。

尽地规定。法院在进行判断时应当重视一些比较特殊的现象。例如，当保险人无法举证或没有可能进行举证的时候，尤其是在投保人重复投保并且其保险金额“超过常识地过高”，在客观上的确存在着巨大的道德风险的时候，完全由保险人来承担举证责任的话，有失公允。由此判定由受益人来举证，是符合现代保险法理的。

【案例 7－12】 承保有违操作规程保险合同仍然成立

案情介绍

1998 年 8 月 11 日，刘某填写了“终身寿险投保单”，并交付了首期保险费。约一个月后，刘某出差时在所住宾馆的意外火灾中不幸身亡。事故发生后，保单受益人要求保险公司全额给付 100 万元保险金。保险公司拒赔，其理由是，由于该人身保险合同保额巨大，必须经过体检后方可决定是否承保，刘某尚未体检，因而该保险合同不成立。受益人不服，向法院起诉，要求保险公司承担给付保险金的责任。

在法院一审过程中，保险公司认为，保险合同没有成立：首先，投保人填写投保单并预交首期保险费只是要约行为，并不能因此认为保险公司已作出承诺；其次，刘某并没有根据保险公司的规定进行体检，保险公司无法确定保险金额和应交纳的保险费；最后，保险公司出具保险费收据并不能代表保险公司已作出承诺。受益人则认为，刘某填具投保单是要约行为，保险公司收取保险费是承诺行为，保险合同已经成立并生效。至于刘某没有完成体检这一过程，是由于没有收到保险公司的通知，过错应该在保险公司。

一审法院经审理认为，保险合同未成立，判决驳回原告的诉讼请求，保险公司返还所收保险费。原告不服，提起上诉。在二审过程中，双方达成调解协议，保险公司赔付 30 万元结案。

案例分析

保险公司违反业务操作规定承保并不影响保险合同成立。本案中，保险合同已经成立。分析如下：

第一，《保险法》（1995 年版）第十二条规定：“投保人提出保险要求，经保险人同意承保，并就合同的条款达成协议，保险合同成立。”从合同法的原理看，保险合同需要经过要约和承诺两个阶段方可生效。本案中，刘某填写了投保单是要约行为，投保单交给保险公司，保险公司接受了保单，此时，该要约即生效。如果保险公司作出承诺的意思表示并送达刘某，保险合同成立。本案中，投保单上写明：“投保人和被保险人填写完本投保单和健康告知书后，请向我公司业务员交纳首期保险费，并索取临时收据。保险计划书、保险费正式收据及保险单将延后 1 至 5 天呈送。”从投保单上述约定看出，保险公司的承诺期最多为 5 天。而从保险公司收取保险费之日到被保险人意外死亡之日已有近 1 个月，保险公司在承诺期内没有作出明确的拒绝承保的意思表示；相反，保险公司收取了首期保险费。所以，从法律上可以推定保险公司对投保人的要约作出了承诺，保险合同因此成立并生效。

第二，保险公司的业务操作规定是保险公司在开展保险业务时用来规范业务流程、强化内部管理的一系列规则和制度，对投保人不具约束力，因为这些规定并没有载明在保险合同中，也没有在投保人投保时告知投保人。本案中，保险公司关于超过一定保险金额的保险合同须经体检后才能承保等规定，并未在合同中注明，也没有告知刘某。因此，保险公司应当按保险合同的约定承担保险责任。

启示

根据我国对保险代理人的有关规定，保险代理人员无权签发保险单。保险合同是否签发，由保险公司决定。保险公司必须审查投保人的申请，为控制风险，对超过一定金额的保险还要在对被保险人进行体检后才决定是否承保。这样，在投保人交付首期保险费到保险公司作出承保决定这一过程中，就可能出现一段被保险人利益得不到保护的空白，这对被保险人来说显然是不公平的。在此期间内，发生的保险事故一般应由保险人承担责任。

保险公司对内要加强管理，教育员工及其代理人严格按业务操作规程开展业务。

【案例 7－13】 最大诚信原则的履行与保险人的责任

案情介绍

某人投保重大疾病终身险。保险代理人未对其身体状况进行询问就填写了保单，事后也未要求投保人做身体检查。保险期间内投保人不幸病逝，其受益人要求保险公司理赔。保险公司以投保人未如实告知在投保前因“帕金森综合症”住院治疗的事实为由，拒绝理赔。受益人遂上诉法院，要求给付保险金 24 万元。

案例分析

本案焦点在于投保人是否履行了“如实告知”义务。

根据《保险法》第 16 条的规定：投保人故意隐瞒事实，不履行如实告知义务的，或因过失未履行如实告知义务，足以影响保险人决定是否同意承保或提高保险费率的，保险人有权解除合同。投保人故意不履行如实告知义务的，保险人对于保险合同解除前发生的保险事故，不承担赔偿或给付的责任，并不退还保险费。按照这一规定，投保人未履行最大诚信原则将承担法律后果。但是，在此案中，难以确认投保人未履行最大诚信原则。因为保险公司业务员未对投保人进行任何询问，就填写了保单中有关病史内容，事后也未要求投保人做身体检查，故不能认定投保人故意隐瞒事实、不履行如实告知义务。所以，保险公司应予赔付。

启示

最大诚信原则是保险的基本原则之一，这一原则要求投保人应把自己知道或者应该知道的有关保险标的的重要事实尽量告知保险人，即履行如实告知义务。否则，如果投保人违反最大诚信原则，保险人就可以宣告保险合同无效或不予承担赔付责任。因此，作为投保人，在投保时应严格遵守最大诚信原则，履行如实告知的义务，否则就将面临保险合同无效和发生事故得不到赔偿的风险。

这样看来，投保人承担了较大的责任，但这并不能免除保险人的责任。因为，一般投保人并不知道需要向保险人申报哪些事实。保险公司应该在操作规程上对投保人的如实告知作适当的规定，如规定业务员必须完成必要的询问事项，如果出现业务员过失使投保人未尽如实告知义务而令公司蒙受损失，则应该由有关业务员负责。

【案例 7－14】 如何处理“风险程度增加”

案情介绍

1997 年 6 月，某厂向保险公司投保财产保险，保险金额达 600 万元。同年 10 月，该厂保险标的风险程度增加。保险公司要求该厂增交一定的保费，该厂不同意，要求退保，保险公司不愿失去这笔业务，答应以后再商议是否要增交保费，但双方后来一直未就此事进行商谈。同年 11 月中旬，该厂发生火灾，财产损失达 50 万元，于是向保险公司索赔，但保险公司以该厂未增交保费为由而拒赔。

案例分析

本案实际上涉及的是如何处理财产保险中关于“保险标的风险程度增加”的问题。

第一，按照《保险法》的相关规定，在合同有效期内，保险标的风险程度增加，投保人应及时通知保险人；保险人有权要求增加保险费或解除合同；若此要求被投保人拒绝，保险人有权解除保险合同。

第二，若被保险人在保险标的风险程度增加时履行了通知义务，而保险人未作任何意思表示，则可视为默认，根据不可抗辩原则，保险人事后不得再主张增加保险费或解除合同。在此案中，投保人履行了风险程度增加的通知义务，保险人要求增加保费，被拒绝后，保险人理应解除保险合同，但保险人因不愿失去这笔业务，心存侥幸，并未通知投保人解除这个保险合同，这应视为保险合同继续有效，保险人应履行赔付义务。

启示

最大诚信原则要求投保人在保险标的的风险情况发生变化、特别是风险增加的时候及时告知保险人。对于投保人，正确履行了风险增加告知义务，就避免了保险合同因违背最大诚信原则而失效的可能。对于保险公司，在标的风险增加以后应及时依法采取合适的行动。

【案例 7－15】 推定全损后的财产处理权

案情介绍

1998 年 3 月 2 日，张某将其汽车投保了车辆损失险和第三者责任险。后该车坠入悬崖下一条湍急的河流中。事故发生后，张某向保险公司索赔。保险公司经过现场查勘，认为地形险要，无法打捞汽车，按推定全损理赔。张某看到采购货物的 2 800 元现金在车内，就将残车以 4 000 元的价格转让给王某，双方约定：由王某负责打捞残车，车内现金归张某，残车归王某。残车被打捞起来后张某和王某均按约行事。保险公司知悉后，认为张某未经保险公司允许擅自处理此残车是违法的，遂成纠纷。

案例分析

第一，保险公司推定该车全损，给予车主张某全额赔偿，已取得残车的实际所有权。因此，原车主张某未经保险公司同意而转让残车是非法的。

第二，保险公司对车主张某进行了全额赔偿，而张某又通过转让残车获得 4 000 元的收入，其所获总收入大于总损失，显然不符合财产保险中的损失赔偿原则，因此保险公司可追回张某所得额外收入 4 000 元。

第三，王某获得的是张某非法转让的残车，但由于他是受张某之托打捞残车及现金，付出了劳动，且获得该车是有偿的，可视为善意取得，保险公司不得请求其归还残车。

启示

《保险法》第 44 条规定："保险事故发生后，保险人已支付了全部保险金额，并且保险金额相等于保险价值的，受损保险标的的全部权利归于保险人；保险金额低于保险价值的，保险人按照保险金额与保险价值的比例取得受损保险标的的部分权利。"因此，在保险标的推定全损以后，标的的残值应属保险公司所有。

【案例 7－16】 索赔金额不能超过有效保险金额

案情介绍

1998 年 7 月 31 日，某货运公司与保险公司订立雇主责任保险合同。保险对象为货运公司所雇用的全部驾驶员，每人死亡赔偿限额是 60 个月工资，永久性伤残赔偿限额为 72 个月工资（每人每月工资按 1 500 元计算）。保险期限自 1998 年 8 月 1 日至 1999 年 7 月 31 日。

1999 年 7 月 28 日，货运公司驾驶员王某驾车途中出事，造成车辆损坏、货物损失、王某本人受伤及乘坐在驾驶室内的另一名驾驶员张某当场死亡的重大交通事故。经交警部门现场查勘认定，王某违规操作是造成本起事故的原因。根据《道路交通事故处理办法》（以下简称《办法》）第 19 条，王某应负本起事故全部责任。交警部门进行事故调解处理，根据《办法》规定由货运公司赔偿王某误工费、住院伙食补助费、护理费、医疗费、8 级伤残生活补助费共计 37 027 元；由货运公司一次性赔偿张某家属 72 000 元，作为张某死亡补偿费、丧葬费、被抚养人生活费、交通费、住宿费。

之后，货运公司向保险公司提出索赔金额 127 027 元（其中，张某死亡金额 90 000 元，王某伤残 37 027 元）。保险公司在审理案件时，获知并查实货运公司曾在另一保险公司投保机动车辆保险附加第三者责任保险、车上人员责任保险、承运货物保险等，并从该保险公司得到赔偿（包括张某死亡、王某伤残的上述交警部门调解处理认定的全部赔款金额）。因此，保险公司作出拒赔决定。货运公司不服，于 1999 年 12 月向法院起诉，请求法院判定保险公司支付保险金及利息、诉讼费用。

法院判决驳回原告诉讼请求。

案例分析

货运公司在两家保险公司分别投保了雇主责任保险及车上人员责任保险，这两个责任保险对张某、王某的赔偿责任是相同的，也就是说货运公司就同一保险标的、同一可保利益、同一事故分别向两家保险公司订立了责任保险合同，属重复保险。

货运公司已从一保险公司获得赔偿，另一保险公司应予拒赔，但后者应根据其承保的雇主责任保险的赔偿限额与另一保险公司承保的车上人员责任保险赔偿限额之总和按比例承担赔偿责任。

启示

投保人不能通过保险获得额外利益，这是损失赔偿原则的基本内容之一。在保险实务中，由于各保险公司之间并没有实现完全的信息流通，这给少数人购买重复保险以获取不当利益提供了可能。

【案例7-17】死亡原因与交通事故时伤害之间的因果关系

案情介绍

张某投保了意外伤害保险。后张某因交通事故腿部遭到重创，腰部的肌肉受到损伤，这些伤害直接引起了急性肾功能衰竭。接着，由于大腿的肌肉坏死引起的感染无法控制，被迫锯腿以求保命。

由于张某在遭遇此交通事故之前，患有严重的肝功能不全，事故之后其肝功能不全的疾病并发，GOT等指标急速上升，在事故发生一年后死亡。其家属向保险公司提出要求支付保险金的请求。保险公司以其死因是源于肝脏病，死因与交通事故造成的伤害之间没有直接的因果关系为由拒绝支付保险金。家属向法院提起诉讼。

一审法院在判决中认为患者的死亡和交通事故中受伤有因果关系，对原告的大部分请求予以认可，一小部分要求不予支持。二审时，法院支持了一审法院的判决。

案例分析

在寿险和意外险的保险实务中，经常会遇到死因和保险事故之间究竟有没有因果关系的问题。

本案例中，张某死亡和交通事故所造成的伤害之间有无因果关系，成为原被告之间争论的焦点。本案的事实关系错综复杂，因为张某是由于上消化道出血、肺炎、肾脏、肝脏、心脏功能衰竭、败血症等并发最后导致死亡，所以从医学角度也难以作出十分权威的结论。

法院对上述事实进行了分析：第一，张某由于右腿开放性骨折造成了右下肢血流不畅，导致败血症的感染，形成肌肉坏死。为了保全生命而进行了截肢，但是，手术后并没有阻止败血症的进一步感染，导致死亡。第二，肝脏功能的不全加重了GOT指标的急增，是由于右腿肌肉坏死导致败血症感染而致。第三，无法证实张某的死亡是直接源于肝脏疾病，但是不排除加速死亡的可能性。

法院从主要病因着手，从中找到主要原因和次要原因，借助比例因果关系的理论，认定张某的死因与交通事故所造成的伤害之间有因果关系，但不是全部，只有80%。另外20%的死因与交通事故所造成的伤害之间没有因果关系。因此，法院判决保险公司赔付80%的保险金。

启示

近因原则是保险的基本原则之一，近因是指造成保险标的损失的最直接、最有效的原因。在保险中，近因原则，是通过判明风险事故与保险标的损失之间的因果关系，以确定保险责任的一项基本原则。当保险事故是由多个原因导致的时候，往往难以判断其中的因果关系问题。这需要具体情况具体分析，其中可能会涉及多方面的专业知识。

【案例7－18】已付首期保费但未签发保险单时合同是否成立

案情介绍

1998年3月17日，曾某填写了终身寿险投保单，并支付了首期保费。同年4月2日，曾某因意外事故不幸死亡，其家属凭借保费收据向保险公司索赔，却遭到拒绝。保险公司的理由是，曾某还没有进行体检，保险单亦尚未签发，双方之间不存在权利与义务关系。

案例分析

第一，保险关系的有效建立以投保人与保险人订立合同及交纳保费为前提。在投保程序上应该是要约—承诺—核保—缴费—出具保单。保险合同的生效，是指保险合同对当事人双方发生约束力，通常是在合同成立以后，投保人缴纳保费立即生效，当然也可以由双方约定合同一经成立即告生效。

第二，《保险法》第57条规定："合同规定分期支付保险费的，投保人应当于合同成立时支付首期保险费，并应当按期支付其余各期的保险费。"《保险法》第14条规定："保险合同成立后，投保人按照约定交付保险费；保险人按照约定的时间开始承担保险责任。"在本案例中，保险公司已向曾某收取保费，视为已表示同意承保，即承诺成立。同时因为首期保费已缴，保险合同生效，即保险双方的权利义务关系成立。保险公司应该履行赔付责任。

第三，保险公司有违规操作的行为。本案例中，保险公司采取先收保费，再核保，然后签发保单的方式开展保险业务，不符合正常的承保手续。这种不规范的展业方式，其后果理应由保险公司自行承担。

第四，此案中，被保险人曾某是因意外伤害事故造成死亡，体检与否及身体状况如何对保险事故的发生不产生严重影响。

综合上述分析，保险公司应按约承担给付保险金的责任。

启示

由于保险公司错误的展业程序造成的后果，应该由保险公司自己来承担。

【案例7－19】保险标的已消失时保险合同是否成立

案情介绍

1997年9月16日，某保险公司接到业务员的报案，称被保险人杨某于9月9日晚被杀，现该案正在侦破过程中，要求赔付保险金30万元。该保险公司的理赔人员查明：（1）被保险人杨某被人在汽车内用尖刀刺死，抛尸野外。经法医鉴定，死亡时间为9月9日晚9时许。（2）1997年8月30日，杨某填写了该保险公司的投保单，投保主险为平安长寿15万元附加意外伤害15万元。次日，杨某交纳了体检费，业务员开具了"人身保险费暂收收据"，因保险金额较大，业务员按公司有关规定告知杨某必须体检，体检合格并经核保同意承保后，体检费会转为首期保费的一部分。9月8日，杨某依约到公司体检，业务员告诉他，若身体有问题，公司可能拒保，也可能有条件承保，杨某即告诉业务员，如果要加费承保，在1 000元内可由业务员自行处理。按公司规定，被保险人按标准体承保所需交纳的保费为15 460元，杨某便与业务员约定，9月10日晚5时30分在杨某家收取保费（400元体检费承保后转为保费）。9月10日业务员到杨某家，杨某不在，业务员便从杨母手中取得保费15 160元，并给杨母开具了“保险费暂收收据”，标明保费总额为15 460元。

9月11日、12日属法定假日。9月13日，业务员将杨某的保费交至公司，核保人员在审核保单内容后，在“投保书”上的“核保意见与结论”中得出结论“右肾积水，需作为次标准体承保，加费400元”。业务员为杨某垫交了这笔费用。9月15日，保险公司签发了杨某的正式保单，保单上载明保额为平安长寿险15万元，附加人身意外险15万元、扩展医疗险5万元，受益人为张某，保险责任自1997年9月13日12时起。9月16日，业务员将正式保单送到杨某家，得知被保险人杨某已经由有关部门证实死亡。

案例分析

合同的订立程序应该是：投保人投保（要约）——保险人核保——保险人承诺。《保险法》第13条规定：“投保人提出保险要求，经保险人同意承保，并就合同的条款达成协议，保险合同成立。”保险合同的成立以合同的签订为起始日，生效则以投保人缴纳保险费为起始日，也可以由双方约定以合同的成立日为生效日。在本案例中，投保人于1997年8月30日签署投保书后，向保险人实施投保要约行为，保险人在审核了被保险人的体检结果和投保书后，于9月13日对投保人的要约提出反要约，即要求被保险人以次标准体加费承保，同时，业务员代表被保险人杨某接受了保险人的反要约，做出了承诺，并代被保险人交纳了加费的费用。一般说来，合同就会就此生效，对双方具有约束力。但是，保险合同应具有其主体和客体，保险合同的主体包括当事人和关系人，其中，关系人包括被保险人、受益人、保险代理人和经纪人，保险合同的客体指投保人或被保险人对保险标的所具有的可保利益。保险合同的订立需要有明确的保险标的。此案中，作为保险标的的被保险人在合同签订时已经死亡，也就是说，这个合同的客体不存在，保险合同无效。

综上，本案中的保险合同不成立，保险公司无需承担赔偿责任。但是，保险人因无效合同而取得的财产即保险费应该退还给投保人。

启示

在保险合同签订时，保险标的的存在是必不可少的条件。

【案例7－20】保险合同的变更

案情介绍

某贸易公司购买了一辆轿车，并与保险公司订立了机动车辆分项保险合同。在保险期间内，该公司与某工业公司签订了一书面协议，约定：“贸易公司的该辆轿车转给工业公司，车的过户手续由贸易公司负责办理，所需费用由工业公司负担。但是，工业公司必须给贸易公司取得追加一辆小轿车的专控指标，否则，贸易公司不办理过户手续。”

某日，工业公司董事长李某因外出办事，贸易公司将该车派给其使用。李某驾该车发生事故，致使车毁人亡。贸易公司当日向公安局报了案，并要求被告保险公司查验事故现场。交警部门就该车交通事故作出最终责任认定书，确认该车已彻底报废，事故由贸易公司负全部责任。随后，贸易公司多次要求赔付，均遭拒绝。保险公司的理由是：贸易公司在保险合同有效期内将此车转让给了工业公司，且未向保险公司申请批改，保险公司有权拒绝赔偿。

案例分析

本案涉及保险合同的变更问题。关键在于投保的汽车是否发生了转让。

第一，财产保险的保险标的的所有权、经营权发生转移或保险标的的用益权发生变动，或者债务关系发生变化的时候，投保人可能发生变更。此案中涉及债务关系发生变化的问题。贸易公司将该车转给工业公司，以清理债权债务。

第二，《保险法》第34条规定："保险标的转让应当通知保险人，经保险人同意继续承保后，依法变更合同。"此案中的保险合同变更附有条件，贸易公司在该车保险期内虽与工业公司签订了转让该车的协议。但按照《民法通则》"民事法律行为可以附条件，附条件的民事法律行为在符合所附条件时生效"之规定，由于工业公司未取得追加小轿车的指标，转让该车的协议所附条件就没有成就，该协议没有生效，汽车所有权也不发生转移。

第三，事实上，贸易公司也没有办理该车的过户手续，事故发生时该汽车所有权仍在贸易公司手中。

综上，保险公司当然应依法承担赔偿责任。

启示

保险标的的所有权发生变更以后，投保人应及时向保险公司申请合同变更的批改。

【案例7-21】 保险受益人的变更

案情介绍

1999年7月11日，王某到保险公司投保了保额为10万元的人寿保险，指定其妻子李某为受益人。后来，王某与李某离婚。不久，王某又与张某结婚。婚后，王某与张某办理了一份写有"自本日起受益人由王某的前妻李某变更为张某"的公证书。但是，王某并未将公证书变更受益人一事通知保险公司。1998年9月12日，刘某遭遇车祸身亡。张某以受益人的身份向保险公司提出领取保险金的要求。保险公司确认了张某与王某结婚后确实办理了变更受益人的公证书，但未将变更受益人的情况以书面形式通知保险公司，便认定该变更无效。保险公司按原合同的规定将保险金付给原受益人即王某的前妻李某。张某于是起诉保险公司至法院。

案例分析

此案涉及受益人的变更问题。

被保险人对受益人的变更不需要征得保险人的同意，但是必须及时向保险人通报。《保险法》第63条规定："被保险人或者投保人可以变更受益人并书面通知保险人。保险人收到变更受益人的书面通知后，应当在保险单上批注。"此案中，王某最初指定的受益人为李某，虽然在与李某离婚并又与张某结婚后，办理了一份变更受益人的公证书，但是并未将变更受益人一事通知保险公司，因此，在这个保险合同中受益人没有发生改变，依然为先前指定的李某。因此，保险公司可以付给李某保险金。

启示

保险合同变更后应当及时通知保险公司，并由保险公司开具批单。

【案例 7－22】 不足额投保赔偿纠纷案[①]

案情介绍

1999 年 12 月 29 日，某公司以 2 万美元免税购置进口轿车一辆，办理牌照后，即日向某保险公司投保车辆损失险。保险公司承保并出具了“机动车辆保险单”。保险单载明：投保汽车重置价值为 30 万元；保险金额为 30 万元；保险期限自 1999 年 12 月 29 日至 2001 年 1 月 4 日。因国内未进口过此种车，市价不明，经有关汽车经销部门估价国内购置该种车新车最低市价至少应在 60 万元以上。

后该车发生交通事故。某公司立即向保险公司报告了出险情况。在出险地，该公司与保险公司商定先将汽车拖回工厂所在地修理，由公司先垫付施救费、差旅费 5 152 元。后承修单位、保险公司、某公司三方确定：汽车为部分损坏，部分修理，修理费初步定为 22.5 万元（含配件 18 万元），配件由保险公司从国外进口。因提供配件迟延，致修复延期约 3 个月。实际修理费共计 294 099 元（含配件 23 万元）。

为了赔偿问题，某公司经与保险公司协商未果，遂向法院起诉。

原告诉称：所购汽车投保时按重置价值确定保险金额，请求被告履行保险合同，赔偿投保汽车出险后其已支付的全部修理费，并赔偿其已支付的差旅费、施救费和租车费等 3 万元。

被告保险公司答辩称：保险车辆重置价值约 60 万元，该公司申报为 30 万元，属于不足额投保。依照《机动车辆保险条款》规定，投保时保险金额低于重置价值的车辆，应按保险金额与重置价值比例赔偿。如果投保人要求全部赔偿，赔偿金（即修理费）已经等同于保险金额和重置价值，保险公司则有权要求收回出险的汽车。

法院认为，出险车辆修理费共计为 294 099 元。承修单位确定修理费为 22.5 万元，被告进口配件迟延，扩大经济损失约 7 万元，应由被告负责。投保汽车重置价值在 60 万元以上，被告要求确认为 60 万元，予以确认。保险金额登记为 30 万元，属于保险范围，应为有效。投保时保险的汽车投保金额低于重置价值，被告请求按保险金额与重置价值之比例赔偿损失，承担修理费用，符合《机动车辆保险条款》规定，应予支持。保险汽车重置价值为 60 万元，登记为 30 万元，属于双方当事人的重大误解，不足额部分的民事行为无效。致使保险合同部分无效，主要是被告未将投保有关事项告知原告以及对原告申请保险的内容审查不严，应负主要责任；原告投保不足，也有一定的责任。

案例分析

本案涉及不足额投保的赔付问题。可以从两个方面分析：

---

① 资料来源：qzr. 51. net。

第一，不足额保险的效力认定问题。不足额保险，是指投保时确定的保险金额低于保险标的的实际价值。本案作为保险标的的汽车重置价值应为60万元，但保险单载明保险金额30万元，显然属于不足额投保。对于30万元的保险金额，保险公司和某公司作出了一致的意思表示，符合法律规定，认定为有效。而对于重置价值与保险金额的差额部分，即不足额投保部分，是由于当事人双方对保险标的的重置价值作出错误判断而造成的，是错误的意思表示。根据《民法通则》第59条的规定，行为人对行为内容有重大误解的，属可撤销的民事行为，被撤销的民事行为从行为开始起就无效。因此，本案例中保险合同部分内容无效。

第二，本案法律责任的分担问题。《保险法》第40条规定："保险金额低于保险价值的，除合同另有约定外，保险人按照保险金额与保险价值的比例承担赔偿责任。"因为保险合同中保险金额为30万元，而重置价值为60万元，保险金额与保险价值的比例为1∶2，所以保险公司应负责修理费的一半。但是，本案中保险公司要负提供配件迟延而导致修复期延长的责任。本案的实际修理费为294 099元，对于其中的22万元，其一半应由保险公司承担比例责任赔偿义务，即赔偿某公司11万元；另一半则应该根据对造成合同无效所负的责任的大小，由双方按一定比例分担。余下的7万元是保险公司的过失。根据《民法通则》第114条的规定："当事人一方因另一方违反合同受到损失的，应当及时采取措施防止损失的扩大，没有及时采取措施致使损失扩大的，无权就扩大的损失要求赔偿。"保险公司对扩大损失的7万元应自己承担。

启示

保险金额的确定有时候是一件艰难的事情，很容易造成不足额保险或者超额保险。当出现不足额保险时，保险人按照保险金额与保险价值的比例承担赔付责任，这可能使得被保险人得不到应有的保障。因此，在保险金额确定的问题上，投保人应该慎重。

【案例7-23】 获得第三者赔偿后是否还可向保险公司索赔

案情介绍

2002年2月20日，张某被王某驾驶的运货大卡车撞伤住院治疗，交警部门认定王某负全部责任。经协商，王某赔偿了张某医疗费、营养费、护理费、误工费、交通费等损失共计18 000元。在事故发生前，张某已向其保险公司投保了1万元的意外伤害医疗保险。为此，张某咨询，他获得了王某的赔偿后，是否还可以向保险公司申请赔付1万元的保险金。

案例分析

如果损失确是保险事故所致，但事故是由第三者的责任引起，根据法律应由第三者负责损失赔偿。保险人应按保险合同规定，先赔偿被保险人损失，然后从被保险人那里获得对第三者的追偿权。《保险法》第45条规定："因第三者对保险标的的损害而造成保险事故的，保险人自向被保险人赔偿保险金之日起，在赔偿金额范围内代位行使被保险人对第三者请求赔偿的权利。"

本案中，张某由于被第三者王某撞伤住院治疗，由此获得向王某请求侵权损害赔偿的权利。同时，张某已向保险公司投保意外伤害医疗保险，他因被撞伤而入院，有向保险公司申请住院治疗保险金的权利。这就产生了一个问题：张某在获得王某的赔偿后还可以从保险公司获得补偿吗？

根据损失赔偿原则，被保险人所获得的赔偿不得超过其所受到的损失，被保险人不能因保险而取得额外的利益。但一般来说，损失赔偿原则只用于财产保险，因为财产保险的标的可用价值衡量，能客观地确定保险金额和损失金额，要确保被保险人所得赔偿不超过其损失是可行的。而人的生命和健康是难以用价值来衡量的，因此，损失赔偿原则不适用于人身保险。

人身保险可以重复投保，也允许得到多份保险金。如果被保险人因他人过错遭到损失，在获得保险公司的赔偿后，并不影响其再向第三者索赔的权利。

因此，即使张某已获得王某的赔偿，除非保险合同中有相反的规定，也不影响他向保险公司行使赔偿请示权。

启示

代位求偿原则是财产保险中普遍适用的原则，但并不适用于人身保险。

【案例 7－24】退保后提出保险金给付请求的有效性[①]

案情介绍

某单位于 1996 年 4 月为其全体职工投保了 3 年期定期人身保险，后又在 1998 年 1 月办理了集体退保手续。1998 年 6 月，该单位一名职工家属向保险公司提出身故保险金的给付申请。原来，该职工已于 1997 年 10 月因患白血病不治身亡。

围绕能否给付，在保险公司内部有两种观点：一种观点认为，投保人单方解除保险合同，是受保险法保护的民事法律行为，该保险合同应自解除之时（即退保之时）起终止效力。但是，保险事故（指该职工因疾病死亡这一事件）发生在合同终止日期前，保险公司仍应履行合同存续期间的义务，保险公司应给付该笔死亡保险金。另一种观点认为，因为保险合同已被解除，任何当事人或关系人向保险公司索赔已无法提供保险合同凭证，故保险公司无需履行保险金给付义务。

围绕怎样给付，在保险公司内部也有两种观点：一种观点认为，投保人在知道被保险人死亡这一事实后，仍就全体被保险人的保单办理了退保手续（该险种条款中明确规定当被保险人发生保险责任范围的事故后，应及时通知保险公司），因为退保金所得是投保人，而死亡保险金的所得是被保险人指定的受益人，所以是投保人侵犯了受益人的权益，受益人应向投保人而不是向保险公司主张其所应得的那部分保险利益。另一种观点认为，退保是投保人的权利，而死亡保险金的受领是受益人的权益，既然我国相关法律并未就两者效力大小或先后问题有过规定，那就应以事实发生的时间的先后来确定哪种权益可以优先主张。本案中，被保险人死亡时间先于退保时间，受益人有向保险公司主张保险金给付的请求权，保险公司也应当履行给付义务，同时根据该保单条款规定，给付死亡保险金后

① 资料来源：qzr. 51. net。

保险合同责任即止，故保险公司在向受益人给付保险金的同时，应向投保人追回其不应得的那部分退保利益。

案例分析

保险公司应承担赔付责任。因为投保人是1998年1月办理退保手续，而被保险人的保险事故发生在1997年10月，在退保之前发生的保险事故都属保险公司承担的责任范围。

虽然被保险人到1998年6月才申请给付身故保险金，违背了及时通知保险人保险事故的原则，但《保险法》第27条规定“人寿保险的被保险人或受益人对保险人请求给付保险金的权利，自其知道保险事故发生之日起5年不行使而消灭”。

保险公司应该实施给付，并追回支付给投保人的退保金中针对原应承担的已死亡被保险人1996年4月至1998年1月的保险责任的保险费。只要在保险期间保险合同有效，投保人履行及时交费等义务，且发生了保险责任范围内的保险事故，被保险人及其受益人就有权向保险公司申请给付保险金。

启示

保险公司应该对在保险期间内发生的保险合同规定的责任范围内的保险事故负赔付责任。按照《保险法》的规定，人寿保险的被保险人或受益人对保险人请求给付保险金的权利，自其知道保险事故发生之日起5年有效，即使保险事故发生之后的某一时间保险合同已经不再成立也是如此。

【案例7-25】 保险条款的合理解释

案情介绍

王某乘坐某客运公司客车，司机在不应停车的地方停车，王某下车后横穿公路时被汽车冲撞身故。交通事故管理部门认定客车对该起事故负全部责任。客运公司在向王某家属赔偿损失后，依据其所投保的机动车第三者责任险向保险公司提出索赔。

保险公司认为，在这起事故中，客运公司赔偿王某家属的经济损失并不是所保车辆直接引起的，因此这不是保险责任范围内的事故，保险公司不承担赔偿责任。客运公司认为拒赔不合理，起诉到法院。

法院审理认为，客运公司在致王某死亡的交通事故中因违反了《高速公路交通管理办法》，应当承担赔偿王某损失的责任。客运公司投保了第三者责任险，原、被告双方在对该保险合同条款的理解上发生争议，即对该赔偿责任是否属于保险责任有分歧，应按照《保险法》第31条的规定作有利于被保险人的解释。因此，判决保险公司承担赔偿责任。保险公司对一审判决不服，提起上诉。

案例分析

本案争议的焦点是导致客车公司赔偿王某家属的事故是否属于保险事故，双方在对相关条款的解释上有争议。

我国《保险法》第31条规定：“对于保险合同的条款，保险人与投保人、被保险人或者受益人有争议时，人民法院或者仲裁机关应当作有利于被保险人和受益人的解释。”

《合同法》第41条规定："对格式条款的理解发生争议的，应当按通常理解予以解释。对格式条款有两种以上解释的，应当作出不利于提供格式条款一方的解释。格式条款和非格式条款不一致的，应当采用非格式条款。"这两条法律规定确立了我国对保险合同条款解释的原则——"不利解释"原则。

"不利解释"原则为在有争议时解释保险合同条款提供了一种原则，但其本身并没有提供解释保险合同的方法。《合同法》确立的合同解释的一般原则是："当事人对合同条款的理解有争议的，应当按照合同所使用的词语、合同有关的条款、合同的目的、交易习惯以及诚实信用原则，确定该条款的真实意思。"这一原则同样适用于对保险合同的解释。因此，"不利解释"原则不能排除合同解释的一般原则或方法，不能对保险合同任意作不利于保险人的解释。也就是说，并不是只要对保险条款发生争议，就必须作不利于保险人的解释。如果保险条款的含义清楚、意图明确，只是由于投保人、被保险人或受益人的理解错误而与保险人发生争议，就应该按保险条款的真实含义进行解释。

在本案中，第三者责任险的保险责任条款的含义是很明确的：由于保险车辆自身发生的保险事故，给第三者造成了人身损害或直接的财产损毁，被保险人依法应当承担赔偿责任。王某的死亡是迎面而来的小轿车直接撞击造成的，尽管客车司机违反有关道路交通管理规定应承担事故的全部责任，但因为大客车本身并未发生交通事故，所以并没有发生保险事故。因此，保险公司不应当承担客运公司对王某的赔偿责任。

启示

对保险合同条款的理解产生的争议是导致保险合同纠纷的重要原因之一，对保险合同条款进行正确合理的解释对于维护保险人和被保险人的合法权益起着至关重要的作用。虽然我国《保险法》充分体现了对被保险人利益的保护，规定了"不利解释"原则，但这一原则在实际中的使用是有条件的，不能一有争议即照搬。

第二节 信托理财

一、信托的概念与特点

（一）信托的含义

1. 信托是一种因信任而委托他人代为行事的行为。

2. 《关于信托的承认及其法律适用的国际公约》（1985）中将信托定义为一个人即委托人在生前或死亡时创设的一种法律关系，委托人为受益人的利益或者为某个特定目的，将其财产置于受托人的控制之下。

3. 《中华人民共和国信托法》（2001）中将信托定义为委托人基于对受托人的信任，将其财产权委托给受托人，由受托人按委托人的意愿以自己的名义，为受益人的利益或者特定目的，进行管理或者处分的行为。

信托包含以下四方面的含义：

（1）委托人对受托人的信任，是信托关系成立的前提；

（2）信托财产及财产权的转移是成立信托的基础；

（3）受托人以自己的名义为受益人进行利益管理，处分信托财产；

（4）信托是一种由他人进行财产管理或处分的财务管理制度。

信托是一种特殊的财产管理制度，也是一种特殊的法律行为。信托，顾名思义是信任和委托之意，指委托人基于对受托人的信任，将其财产权委托给受托，由受托人按委托人的意愿以自己的名义为受益人的利益或特定目的，进行管理和处分的行为。可以看出，信托是一种以信任为基础，以财产为中心，以委托为方式的财产管理制度。

用16字概括信托是：得人之信，受人之托，代人理财，履人之嘱。

（二）信托的构成要素

1. 信托行为

（1）信托行为定义：因设定信托关系而发生的委托行为。

（2）信托行为的两种基本形式。

①习惯性信托行为。

定义：因习惯与信任自然形成的委托行为，是早期信托行为。

特点：受托人多是亲朋好友；以情义为基础，不计报酬；是一种自然形成的托付关系。

②适法性信托行为。

定义：信托当事人在相互信任的基础上，以设定信托为目的，用签订合同的书面形式发生的法律行为。

特点：受托人是取得注册经营权的自然人或法人组织；对受托人而言是有偿的营利性行为；既受法律约束，也受保护。

2. 形成适法性信托行为具备要件

（1）委托人的意思表示——书面或者非书面形式。

（2）特定的目的性。

（3）信托目的的合法性。

（三）信托财产

1. 定义。信托财产（信托标的），是受托人按照信托合同约定的信托目的受托代为管理、处分的财产。

2. 信托财产的范围。

（1）委托人合法所有的有财产价值的财产和财产权利；

（2）受托人因承诺信托而取得的财产（初始信托财产）；

（3）受托人因信托财产的管理运用或处分而取得的财产。

3. 信托财产的类型。

（1）按存在形式划分为有形信托财产和无形信托财产；

（2）按占有时间划分为“现在权”信托财产和“将来权”信托财产；

（3）按占有形式划分为单一占有形式的信托财产和共同占有形式的信托财产。

4. 信托财产的特点。

（1）独立性（最重要的特征）。信托财产区别于委托人、受托人和受益人的自有财产，仅服从于信托目的而独立运作，是以信托财产的权利主体与利益主体相分离的原则为基础的。

优势：安全性、保密性、节税。

（2）物上代位性（实质重于形式）。在信托期间，不论信托财产的形式、形态、价值发生了怎样的变化，其信托财产属性不变。

（3）隔离保护效应——豪门财富世代传承的工具。隔离保护效应体现在信托财产超越于委托人、受托人和受益人三方债权人追及的范围之外。

（4）有限性。受托人只能在委托人授权范围内管理和处分财产。

（四）信托关系

1. 定义。信托关系是一种以财产权（客体）的转移、管理以及受益而发生在当事人（主体）之间的具有权利义务的法律关系（内容）。

2. 信托关系人及信托关系的内容。

（1）委托人。委托人，是指主动提出信托要求的当事人，包括有完全民事行为能力的自然人、依法设立的法人和依法成立的其他组织。

委托人权利：知情权、调整信托管理方法权、撤销权、解任权。

委托人义务：转移信托财产、支付报酬。

（2）受托人。受托人，是指被动接受信托要求的当事人，一般为法人受托人。受托人应当是具有完全民事行为能力的自然人或法人。

受托人权利：管理运用、处分信托财产的权利；要求取得报酬的权利；辞任权。

受托人义务：受托人不能利用信托为自己谋取私利，不能使自己处于受托人职责与个人利益相冲突的地位。

受托人在信托关系中处于中心地位，受托人的素质和经营能力是全部信托事务运作的关键和整个信托制度优势发挥的基础。

（3）受益人（不可缺少）。受益人，是指享受信托利益的当事人。受益人可以是自然人（包括无行为能力的人）、法人或依法成立的其他组织。委托人可以是受益人，也可以是同一信托的唯一受益人；受托人可以是受益人，但不能为同一信托的唯一受益人。自然人受益人具有“既定未定”的特点——既定的是受益人的范围，未定的是具体的受益人。

受益人权利：享有信托收益的权利。

受益人义务：不能妨碍受托人的正常工作，当信托财产不足以补偿正常的费用、债务或损失时，有义务对受托人进行补偿。

（五）信托合同的特点

1. 信托合同是委托人与受托人签订的以一定财产为中心，为实现一定信托目的而设定信托关系的契约。信托合同是确认是否建立信托关系的唯一依据。

2. 信托合同需要明确的内容：

（1）明确信托目的。

（2）列举信托财产（设立信托标的物）的内容。

（3）明确信托当事人的权限：

①委托人权限——提交的信托财产必须是拥有民法上的控制权和处分权的自有财产；

②受托人权限——受托人对信托财产的权限，依据信托合同进行管理和处分；

③受益人权限——享受信托收益，并拥有对受托人的监督权。

（4）订明信托存立的期限——信托的法律时效。

（5）订明信托撤销和信托财产移交的方法。

（六）信托的特点（信托与其他类似制度的区别）

1. 信托的基础是充分信任。

委托人把信托财产转移给受托人管理和处置，体现了其对受托人的充分信任。委托人必须根据信托契约的规定，保证受托人能够自主运用信托财产，这也需要受托人对委托人的充分信任。

2. 信托财产的权利主体与利益主体相分离。信托区别于其他类似财产管理制度的基本特征；受托人按照法律和信托文件，享有信托财产的财产权；受益人根据法律和信托文件，享有信托财产的受益权。

3. 信托经营方式灵活，适应性强。

4. 信托财产具有独立性，独立于委托人、受托人以及受益人的自由财产，仅服务于信托目的，使信托财产的安全性有所保障。

5. 信托管理具有连续性。信托财产的运作不受信托当事人经营状况和财务关系的影响，信托是一种具有长期性和稳定性的一种财产管理制度，具有中长期融资功能。

6. 受托人不承担损失风险。若有收益，获得的经营收益归受益人享有。若有亏损，在受托人自身没有过失的情况下，对信托业务产生的损失不承担任何责任，而是由委托人或受益人承担。

7. 信托损益的计算遵循实绩原则，体现了对受托人充分信任。在受托人没有过错的情况下，信托财产损益根据受托人经营的实际结果来计算，而不是根据事先确定的损益标准来计算。若没有收益，受益人就不享有收益；如果信托财产运用中的支出大于收益，受托人还有权要求受益人给予补偿。

二、信托与其他类似制度的区别

（一）信托与托管

托管，是指受托人接受委托人的委托，按照预先规定的合同，对托管对象进行经营管理的行为。

从法律上看，托管是信托范畴的延伸和发展，信托是托管的前提。二者具有相同点：一是本质基本相同，都是资产经营权的暂时转移；二是都有三方当事人，即委托人、受托人、受益人。

在具体内涵上，信托与托管有一定区别：一是受托对象不同。信托的受托对象比托管的对象宽泛，托管对象主要指与企业有关的财产、产权或债权的托管。二是受托人不同。托管的受托人一般是专业托管公司或具有托管能力的大型企业或企业集团。三是受托方式不同。托管的受托方式是签订托管协议，委托方支付相应的报酬，该项报酬可约定为定期支付的定额管理费用或因托管经营而产生的利益的相应百分比。

（二）信托与银行信贷

1. 信托与银行信贷所体现的经济关系不同。信托体现的是多边信用关系，银行信贷体现的是双边信用关系。

2. 信托与银行信贷基本职能不同。信托基本职能是财产管理，银行信贷基本职能是融通资金。

3. 信托与银行信贷业务范围不同。银行信贷以吸收存款和发放贷款为主要内容，信托业务范围广。

4. 信托与银行信贷融资方式不同。信托机构起直接金融作用，银行起间接金融作用。

5. 信托与银行信贷承担风险不同。信托经营风险由委托人或受益人承担，银行承担信贷资金运营风险。

6. 信托与银行信贷收益分配不同。信托机构按协议规定收取手续费，银行收益则是存款、贷款的利差。

7. 信托与银行信贷意旨主体不同。信托业务意旨主体是委托人，银行信贷意旨主体是银行。

（三）信托与代理

代理，是指代理人以被代理人的名义，在授权范围内与第三方进行的法律行为，这种行为的法律后果直接由被代理人承担。

1. 信托与代理的当事人不同。信托当事人有三方，代理当事人是双方。

2. 信托与代理的财产所有权变化不同。信托财产所有权从委托人转移到受托人，代理财产所有权始终由被代理人掌握，不发生转移。

3. 信托与代理的信托财产控制不同。受托人只受法律和行政的监督，代理人则直接受被代理人监督。

4. 信托与代理掌握的权限不同。受托人拥有的权限较广泛，代理人权限则比较狭小。

5. 信托与代理期限的稳定性不同。信托期限有较大稳定性，委托代理期限的稳定性较差。

三、信托业务的基本分类

（一）信托业务分类的定义

信托业务分类是依照一定分类标准，从目的、特点、地域等方面对信托业务进行的种类划分，使信托活动有别于其他经济活动，具有鲜明的特征。

（二）一般分类依据

一般分类依据的三个标准是信托关系建立的特点、信托目的和信托的其他内容。信托业务可以按信托关系确认方式进行分类，按信托关系能否随时撤销分类，按信托事项的立法依据分类。

（三）依据信托关系建立的特点进行的分类

1. 按信托关系确认方式进行分类。

（1）任意信托：是指信托关系主要出于委托人的自由意思，经受托人同意而成立，不受外力干预，而且信托当事人的意思表示明白，记录在有关信托文件（契约或遗嘱）之中，故又称自由信托，或明示信托。

（2）法定信托：是指由司法机关依法律的规定，推测当事人可能的意思表示，并以此确定信托关系，又称确定信托或指定信托。

（3）强制信托：司法机关以公正公平的法律观念，用法律上强制的解释权，不问当事人的意思表示如何，强制断定有关当事人之间的关系是一种信托行为关系。

2. 按信托关系能否随时撤销分类。

（1）能随时撤销信托关系的信托，是指以法院为委托人的信托，当时信托的成立，是法院的命令所致，因此，法院可以随时以命令形式变更信托条件或撤销信托关系。

（2）信托关系不能随时撤销的信托，是指成立信托的文件中即订明信托关系不能随时解除，或在信托关系文件中，虽没有写明不得变更信托条件或随时解除信托关系的文字，也已形成事实上不能随时撤销信托关系的一种信托。

3. 按信托事项的立法依据分类。

（1）民事信托，是指依据各种民事法律而建立的信托关系和发生的信托事项，旨在调整财产关系和人身关系。

（2）商事信托，是指依据各种商法而建立的信托关系和发生的信托事项，旨在调整企业商业活动和经济活动关系。

4. 依据信托目的进行的分类。

（1）按设定信托受益人性质进行分类。

公益信托（受益人范围较宽）：是指为增进社会公共利益，使社会公众或者一定范围的社会公众受益而设定的一种信托。

私益信托（受益人范围较窄）：是指委托人为了特定受益人的利益而设立的信托，一般又可分为自益信托和他益信托。

（2）按受托人是否有营利性进行分类。

营利性信托：是指受托人以收取报酬为目的而承办的信托业务。

非营利性信托：是指受托人不以收取报酬为目的而承办的信托业务。

4. 依据信托的其他内容分类。

（1）按信托财产的形态进行分类。资金信托：是指受托人受领的信托财产是货币形态的资金，在信托终了或依信托契约规定，给还原本金（信托财产）时，仍以金钱给受益人的信托。

动产信托：是指受托人以工业企业的设备或交通事业的运输工具等作为信托标的物接受下来，再把这种财物贷放给有关使用单位或运输部门的信托。

不动产信托（或称房地产信托）：是指以不能移动的财产作为信托财产而成立的信托称为不动产信托。

债权信托：是指债权人将其在所拥有象征债权的借据、定期存款单、保险证书、票据等作为信托财产委托受托人催收和管理的信托。

（2）按委托人性质进行分类。

个人信托业务：是指个人委托人设定的信托业务。

法人信托业务：是指法人委托人设定的信托业务。

个人和法人通用信托业务：是指个人和法人均可以作为委托人设定的信托业务。

（3）按设定信托涉及地域范围进行分类。

国内信托：是指信托业务所涉及的范围限于一个国家境内，或者说信托财产的运用只限于一国范围之内的信托。

国际信托：是指信托业务所涉及的事项已超出了一国的范围，引起的信托财产在国与国之间的运动。

四、信托的职能

（一）信托的基本职能

信托的基本职能是财产管理职能，即在信任的基础上，接受社会各经济实体的委托，对其财产进行各种形式的管理和处理。“受人之托，为人管业，代人理财”。

（二）信托的派生职能

1. 金融职能——中长期融资功能。

信托业发挥金融职能的条件是：当信托财产或收益表现为资金时，当受益权能够流通转让。

信托业的财产管理职能和金融职能是相互依存的，信托业具有的金融职能与银行业的金融职能有本质的区别。

信托业的金融职能是以其财产管理职能为基础的，不能单独存在，是其财产管理职能实现的结果形态。

2. 沟通和协调经济关系职能，是一种处理与协调经济关系和提供信任与咨询经济事务的职能，不同于财产管理职能和金融职能。信托业务具有多边经济关系，受托人作为委托人与受益人的中介，是天然的横向经济联系的桥梁和纽带。

3. 社会投资职能。信托机构运用信托业务手段参与社会投资行为所产生的职能，通过信托投资业务和证券投资业务得以体现。

4. 为社会公益事业服务的职能（公益信托）。信托业可以为捐款者或资助社会公益事业的委托人服务，来实现其特定目的的功能。信托的职能定位是以财产管理功能为主，以融通资金功能次之，以协调经济关系功能、社会投资功能和为社会公益事业服务功能为辅。

五、信托的起源及我国改革开放后信托业的发展

（一）信托的起源

一般认为，现代信托是以英国的“尤斯制度”为原型逐步发展起来的。尤斯（USE）：代之或为之的意思，即“对委托他人管理的不动产的收益权”。

11 世纪，英国的许多土地被捐赠给教会，为限制捐赠，亨利三世在 12 世纪后半叶制定了《没收法》。为躲避此法的限制，人们创造了“USE”方法，即先把土地转让他人，接受转让的人为教会管理这块土地，收益归教会，其实质和直接捐赠利益相同。尤斯制度触犯了封建君主的利益，因此遭到极力反对。后来，由于英国封建制度的衰落及资产阶级革命的成功，到 17 世纪，尤斯制度终于得到衡平法院所承认，从而发展为信托。

（二）我国改革开放后信托业的发展

改革开放后，我国信托业开始发展的标志是荣毅仁先生创办的中国国际信托投资公司成立。20 世纪 80 年代我国形成了由四种主体创办信托投资公司的格局。

1. 直属国务院的全国性信托投资公司。此类信托公司具有政府职能，资产规模大、分布广，参与国家基础设施和重大项目的建设，享受筹集资金及项目的优先选择权。

2. 中央部委所属的信托投资公司。此类公司有中国煤炭信托投资公司、中国电力信托投资公司、中国旅游信托投资公司。这类信托投资公司具有很强的行业特点，组建目的是集中行业内部和社会上的闲置资金，支持行业发展。

3. 专业银行所属的信托投资公司有建设银行信达信托投资公司、工商银行长城信托投资公司、中国银行东方信托投资公司、中国农业银行信托投资公司。

4. 各级政府所属的信托投资公司。这类信托投资公司带有浓重的地方色彩，公司行为与地方政府利益保持一致，各地区发展不平衡，发展中存在一定的盲目性。

六、我国信托业的六次大规模全国性清理整顿

（一）我国信托业恢复初期的迅速发展与第一次清理整顿

1979 年，中国国际信托投资公司成立。1980 年，中国人民银行下达《关于积极开办信托业务的通知》，信托业出现恢复发展的高潮。至 1982 年底，全国信托机构发展到 620 家。

问题：这些机构与银行抢资金，抢业务，争地盘，发展变相的银行业务，通过吸收存款、同业拆借资金用以发放贷款或直接投资实业，严重冲击了国家对金融业务的计划管理和调控，直接助长固定资产投资规模的膨胀和物价水平的上涨。1982 年 4 月，国务院发文决定对信托业进行整顿。

（二）第二轮扩张与清理整顿

1983 年，中国人民银行专门行使中央银行的职能，随之，信托业又被提上议事日程。中国人民银行提出“凡是有利于引进外资、引进先进技术，有利于发展生产、搞活经济的各种信托业务都可以办理”，信托业出现了又一次高潮，但基本上是银行信贷业务的重复。1984 年底，经济过热造成货币投放和信贷规模双失控。

问题：信托公司发放一些收效甚微的信托贷款和信托投资，扩大基建规模，在经济过热和投资失控中起到推波助澜的作用。1985 年初，我国对信托业务进行整顿，严格控制信托贷款。

（三）我国信托业的第三次清理整顿

1988 年，我国经济呈现出高速发展的势头，经济过热现象空前严重，已经达到严重恶化的地步。与此相对应，信托公司数量飞速膨胀，到 1988 年底，全国信托投资机构数量达到上千家。为回避中国人民银行对信贷规模的控制，各专业银行纷纷通过各种形式和渠道向信托公司转移资金，信托公司再次成为固定资产投资失控的推波助澜者。

1988 年 8 月，我国依循撤并信托机构、压缩信托公司政策生存空间的模式，如取消利率上浮的规定，信托机构在与银行竞争中失去利率优势。

（四）我国信托业的第四次清理整顿

1992 年迎来中国新一轮改革开放热潮，经济迅速回升并呈高速增长态势，但经济增长中各类问题也再次固态复萌。信托公司与银行联手，违规揽存，违规放贷，并直接大规模参与沿海热点地区的圈地运动和房地产炒作活动，再次充当了加剧经济形势过热、扰乱金融秩序的角色。

1993 年 6 月，中央决定进行宏观调控，整顿金融秩序。与此同时，对信托业的第四轮清理整顿正式开始。切断了银行与信托公司之间资金的联系，要求银行不再经营信托业务，不再投资非银行金融机构，银行与信托分业经营，分业管理。

（五）我国信托业的第五次清理整顿（1999~2002年）

第四次清理整顿之后，出于维系生存的本能，为获取资金以新还旧维系金融机构的信誉，信托机构采取了一些消极的对策，如高息揽存、超额发行特种金融债券等。结果爆发了支付危机。中银国信、中创广东国投等信托巨舰纷纷沉没。

1999年3月，我国开始最严厉的第五次整顿。国务院决定此次清理整顿使信托业回归本业，业内人士将此次整顿形象地称为“推倒重来”。

（六）我国信托业的第六次清理整顿（2007年至今）

2007年，中国银监会颁布《信托公司管理办法》和《信托公司集合资金信托计划管理办法》，取代了2001年颁布的《信托投资公司管理办法》和《信托投资公司资金信托管理暂行办法》。随后又陆续发布《信托公司治理指引》、《信托公司受托境外理财业务管理暂行办法》等政策性文件，开始信托业的第六次清理整顿。在新的“两规”中，原“信托投资公司”特别去掉了“投资”二字，从而强调信托公司的本源属性，更进一步明确了信托公司的发展方向。信托公司开始按照新的监管要求进行资本重组并重新登记。当年，证券投资信托最为市场接受。

2008年，信托业在危与机中谋求更大的发展空间，展开了一系列业务创新，积极推进私募股权信托投资业务，积极尝试开展公益信托、房地产信托投资基金（REITs）等业务，同时，在金融危机的冲击下，证券投资信托产品陷入大面积亏损。

2008年7月出台的《信托公司私人股权投资信托业务操作指引》，规范和肯定私人股权信托投资业务。2008年12月10日，中国人民银行发布公告，正式允许信托公司在全国银行间债券市场开立信托专用债券账户，运用信托财产在全国银行间债券市场进行债券交易。中国银监会颁布《银行与信托公司业务合作指引》，进一步肯定了银信合作业务。

由于当年房地产信托产品极为盛行，2009年初，中国银监会发布了《关于调整部分信贷监管政策促进经济稳健发展的通知》；3月，发布《关于支持信托公司创新发展有关问题的通知》，积极鼓励信托公司支持基础设施建设；8月，发布《关于信托公司信托产品专用证券账户有关事项风险提示的通知》，限制信托公司新开证券账户；9月，颁布《关于信托公司开展项目融资业务涉及项目资本金有关问题的通知》，进一步强化了对房地产信托产品的监管。

2010年，中国银监会颁布了《信托公司净资本管理办法》，确保信托计划拥有充足的资本支持；2月，颁布《关于加强信托公司房地产信托业务监管有关问题的通知》，加强房地产信托业务的风险管理；12月，颁布《关于房地产信托业务风险提示的通知》。

2011年6月，中国银监会颁布《信托公司参与股指期货交易业务指引的通知》，允许信托公司可以集合或单一信托方式参与以套期保值和套利为目的的参与股指期货交易；10月，发布《关于规范信托产品营销有关问题的通知》，正式允许信托公司异地设立营销中心，并鼓励直销业务的发展。

2012年，监管相对平静，但由于房地产信托积累的兑付压力逐渐加大，房地产信托实行事先报备安排。不利的是，受到证券公司创新业务的影响，信托行业的收益率将受到很大的压制。可喜的是，到当年底，信托业成功超越保险业成为第二大金融产业，其中贡献最大的是银行系信托公司。

2013 年 3 月，中国银监会发布《中国银监会关于规范商业银行理财业务投资运作有关问题的通知》，极大地影响了信托通道业务。

经过多年的规范，信托公司取得了良好发展，信托资产规模更是持续高速增长，已经成为我国金融业不可或缺的重要力量。

七、信托理财案例分析

【案例 7-26】 保护信托——自由裁量信托

案例资料

张先生与朋友合作成立了合伙企业，他的妻子没有工作，待在家中。根据协议的约定，张先生与朋友对合伙企业的利润和债务平均分配，即一人一半，企业由于经营不善导致亏损，产生了 1 000 万元人民币的债务。张先生应该承担其中的 500 万元。张先生的朋友无力偿还自己应该承担的 500 万元债务。根据合伙企业无限连带责任的规定，张先生对朋友的 500 万元债务也有偿还责任，这意味着张先生需要偿还的债务是 1 000 万元。

案例分析

我国《婚姻法》规定，我国实行的是夫妻共同财产制，在婚姻存续期间，夫妻没有特殊约定，或者债权人不知道有特殊约定，夫妻双方要共同承担债务风险。如果张先生与妻子没有进行婚姻财产的约定，张先生的妻子对这 1 000 万元的债务也有偿还责任。

目前，国内没有个人破产制，张先生不能申请破产。这笔债务将一直跟随张先生及其妻子，直到债务被还清为止。在债务重压之下，张先生一家的生活将受到很大影响。

风险规避方案

张先生与妻子做了婚姻财产约定后，与信托公司签订了信托合同，将资金作为信托财产转移至信托公司的名下，由信托公司进行管理、运用。信托公司作为受托人，受益人是张先生的儿子。信托资金只能投资债券、货币市场基金等风险性低的投资品。信托合同中约定若张先生的企业出现问题导致他背负大量债务，这笔钱的一半将分期定量支付给儿子。由于张先生的儿子未满 18 岁，这笔钱将归张先生及其妻子代为支配。另一半将作为张先生东山再起的资金，在张先生进行另一份生意时做为启动资金支付。

运作流程

张先生与信托公司签订了合同，并将一部分资金信托给信托公司。

信托公司为了张先生儿子的利益来管理运用这笔资金，并约定返还条件，当约定条件生效时，信托公司无条件地将本金和投资收益全部返还给张先生的家庭。

信托公司只能按照合同中约定的方式使用信托资金。由于资金已经信托给了信托公司，即使将来发生债务，债权人也无权要求利用信托资金清偿债务。

启示

委托人设立信托的目的一般是无力管理财产，或无力照顾受益人，通过信托的方式可以使财产与受益人都得到很好的照顾。

信托必须要有委托人（张先生）、受托人（信托公司）、受益人（张先生的儿子）三方当事人，委托人与受益人可以是一个人。

信托财产是由受托人进行管理、运用、处分，并以受托人自己的名义进行的。

信托公司按照信托合同约定为受益人的利益管理和运用信托财产。

设立信托后，信托财产归属于受托人所有，委托人通常无权干涉受托人对信托财产的使用。

若受托人违约，不当处理信托财产，委托人与受益人可以凭借信托合同追究受托人责任。

【案例 7－27】 离婚赡养信托

案例资料

王先生，是私营企业的老板，经济条件富裕。1999 年与刘女士结婚，2000 年女儿出生。2006 年二人决定离婚。根据协议，女儿归刘女士抚养，王先生一次性支付刘女士赡养费 300 万元。但是王先生又担心若刘女士再婚，这 300 万元钱会被刘女士的再婚对象占有。王先生应如何处理？

案例分析

离婚后，孩子归刘女士抚养，分给刘女士的家庭财产加子女的抚养费会是一笔不小的财富，但很难保证她同时也是一个管理财富的好手，很可能还未等子女成人，财产就已所剩无几，孩子良好的教育将无法得以保证。设立离婚赡养信托可以防止刘女士再婚后，财产被刘女士的再婚对象占有。因为 300 万元的财产是在信托名下，并不是在刘女士的名下，即使刘女士再婚，也不具有这部分财产全部的所有权，她的再婚对象无权动用这部分财产。

设立离婚赡养信托还可以避免纠纷。如果王先生是按月支付生活费，不仅会因为赡养费的问题经常与刘女士碰面，而且如果一段时间之后，刘女士找不到王先生，也无法索要生活费，或是刘女士认为经济变化，王先生应该支付更多的生活赡养费等诸多问题会引起纠纷。

风险规避方案

王先生作为委托人与信托公司签订了一份信托合同，将 300 万元作为信托财产转移到信托公司的名下，由信托公司进行管理、运用。信托公司作为受托人，受益人是刘女士。信托公司只能用信托财产投资风险性较低的投资品。信托合同中约定受托人每月支付刘女士生活费 8 000 元，并负担疾病等突发事件的费用支出。

运作流程

王先生将 300 万元的离婚赡养费作为信托财产信托给信托公司并签订合同；王先生将 300 万元转入信托账户；信托公司对信托财产进行管理运用，投资于风险低的、稳健的投资品；信托公司按月支付刘女士的生活费 8 000 元，并负担疾病等突发事件的费用支出。

启示

此信托一般由婚姻中较富有的一方设立，将赡养费作为信托财产，转移到受托人名下，由受托人进行管理，并定期向比较贫穷的一方支付生活费。

这种信托一般具有家庭遭到破坏时保障家庭基本生活、规避离异配偶或其再婚配偶恶意侵占财产等作用。

第八章 黄金与房地产理财

第一节 黄金理财

一、黄金的价值

黄金是重要的金融资产，是重要的投资增值工具，也是规避经济衰退和通货膨胀风险的有效工具。

黄金还是重要的艺术饰品材料和工业原料。

黄金按性质可分为“生金”和“熟金”两大类。

（一）生金

生金又叫“原金”、“天然金”或“荒金”，是人们从矿山或河床边开采出来未经提炼的黄金。

（二）熟金

凡经过提炼的黄金都称为“熟金”。熟金中因加入其他元素而使黄金在色泽上出现变化，人们通常把被加入了金属银而没有其他金属的熟金称为“清色金”，而把被掺入了银和其他金属的黄金称为“混色金”。

K金是混色金成色的一种表示方式，4.1666%黄金成分为1K。黄金按K金成色高低可以表示为24K、22K、20K和18K等。24K黄金的含金量为99.998%，基本视为纯金；22K黄金的含金量为91.665%。黄金成色还可以直接用含量百分比表示，通常是将黄金重量分成1 000份的表示法，如金件上标注9999的为99.99%，而标注为586的为58.6%。

二、世界官方黄金储备

世界黄金协会（WGC）发布最新的全球各国黄金储备报告，截至2013年12月中国黄金储备为 1 054. 1 吨，排名全球第六位。排名前三位的分别是美国、德国和 IMF。

根据 WGC 的解释：表 8 – 1 中数据统计截至 2013 年 12 月份，数据来源为国际金融统计局（IFS），由于数据存在 2 个月的延后性，大多数国家的数据为 10 月更新，少量为 9 月或更早的数据。

黄金使用的计算价格为 10 月最后一个交易日的定盘价 1 324 美元/盎司（1 盎司 = 31. 1035 克）。

表 8 – 1　　2013 年前八位一览表

序号	国家（地区）	数量（公吨）	占该国总储备%
1	美国	8 133. 5	71. 0
2	德国	3 387. 1	67. 5
3	国际货币基金组织	2 814. 0	
4	意大利	2 451. 8	66. 1
5	法国	2 435. 4	65. 5
6	中国	1 054. 1	11. 0
7	瑞士	1 040. 1	7. 9
8	俄罗斯	1 015. 1	7. 9

三、黄金理财品种①

（一）现货实物黄金

1. 金饰品。国内居民平常所能看到的黄金制品主要是黄金饰品，而黄金饰品更多地为发挥其美学价值而存在，并不是一个好的理财品种。除了购买黄金饰品本身所支付的附加费用非常高，购买价格与黄金原料的内在价值差异较大外，金银首饰在日常使用中会受到不同程度的磨损，如果将旧金银饰品变现时，其价格还要比原分量打折扣。

2. 金币（投资性金币和纪念性金币）。金币有两种，即纯金币和纪念性金币。纯金币的价值基本与黄金含量一致，价格也基本随国际金价波动。纯金币主要为满足集币爱好者收藏，投资增值功能不大，但其具有美观、鉴赏、流通变现能力强和保值功能，所以仍对一些收藏者有吸引力。

3. 金条（纪念性金条和投资性金条）。各国金条的规格有所不同，但按国际惯例，进入市场交易的金条在精炼厂浇铸成型时必须标明其成色和重量，以及精炼厂的名字和编号。如高赛尔金条分 2 盎司、5 盎司和 10 盎司三种规格，每根金条的背面有“中国印钞造币总公司长城金银精炼厂铸造”的字样和编号，还有防伪标识。

金条也可以分为纪念性金条和投资性金条。

市场中常见的纪念金条、贺岁金条等都属于“纪念性金条”，其性质和特点与纪念性金币类似。投资性金条加工费低廉，各种附加支出也不高，标准化金条全球 24 小时连续

① www. cncoin. com。

报价，在全世界范围内都可以方便地买卖，并且世界大多数国家和地区都对此交易不征交易税。因此，对一般理财者而言，投资性金条是最合适的实物黄金理财品种。目前，我国面向个人的投资性金条主要有上海黄金交易所的实物金和一些金融机构推出的品牌金条（P157）。

Au99.99 和 Au100g 的最小交易量为 1 手，每手对应的黄金单位均为 100 克，实物最小提货单位分别为 1 千克和 100 克。相对应的，参与个人黄金交易业务的投资者，可以分别提取成色不低于 99.99%、标准重量为 1 千克的 Au99.99 金锭，以及成色不低于 99.99%、标准重量为 100 克的 Au100 克金条。金锭、金条的提取都在交易所指定标准金仓库。

标准金条有龙鼎金、招金进宝等。

龙鼎金：由中国建设银行自行设计的金条，金条成色为 AU99.99，重量为 50 克、100 克、200 克和 500 克四种。报价单位为人民币元/克，最小价格变动单位为人民币 0.01 元。交易时间为工作日的 9：30 至 15 点。

招金进宝：由中国农业银行代理销售发行的金条，金条成色都为 99.99%，采用国际金价与上海黄金交易所价格结合的报价体系，分为 A 类标准金、B 类标准礼品金、C 类标准礼品金共计 3 大类 12 个品种。

高赛尔金条：由招商银行、农业银行代理，其规格包含 2 盎司、5 盎司、10 盎司，金含量大于 99.99%，报价单位为人民币元/每盎司，采用伦敦金价格体系报价，售出手续费收取 109 元/盎司。回购金条时，按高于当时高赛尔标准金条挂牌买价每盎司人民币 62 元的价格予以回购。

上海黄金交易所的实物金是 Au99.99，规格为 100 克。

（二）纸黄金

这是国际上比较流行的投资方式，银行和黄金销售商提供的黄金凭证，为投资者避免了储存黄金的风险。发行机构的黄金凭证上面，注明投资者有随时提取所购买黄金的权利。投资者可按当时的黄金价格，将凭证兑换成现金以收回投资，还可通过背书在市场上流通。投资黄金凭证，要对发行机构支付一定的佣金，和实金的存储费大致相同。

“纸黄金”又称为“记账黄金”，是一种账面虚拟的黄金，一般资金实力雄厚、资信程度良好的商业银行、黄金公司或大型黄金零售商发行，投资者只在账务上从事黄金买卖，不作黄金实物的提取交割或存放。纸黄金可以节省实金交易必不可少的保管费、储存费、保险费、鉴定费及运输费等费用的支出，降低黄金价格中的额外费用，加快黄金的流通，提高黄金市场交易的速度。但是，由于纸黄金不能提取实物黄金，没有保值功能，因此并不能抵御通货膨胀风险。

中国银行的“黄金宝”是我国开发最早的个人纸黄金品种，目前国内各大银行大都开办了纸黄金业务，投资者只要带着身份证与不低于购买 10 克黄金的现金，就可以到银行开设纸黄金买卖专用账户，交易费用一般为买卖一次收取 1 元/克的手续费，但一次交易量超过 1 000 克可享受一定折扣。报价跟随黄金市场的波动情况加入各自银行点差形成，一般分本币金价和外币金价。本币金报价单位为人民币元/克，外币金报价单位为美元/盎司。本币金以人民币为交易本金，交易单位为克，最低交易量为 10 克黄金，超出部分交易量为 1 克的整数倍。美元金以美元为交易本金，交易单位为盎司，最低交易量为一盎司黄金，超出部分交易量为 0.1 盎司的整数倍。

（三）黄金期货

黄金期货是指以国际黄金市场未来某时点的黄金价格为交易标的的期货合约，投资人买卖黄金期货的盈亏，是由进场到出场两个时间的金价价差来衡量，契约到期后则是采实物交割。

2007 年 9 月 11 日，中国证监会批准上海期货交易所组织黄金期货交易。2008 年 1 月 9 日，黄金期货合约上市，挂盘当日的基准价为 209.99 元/克，首日成交火爆。主力合约 Au0806 开盘 230.95 元/克，离涨停板价格 230.99 元/克仅差 4 分钱，终盘报收 223.30 元/克，涨幅为 6.34%，全天成交 103 358 手，持仓 16 342 手。

（四）黄金期权

黄金期权，是指规定按事先商定的价格、期限买卖数标准化的黄金的权利。

黄金期权合同也同其他商品和金融工具的期权合同一样，分为看涨黄金期权和看跌黄金期权。看涨期权的买者交付一定数量的期权费，获得在有效期内按商定价格买入数量标准化的黄金权利，卖者收取了期权费必须承担满足买者需求，随时按商品价格卖出数量标准化的黄金的义务。看跌期权的买者交付一定数量的期权费，获得了在有效期内按商定价格卖出数量标准化的黄金权利，卖出者收取期权费，必须承担买者要求随时按约定价格买入数量标准化的黄金的义务。

2007 年、2009 年和 2010 年成为黄金的好时光。截至 2012 年 12 月的 10 年内国际黄金已经暴涨了 400%，这主要归功于低利率、美联储的超额流动性，以及投资者对全球经济的担忧。近年来，国际黄金价格的走势持续不稳，就从 2013 年的整体行情来看，国际黄金价格可谓是相当糟糕的一年，黄金价格自 2013 年年初的 1 679.70 美元下跌了 28% 左右，而且大幅低于 2011 年的历史高点 1 900 美元。当时不断恶化的欧洲债务危机刺激了人们对避险资产的购买。具体而言，国际黄金价格在 2013 年最后一个交易日小幅走低，受年底平仓和获利了结等因素拖累，市场对货币政策的预期及其对黄金的影响是 2013 年的主导因素。

国际黄金价格在这一年经历了近 30% 的下跌幅度，至此结束长达 12 年大牛市。而在国际现货黄金跌破 1 200 美元/盎司水平后，上海黄金交易所期金也创出近 4 年最低价。

（五）投资性金币

1. 投资性金币是世界黄金非货币化后专门用于黄金投资的法定货币，一般采用固定图案，无明确的主题，每年只更换年号，售价只是在金价的基础上加较低的升水，其经销机构在销售的同时也依据当时的金价收取较低的手续费进行挂牌回购，方便收藏和投资者变现，又称为普制金币，其价格主要受到国际市场上黄金价格涨跌的影响。目前，国际上主要的投资性金币流通市场为美国、德国、日本、中国香港和南非。近年来美国市场销售的投资性金币约占世界总销量的 50%。

国际上主要投资性金币的发行国家及年均销售情况见表 8－2。

表 8－2　国际上主要投资性金币的发行国家及年均销售情况

国家	普制金币名称	自发行以来的年均销售量（盎司）
南非	福格林金币	1 596 869（1970～1998 年）
加拿大	枫叶金币	882 175（1979～1998 年）
美国	鹰扬金币	708 307（1986～1998 年）
奥地利	音乐金币	445 974（1989～1998 年）
澳大利亚	袋鼠鸿运	316 921（1987～1998 年）
墨西哥	自由金币	247 800（1981 年、1991～1994 年）
中国	熊猫金币	119 791（1982～2000 年）
		48 845（1994～2000 年）
英国	不列颠金币	41 753（1987～1998 年）
曼岛	猫金币	30 877（1988～1998 年）

熊猫金币是我国制造生产的在国际市场上最负盛名的投资性金币，已成为世界五大金币之一。在 2007 年 3 月新加坡举行的亚洲货币展上，2001 年中国熊猫普制金币被评为“最受喜爱的钱币”。中国人民银行从 1982 年开始发行熊猫金币，第 1 年发行的四款熊猫金币没有设置面值，四款币分别为 1 盎司、1/2 盎司、1/4 盎司和 1/10 盎司，从 1983 年开始，熊猫金币增加了 1/20 盎司的品种，并且还在每枚币上标明面值。熊猫金币市场价格涨跌基本上与同期国际市场上黄金价格涨跌同步，其中，1 盎司熊猫金币的价格涨跌与贵金属价格涨跌关系最密切。

2. 纪念性金币是限量发行并具有明确纪念主题和精美图案的精制金币，具有较高的艺术品特征，其职能已经大大超越流通职能，投资者多为投资增值、收藏及鉴赏用。

金币价格主要由三方面因素决定：

（1）数量越少价格越高；

（2）铸造年代越久远，价值越高；

（3）目前的品相越完整越值钱。

四、黄金的投资意义

黄金是一种贵重金属。影响黄金价格的直接因素有美元走势、通货膨胀情况、石油价格和国际金融市场的重大事件等。一般而言，在面对通货膨胀压力的情况下，黄金投资具有保值增值的作用。黄金的收益和股票市场的收益不相关甚至负相关，这个特性通常使它成为投资组合中的一个重要的分散风险的组合资产。

黄金理财产品和其他实物投资理财产品一样，具有内在价值和实用性，抗系统风险的能力强，但也存在市场不充分了风险和自然风险。在黄金退出流通领域后，当今的黄金仍作为一种公认的金融资产活跃在投资领域，充当国家或个人的储备资产。

第二节

房 地 产 理 财

一、房地产及其特性

（一）房地产的概念

房地产即不动产，是指土地、建筑物以及固着在土地或建筑物上的不可分离的部分和附带的各种权益。从主要的构成要素看，房地产包括土地和建筑物两大部分。它们的存在形态有三种：土地、建筑物和房地。房地产是为人类的生产、生活提供入住空间和物质载体的一种稀缺性资源，因为不能移动，所以又被称为不动产。

1. 狭义概念：狭义房地产是土地、建筑物以及固着于土地、建筑物上不可分离的部分及其衍生的权力。

2. 广义概念：广义的房地产不仅包括狭义的房地产，还包括水、矿藏、森林等自然资源，与房地产分析相关的知识，以及经营房地产买卖的商业界。

（二）房地产特点

房地产与个人的其他资产相比有其自身的特点：固定性、有限性、差异性和保值增值性。

（三）房地产交易市场

房地产交易市场分为三级：

1. 一级市场：是国家作为土地所有者根据国家整体利益，将土地使用权投放进入流通领域的市场。通过一级市场对进入流通领域的土地数量、使用方向及开发质量进行控制管理，可以达到土地资源的合理配置和有效使用。

2. 二级市场：是经营者与消费者进行房地产交易的市场，即房地产开发商将新开发的商品房转让给购房者的市场。

3. 三级市场：是投资购房者之间进行房地产转让、租赁的市场。

房地产市场属性见表 8－3。

表 8－3　房地产市场属性

项目	一级市场	二级市场	三级市场
市场主体	国家或地方政府	房地产公司	用户
市场特点	垄断竞争	竞争	竞争

续表

	一级市场	二级市场	三级市场
经营内容	总体规划设计 用途征地拆迁 有偿出让土地	综合开发	房地产转让 房地产出租
经营方式	拍卖 招标 协议出让 逐年收取 土地使用费	转让、出租已开发的土地、建筑物	转让、出租土地和建筑物

二、房地产的投资方式

房地产的投资方式主要包括：房地产购买、房地产租赁和房地产信托。

（一）房地产直接投资

房地产直接投资主要是指个人利用自己的资金或者银行贷款购买住房，用以居住或者转手获利。个人住房投资在个人资产的投资组合中占有很重要的地位。

（二）房地产租赁

房地产租赁是指投资者往往通过分期付款的方式以较低的首付款获得住房，然后将它们租赁出去以获得收益，在支付贷款利息和住房折旧之后还有一定的收益。

（三）房地产信托

广义上讲，与房地产相关的信托行为都可以被称为房地产信托。房地产信托同样存在资金信托和财产信托两种方式。从资金信托的角度出发，房地产信托是指受托人（信托投资公司）遵循信托的基本原则，将委托人委托的资金以贷款或入股的方式投向房地产业以获取收益，并将收益支付给受益人的行为；从财产信托的角度出发，房地产信托则指房地产物业的所有人作为委托人将其所有的物业委托给专门的信托机构经营管理，由信托机构将信托收益交付给受益人的行为。

投资房地产投资信托基金是重要的房地产信托投资方式。房地产投资信托基金（REITs）是在交易所上市、专门从事房地产经营活动的投资信托公司或集合信托投资计划，其实质是一种证券化的产业投资基金。通过发行基金单位，集合公众投资者资金，由专门机构经营管理，通过多元化的投资，选择不同地区、不同类型的房地产项目进行组合投资。在有效降低风险的同时，通过将出租不动产所产生的收入以派息的方式分配给股东，从而使投资人获取长期稳定的投资收益。房地产投资信托基金不仅为房地产业的发展提供了银行外的融资渠道，而且为个人提供了收益稳定、风险较低的股权类投资理财渠道。

三、房地产投资的特点

房地产投资的特点表现为：价值升值效应、财务杠杆效应、变现性相对较差、政策风险。

四、房地产价格的构成及影响因素

（一）影响房地产价格的构成因素

构成因素主要有：土地价格或使用费、房屋建筑成本、税金和利润等。

（二）影响房地产价格的因素

1. 行政因素。行政因素指影响房地产价格的制度、政策、法规等方面的因素，包括土地制度、住房制度、城市规划、税收政策与市政管理等方面。

2. 社会因素。社会因素主要有社会治安状况、居民法律意识、人口因素、风俗因素、投机状况和社会偏好等方面。

3. 经济因素。经济因素主要有供求状况、物价水平、利率水平、居民收入和消费水平等。由于利率水平是资金的使用成本的反映，利率上升不仅带来开发成本的提高，也将提高房地产投资者的机会成本，因此会降低房地产的社会需求，导致房地产价格的下降。但是，房地产价格受多种因素的影响，在市场投机状况严重或利率水平过低的情况下，利率的上升并不必然产生房地产价格的下降。

4. 自然因素。自然因素主要是指房地产所处的位置、地质、地势、气候条件和环境质量等因素。交通状况和所在地的基础设施建设也是影响房地产价格的重要因素。

此外，房地产的价格还受房屋质量、开发商实力、物业管理状况和采光度等因素的影响。

五、房地产消费

房地产消费指居民为取得住房提供的庇护、休息、娱乐和生活空间的服务而进行的消费，这种消费形式的实现可以是租房也可以是买房，按照国际惯例，房地产消费价格通常是用租金价格来衡量的。

六、房地产投资

房地产投资指将房地产视为投资增值的工具，以一定的资金量投入房地产领域，以期在一定的期限内，通过房地产的租金收入及价格上升获得一定的预期回报。

七、购房与租房决策

在决定购房还是租房之前，我们先来看一下购房及租房的优点与缺点（见表 8－4）。

表 8－4 购房及租房的优缺点

特点	租　房	购　房
优点	每月只要支付房租，负担较轻，以相对较低的付出获得较佳的生活品质，灵活和自由性较强，可有效节约部分交通费用	自有房产有较好的保值增值能力，可以在一定程度上满足心理层面的归属感和安全感的需求
缺点	受到房东租赁行为的制约，具有较大的不稳定性，没有归属感和保障	需要付出大额的购房资金，负担较重，房贷压力可能会使生活品质大打折扣

房地产消费决策流程见图 8－1。

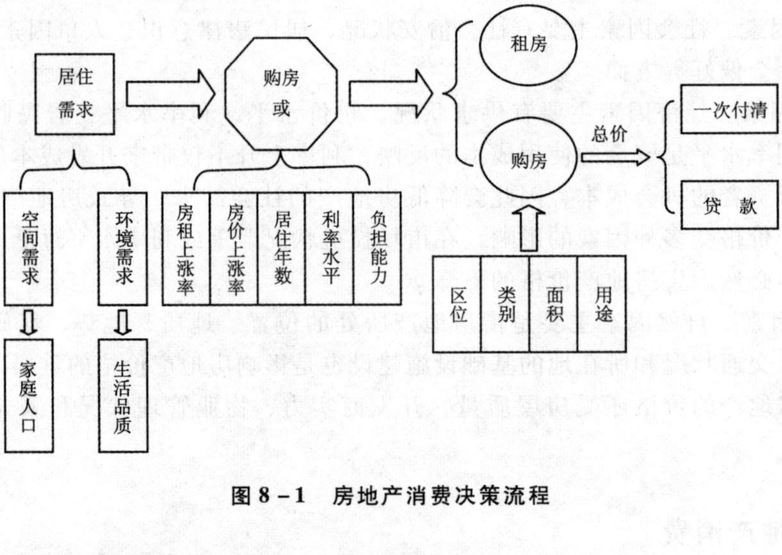

图 8－1　房地产消费决策流程

（一）以储蓄及缴息能力估算可负担房屋总价

购房者需要了解的公式及住房抵押贷款证券化流程（见图 8－2）如下：

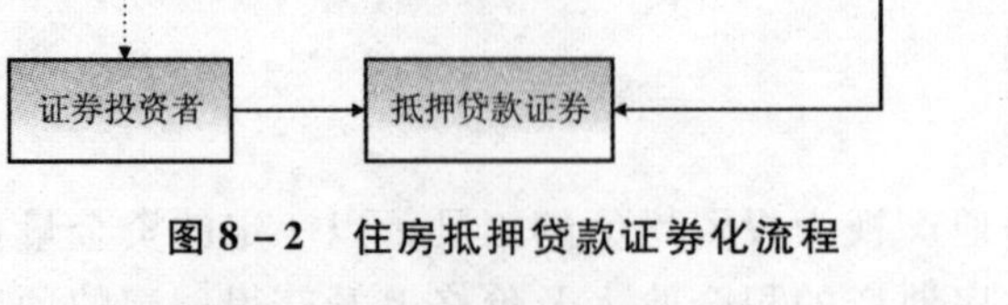

图 8－2　住房抵押贷款证券化流程

1. 可负担首付款＝目前年收入×负担房贷比例上限

×年金终值系数目前净资产×复利终值系数

2. 可负担房贷 = 购房时的年收入 × 负担房贷比例上限 × 年金现值系数

3. 可负担房屋总价 = 可负担首付款 + 可负担房贷

4. 可负担房屋单价 = 可负担房屋总价/需求房屋面积

（二）适宜租房的人群

1. 初入职场的年轻人，尤其是刚毕业的大学生，此类群体经济能力不强，选择租房尤其是合租比较划算。

2. 工作地点与生活范围不固定者。该类工作流动性较大的人群，如果在工作尚未稳定的时候买房，一旦工作调动，出现单位与住所距离较远的情况，就会产生不菲的交通成本支出并影响生活品质。

3. 收入不稳定且储蓄不足的家庭。该类人群如果一味盲目贷款买房，一旦出现难以还贷的情况，房产甚至有可能被银行没收。

八、房地产投资案例

（一）房地产租赁

【案例 8－1】 短期租赁

南宁市的蓝女士开始在繁华地段买下并租下十几套房子，本来打算按月出租，后来发现，想按日租房的大有人在，于是，她干脆辞职，全力以赴做起“家庭宾馆”的生意。其后，十几套日租房几乎天天客满，她一个人忙不过来，又请了一名女工负责打扫卫生，并负责把床单拆下送去保洁公司。由于日租房生意红火，除去租房和雇工的开销，每月她还可净赚两万元左右。也就是说，虽然日常管理较繁琐，但是按日出租，却能得到按月出租三倍以上的收益。

【案例 8－2】 分割出租

上海的陈先生是一位楼市的长期投资者，目前楼市的租赁收益很难“养活”他的豪宅。他算了这样一笔账：一套淮海路四房两厅的房子，全装全配整租的价格大概在 1.5 万元/月左右，但是很难找到租客。如果分间出租，按每天 180 元至 250 元的价格，一个月的租金就达 2.4 万元，即使算上 50% 的空置率，一个月也能保证有 1.2 万元的租金收入，这笔租金收入与其每月还贷额持平。

【案例 8－3】

28 岁的毛小姐是上海一个普通白领，收入 6 000 元/月，职业为广告业务员，与父母同住，父亲为已退休的地质工作者，母亲为已退休的营业人员。目前居住在 50 平方米的市中心小房子中，地段不错，但是周边过于嘈杂，因此在离工作地点比较近的一个环境清幽的旧小区换购了一套三房两厅 90 平方米的住宅，增加了自己的书房，还获得了房屋差价，整体生活质量有所提升。

（二）商铺投资

【案例 8－4】

张先生 45 岁，积累了 100 万元左右的起步资金后就开始考虑投资，选定了商场的商铺作为其投资方向。如何选择商铺是他面临的第一个判断抉择。在选择商铺，尤其是资金量并不大的情况下，一般可以遵循以下原则：（1）选择主题商场，注意商场的经营主题、人流导向和品牌效应；（2）经营以小铺为宜，最好选择 20 至 40 平方米左右的铺位；（3）留意该商场铺位的实用率，还有管理费及其他必要的支出，都必须计算在成本之内；（4）铺位最好选择在电梯口、大堂出入口等人流必经的地方，如果没有，则要注意指引，用鲜明的装饰将人流引入店中消费；（5）特色、差异化经营。

经过实地考察和筛选，张先生选择了位于城市黄金商业圈的高档商铺中一间 36.5 平方米的店铺进行投资，平均价格 3 万元/平方米。在办完各项交易手续后，张先生开始考虑商铺的经营问题。虽然当时周围租金已达到 7 500 元/月，然而，考虑到太太刚失业，他决定让太太来经营自家的商铺。

经过对这个地段主要消费人群的分析，张太太发现这里是年轻一族的天地，而年轻人会在特别的装饰品上有比较大的投入。于是，她决定开一间专卖中东特色饰物的店。此外，在店面装修上也要讲究特色和个性。最终，装修和入货等共投入了 25 万元。由于货源全部为进口，在市面上比较少有同类产品，一开店就有许多年轻的学生和上班一族发现了这间特色店，而且广为宣传，客户资源逐渐累积，每月的经营净利润达 9 500 元。2005 年 8 月，有熟客向张太太提出转租该店铺。张先生认为，该地段商铺部分已有起色，租金也达到 10 000 元/平方米，于是将店租给了这位熟客，还收取了 8 万元的转租费用。

（三）房地产法案例分析

【案例 8－5】

甲有一栋房产，价值 500 万元，甲在乙银行借款 200 万元，甲又欠丙银行 200 万元未还。如果乙和丙银行作为债权人要求甲用该房产清偿债务而且没有采取诉讼保全的措施时，其债权具有平等效力。然而，当甲把该房产抵押给乙银行时，乙银行就对甲的房产拥有物权，其在向甲请求还款时就能够优先于丙银行得到清偿。

案例分析

优先权是物权的享有者排除在物上设定的债权或后设定的物权的权利。在物权与债权并存时，物权优先于债权。除法律另有规定外，债权相互之间不存在优先效力问题。在同一物上可以设立多个债权，各个债权不管设立时间的先后和数额的差别，都具有平等的效力，债权人在依法受偿时法律地位都是平等的。

【案例 8－6】

A 是一块毗邻公路的土地的所有人，他因贷款而把土地的一半的价值抵押给 B，且债务没有偿清。A 通过书面合同把土地的一部分租赁给 C，租期 5 年，该协议是在抵押之前达成的。A 把土地的 1/4 以信托方式给 D 管理，收益归其中学时代的母校。E 的土地与 A 土地相邻，他一直取道 A 的土地上的公路，他要求继续享有 A 土地上的通行权。说明 A 与 B、A 与 C、A 与 D、A 与 E 之间存在什么法律关系？

案例分析

A 与 B 之间是抵押关系、A 与 C 之间是租赁关系、A 与 D 之间是信托关系（或存在地上权关系）、A 与 E 之间是地役权关系。

【案例 8－7】

1983 年春，被告 A、B 随其父在野外开垦了一块荒地，种植土豆等蔬菜以解决家中吃菜问题。至 1992 年时，两被告仅在此地边缘种植，其余大部分地未予种植。1994 年秋季，原告 C 在听他人说此地已几乎无人种植的情况下，遂与家人对此地进行了平整。1995 年春季，原告 C 准备在平整后的土地上种植时，两被告前来阻止，说此地是其早年开垦，这几年虽然未种，但并没有放弃使用权。双方因此发生争执，后经镇司法所主持调解未果。1996 年春，C 又准备在此地进行种植时，发现地已由两被告种上，遂向区人民法院起诉，以此荒地是自己在 1994 年秋开垦的，要求两被告归还此地的使用权。两被告答辩称：此地是我们早年开垦的，大部分地虽已经两年未种，但我们并没有放弃此地。原告去平整地时，我们已经讲明是我们的。我们考虑原告出了一定的劳务，所以才让他种了一年，故不同意原告的诉讼请求。

法院经审理认为：根据《中华人民共和国土地管理法》第 11 条、第 17 条之规定，非经国家有关部门的批准，任何个人都无权对国家所有的荒地进行开垦使用。因此，原、被告未经国家有关部门批准，擅自开垦荒地，是错误的，对双方的诉讼请求不予支持。依据《中华人民共和国民法通则》第 81 条第 1 款和《中华人民共和国土地管理法》第 13 条的规定，该院于 1996 年 6 月 5 日判决如下：将原告 C 与被告 A、B 争执的土地收归国有。

法律对荒地的所有权有无明确的规定？如果就荒地归属发生争议应当如何解决？

案例分析

《物权法》草案第 52 条规定：森林、山岭、草原、荒地、滩涂等自然资源，属于国家所有，但法律规定属于集体所有的除外。

《土地管理法》第 8 条规定：城市市区的土地属于国家所有。

农村和城市郊区的土地，除由法律规定属于国家所有的以外，属于农民集体所有；宅基地和自留地、自留山，属于农民集体所有。

《土地管理法》第 16 条规定：土地所有权和使用权争议，由当事人协商解决；协商不成的，由人民政府处理。

单位之间的争议，由县级以上人民政府处理；个人之间、个人与单位之间的争议，由乡级人民政府或者县级以上人民政府处理。

当事人对有关人民政府的处理决定不服的，可以自接到处理决定通知之日起30日内，向人民法院起诉。

在土地所有权和使用权争议解决前，任何一方不得改变土地利用现状。

【案例8-8】

2000年6月，王某与李某出于投资的目的，共同出资购买了一处房产，并将该房出租给张某，租金收益双方按投资比例分享。由于房价一路飙升，王某与李某就该房是出租还是出售产生分歧。王某主张出售，李某希望继续出租，以期获得更多投资收益。李某表示，王某若执意出售，自己愿意购买，但承租人也有意购买。按照《合同法》第230条规定，"出租人出卖租赁房屋的，应当在出卖之前的合理期限内通知承租人，承租人享有以同等条件优先购买的权利"，承租人认为其享有对该房的优先购买权。李某认为自己是该房的共有权人，也享有优先购买权，双方为此各执己见。应当如何处理本案的纠纷？

案例分析

根据《民法通则》第78条和《合同法》第230条规定，共有权人和承租人都享有优先购买权。但共有权人的优先购买权利是基于物权的优先购买权，承租人的权利是基于债权的优先购买权，物权优先于债权，所以，共有权人有优先购买权。

【案例8-9】

2001年4月13日，一楼房的601室的朱某与物业公司办妥入户装修手续后，开始对自己的房子进行个性化装修，在外阳台内贴了深红色面砖。不久，物业公司告知朱某，整栋房子只有601室突出一块深红色，与房子的整体色调不合，要求朱某将墙壁恢复原状。朱某认为，阳台是自用部位，自己在自用部位的墙面上贴红色面砖，既没有损坏建筑物，也没有影响建筑物的外貌，因此不同意物业公司的要求。最后双方诉讼至法院。法院认为，自用部位是指一套住宅内由业主自用的部位，包括卧室、客厅、厨房、卫生间、阳台、庭院以及室内墙面等。因此，朱某在自己拥有产权的房屋阳台内贴上红色面砖，是一种个性化装修，而非对外墙的损坏，遂作出判决，对物业公司的诉讼请求不予支持。法院的判决是否合法？为什么？

案例分析

法院判决合法。专有所有权人、一般所有权人与一般所有权享有的权利应该是相同的，即具有绝对性、永久性和排他性。专有所有权人对其专有部分具有占有、使用、收益和处分的权能。对于侵犯专有部分权利的，有权提出停止侵害、排除防碍、赔偿损失等民事请求。但是，专有所有权人在行使其权利的时候，为了全体建筑区分所有权人共同利益，其也应该承担相应的责任。例如，对建筑物的不当毁损，未按照原部分的本来用途和使用目的予以使用，随意改变通过专有部分的电线、水管、煤气管道等。

本案朱某对于自己家阳台贴红色面砖，属于对专有部分所有权的使用和收益处分。没有影响建筑物全体区分所有权人的权益，所以对物业公司的诉讼请求不予支持。

【案例 8-10】

原告等诉称：原告居住的楼房，底层为被告所有，二层以上的产权为原告等所有。被告擅自在其底层拆改装潢，为架设夹层而深挖屋内地面将基础梁暴露在外，用膨胀螺栓把槽钢固定在楼房框架和四周墙体上，明显加大了楼房主体的负荷。被告的行为致使原告等的住宅墙体开裂，层面渗水，水管漏水，严重影响了原告等的居住安全。被告的行为侵犯了原告等作为产权人的合法权益。请求判令被告恢复房屋原状，并对受损的楼房主体结构和给排水系统采取补救加固措施。

被告辩称：被告是在自己的产权范围内对属自己的房屋进行装潢改造，所有工程都是经过有资质的设计单位设计，报有关行政机关批准后进行的，并且得到了房屋安全鉴定机关的鉴定认可，根本不侵犯原告们的权利。原告们所称的损害是楼房质量问题，与被告的装潢改造无关。原告们所诉无理，应当驳回。

一审法院认为：原告等户与被告属不动产的相邻各方，应当按照法律的规定正确处理好相邻关系，共同维护所在楼房的安全。被告在自己的产权范围内增建夹层，新的方案是由有资质的部门设计，并得到建设工程规划和抗震、消防等行政主管机关的审核同意。被告如能在严格监督下按照批准的施工质量标准组织施工，楼房的安全是有保障的。原告等主张二至六层房屋的损坏是因被告增建夹层所致，被告已经提供了与己无关的证据，原告等再没有提出反证。对原告等基于这一理由提出的诉讼请求，法院不予支持。法院的判决是否符合法律规定？为什么？

案例分析

法院判决不符合法律规定。原告与被告既是相邻权人，又是对楼体相连部分的共有权人。被告对共有部分进行处分，应该取得全体共有权人的同意。对自己产权范围内的处理，也应该以不影响相邻方的权益为限。本案中被告虽有批准证明，但并没有证明在严格监督下按照批准的施工质量标准组织施工的。因此，不能判定楼房主体结构的损坏与被告没有关系。所以被告应承担相应的民事责任，支持原告的部分诉讼请求

【案例 8-11】

张女士、古先生及其女儿从美国回来后购置一楼房的 201 室的一套房屋，一家三口是该房的房屋共有权人，某物业管理公司为该居住小区的前期物业管理单位。2002 年 9 月 18 日，张女士与物业管理公司办理了房屋接收手续，同时双方签订了委托物业管理服务（居住）合同、住宅使用公约、小区使用公约、小区装修须知各一份。“公约”和“须知”中均约定：阳台封闭须统一模式、统一规格、统一材料、但对统一模式、统一规格、统一材料的具体内容双方并未明确。后张女士在装修房屋时，将阳台用塑钢窗封闭。物业

公司认为张女士一家封闭阳台所用材料、样式与“公约”的约定不符，影响了小区的美观，故诉至法院请求判令张女士一家立即拆除南阳台上未按统一规定的阳台封闭搭建。住宅使用公约对装修阳台样式、材料未作明确的统一规定，这对业主是否具有约束力？

案例分析

在住宅使用公约未作明确规定的情况下，对业主不具有约束力。

成员权是指建筑物区分所有权人基于在一栋建筑物的构造、权利归属及使用上的不可分离的共同关系而产生的，作为建筑物的一个团体组织的成员享有的权利与承担的义务。它不但是财产关系，更主要的是管理关系，也是与专有所有权、共有权所有权紧密结合而不可分割的一种永续权。其表现为具有表决权、参与制定规约、选举及解任管理者等，同时承担相应的义务。

随着建筑物向高空和多层发展，建筑物内部结构愈来愈复杂，各区分所有人之间的关系也随之而复杂化，因而完全由法律、法规来规定各建筑物区分所有人内部管理关系，看来是十分困难的。最好的办法是借鉴国外的经验，要求在建筑物区分所有情况下，由各区分所有人成立一个自治性的管理团体组织。通过这个组织，召开全体所有人大会，订立规约，设置常设性的管理委员会，管理日常事物，并解决因使用专有部分、共有权部分而产生的纠纷。

一般来说，如果章程、协议无特别规定，那么每个成员所享有表决权利大小应与专有部分在整个建筑物中占有的份额相联系。

本案张女士作为该小区的成员权人，在公约未明确统一规定阳台封闭的模式、规格和材料的情况下，有权决定自己家阳台的装修风格。

【案例 8－12】

A 公司与 B 公司因工程款拖欠提出仲裁申请。1999 年 4 月，仲裁庭作出裁决：B 公司应支付欠款 1 500 万元。此后，申请人 A 公司向地区中级人民法院申请强制执行，法院于 2000 年 2 月 28 日作出裁定：因对 B 公司享有抵押权的银行向法院提出有担保物权，要求暂缓执行，决定中止执行。法院的理由是《合同法》第 286 条关于建筑工程施工程承包的“优先受偿权”与抵押担保的优先权发生冲突，究竟谁的权利更为优先，法律没有明文规定，因此没有支持 A 公司的要求。

《合同法》中的“优先受偿权”与抵押权优先受偿的关系是什么？

案例分析

《合同法》规定的建设工程价款的优先权优先于抵押权。《合同法》第 286 条规定：发包人未按照约定支付价款的，承包人可以催告发包人在合理期限内支付价款。发包人逾期不支付的，除按照建设工程的性质不宜折价、拍卖的以外，承包人可以与发包人协议将该工程折价，也可以申请人民法院将该工程依法拍卖。建设工程的价款就该工程折价或者拍卖的价款优先受偿。

2002 年 6 月 20 日，最高人民法院在《关于建设工程价款优先受偿权问题的批复》中规定：人民法院在审理房地产纠纷案件和办理执行案件中，应依照《合同法》第 286 条的规定，认定建筑工程的承包人的优先受偿权优于抵押权和其他债权。建筑工程价款包括承包人为建设工程应当支付的工作人员报酬、材料款等实际支出的费用，不包括承包人因发包人违约所造成的损失。该解释对建设工程承包人行使优先权的期限做了限制，规定了行使优先权的期限为6个月，自建设工程竣工之日或者建设工程合同约定的竣工之日起计算。按照上述规定，在建工程承包人的优先受偿权优于抵押权的优先受偿权，贷款银行抵押权的优先受偿权将处于“有名无实”的境地。在实践中，甚至会出现工程发包人与承包人串通虚构“发包人未按照约定支付价款”的事实，导致抵押权处于法律有上效、实际上无效的状态。

【案例8-13】

原告顾某与被告杜某口头商议，由原告将自己拥有产权的房屋（建筑面积为151平方米）以58万元的价格出售给被告。同年8月12日，原、被告出于少缴税费等原因，在签订由房地产交易管理部门印制的“房屋买卖契约”时，将上述房屋的买卖价格议定为人民币30万元。该契约还载明：被告向原告预付购房定金15万元，本契约经房地产交易主管部门批准后，该定金可抵作购房价款。

同年8月23日，原、被告又签订了一份“房屋买卖契约”明确房屋的买卖价格为58万元，被告应在8月31日前向原告预付购房款30万元，原告在收到预付款后2日内交房屋钥匙给被告，其余28万元房款在明年3月底前付清。该契约还载明：交至房地产交易主管部门、房屋总价为30万元的买卖契约只是办理房屋产权证过户之用，不作为双方买卖房屋的正式契约，无任何法律效力。

被告向原告支付了购房款30万元，原告也将上述房屋交付被告。原、被告前往房产交易所办理有关房屋买卖过户手续，双方按房价为30万元的买卖契约，缴纳了有关产权移转手续费、契税等费用，以后，被告一直没有支付余款。

在诉讼中被告杜某辩称：其为了向原告购房，确与原告订立两份房屋买卖契约。但双方去房产交易所办理房屋买卖过户手续，是按房价为30万元的契约申报的，该契约应受到法律保护。而房价为58万元的房屋买卖契约，未获有关部门批准，是无效的，现原告已得到45万元，其中15万元属不当得利，应予返还。对于原告之诉讼请求要求驳回。在司法实践中是如何处理这类合同纠纷的?

案例分析

根据《民法通则》第58条第2款第4项“恶意串通，损害国家、集体或者第三人利益的民事法律行为无效”的规定，该案例中原被告签订的房地产交易管理部门印制的买卖价格为30万元的“房屋买卖契约”属于“恶意串通，损害国家利益的民事法律行为”，因此无效，而表达他们真实意愿的买卖价格为58万元的合同有效，因此，应发出司法建议书责令原被告按照58万元的成交价如实向房地产交易管理部门申报并缴足税、费。

【案例8-14】

1993年5月17日，飞驰公司和万锡公司与鲁银典当行签订了“财产抵押合同”，约定两公司以其内江大厦第三层（买价 1 207 万元）为抵押，向鲁银典当行贷款人民币 1 000万元，期限为 7 个月（1993 年 5 月 20 日至 12 月 20 日），月息 3%，抵押人于 7 月 20 日支付两个月利息，9 月 20 日再支付两个月利息，其余利息随同本金依次结清。抵押期满抵押人无力还款时，抵押物产权归抵押权人所有，抵押权人有权处理抵押物，拍卖或租赁其价值无论高低与抵押人无关。贷款期满后，两公司未能偿还贷款，典当行于 1994 年 1 月 13 日诉至法院，要求按抵押合同履行。在诉讼中，房价大幅度下跌，典当行变更诉讼请求，要求以房屋折价偿还贷款，而两公司主张按抵押合同履行。

原终审判决认为，双方签订的实际是抵押贷款合同。典当行是经工商部门批准成立的非银行金融机构，其抵押贷款活动并不违反当时的禁止性规定，该合同为有效合同。合同中关于“抵押期满抵押人无力还款时，抵押物产权归抵押权人所有”的约定，是表明债务人如不能清偿债务，则以抵押物折价抵偿的担保。因此，法院判决抵押的房屋归典当行所有。

检察院抗诉认为，法院的判决适用法律错误，双方当事人在抵押贷款合同中的约定违反现行的法律规定。根据《民法通则》第 89 条第 2 项规定，抵押权是债权人就抵押物的折价款或变价款的优先受偿权，并不是取得抵押物所有权的权利。在司法实践中，对当事人的这种约定应一律认定无效。该案例的始末说明什么道理？法律对此如何规定？

案例分析

本案说明房地产抵押合同禁止订立流质条款。我国《担保法》对此作了禁止性规定。

流质条款就是在订立抵押合同时，抵押权人和抵押人在合同中约定在债务履行期届满抵押权人未受清偿时，抵押物的所有权转移为债权人所有。我国《担保法》对此作了禁止性规定。但是，当事人约定债务履行期届满抵押权人未受清偿时，抵押物的所有转移为债权人所有的内容无效，不影响抵押合同其他部分的效力。

【案例 8－15】

2000 年，吴先生等 70 多位业主与某房地产开发公司签订了商品房预售合同，以分期付款的方式购买了商品房。双方约定：逾期交楼 180 天以内，违约金按银行利息的 1.2 倍计算；如果超过 180 天，则按每日购房款的 0.05% 计算。但是，约定交楼时间过了一年多，吴先生等人仍然没有拿到房子钥匙。在与开发商协商违约金不成后，吴先生等人一怒之下把开发公司告上法院，要求开发商如约每日按已付房款的 0.05% 支付违约金。如果那样计算，30 多位业主应得到违约金高达 400 万余元。

开发商则认为，“超过 180 天，按每日购房款的 0.05% 计算”的意思是，前 180 天违约金应按银行利息的 1.2 倍计算，180 天以后的部分才按每日购房款的 0.05% 计算。双方争议的焦点集中在怎么理解“超过 180 天，按每日购房款的 0.05% 赔偿”上面，而两种计算方法会让每位业主获得的赔偿金相差一万多元。按照格式条款的解释规则，如何处理本案？

案例分析

应该支持原告即 70 多位业主的诉讼请求，按照不利于格式条款提供方的解释解释该条款。

格式合同的解释需遵循两个原则：一是不利于条款提供人的原则，即当合同有两种以上解释的，应当作出不利于提供格式条款一方的解释，也就是作出有利于其相对方的解释；二是非格式条款优于格式条款，例如房地产买卖合同中双方约定的补充条款，如果与格式条款不一致，当然采用补充条款的约定。

根据该解释规则，应该做出不利于房地产开发商的解释。

【案例 8-16】

某航运公司在 1987 年经县人民政府批准，以划拨方式取得一宗地的土地使用权，批准用途为建职工宿舍。1998 年 11 月，航运公司在该宗地上兴建住宅楼。工程竣工后，航运公司公开向社会出售楼房，将该幢楼房卖给了某副食品公司。当地土地管理部门查实情况后认为，航运公司公开出售自建住宅楼，属于非法转让划拨土地使用权的行为，依法对航运公司进行了处罚，同时，通知购房人补办土地使用权出让手续，缴纳土地使用权出让金。购房人认为，缴纳土地出让金是航运公司的事，所以拒绝缴纳土地使用权出让金。请回答下列问题：土地管理部门对航运公司行为的认定是否正确？购房人拒缴土地使用权出让金的理由能否成立？为什么？

案例分析

正确。根据《城市房地产管理法》第 39 条相关规定，“以划拨方式取得土地使用权的房地产转让，应当按照国务院规定，报有批准权的人民政府审批”。

不成立。以划拨方式取得土地使用权的房地产转让，应当按照国务院规定，报有批准权的人民政府审批。准予转让的，一种情况是应由受让方补办土地使用权出让手续，并依照国家有关规定缴纳土地使用权出让金；另一种情况是可以不办理土地使用权出让手续，但转让方应按照国务院规定将转让房地产所获收益中的土地收益上缴国家或者作其他处理。对于后者缴纳土地收益金的规定一般适用于私有住宅转让后仍用于居住的，按照国务院住房制度改革的有关规定出售公有住宅等情况。

【案例 8-17】

某市东南郊有一块土地，甲房地产开发公司欲在此处开发商品楼房。遂于 1996 年 8 月与市土地局签订该土地使用权出让协议，并支付了出让金，取得了该土地使用权证书。又于 10 月 20 日至城建部门办理了建筑规划许可证书，并确定了施工进度和竣工交付日期。但当去市房地局办理预售登记时，市房地局因其投入开发建设的资金过少，只达到工程建设总投资的 10%，而未发给其商品房预售许可证书。但甲公司于 1996 年 2 月开始预售其商品房，并与徐 A 订立房屋预购合同（还有百余人也订有这样的合同）。合同规定：徐 A 向甲公司购置商品房一套，建筑面积为 80 平方米，每平方米预计综合售价 900 元，购房应付购房款总计 72 000 元，后徐 A 得知甲公司没有取得商品房预售许可证，遂要求与甲公司解除合同。甲公司不同意，并与之发生争议，诉至法院。

（1）本案中，徐 A 与甲公司的合同是否有效？根据是什么？

（2）法院应如何处理？

案例分析

合同无效。根据是《城市房地产管理法》第 44 条、第 45 条相关规定。

为了在商品房预售中防止投机牟利行为的发生，避免开发企业中途抽逃资金、延迟交房等损害消费者正当权益现象的发生，商品房预售实行许可制度。开发企业进行商品房预售，应当向房地产管理部门申请预售许可，取得“商品房预售许可证”，否则，不得进行商品房预售。《城市房地产管理法》第 44 条、第 45 条对预售商品房应具备的条件及监管措施作了相应的规定，其中有些条件是：

按提供预售商品房计算，投入开发建设资金达到工程建设总投资的 25% 以上，并已经确定施工进度和竣工交付日期。这一条件是预售商品房的经济要件，体现了国家对房地产建设的宏观调控政策，防止通过“炒卖土地使用权”牟取暴利等不法行为的发生。

开发商须向县级以上人民政府房产管理部门办理预售登记，取得商品房预售许可证。房地产开发企业取得商品房预售许可证后，方可进行预售商品房的广告宣传并开始预售。广告中必须载明商品房预售许可证的批准文号，预售时应当向购房者出示商品房预售许可证。

本案房地产开发公司不具备预售条件，所以合同无效。

法院应该判决合同无效，返还财产，并由甲房地产开发公司赔偿合同无效给徐 A 造成的经济损失。

【案例 8－18】

2000 年 3 月，王某与某房产公司签订商品房屋买卖合同，购买了该房产公司开发的别墅一套。该房产公司承诺于 2001 年 6 月交付该别墅。2000 年 3 月，王某依据购房合同的约定向房产公司交纳了首付款 80 万元。2001 年 5 月，当王某到房产公司交付余款 80 万元时，发现自己所买的别墅对面十多米处地面开挖并铺设了许多管道。于是王某便找该房产公司询问情况，该公司负责人答复，王某别墅前将建某单位的办公楼房，不会影响王某的居住。王某总觉得该建筑物像锅炉房，所以王某便进一步让该公司确定其所买的别墅前面的确建造的是办公楼房而非其他建筑物，该房产公司负责人明确表示该建筑物的确系外单位的办公楼房。在这种情况下，王某便向房产公司交付了剩余房款 80 万元。

2001 年 6 月，当王某到该公司看自己预定的别墅时发现该别墅前面已经盖了一锅炉房，烟囱和冷却塔都直接挡在了该别墅的前面，这样将严重影响王某的居住，并且根本谈不上幽雅的环境。于是，王某要求房产商换房或退房。房产公司认为该锅炉房及冷却塔是其他单位在其土地上建造的，房产公司不应该承担责任。应该如何正确地处理类似的纠纷？法律的依据是什么？

案例分析

合同是双方当事人在自愿基础上订立的，任何一方当事人未经对方当事人同意，擅自变更合同的内容，将构成违约行为。商品房销售后变更规划、设计，导致变更后的商品房的套型、朝向、面积等不符合购房者决定购房时的意愿，实质上是对购房者权益的一种侵害。商品房销售后，房地产开发企业不得擅自变更规划、设计。

这里的“擅自”应该有两方面的含义，一是相对于购房人来说不以单方面变更合条款，而是协调一致；二是改变规划、设计要经过规划部门批准。对经规划部门批准的规划变更和设计单位同意的设计变更导致商品房的结构、户型、空间尺寸、朝向变化以及出现合同当事人约定的其他影响商品房质量或使用功能的，房地产开发企业应当在有关部门批准之日起 10 日内，书面通知购房人。购房人有权在通知到达之日起 15 日内作出是否退房的书面答复。购房人在通知到达之日起 15 日内未作书面答复的，视同接受规划、设计变更以及由之引起的房价款的变更。房地产开发企业未在规定时限内通知购房人的，购房人有权退房。购房人退房的，由房地产开发企业承担违约责任。

【案例 8－19】

1999 年 9 月，A 公司因欠 C 银行借款被诉至法院，1999 年 12 月法院应 C 银行申请查封为 A 公司所有的房产，并到当地房地产管理部门办理查封登记手续，通知该机关不予办理该房屋过户手续。2000 年 3 月 15 日 A 公司将已查封的房屋出租给 B 公司，租期 6 年，并于当日双方到当地房地产管理部门办了登记备案手续后，A 公司将房屋交给 B 公司使用。由于 A 公司拒不履行生效判决，2002 年 8 月 9 日法院依法强制 A 公司所有的房产，将房产过户到 C 银行名下。C 银行要求 B 公司让出房屋，B 公司要求 C 银行继续履行租赁合同，双方由此发生纠纷。本案中谁的权利优先得到保护？为什么？

案例分析

C 银行的权利优先得到保护。建设部制定的《城市房屋租赁管理办法》所限定的不得出租房屋的范围中其中一项是司法机关和行政机关依法裁定、决定查封或者以其他形式限制房地产权利的房屋。例如，在诉讼中司法机关根据当事人的申请依法对房屋实行诉讼保全的；或者房屋管理部门依法列入拆迁范围的房屋，这种房屋的租赁受到了一定的限制。该案属于在诉讼中司法机关根据当事人的申请依法对房屋实行诉讼保全的房屋，不得出租，所以，B 公司的租赁权利不受法律保护。

【案例 8－20】

原告北京某集体公司的工人李某，于 2002 年 4 月与被告王某签订了买卖房屋契约，王某将其所有的坐落于通州区某村的北房 5 间、东厢房 3 间、棚子 2 间及院墙以 2 万元的价格卖给李某。契约签订后，李某给付了购房款，并于 5 月 16 日到通州区某镇村镇规划建设办公室变更了此房宅基地的使用权人。王某因新房尚未装修，要求在此房内居住半年，李某应允。半年后，王某未将此房屋钥匙交给李某，李某一直未在这所房屋内居住。

法院认为，农民的住宅不得向城市居民出售。李某是城市居民，其购买农民王某位于农村宅基地上的房屋的行为违反法律的规定，故依法宣告双方签订的买卖房屋契约无效。

类似本案中农民的住宅向城市居民出售的状况较为普遍，应当怎样解决比较合适？

案例分析

《物权法》第153条规定：宅基地使用权的取得、行使和转让，适用土地管理法等法律和国家有关规定。

《土地管理法》第62条规定：农村村民一户只能拥有一处宅基地，其宅基地的面积不得超过省、自治区、直辖市规定的标准。农村村民出卖、出租住房后，再申请宅基地的，不予批准。

法律并没有禁止宅基地的转让，只是限制出卖、出租后再申请宅基地的行为。但是，随着农村劳动力向城市的流动，农民的宅基地的流转问题也提到议事日程，即要初步健全和完善农民集体土地使用权的转让等法律制度。

本案根据双方的事实行为宣告合同无效较为合理。

第九章 ●●● 教育与退休规划

第一节 教育投资规划

一、教育投资规划概述

（一）教育的重要性

对教育进行投资，就是进行人力资本投资，增加受教育者的知识和技能；而对教育进行消费时，又能满足人的求知欲，给受教育者带来理解未知世界的快乐。

（二）教育投资规划

教育投资规划是一种理财规划，指通过提前投资，为自己和家庭成员的教育费用提前积累适当的资金。

1. 子女教育投资规划。子女教育支出巨大，是教育投资规划的重点，包括基础教育投资规划和大学教育投资规划。

2. 子女教育投资规划的特点。

（1）支出时间相对刚性，无法推迟支出。

（2）支出金额相对刚性，难以缩减支出。

3. 子女教育投资规划的作用。

（1）防止因为资金问题而放弃子女所需接受的教育。

（2）减少因为子女教育费用而负债的可能性。

（3）避免因为子女教育费用而推迟退休，或利用额外时间兼职。

（4）避免子女因为偿还教育贷款，而在就业初期拼命工作或放弃其他规划。

4. 子女教育投资规划的原则。

（1）早规划原则：对教育投资准备的时间越长，给家庭带来的财务压力越小。

（2）资金充裕原则：子女受教育程度取决于父母期望、子女资质、学习能力、兴趣爱好，教育费用难以准确估算，且难以缩减，教育费用准备应宁多毋少。多余的子女教育资金可以转用于养老。

(3) 稳健投资原则。因为如果选用高风险投资工具进行教育投资，很容易导致投资损失，影响子女教育投资规划的实施。但是如果只进行银行储蓄，又容易遭受通货膨胀的侵蚀。

例如，1 万元的教育费用，在 5% 的通货膨胀率下，18 年后的费用增长到 2.4 万元。所以，如果子女教育规划的时间较长，应进行中长线投资（如证券投资基金），追求资金长期稳定增值。同时，距离教育资金使用越近，要求选用投资工具的安全性就越高。

二、子女教育资金来源

（一）小学初中义务教育阶段

此阶段中，教育支出较小，资金来源主要是政府教育资金、家庭教育资金。

（二）高中阶段

此阶段中，教育支出较小，资金来源主要还是家庭教育资金、政府教育资金。

（三）大学及研究生阶段

此阶段中，教育支出较大，资金来源以家庭教育资金为主。其他来源还有助学贷款、政府教育资金、奖学金、子女勤工俭学金。

三、子女教育投资工具特点

（一）个人储蓄

个人储蓄风险小，收益稳定；收益较低，可能低于通货膨胀率；要求客户自觉定期储蓄；有急需时，容易挪作他用（既是缺点，又是优点）。如果父母去世，教育投资规划将无法继续，子女将缺乏教育资金。

（二）子女教育保险

教育保险既有保险保障，又有储蓄作用，如果父母出意外，可豁免以后要缴纳的保费，但投资收益率低。

（三）银行理财产品

银行理财产品的风险较小，收益比储蓄高，需要投资的初始资金较高，一般在 5 万元以上。

（四）国债

国债无违约风险，安全性高，容易变现；收益低于同期银行存款。

（五）证券投资基金

与股票相比，证券投资基金的风险较低，收益较高，但需要注意基金的投资方向和风险。

（六）股票

一般不鼓励投资者采用股票来进行教育规划的投资。如果教育规划较长，可在早期采用适度的股票投资方式。

四、子女教育投资规划流程

步骤 1：明确子女未来能够接受的教育目标，了解实现该目标当前所需费用；
步骤 2：预测教育费用增长率，计算实现该教育目标未来所需费用；
步骤 3：计算一次性投资所需资金和分期投资所需资金；
步骤 4：选择适当的投资工具进行投资。

五、子女教育投资规划流程细化及案例

（一）明确子女教育目标，确定目前该教育目标所需费用

明确子女教育目标需要明确以下问题：
1. 子女目前的年龄？
2. 希望子女完成哪个级别的教育？
3. 希望子女在何地完成教育？
4. 希望子女在何种类型的学校完成教育？
5. 这些教育目标对子女有多重要？

（二）预测教育费用增长率

教育费用往往与物价同步上涨，要考虑未来的通货膨胀率。随着人们越来越重视教育，教育需求增加，扣除通货膨胀率的教育费用可能上涨，实际操作上，往往在通货膨胀率的基础上增加几个百分点，作为教育费用的预期增长率。根据资金充裕原则，当教育费用增长不确定性较大时，应调高教育费用增长率。

（三）估算未来所需教育资金，确定当前所需总投资额和分期投资额

根据教育费用增长率，估算未来所需教育资金；计算未来所需教育资金在目前时点的时间价值，确定当前所需总投资额和分期投资额。

（四）选择适当的投资工具

【案例 9 - 1】

王先生的儿子今年 6 岁。王先生估计儿子上大学之前的教育费用不多。他的子女教育投资规划目标是：在儿子 18 岁上大学时能积累足够的大学本科和研究生的教育费用。

王先生目前已经有 3 万元教育准备金，不足部分打算以定期定额投资基金的方式来解决。王先生投资的平均回报率大约为 4%。

为实现这一教育目标，请做一个教育投资规划。

（1）确定实现教育目标的当前费用。我国目前大学本科 4 年需要花费 48 000 ~ 72 000 元，我们取中间值 60 000 元。研究生需要花费 30 000 ~ 40 000 元，取中间值 35 000 元。

为简便起见，假设学费入学时一次性支付，不考虑学费支付的时间差异。

（2）预测教育费用增长率。结合通货膨胀率、大学收费增长、经济增长等因素，预测教育费用年均增长率为 5%。

（3）估算未来所需教育资金和当前现值①。

12 年后上大学的费用：60 000 ×（1 + 5%）× 12 = 60 000 ×（F/P, 5%, 12）= 107 751（元）

已准备金额：30 000 ×（1 + 4%）× 12 = 30 000 ×（F/P, 4%, 12）= 48 031（元）

尚需准备金额：107 751 - 48 031 = 59 720（元）

每年应提存金额：59 720 ÷（F/A, 4%, 12）= 3 975（元）

每月应提存金额：3 975 ÷ 12 = 331（元）

简便计算方法：

每期金额 PMT（i = 4%，N = 12，PV = -30 000，FV = 107 751）

使用 Excel 函数计算 PMT（4%，12，-30 000，107 751，0）= 3 975（元）

16 年后王先生的儿子读硕士的教育规划：

应准备硕士教育费用：35 000 ×（1 + 5%）× 16 = 35 000 ×（F/P, 5%, 16）= 76 401（元）

每年应提存金额：76 401 ÷（F/A，4%，16）= 3 501（元）

每月应提存金额：3 501 ÷ 12 = 292（元）

现在到儿子上大学期间，王先生每月必须定期定额提存资金 331 + 292 = 623（元）。儿子上大学到读硕士的 4 年间，王先生每月必须定期定额提存资金 292 元。

① 简便起见，不考虑每月提存的时间价值差异。

第二节
退 休 规 划

退休规划是为保证个人的退休生活，而制订和实施的理财规划。

一、退休及退休规划概述

退休，是指员工在达到一定年龄或为企业服务一定年限的基础上，按照国家的有关法规和员工与企业的劳动合同，而离开企业的行为。一般情况下，我国普遍的退休年龄是55~65岁。国内社会养老保险规定的退休年龄是：男职工年满60周岁；女干部年满55周岁，女工人年满50周岁。

（一）退休规划的必要性

1. 退休后收入减少，无法保证支出。
2. 养儿防老等传统养老方式难以为继。
3. “广覆盖、低保障”的社会养老保险仅能满足老年人基本生活保障。
4. 医疗支出增加，老年人对生活品质的要求不断提高。

（二）影响退休规划的因素

1. 退休后的家庭负担。
2. 有无需要偿付的贷款。
3. 有无需要抚养的亲属或子女。
4. 退休时间及退休后的寿命。
5. 退休后的寿命可按照当地人均寿命，适当延长5~10年估算。
6. 退休后的生活费用。
7. 退休前的资产积累。
8. 每年净结余、投资报酬率。
9. 退休后的保障。
10. 社会基本养老保险金、商业养老保险金。
11. 通货膨胀会严重侵蚀退休准备金在未来的购买力。
12. 是否需要为子女留有遗产。

（三）退休规划的风险

制订退休规划的风险有：
1. 职业生涯中断的风险。

2. 被解雇，或所在企业破产。
3. 投资风险。
4. 投资收益率低于预期。
5. 额外支出风险。
6. 额外的家庭负担。
7. 退休后医疗费用高于预期。
8. 实际寿命高于预期。
9. 实际寿命低于预期。
10. 没有享受到足够消费水平。
11. 剩余财产缴纳遗产税。

二、退休规划应遵循的重要原则

（一）宜早不宜迟

养老规划是长期规划，投资时间越长，复利效应越大。及早进行养老规划，可以用较长的在职时间摊薄养老成本。

（二）注重安全

离退休时间较近时，应选择储蓄和低风险债券。离退休时间较远时，可选择收益和风险相对较高的产品。

积累期、投资收益、年积累额对退休储备金的影响（见表9－1）。

表9－1　积累期、投资收益、年积累额对退休储备金的影响

积累期	退休本金积累额度							
	每年积累20 000元				每年积累20 000元			
	年收益率				年收益率			
	4%	6%	8%	10%	4%	6%	8%	10%
10年（55岁）	240 122	263 616	289 731	318 478	600 305	659 040	724 328	796 871
20年（45年）	595 562	735 712	915 239	1 145 500	1 488 904	1 839 280	2 288 098	2 863 750
25年（40年）	832 918	1 097 290	1 462 119	1 966 941	2 082 295	2 743 226	3 655 297	4 917 353
30年（35年）	1 121 699	1 581 164	2 265 664	3 289 880	2 804 247	3 952 909	5 664 161	8 224 701
35年（30年）	1 473 044	2 228 696	3 446 336	5 420 487	3 687 611	5 571 739	8 615 840	13 551 218
40年（25年）	1 900 510	3 095 239	5 181 130	8 851 851	4 751 276	7 738 098	12 952 826	22 129 628

（三）采取多样化的退休金储备方式

1. 以社会养老保险和商业养老保险满足退休后的基本支出。
2. 以报酬率较高的有价证券投资满足退休后的生活品质支出。

三、退休规划流程

退休规划流程如下：

步骤1. 个人职业生涯设计；

步骤2. 估算个人工作时的收入水平；

步骤3. 估算退休时可领取的社会保险退休金水平；

步骤4. 退休生活设计；

步骤5. 估算个人退休后的支出水平；

步骤6. 自筹退休金数额估计，即根据估算的社会保险退休金和退休后支出，估算需自筹的退休金，并根据已累积净资产，估算今后到退休前每年应有的储蓄额。

四、养老保险体系

（一）社会养老保险

1. 社会保险有五大险种：养老保险、医疗保险、失业保险、工伤保险、生育保险。

社会养老保险，国家为保障公民退休后的基本生活建立的社会保险。1889年，俾斯麦在德国建立现代社会养老保险制度。

2. 社会养老保险制度的特点。

（1）由国家立法强制实行，单位和个人必须参加；

（2）养老保险费用由国家、企业、个人共同负担；

（3）养老保险具有社会性，影响面广，费用支出庞大。

3. 社会养老保险的类型。

（1）投保资助型养老保险（传统模式），是按保险金资金分配方式分类的，所缴费用不分配到个人账户。成员缴费量与领取待遇关联不大，有利于低收入者。

（2）强制储蓄型养老保险（公积金模式），所缴费用和利息积累在个人账户上，成员缴费量与领取待遇完全关联。缺乏互助互济性，低收入者的退休生活保障小。

（3）国家统筹型养老保险是由政府承担所有费用的，不存在个人账户的概念。计划经济体制国家实行这一模式。瑞典和挪威等北欧高福利国家接近这一模式。

（4）按保险金缴费是否代际转移分类，可分为以下三种模式。

①现收现付模式，是把当期的社会养老保险收入全部用于当期的社会养老保险支出。养老负担发生代际转移：目前的在职职工负担已退休的一代人，在职职工退休后由那时工作的人负担。

②完全积累模式，完全基金模式，是把当期的社会养老保险收入储蓄起来，这代人退休后，全部用于他们的社会养老保险支出。养老负担不发生代际转移：在职职工负担和积累自身的养老费用。

③部分积累模式、部分基金模式，是对上述两种方式的结合，当期的社会养老保险收入，部分用于当期社会养老保险支出，部分用于这代人退休后的社会养老保险支出。

（二）企业年金

1. 企业年金特征。

（1）由企业自愿建立，国家不强制建立，不直接干预。

（2）年金缴费，或由企业承担，或由企业和职工共同承担。缴费人自主决定年金管理模式、管理主体（养老金管理公司、基金公司等）。

2. 我国企业年金建立的基本原则。

（1）自愿参与原则；

（2）个人账户原则，企业年金所有权属于个人；

（3）信托原则，企业年金进行信托管理；

（4）市场化管理原则，政府不直接介入；

（5）效率优先，兼顾公平原则。

3. 按年金计发办法，企业年金分两种：

（1）待遇确定型企业年金（DB 型），即员工退休后每年可领取的企业年金数额不变，类似一般的商业养老保险；一般不设立个人账户，由企业全额缴费；积累的年金一般投资于低风险的固定收益资产。

（2）缴费确定型企业年金（DC 型），即员工退休后每年可领取的企业年金数额受投资收益率影响；一般设立个人账户，由企业和员工共同缴费；积累的年金部分投资于风险适当的权益类资产，如蓝筹股。

4. 美国的企业年金——401K 计划。它是一种缴费确定型企业年金，可减免年金计划的投资收益所得税。

其特点是：

（1）延迟纳税：允许职工将部分税前工资存入养老金计划，不必立即支付个人所得税。退休后从养老金计划取出本金和投资收益时，需要付个人所得税。

（2）降低纳税等级：在累进税制下，退休后个人收入少，纳税等级降低，应纳税额减少。

五、中国的养老保险制度

（一）中国家庭的养老金来源

1. 社会养老保险、农村养老保险。

2. 企业年金。

3. 家庭资金（个人储蓄、个人养老保险、子女赡养）。

4. 其他，如城市最低生活保障、社会救济。

（二）社会养老保险

社会养老保险覆盖所有城镇企业和职工，养老保险费用由国家、企业、职工共同负担，社会统筹和个人账户相结合。个人缴费工资总额的 8% 进入个人账户，单位缴费（通常是工资总额的12%以上）进入社会统筹账户。个人缴费工资总额上限为当地平均工资的300%，下限为当地平均工资的60%。

社会养老保险已从现收现付模式转向部分积累模式，也是社会统筹账户进行部分的代际转移。

【案例9-2】

假设李先生平均月薪12 000元，刘女士平均月薪1 200元，当地月平均工资为3 000元。请问：

（1）李先生每月应缴多少社会养老保险金？（2）刘女士每月应缴多少社会养老保险金？

李先生月薪高于当地月平均工资的300%（9 000元），每月应缴养老保险金 = 9 000 × 8% = 720（元）

刘女士月薪低于当地月平均工资的60%（1 800元），每月应缴养老保险金 = 1 800 × 8% = 144（元）

职工领取社会养老保险金的条件是：

（1）达到法定退休年龄，并已办理退休手续。

（2）男职工年满60周岁；女干部年满55周岁，女工人年满50周岁。

（3）所在单位和个人依法参加养老保险并履行了缴费义务，个人缴费至少满15年。

社会养老保险金公式：

社会养老保险金 = 基础养老金 + 个人账户养老金

基础养老金 = 退休前一年本地区职工月平均工资 × 20%

个人账户养老金 = 个人账户本息和 ÷ 120

【案例9-3】

假设王先生平均月薪4 000元（假设今后收入不变），养老保险缴费期为20年，个人账户投资收益率为5%，20年后北京市月平均工资为3 000元，那么退休后，他每月能领到多少养老金？

每月能领到的养老金 = 3 000 × 20% + 4 000 × 8% × 12 ×（F/A，5%，20）÷ 120 = 600 + 127 000 ÷ 120 = 1 658（元）

六、退休规划流程

（一）确定退休目标

1. 需要确定的两个退休目标

（1）退休时间。退休时间越推后，所能积累的养老金越多，退休后所需的养老金越少；随着经济结构的转变和人均寿命的增加，普遍存在推迟退休年龄的趋势。

(2) 退休后的生活水平。一般希望退休后不降低当前的生活水平。退休后，医疗支出和生活享受支出可能增加。

(二) 估算退休后的支出

1. 退休后的支出分类。

(1) 经常性开支包括基本生活服务费开支、医疗费用开支。

(2) 非经常性开支包括子女婚娶、旅游支出等。

2. 退休后支出的一般估算方法①。

退休后支出 = 维持当前生活水平所需支出 + 老年阶段增加的开销（医疗护理） - 老年阶段减少的开销（如子女教育费用、房屋按揭费用、保险支出、交通费等）

3. 估算支出的简便方法：以退休前支出的某一比例估算，如支出的 70% ~80%；以退休前收入的某一比例估算，如收入的 60% ~70%。

4. 估算退休后第一年支出（见表 9 - 2）

表 9 - 2 估算退休后第一年支出

支出项目	目前年支出	退休后年支出	费用上涨率	复利终值系数（n = 20）	退休后第一年支出
饮食	12 000	8 000	3%	1.806	14 448
服装美容	5 000	3 000	1%	1.22	3 660
房租	0	0	3%	1.806	0
房屋按揭贷款	30 000	0	0	1	0
水电气、电话	5 000	3 000	4%	2.191	6 573
交通	6 000	5 000	4%	2.191	10 955
子女大学教育	12 000	0	6%	3.207	0
休闲娱乐	6 000	10 000	6%	3.207	32 070
国外旅游	12 000	16 000	6%	3.207	51 312
医疗保健	5 000	10 000	6%	3.207	32 070
保险	5 000	0	0	1	0
其他	5 000	5 000	5%	2.653	13 265
生活总支出	103 000	60 000	5.10%	2.739	164 353

(三) 估算退休后的收入

1. 个人退休后的收入来源有社会养老保险、企业年金、商业养老保险、资产投资收益、资产变现收益、子女赡养费、遗产继承、兼职工作收入等。

2. 退休收入估算存在偏差的原因：

① 需要考虑投资报酬率和通货膨胀率。

（1）养老规划周期很长，悲观或乐观情绪容易使养老规划产生较大偏差。

（2）缺乏收入估算的经验和知识。

（四）估算退休金缺口（退休金净值）

退休准备金的来源包括：当前资产中留作养老储备金的部分；未来每年储蓄留作养老储备金的部分。

退休金缺口 = 预计的养老金支出 - 预计的养老金收入

【案例 9-4】

张先生现年 35 岁，预计 60 岁退休，退休后再生活 20 年。假设张先生从今以后的税后投资报酬率是 10%，预计退休前一年支出为 16.4 万元。

（1）不考虑退休后的通货膨胀，请计算张先生退休时需要储备多少养老金才能满足养老需要？

（2）假设张先生退休后，平均通货膨胀率是 5%，请计算张先生退休时需要储备多少养老金才能满足支出养老需要？

（3）假设张先生退休后每月领取社会养老保险金 2 000 元，退休时保险金的缺口是多少？

（4）从现在起 25 年内，每年应定期定额储蓄多少钱才能弥补上述退休金缺口？

案例分析

（1）不考虑通货膨胀时，需要的退休储备金 = 16.4 万 ×（P/A，10%，20）= 134（万元）

（2）考虑通货膨胀时，退休后第 t 年需要退休金 = 16.4 万 × $(1+5\%)^t$ 折现到退休时的现值 = 20 年共需退休储备金 = 164 000 ×（P/A，4.76%，20）= 208.57（万元）

这意味着，退休后的年支出相当于一个每期支付 164 000 元，期限 20 期，折现率 4.76% 的年金。

使用的折现率 =（1 + 10%）÷（1 + 5%）- 1 = 4.76%

（3）退休后每月领取社会养老保险金的现值 = 2 000 × 12 ×（P/A，10%，20）= 20.43（万元）；退休时保险金的缺口 = 208.57 - 20.43 = 188.13（万元）。

（4）从现在起 25 年内，为弥补退休金缺口，每年应定期定额储蓄 = 188.13 万元 ÷（F/A，10%，20）= 19 129（元）。

（五）制订退休规划

制订退休规划时，需要根据退休金缺口，利用各种方法来弥补。

退休金缺口的弥补方法主要有提高当前收入、提高储蓄比例、降低退休后开支、延长工作年限、提高投资收益等。所以我们可以将退休生活分段：

退休前期，65 岁以前，尚有工作能力，可选择兼职工作；

退休中期，65 ~ 75 岁，具备积极的生活能力，退休支出高峰期，可外出旅游，发展业余爱好；

退休后期，75 岁以后，以居家为主，医疗护理支出增加。

（六）选择退休规划工具

1. 养老投资原则。

（1）以社会养老保险和商业养老保险满足退休后的基本支出；

（2）以报酬率较高的有价证券投资满足退休后的生活品质支出；

（3）养老投资要注重安全性、收益性、多样性、流动性。

2. 主要的养老投资工具主要有六类：

（1）社会养老保险、企业年金；

（2）商业养老保险；

（3）银行存款、国债、高等级企业债券；

（4）银行理财产品、基金；

（5）股票（主要投资于蓝筹股）；

（6）实物投资，如房产。

（七）执行计划

在制订好退休计划、选择好养老投资工具后，就进入执行计划阶段。养老规划周期很长，应严格执行养老规划，养成强制储蓄的习惯。

（八）反馈与调整

如果市场环境、客户养老目标没有发生重大变化，只需要定期（每年）检查退休规划的执行情况。要注意两个问题：

1. 一年内的收入支出，可以不考虑时间价值的影响。

2. 间隔超过一年的不同时点的收入支出，需要考虑时间价值，否则将出现较大偏差。

第三节 理财工具比较分析

一、个人理财工具风险性比较分析

从产品的大类来看，储蓄和债券的风险通常较低，股票的风险性较高，可转换债券的风险介于其间；基金的风险因具体产品的不同而不同；衍生产品类的风险最高。

（一）储蓄类产品的风险

在银行不发生破产的情况下，投资者的本金和利息能够得到保障，安全性和流动性高，适合厌恶风险、追求稳定收益的个人。但是，储蓄的收益率较低，而且实际收益受通货膨胀水平的影响较大。如果通货膨胀率高的话，实际利率就会很低，甚至为负。

固定利率储蓄产品和浮动利率储蓄产品的风险水平也不相同。在通货膨胀情况下，浮动利率储蓄产品利率随之上升，其风险小于固定利率产品。而在市场利率走低时，固定利率储蓄产品的风险小于浮动利率产品。

（二）债券的风险

与股票相比，债券的风险较小。

（三）股票的风险

在基础性金融产品中，股票的风险最高。一般来说，周期性明显、固定成本高的行业风险较大，周期性不明显、价格成本弹性小的行业风险较低；大公司的风险相对较小，小公司的风险较大，但小公司也可能由于其运作的灵活性而降低自身风险；保守型公司的风险较小，激进型公司的风险较大。公司在行业、规模和战略等方面的基本因素最终将体现在经营业绩的好坏以及持续性和增长性上。业绩好并且可以持续增长的公司的风险较小，业绩差且波动大的公司的风险较高。也就是人们常说的蓝筹股的风险较小。个股风险属非系统性风险，可以通过投资组合进行分散。

从理论上说，股票之间呈现完全负相关，组合的非系统性风险能最大限度地得到分散，且只要股票之间不完全正相关，投资组合的非系统性风险都能不同程度地得到分散。系统性风险不能通过组合投资分散，在资本资产定价模型中，它构成投资者要求收益率的一部分。

此外，优先股的收益率固定，其风险要低于普通股，但高于债券风险。

（四）可转换债券的风险

可转换债券兼有债权和股权的双重性质，持有人有权在规定的条件下将债券转换为股票。持有人享有是否行使转换的选择权。其承担的风险水平介于债券和股票之间。可转换债券相当于向投资者提供了一种期权，因此，可转换债券的利率相对较低。如果预期的企业增长没有实现，投资者所持有的可转换债券现期收益率会下降。当可转换债券的发行公司股价大幅上升，投资者持有可转换债券的利益才能真正实现。

（五）基金的风险

基金产品的种类很丰富，不同基金品种的风险特征相差很大，主要原因是基金投资资产的风险。一般而言，各类基金的风险特征由高到低的排序依次是：股票型基金、混合型基金、债券型基金、货币市场型基金。基金产品主要包括两种风险：一是价格波动风险。由于股票和债券的价格会有波动，基金的价值也会发生波动，一般来说，封闭式基金的价格与基金净值之间是同方向变动的。开放式基金的价格基本上就是基金净值，开放式基金的申购和赎回价格会随着净值的下跌而下跌。如果基金资产净值下跌到成本之下，投资者将面临亏损。二是流动性风险。封闭式基金在市场进行买卖，购买者有可能会面临在一定的价格下无法出售的风险或不能及时出售的风险。开放式基金管理人遇到巨额赎回，有时会延长赎回时间，卖出股票和债券以变现资产，这个过程会对资产价值带来影响，从而造成持有人最终赎回金额的不确定。此外，造成基金风险的还有基金管理人判断和操作的失误以及道德风险等因素。

（六）金融衍生产品的风险

金融衍生产品的投资风险很高，适合偏好风险、追求高收益的投资者。金融衍生产品的价格很大程度上取决于标的产品的价格波动。例如，股票指数期货的价格波动主要取决于股票指数的现货价格的波动，如果股票现货市场的价格大幅波动，那么经过杠杆倍数的放大效应后，该种股票衍生产品就具有非常大的风险。金融衍生产品的高风险很大程度上来自衍生产品的交易制度。比如期货交易中采用保证金制度，如果保证金为10%，杠杆比率就是10倍。如果价格变动1%，投资者的盈亏就变动10%。

金融衍生产品创新在带来更高收益的同时，其隐含的风险也更加难以辨识，投资者在进行理财时应当对此做好充分的准备。衍生产品的风险有时不仅会使交易者遭受巨大损失，还会危及整个金融市场的安全。

（七）信托产品的风险

与其他投资方式相比，投资人对信托投资尤其是资金信托产品的风险认识不充分。信托产品的风险包括以下几个方面：

1. 投资项目风险。在已发行的信托产品中，多数是依靠项目自身产生的现金流或利润作为还款来源，因此项目自身的风险是信托产品的最大风险之一。投资项目风险包括项目的市场风险、财务风险、经营管理风险等。

2. 项目主体风险。多数项目是由某一特定的、持续经营的主体发起的，由该主体负责项目的实际操作和管理，因此，该主体的经营管理水平、财务状况以及还款意愿（即道德风险）将很大程度上影响信托产品的安全程度。此外，担保公司的信誉度是决定信托产品风险的重要因素，银行担保的信托产品风险较低。

3. 信托公司风险。信托公司的风险主要包括项目评估风险和信托产品的设计风险。信托公司通常在对投资项目进行评估之后，对其进行信用加强，减小项目的风险。项目的评估结果和信用增强措施是影响信托产品风险的重要因素。因此，信托公司项目评估能力的高低和信托产品设计水平将直接决定信托产品风险的大小。

4. 流动性风险。信托产品流动性差，缺少转让平台，存在较大的流动风险。

信托管理公司通常只对信托产品承担有限责任，绝大部分风险是由信托业务委托人来承担。

（八）外汇产品的风险

外汇产品的风险主要包括以下几个方面：

1. 汇率风险。汇率风险是造成外汇产品收益波动的最主要原因。外汇资产和负债的价值随着汇率的变动而变化。购买外币金融产品在进行币种兑换时也要面临汇率风险。汇率变动是由国际收支状况、汇率制度、经济增长率、利率水平、投机行为、突发事件等一系列因素共同作用的结果。

2. 利率风险。外汇产品的利率风险不仅指本国、他国和国际市场利率的绝对水平，还指本国与他国、国际市场利率的差异程度。造成外汇产品利率风险的因素有经济周期、宏观经济政策、发行者信用等级、担保情况、外汇供求状况、投机活动等诸多因素。

3. 信用风险。外汇产品信用风险包括交易对方信誉度、外币发行国的银行信誉、担保人信誉、国家风险等。

4. 操作风险。对于银行来说，外汇交易涉及金额巨大，偶然的操作失误就可能造成巨大损失。

5. 政策风险。国家外汇政策、税收政策等也会使外汇投资收益产生波动。

（九）房地产投资的风险

房地产投资面临的风险主要有以下几种：

1. 流动性风险。当投资者急需现金时，房地产的特点决定了它不能像其他投资品一样迅速变现。

2. 购买力风险。投资于房地产需要承担经济周期性变动所带来的购买力下降风险。当整个社会经济出现繁荣景象时，房地产价格随之上涨，当整个社会经济出现萧条时，房地产价格也将下降，但下降幅度比其他实物资产小。如果发生严重的通货膨胀，货币购买力迅速降低，会影响到人们对房地产的消费需求，将导致房地产因闲置无法转让而遭受一定的损失。

3. 市场风险及政策风险。

4. 交易风险。我国房地产市场信息不对称现象严重，投资者对房地产交易的细节了解不够详尽，有可能造成不必要的损失。

5. 自然风险。房地产投资者还要承担自然灾害等人力不可抗力事件所带来的风险。

（十）黄金、收藏品投资的风险

黄金等贵金属的价格波动较大，因为其不能像金融资产一样提供利息和股利收入。黄金价格受国际市场黄金价格波动的影响较大。

珠宝、文物等收藏品投资风险很大，主要取决于投资者的欣赏水平、鉴别能力、持有期限、政局和社会稳定程度等。

在一定的市场环境条件下，不同类别理财产品的风险与其本身的基本特征密切相关。理财产品的基本特征包括其发行者、认购者、期限、价格、收益率、流通性等要素，它们共同决定了理财产品的风险特征。

二、理财工具收益性比较分析

（一）储蓄类产品的收益

储蓄类产品的收益来源于存款利息，收益比较稳定，收益水平不高。如果发生通货膨胀，固定利率储蓄产品的实际收益水平将大大降低。

（二）债券类产品的收益

债券的收益主要来源于利息收益和价差收益。影响债券类产品收益的因素主要有债券期限、基础利率、市场利率、票面利率、债券的市场价格、流动性、债券信用等级、税收待遇以及宏观经济状况等。

由于债券的投资风险高于银行存款但低于股票，债券的收益率也通常比银行存款高，比股票的收益率低且相对稳定。

（三）股票的收益

股票的收益主要来源于股利和资本利得。股利来源于公司的税后净利润，决定于公司利润率和股利政策。资本利得是投资人在股票市场上利用价格波动低买高卖赚取的差价收入，当卖出价小于买入价时为资本损失。获取资本利得是目前我国绝大部分个人证券投资者进行股票投资的主要目的。资本利得收入的高低与投资者买入卖出的时机有关。

股权类产品中，优先股与普通股的收益特点并不一样。优先股收益固定，普通股收益波动大，但其收益率一般高于优先股收益率。

（四）可转换债券的收益

在可转换债券转换为股票之前，可转换债券持有人只享有利息，与债券类似。当转换成股票后，持有人才能成为公司股东，与其他股东一起分享公司的分红派息，体现出高收益的特征。可转换债券适合在“低风险—低收益”与“高风险—高收益”这两种不同收益结构之间作出灵活选择。

（五）基金的收益

基金的收益一般由利息、股息和资本利得三部分收入构成。影响基金类产品收益的因素主要来自两方面。一是来自基金的基础市场，即基金所投资的对象产品，如债券、股票、货币市场工具等。这些基础市场的行情波动对基金的收益有很大影响。二是来自基金自身的因素，如基金管理公司的资产管理与投资策略、基金管理人员的业务素质、道德水平、研究团队的研究实力、基金经理的投资管理能力、基金管理公司的整体业务运行情况等。积极管理与消极管理的基金收益水平不同。

（六）金融衍生产品的收益

期货等基础金融衍生产品的风险很高，但收益也可能很高，这与其交易制度所决定的杠杆倍数密切相关。由于组合投资效应，商业银行推出的人民币理财计划、外币理财计划等结构性金融衍生产品的预期收益水平通常高于储蓄存款而低于期货等衍生产品的杠杆收益，其收益相对稳定。

（七）外汇产品的收益

不同品种外汇产品的收益各不相同，如外币股票、外币债券、外币期货等。在不考虑货币兑换的情况下，其收益情况和同种类本币投资品的收益情况类似。在考虑货币兑换的情况下，外汇产品的收益受汇率变动影响较大。

决定外汇产品收益的因素，除了宏观经济状况等决定金融产品收益率的普遍因素外，还取决于汇率水平。汇率水平受到利率、通货膨胀率、经济增长率、国际收支状况、中央银行对汇率的干预、市场心理预期及政治因素的影响。

（八）信托产品的收益

信托机构通过管理和处理信托财产而获得的收益，全部归受益人所有。同时，信托机构处理受托财产而发生的亏损全部由信托者承担。信托财产运作中产生的收益越多，受益人得到的回报就越多。

信托资产管理人的信誉状况和投资运作水平对资产收益有决定性影响。一般来说，拥有一批精通投资管理业务、经验丰富的理财专业人士的信托机构，利用专业知识和特有的信息优势，将使信托产品获得更大的收益。

（九）保险产品的收益

保险的品种不同，其收益率和收益表现也不同。一般保险品种的收益主要体现在其转移风险的补偿能力上，可以用发生损失时的机会成本来衡量。投资型保险产品除了保障功能，还有投资功能，其收益体现于对投资人的保障程度和投资收益。投资收益包括投资资产的利息、股息收入和价值增值，其影响因素和影响证券类产品收益的因素相同。

（十）房地产、黄金、收藏品投资的收益

房地产、黄金、收藏品的收益水平和相关市场的供求状况、税收政策密切相关，也受到宏观经济、政治局势动荡的影响。房地产是不动产，其所处的地段、区域、折旧和房屋建筑水平对收益影响非常大。收藏品收益受社会偏好、持有期长短、转让时间等因素影响。在短期通货膨胀的情况下，三者是进行保值增值的理想工具。

投资者在进行理财时，不能仅仅关注产品收益率，还要和风险结合起来对其进行综合评价。

三、理财工具流动性比较分析

（一）储蓄类产品的流动性

活期储蓄存款的流动性较好，定期储蓄存款的流动性相对差一些，但也可以提前取现。

（二）债券的流动性

债券往往到期才能够还本，即使在二级市场出售，债券市场的交易通常也没有股票市场活跃，因此，债券的流动性一般弱于股票。在债券产品中，国债的流动性高于公司债券，不同公司债券的流动性取决于其未来收益率、风险和公司信誉等因素，公司债券的信用评级越高，其流动性越好。短期债券的流动性好于长期债券。

（三）股票的流动性

股票市场的成交往往比其他市场活跃，优质上市公司股票的流通转让非常快，流动性较强。整个股票市场的流动性和市场参与者的多少、资金规模、市场预期、投机行为、交易制度和政策法规等有密切关系。

（四）可转换债券的流动性

可转换债券持有人可以在二级市场出售债券，也可以将债券转换为股票。可转换债券附有一般债券所没有的选择权，兼有债券和股票的双重特点，因此比较受投资者欢迎，其流动性比一般债券要强。它转换为股票后的流动性与股票一样。可转换债券适合对流动性要求比较高、投资目标不太确定、希望投资方式有一定灵活性的投资者。

（五）基金的流动性

一般而言，各类基金的流动性都比较好。封闭式基金单位在封闭期结束后，可以在二级市场进行交易，其流动性受基金业绩表现的影响。开放式基金通过申购和赎回实现转让，流动性强，但必须支付一定的手续费。货币市场基金有“活期储蓄”之称，客户可以随时申购、赎回，具备非常好的便利性和流通性。一般在买入基金后的第二个工作日，就可进行赎回。基金赎回金额巨大时，基金管理人不得不将一部分基金资产进行出售，使赎回的变现时间增加。

（六）金融衍生产品的流动性

期货等基础性金融衍生产品的流动性与金融市场的交易活跃程度密切相关，主要取决于所依附的基础证券或指标的变动情况。

商业银行推出的人民币理财计划、外币理财计划产品等结构性金融衍生产品的流动性相对较弱，因为它们是为客户“量身定做”的产品。

（七）外汇产品的流动性

外汇产品的流动性取决于外汇投资形态、汇率预期、外汇市场的管制情况等。外汇定期储蓄的流动性低于外汇活期存款。当市场预期某种货币将贬值时，以这种货币投资的金融产品的流动性会降低。管制较宽松的外汇市场，其流动性较强。

（八）信托产品的流动性

一般来说，由于信托产品是为满足客户的特定需求而设计的，缺少转让平台，流动性比较差。

（九）房地产、黄金、收藏品的流动性

对于投资者来说，黄金退出流通领域后，其流动性较其他证券类投资品差。房地产投资品的流动性随着其价值的增加而提高。若是房价过高，“泡沫”被挤出后，房产的流动性会大大降低。收藏品流动性不高，随着市场偏好的变化，其流动性发生变化。若投资者想要在短期将其出售，将承受巨大的损失。

四、投资理财的其他考虑

（一）理财投资的保障性

保险产品具有其他投资理财工具不可替代的保障功能。事实上，人们购买保险的主要目的是在于保险的保障功能，而不是投资功能。金融衍生工具也具有保值功能，配合基础金融工具可以达到对冲风险的目的。如在买入股票的同时购买股指期货合约，能够降低总资产风险。币值稳定的货币比币值波动大的货币更具有保障功能。此外，在温和的通货膨胀条件下，房地产、艺术品、黄金等产品也具有较好的保值功能，可使个人资产免受缩水损失。

（二）理财投资的准入门槛

理财产品投资的准入门槛各产品有所不同。比如，我国商业银行的人民币理财产品起点最低一般都在 5 000 元甚至 1 万元以上，部分投资者可能会被拒之门外。货币市场基金的准入门槛较低，申购起点一般在 1 000 元左右，还有不断降低的趋势。保险产品按其产品特征有不同的准入标准，但其准入门槛相对较低。期货等金融衍生产品的准入门槛就比较高，不具备风险承受能力的中小投资者一般难以参与。

（三）理财投资的专业知识需要

就对客户所需专业知识的要求而言，期货等高风险金融衍生产品对投资者的专业知识要求较高，如果不熟悉期货交易技术和期货市场特点就贸然入市，很可能血本无归；而购买国债、储蓄等产品的风险不大，对投资者的专业知识要求也比较低。投资者在购买银行理财产品，特别是与汇率、利率等挂钩的结构性产品时候，最好根据自己对挂钩工具的了解程度来选择。如果某个产品挂钩日经指数，投资者却根本不知道日本经济的状况，在信息不对称的情况下很难去跟踪这个产品未来的收益与风险，所以投资者应当选择比较熟悉的挂钩工具。

第十章
理财方案实操

第一节
现代理财观念

一、理财是人生必修课

国内外理财专家的研究和一些理财实例表明：理财观念是一生一世的事，只要需要生活，就离不开理财。

从小注重孩子的理财教育可以影响孩子的一生。人对钱产生概念性的认识大约是在两三岁，这时应当让孩子区分各种面额的钞票，并灌输一些钱的概念；六七岁的时候，引导其正确地进行支配一小部分钱，并且要让孩子知道父母赚钱的辛苦，养成勤俭节约的良好习惯。总之，对孩子的理财教育越早越好，家长应注重引导，刻意培养，这样会让孩子受益终生。

退休之后，个人的收入一般不会再增加，而是依靠积蓄和养老保险维持生活。这时，能否将积蓄和养老保险金进行科学打理会直接影响晚年的生活质量。有的老年人觉得理财"高深莫测"，有的人认为投资"充满风险"，只好把钱存成活期或定期储蓄，而有些精明的老人则不甘于这种"被动"理财，积极涉足一些既稳妥收益又高的国债、基金、收藏等新投资渠道，比如选择一家好的开放式基金，年收益可能达到20%以上，这是任何储蓄无法比拟的——不注重晚年理财的人只能坐吃山空，生活质量难以保证；而积极主动规划"夕阳理财"则会不断创造新的价值，使晚年生活迈向富足快乐的健康之路。

二、筹划人生的"加减乘除"

（一）理财之"加"

人生路上，真正意义的理财应当说是从有了个人收入开始。这时，多数人会沉浸在积累财富的喜悦中，虽然手中的现金数额可能很小，但还是要兴冲冲地将它逐月存入银行。如果用四则运算来比喻，这个时期运用的是加法：一月份的工资是被加数，二月份的是加数，相加后产生一个"和"；第三个月，"和"又成了被加数，新的工资结余成了加数，依次类推。经过日积月累，这个“和”会不断增大，达到一定数额后，你可能到了结婚的年龄，对于不能依靠父母的人来说，这笔因“加”而来的积蓄会派上大用场；家庭经济条件好的，这笔钱则会成为婚后小家庭的第一笔财产积累。

（二）理财之“减”

结婚之后的理财不再是一个人的事，而是两个人、两双手在共同堆积家庭财富的“金字塔”。这时，两人正年富力强，收入会稳步增长，不知不觉间存折上已经过了五位数，甚至六位数。并且，随着人生阅历的增长，理财观念也会发生很大的变化，收益最大化成为家庭理财的第一目标。于是许多人逐渐对收益高的投资方式感兴趣，往往不看风险只认收益，炒股、企业集资、民间借贷等让人趋之若鹜，结果，有人炒股赔钱，有人集资被骗……经过这些投资失败的教训，许多人又冷静了。这时“减法”派上了用场，一些风险大的投资方式被逐个减少，炒股、集资等都成为“减数”，最后的结果可能是只留了开放式基金、国债或银行储蓄。

（三）理财之“乘”

不知不觉步入了中年门槛时，很多人已经是三口之家，人们理财智慧也达到了最高境界，并积累了很多“实战”经验。虽说经历减法之后，人们的投资渠道不是很多，但这都是根据个人实际而“浓缩的精华”，并且可能会“一条道走到黑”。炒汇、买基金有了经验，人们肯定会倾其所有而“不浪费一分钱的资源”；认准了比较稳妥的储蓄、国债，接着，人们会“翻着跟头往银行存钱”，这实际上是运用了乘法，这条适合个人的投资渠道会呈现裂变式的发展——在经历加、减两种运算之后，乘法将投资者带入了人生理财最辉煌的时期。

（四）理财之“除”

到了老年之后，虽然能按月领取养老保险，但奖金、提成、各种补贴已经与你无缘，你的实际收入可能只有壮年时的2/3。对这些养老、保命钱你会非常谨慎，不容有半点风险，所以一些投机性质的理财方式逐渐淡出，这时“除法”便进入了你的生活。因为多数老年人会选择银行储蓄作为理财的主渠道，所以理财收益顶多能达到炒股、炒汇时的1/3；虽然你的积累不算少，但一场大病就可能使你的资产被除去一半。如果说，退休前是财富的积累期，退休后就是财富的消费期，也可以说是被除期。由此也让我们明白了一个道理：加法、减法、乘法是人生理财的关键时期，这时运算的结果直接关系到晚年幸福，运算的数额大了，即使被除去一半，你可能还很有实力，但如果本来积累就少，除不了几次就会两手空空了。

（四）量入为出，量力而行

前几年，“花明天的钱圆今天的梦”的贷款消费曾一度流行，可是，受还款压力影响，许多贷款家庭常常捉襟见肘，有的因债务所累还引发家庭矛盾，所以如今提前还贷款的人有增无减，着实把银行愁得够呛。这也表明现代人对贷款消费越来越理智，特别是还款能力弱、心理承受能力差的人更是已经量力而行，尽量不贷款或选择所能承受的小额贷款。

（五）提前买健康

虽然人们的收入在不断增加，但还赶不上看病住院的花费涨得快。当前人们的健康观念逐步转变，全民健身越来越热，家庭用于外出旅游、购买健身器械、合理膳食、接受健康培训等投入呈上升之势。因为大家明白：这些前期的健康投入增强了体质，减少了生病住院的机会，实际上也是一种科学理财。

（六）子女早教

如果子女的学习成绩一般，想上好一点的中学要交择校费；高考成绩不理想，“高价生”和上“民办大学”的开支更大。因此，许多精明的家长从中悟出了窍门，改变只考虑为子女教育攒钱的老办法，而是开始注重了请家教、参加培训班、学特长等早教投入。孩子成绩好了，往近了说会节省择校开支，往远了说会更有利于子女将来的就业，甚至会影响孩子一生的命运。

（六）夫妻推行“AA 制”

按常理说，夫妻双方由于理财观念和掌握的理财知识不同，会精打细算、擅长理财的一方应作为家庭的“内当家”。但对现代人来说，夫妻收入有高有低，双方属于个人自主性的开支越来越大，因此“AA 制”理财方式日渐被一些追求时尚的家庭所接受，这种理财方式能最大限度地发挥个人特长，分散家庭投资风险。同时，财务独立自主也有助于减少矛盾，促进家庭和睦。

四、理财应忌“三多三少”

（一）活期存款多，定期存款少

如今，存款利率是历史上较低的时期，许多人便产生了“不差这几个小钱”的心理，而随意将工资收入等积蓄放在活期存折和银行卡上，特别是一些不善理财的青年人，随意储蓄现象更是非常普遍。虽然储蓄利率较低，但时间长了，积蓄的金额大了，这种损失就会越来越明显。比如，对于长期不用的存款来说，三年定期的年利率为 2.52%，是活期储蓄的 3.5 倍，存款的实际收益相差很大。目前，许多银行开通了定活“一本通”业务，你可以委托银行待活期存款达到某一个数额后，自动转存为定期存款，从而省却去银行转存的麻烦，最大限度地减少活期存款太多带来的利息损失。

（二）考虑风险多，考虑收益少

虽然当前的理财渠道越来越多，但对于众多追求绝对稳健的投资者来说，他们首选的是银行储蓄、国债等利率较低但收益稳妥的投资方式，而对投资收益考虑较少，更没有考虑当前 1.98% 的储蓄年收益（一年定期储蓄利率）能否抵御物价上涨所带来的货币贬值风险。因此，接受新鲜事物快的中青年投资者不妨突破“考虑风险多，考虑收益少”的传统模式，适当进行一些风险性投资，比如炒股、炒金、炒期货、购买房产等等，也可以选择从银行即能办理的开放式基金、炒汇、分红保险等投资品种。关于风险性投资的比重，可以参考国际理财专家推荐的“最佳投资公式”，即风险类投资比率 = 100 − 年龄。比如你今年 35 岁，则你购买开放式基金等风险投资的占比最高可以达到 65%；到了 80 岁，风险投资则应控制在 20% 以内。

（三）攒钱多消费少

我国是世界上储蓄率最高的国家之一，这与人们勤俭持家的传统观念密不可分。过去一角一分地精打细算、不敢花钱是因为太穷，但在如今社会不断进步，收入水平日益提高的新情况下，一味勤俭持家、使劲攒钱的老观念已经落伍了。理财的最终目的是为了生活得更好，所以具备一定经济基础后，就应改变这种旧观念，挣钱后科学打理，然后积极用于子女教育、居家旅游、改善物质和文化生活等消费，尽情享受挣钱和消费带来的人生乐趣，这才能称得上是科学理财。

五、逆向思维理财

几年前，一个故事曾被广为流传：某证券公司的散户股民几乎人人赔钱，只有门口看自行车的老太太赚了个盆满钵满，于是大家纷纷向她讨教炒股秘方。她说：“门口的自行车就是我炒股的‘指数’，自行车少、股市萧条的时候我就买股票，自行车多、人人都抢着买股票的时候我就清仓。”这个故事讲了一个“随大流不赚钱，反其道而为之才能发财”的道理。实际上，这位老太太不知不觉运用了逆向思维。在如今理财渠道日趋增多，操作难度相对增大的情况下，巧用逆向思维科学理财会取得非同一般的收益。

（一）弃“绝对稳健”，适时“投机”

目前，储蓄仍然是百姓理财的主渠道。其收益虽然较为稳妥，但当前利率是历史上较低的时期，如此低的收益很难抵御物价上涨所带来的货币贬值风险。因此，接受新鲜事物快的中青年投资者不妨抛弃传统“钱存在银行最稳妥”的观念，适当进行一些有风险但收益相对较高的“投机”类理财。除了炒股、炒金、炒期货、购买房产等投资方式以外，当前单是可以从银行办理的就有开放式基金、炒汇、分红保险等多个品种，许多银行和证券公司还联合推出了“保利理财”等委托业务，这些投资方式的综合收益多数会高于银行储蓄。另外，近年来广大金银币投资者获利也非常丰厚，如果个人具有一定的钱币知识，不妨在价位合适时买入金银币，等价位上涨时再“倒卖”出手。

（二）弃“从众心理”，宜“独辟蹊径”

多数人在理财中存有“从众心理”，见大家都炒股，不管自己对股票是否了解，便一哄而上，全民皆“股”民。小赵是一位颇有主见的投资者，无论炒股的朋友怎么劝，参加集资分红的朋友如何动员，他总是按照自己的判断，另辟蹊径进行理财。有一年，经过分析和衡量，他发现某某开放式基金的投资价值较大，在该基金无人问津的情况下购买了2万份，结果不到一年的时间，连分红加上基金净值的增长，收益超过了10%，而盲目参加集资的不但没有拿到8%的收益，差点连本钱也损失了。所以，理财不能盲目随大流，而是应结合自身的实际制定理财计划，平心静气地理自己的财。

（三）弃“分散投资”，改“孤注一掷”

经历过炒股赔钱的人往往会对分散投资更加深信不疑。对于风险类的投资，“不要把鸡蛋放在一个篮子里”，确实能达到分散和减少风险的目的。但如果一味地去刻意“分散”风险，有时也会适得其反。

老张和老李都是稳健型的投资者，但老张遵循分散投资的原则，对各种投资方式都感兴趣，朋友承诺以高息向他借款，他明知有风险，但又怕错过这个发财机会，便借出了1万元，后来朋友的厂子破产倒闭，借款也鸡飞蛋打——虽然这1万元只是他“分散投资”的一部分，但与其他国债、储蓄、炒股等方式综合来看，他理财的年收益几乎是零。而老李见国债不交纳利息税，并且支取还可以享受相应档次的利率，他认为这种方式既稳妥，收益又高，便“孤注一掷”地把家中所有的积蓄都买了国债，到期时的年收益接近3%。由此看出，收益较高、完全稳妥的情况下可以“孤注一掷”，同时，不能像老张这样为了分散而分散，涉入自己没有把握的高风险投资领域。

（四）弃“勤俭节约”，变“能挣会花”

伊索寓言中有这样一个故事：一位富人把金子藏在花园的树下，每周挖出来自我陶醉一番，然而有一天他的金子被一个发现秘密的贼偷走了，此人捶胸顿足，痛不欲生。邻居们都来看他，并询问事情的经过：“你从来没有花过钱吗？”他回答：“没有，我只是每周挖出来看看而已。”邻居告诉他：“有没有这些钱对你来说不都是一样吗？”现在，这种“富人”在我们的生活中也有不少，理财的最终目的是为了使全家人的生活质量不断提高，如果和这位富人一样，只攒钱，不花钱，那即使他的年收益再高，攒的钱再多，也不能算得上是科学理财，最多只能说他“很能攒钱”。因此，理财计划中要有消费计划，在保证正常家庭开支的情况下，适当加大旅游、文化、子女教育类的消费。这样，生活质量提高了，投资者才会有更多的精力、动力和信心去赚更多的钱。

六、“麦穗哲理”理财

古希腊哲学导师苏格拉底的三个弟子曾求教老师，怎样才能找到理想的伴侣。苏格拉底没有直接回答，却带徒弟们来到一片麦田，让他们在麦田行进过程中，每人选摘一支最大的麦穗，不能走回头路，且只能摘一支。

第一个弟子刚走几步便摘了自认为是最大的麦穗，结果发现后面还有更大的。第二个弟子一直左顾右盼，东挑西捡，一直到了终点才发现，前面几个最大的麦穗已经错过了。第三个弟子吸取前两位的教训，当他走了三分之一时，即分出大、中、小三类麦穗，再走三分之一时验证是否正确，等到最后三分之一时，他选择了属于大类中的一支美丽的麦穗。这就是“麦穗哲理”。

老张精于理财，这些年他正是按照苏格拉底的这一“麦穗哲理”，投资不孤注一掷，更不因循守旧，总是用他的理智和果敢发现投资过程中“最大的麦穗”。实践证明，老张用“麦穗投资法”的回报率大大高于了“不加分析盲目型”和“左顾右盼胆小型”投资者的收益。

20 世纪 90 年代时银行存款利率较高，收益又稳妥，所以多数人把钱毫不犹豫地全部存成了银行定期储蓄。而老张当时只是把 1/3 的资金存成了三至五年的定期存款，其他 2/3 选择了支取更为方便、提前支取利息不吃亏的定活两便储蓄（当时定活两便储蓄按同档次定期利率打九折），以等待更好的投资时机。第二年，国家发行国债，利率比银行高出不少，而且带有保值性质，于是他支取了定活两便存款，购买了国债。这一投资决定，让老张抱上了一个“大金娃娃”——国债利息加上保值贴息，年收益高达 20% 以上，5 年时间其资产翻了一番。

后来，我国股市异常火暴，连街上卖菜的小贩都在大谈“割肉、建仓、K 线、D 线……”。别人都劝老张趁机进股市捞一把，而老张却自有他的小算盘。他看到股票一、二级市场差价很大，于是将陆续收回的各种资金存入证券公司，办理了新股自动申购。一年多的时间下来，孤注一掷的股市投资者因为遇上了大熊市，股指连续下跌，不但炒股的盈利全赔了进去，原来的成本也缩水了近 50%，而老张申购新股的收益算起来已达到了 15%。

2002 年以来，多数投资者见股市一蹶不振，银行储蓄和国债利率连续走低，因此在确定投资方向上左顾右盼，举棋不定。多数人是把钱放在银行收取的活期及定期利息。而老张经过仔细观察和研究，发现国外投资基金盛行，收益也非常稳妥，加入世贸组织后我国的开放式基金肯定会有大的发展。当时正值某稳健成长基金发行，于是他以 1 元的单价购买了 20 万份基金。一年的时间过去了，他已享受了基金公司的两次每 10 份基金单位 0. 25 元和 0. 15 元的分红，一年的分红收益达到了 4%，而那些举棋不定的投资者同期收益还不到老张的 1/8。

最近，老张听说国内金融机构近来不断推出委托贷款、分红保险、180 指数基金等新的投资品种，又天天盯着报纸的理财版开始分析研究。他非常有信心地说：“虽然现在家庭资产增值越来越难了，但‘最大的麦穗’还是一定要继续捡下去！”

七、平民化投资

一个小女孩拿着三角钱到瓜园买西瓜，瓜农见这点钱连 1/5 个西瓜也买不着，便想赶紧糊弄她走，他顺手指了指瓜地里一个拳头大小、还没有成熟的西瓜说：“三角钱只能买这种小西瓜。”瓜农本以为女孩会反问：不熟的西瓜怎么吃？于是小女孩就放弃买瓜了。谁知女孩略作考虑后竟然答应了，并且接着就把钱递了过来。瓜农不解：“小西瓜又不能吃，你要它有什么用？”女孩说：“反正交了钱这个小西瓜就是我的了，过两个月我再来拿。”这回该瓜农傻眼了，因为卖小西瓜是自己主动提出来的，所以只能吃这个哑巴亏了。两个月后，小姑娘抱着那个已经瓜熟蒂落的大西瓜高兴而去。

小女孩买瓜看似一件不起眼的小事，里面却蕴涵着“超前投资、赚取未来钱”的大智慧。在家庭投资理财过程中，灵活地运用好这一原理，善于买“小西瓜”，会使你家庭资产的增值速度始终快于别人。

居民手中的积蓄越来越多，许多人将房产当成了期求保值增值的投资工具，但现房的价格肯定较高，而期房的价格则相对便宜。通常，楼盘在前期发售时，价格会较为优惠，随着建筑期不同，售价会逐渐提升，到现楼时价格会达到阶段性的顶峰。这时以较高的房价购买房子，其投资回报率是有限的，而在楼盘进行内部认购时，就交纳押金订好房子，等到签订正式购房契约或现房出售时，房子已经有了一定幅度的增值，这就好比当初买的“小西瓜”已经成熟了，你可以将房子转手卖掉，将盈利落袋为安，也可以将房产进行租赁，获取高于别人的投资回报率。

原始股或者股市低迷时的潜力股都是极具投资价值的“小西瓜”。有股票的居民不妨到证券公司办理新股自动配售或自动申购，这样一旦中了号，就等于买上了一个便宜的“小西瓜”，原始股上市时必然会获利。另外，每年的年末，证券公司和机构为了盘点盈余一般要调整股票和现金的比率，同时这个时段也往往是政策的“真空期”，因此这时的股价一般较低，准备进行中长期投资的股民不妨在这个时候选择价位较低的潜力股，耐心等待升值的机会。

开放式基金以其“专家理财、收益稳妥”的优势受到了广大居民的青睐。因基金受股市的影响较大，股市下跌时，发行完的基金有可能会跌破发行面值，如果这时你看好一只基金，可以采取“申购”的方式、以低于发行面值 0.1 元左右的价格买入，你可别小瞧这一角钱，只要大市转暖、基金净值增加，涨到 1 元发行价的时候，别人才刚刚解套，你已经有10%的收益进账了——由此可见，买“大西瓜”的人，不如善于挑“小西瓜”的人赚的钱多。

八、稀释减损法

某地有两家银行，其不良贷款占全行贷款总量的比率都是20%，上级银行要求他们在一年之内将不良贷款降低10%。甲银行由行长亲自挂帅，成立了专门的清欠机构，全银行千方百计地抓不良贷款清收；乙银行则没有如此兴师动众地清收不良贷款，而是组织全银行大力营销消费贷款。

到了年底，甲银行清收不良贷款的成效自然比乙银行好，但最后一算账，其不良贷款仅下降了 3 个百分点；乙银行却由于贷款营销得力，全银行的贷款总量翻了一番，不良贷款所占比例一下子降了10%，圆满地完成了任务。

在金融界，乙银行的这种“绝招”叫“稀释减损法”。其实，对于个人理财来说，这种办法也极具借鉴意义。

炒股的人可能谁都遇到过亏损，有的人为了减少损失便忍痛进行换股、割肉，可这样的结果往往是你今天刚卖出，明天这只股票就开始上涨，而且操作越频繁，损失就越大，实际上成了“越减越亏”。

在这种情况下，你不妨用一下“稀释减损法”。假设你手中持有某股票 1 000 股，目前已经从买入时的10元跌到了5元，经过观察，你发现该股票有企稳迹象，并且认为该股票具有中长期的投资价值，这时你可以用每股5元的价格再买2 000股，增加持仓量，从而“稀释”你持有该股票的成本。这样，该股票上涨到6.7元的时候你就彻底解套了，此后每上涨1元，你就会有3 000元进账。

除了炒股以外，家庭出现亏损的情况还有不少。如果你的家庭积蓄只有1万元，因盲目参加民间借贷等不当理财，致使这笔血汗钱打了水漂，这时多数人一定会捶胸顿足，后悔不迭，并且此后很长一段时间，理财亏损的阴影会笼罩着整个家庭，有时还会引起夫妻不和，甚至导致家破人亡。

这和炒股一样，对待亏损的态度和对策是非常重要的。出现了亏损一味地后悔、埋怨和消极会雪上加霜，使今后的生活更加陷于困境。相反，如果及时吸取教训，以失败为动力，通过为自己充电、开拓其他生财门路等方式，积极去赚钱，一段时间之后，你的努力肯定能取得成效。当你的年收入已达到了10万元以上，这时再提起你曾遭受的1万元损失，你肯定会不屑一顾地说，毛毛雨啦！——为什么会是这样，因为你的财富总量增加了，从而使过去的“家庭不良资产”变得微不足道，实际上是成功实现了“稀释减损”。

九、能挣会花，善于投资

浙江省有关部门曾经对全省中等收入家庭进行了一次抽样调查，其中有三成的家庭在未来两年内有购房意向，并且其中多数已经具有了人均20.64平方米的自有住房，购房目的是为了进一步改善居住条件；有两成的家庭有境内外旅游的消费意向，其中45.3%的家庭准备省内就近出游，68%的家庭计划跨省旅游，16.3%的家庭有出国观光的打算；四成以上的家庭有进行股票、债券、房产等高收益投资的意向。

虽然这只是一个普通的抽样调查，但如果仔细分析调查结果，就会发现浙江人的消费投资理念较为科学，符合与时俱进的时代要求，对全国多数省份的居民具有一定借鉴意义。

（一）挣钱也要会花钱

浙江人能吃苦、会赚钱是全国闻名的。这项调查显示，善于积累财富的浙江人不但能挣钱，而且会花钱，尤其是在住房条件的改善上最舍得下本钱。浙江人把改善住房条件作为提高家庭生活质量的首要环节，没有住房的家庭首先考虑买房，房子“落伍”的家庭则考虑有步骤地换更好的房子。他们的理念是把钱花在刀刃上，从而不断追求先安居后乐业的家庭梦想。

有了钱，除了住得好，吃得好，穿得好，还要会“调剂生活”。许多人说，出去玩一趟倒是能调剂生活，但成千上万的钱没了，太不值得！浙江人就不这么想，调查中有这么多家庭要出省甚至出国旅游，展示了现代人的消费时尚。实际上，游览祖国的大好河山，不仅开阔了视野，锻炼了身体，放松了心情，还会让人们更加热爱生活，赚钱的动力也就更足，所以旅游消费实际上是物超所值的。

（二）投资不必太保守

该调查还显示，未来两年内有投资意向的家庭占调查总户数的43.8%。其中，股票仍是投资者的首选方式，占投资家庭的42.9%；其次是保险，占投资家庭的38.5%；债券、国库券排在投资的第三位，占投资家庭的28.8%，另外，有16.3%的家庭有投资房产的意向。由此可看出，排在前四位的全是高收益的投资方式。

浙江的中等收入家庭把股市作为投资首选，是因为他们知道持股是分享国民经济增长成果的最好方式。当前，中国的股市日趋规范，前景应当非常乐观，只要选好有潜力的股票，中长期的投资回报率会大大高于普通投资方式。

人无远虑，必有近忧。如今，人们财富积累的速度加快，但家人一场大病往往就会让人倾家荡产，所以人们应当有未雨绸缪的意识。将近40%有投资意向的浙江家庭会考虑购买家庭保险，这是一种增强家庭保障能力、科学理财的体现。

“置房置地”自古以来是国人所特有的一种理财传统。面对攀升的房价，多数投资者不敢伸手，但调查中有16.3%的浙江中等收入家庭看好房产投资，说明他们对当地房产投资的未来充满了信心，并懂得以房产投资来规避物价上涨带来的家庭资产贬值。

考虑国债不征利息税等因素，债券的实际利率较储蓄高出不少，这次调查中28.8%的家庭有投资债券的意向，也正是说明了“以收益论英雄”的投资观念正在被越来越多的浙江居民所接受。

科学地借鉴浙江人“能挣会花”的消费观，有助于提高家庭的生活质量；借鉴“放弃保守，求收益”的理财观，则会更加有助于家庭资产的保值和增值。

十、合理消费，慎重贷款

说起中国人和外国人理财观念的差距，多数人会想起中国、外国两个老太太买房的故事。外国老太太贷款超前消费，居有定所，生活质量高；中国老太太省吃俭用，靠一生的积蓄，最终买下房子，却已是风烛残年，无福享受了——总之一句话：外国老太太的理财方式科学，中国老太太的观念落后。

在某国企工作的张先生一开始颇羡慕外国老太太的潇洒。当时正巧单位集资建房，他怕重蹈中国老太太的覆辙，便从银行办理了10万元的住房贷款。一次交清购房款，拥有了属于自己的住房，一家人当时甭提多高兴了。可后来，张先生却怎么也高兴不起来了。

张先生和爱人都是工薪族，两人月工资加起来不到2 000元，每月单是偿还贷款本息一项支出就将近千元，因此，家庭日常开支常常捉襟见肘，以致不得不节衣缩食，恨不得一分钱掰成两半花。住房条件虽然改善了，但总体生活质量却下降了。同时，父母唠叨，老婆埋怨，张先生还要承受巨大的心理压力。他非常无奈地说，早知道这样，还不如不贷款。

随着各银行对住房、汽车等个人贷款业务的积极推介，“先消费，后还款”的生活方式逐渐成为一种社会时尚。那么，这种超前消费方式是不是人人都适合，哪些人办理消费贷款需要慎重考虑呢？

（一）传统观念强、心理承受能力差的人不宜贷款

对于多数人来说，“无债一身轻”、“量入为出”的传统理财观念在短时期内是很难改变的。此观念根深蒂固的人，就不宜盲目跟风，赶贷款消费的时髦。否则，到时为债务所累，背上沉重的心理包袱，就得不偿失了。同时，办理贷款应事先多和家人商量，取得他们的同意和支持，避免日后落下埋怨。

（二）要考虑自身还本付息的承受能力

目前，银行中长期贷款利率是同期存款利率的一倍以上，每月还本付息的压力相当大。因此，贷款之前要对自己的收入情况和每月还本付息额进行衡量，仔细测算，以此确定是否贷款，或确定所能够承受的贷款额。另外，在能够向亲朋借款的情况下，尽量不要贷款。目前，存款利率非常低，你可以和出借人协商，按照银行存款利率为其支付利息。这样，出借人的利益不受损失，你又避免了沉重的贷款还息负担。

（三）有条件可提前还贷

按有关规定，银行允许借款人提前偿还全部或部分贷款，提前全部归还本息的，按合同利率一次结清还本付息额；部分提前归还的，以后每月还本付息额按剩余本金和剩余还款期数重新计算。这样，如果你办理消费贷款后，手中余钱积攒到了一定数额，这时可考虑提前偿还贷款或部分还贷款。因为日常积蓄一般是存成银行储蓄，如果不及时偿还贷款的话，一方面你的存款年收益不足2%，另一方面要支付5%以上的高额贷款利息，3%的差额就白白流失了。因此，提前还贷是减轻利息支出的好办法。

十一、“三要三不要”理财法

巴菲特和索罗斯都是世界上著名的投资家，但二人的投资风格各异，索罗斯喜欢激进和冒险，崇尚“要么赚很多钱，要么赔很多钱”；而巴菲特则看中稳健投资，绝不干“没有把握的事情”。中国人受传统观念影响，一般不喜欢冒险，且多数人不具备索罗斯那样超乎寻常的承受力和判断力，所以，堪称巴菲特投资理念精华的“三要三不要”理财法更适合中国工薪族投资者。

（一）要投资那些始终把股东利益放在首位的企业

巴菲特总是青睐那些经营稳健、讲究诚信、分红回报高的企业，以此最大限度地避免股价波动，确保投资的保值和增值。而对于总想利用配股、增发等途径榨取投资者血汗的企业一概拒之门外。

（二）要投资资源垄断型行业

从巴菲特的投资构成来看，道路、桥梁、煤炭、电力等资源垄断型企业占了相当份额，这类企业一般是外资入市购并的首选，同时独特的行业优势也能确保效益的平稳。

（三）要投资易了解、前景看好的企业

巴菲特与人们只注重概念、板块、市盈率的投资方式不同，凡是投资的股票必须是自己了如指掌，并且是具有较好行业前景的企业。不熟悉、前途莫测的企业即使被说得天花乱坠，他也毫不动心。

（四）不要贪婪

20 世纪 60 年代的美国股市牛气冲天，到了 1969 年整个华尔街进入了投机的疯狂阶段，每个人都希望手中已经涨了数倍的股票一直涨下去。面对连创新高的股市，巴菲特却在手中股票涨到 20% 的时候就非常冷静地悉数全抛。后来，股票出现大幅下跌，贪婪的投资者有的血本无归，有的倾家荡产。

（五）不要跟风

2000 年，全世界股市出现了所谓的网络概念股，一些亏损、市盈率极高的股票一沾上网络的边便立即鸡犬升天。但巴菲特却不为所动，他称自己不懂高科技，没法投资。一年后全球出现了高科技网络股股灾，人们这才明白“不懂高科技”只不过是他不盲目跟风的借口。

（六）不要投机

巴菲特的“投资不投机”是出了名的，他购买一种股票绝不在意来年就能赚多少钱，而是在意它是不是有投资价值，更看中股票在未来 5～10 年能赚多少钱。他常说的一句口头禅是：拥有一只股票，期待它下个星期就上涨是十分愚蠢的。

十二、女性理财五大误区

（一）能挣钱不如嫁个好丈夫

许多女性往往把自己的未来寄托于找个有钱丈夫，平时把精力都用在了穿衣打扮和美容上，却忽视了个人创造、积累财富能力的提高。俗话说，伸手要钱，矮人三分。许多女性凡事都依赖丈夫，认为养家糊口是男人天经地义的事情，但长此以往，必然会受制于人，女性在家里的“半边天”地位也就会发生动摇。所以，作为现代女性，应当依靠为自己充电、掌握理财和生存技能等方式，自尊自强，在立业持家上展现“巾帼不让须眉”的现代女性风采。

（二）家财求稳可以不看收益

受传统观念影响，大多数女性不喜欢冒险，她们的理财渠道多以银行储蓄为主。这种理财方式虽然相对稳妥，但是现在物价上涨的压力较大，存在银行里的钱弄不好就会“贬值”。所以，在新形势下，女性们应更新观念，转变“只求稳定，不看收益”的传统理财观念，积极寻求既相对稳妥、收益又高的多样化投资渠道，比如开放式基金、炒汇、

各种债券、集合理财等等，以最大限度地增加家庭的理财收益。

（三）随大流能避免理财损失

许多女性在理财和消费上喜欢随大流，常常跟随亲朋好友进行相似的投资理财活动。比如，听别人说参加某某集资收益高，便不顾自己家庭的风险抵御能力而盲目参加，结果造成了家庭资产流失，影响了生活质量和夫妻感情；有的女性见别人都给孩子买钢琴或让孩子参加某某高价培训，于是不看孩子是否具备潜质和是否爱好，便盲目效仿，结果收效甚微，花了冤枉钱。

（四）会员卡消费能节省开支

女性们对各种会员卡、打折卡可谓情有独钟，几乎每人的包里都能掏出一大把各种各样的卡。许多情况下用卡消费确实会省钱，但有些时候用卡不但不能省钱，还会适得其反。有的商家规定必须消费达到一定金额后才能取得会员资格，如果单单是为了办卡而突击消费的话，就不一定省钱了；有时商家推出一些所谓的"回报会员"优惠活动，实际上也并不一定比其他普通商家省钱；还有一些美容、减肥的会员卡，他们以超低价吸引你交足年费，可事后要么服务打了折扣，要么干脆人去楼空，让消费者的会员卡变成废纸一张。

（五）女性最适合"当家"

中国人的传统是"男主外，女主内"，也就是说，女人应当掌握家庭的财政大权。不过，从科学理财的角度来说，夫妻双方由于理财观念和掌握的理财知识不同，两人的理财水平肯定会有所差异。所以，不论男女，不论工资收入高低，谁擅长理财，谁就应成为家庭的"内当家"。如果两人互不服气，不妨来一个"擂台赛"，将现金类资产一分为二，夫妻分别理财，一年之后谁的理财收益高，谁就可以理直气壮地"当家"。

十三、老年人理财"四项原则"

（一）安全的原则

老年朋友的积蓄是自己多年积攒的血汗钱，需要应付日常生活及生病住院等开支，是晚年生活的"保命钱"，因此，老年朋友理财的首要原则是安全。一般来讲，理财的规律是收益和安全成反比，收益越大，安全性相对越小。当前，适合广大居民的理财渠道有储蓄、国债、企业债券、股市、民间借贷等，股市等投资方式虽然收益高，但相对风险也大，并且随着年龄的增长，老年人理财的思维和判断力必然下降，对股市跌宕起伏的心理承受能力也相对减弱。因此，老年人尽量不要参与炒股、炒汇等风险类投资。国债和储蓄是各种投资渠道中最稳妥的，不用操心费力便会有一笔稳妥的利息收入，比较适合求稳的老年朋友。

（二）方便的原则

有位老年朋友因看到储蓄存款的存期越长利率越高，便把平时不用的钱全存成了三年和五年定期储蓄。前段时间，因老伴住院，手头没有现款，赶忙找出存折，但一看离到期日最近的也得一年多，最后经过一番衡量，为了避免利息损失，只好费尽周折，东借西凑总算凑足了住院款。从这一事例看，老年朋友因生病、住院等急需用钱的概率相对较高，这就要求老年朋友在存钱的时候应适当考虑支取的方便性。滚动储蓄法是适合老年朋友的理财方式之一，如果你手头有 2 000 元积蓄属于短期用途或支取时间无法预期，这时可先存一个一年或二年定期，隔一段时间再把手中积蓄的退休金或养老保险金存成一年或二年的定期存单，依次类推。这样一年后，每隔一两个月就有一张存单到期，用钱很方便，不用可继续转存。

（三）最大限度增值的原则

对老年朋友理财来说，收入已经是基本固定，在考虑安全和方便的前提下，应当最大限度地保证现有存款的保值和增值。一是要少存活期，多存中短期相结合的定期，尽量减少活期存款的比率。二是要注意及时转存定期，有的老年朋友图省事或因遗忘，常常使已到期的定期存款不能及时转存，造成了利息损失，因此要关注存款的到期日或到银行办理预约自动转存，以避免因不能及时转存造成的利息损失。三是可适当购买一些开放式基金，开放式基金具有“专家理财、收益高、风险小”的特点，随着我国证券和基金市场的不断规范，开放式基金必然会给投资者带来可观的分红收益。

（四）适度消费的原则

有的老年人受传统生活习惯的影响，不舍得消费，只考虑如何为子女攒钱。俗话说，儿孙自有儿孙福。儿女过得好了，他们并不需要你的帮助；如果子女过得不好，给他们一些资助也只能应付一时，管不了长远，弄不好还会培养子女好逸恶劳的不良习惯。因此，老年朋友要摈弃陈旧的消费观念，积极将积蓄用于改善生活、参加文体活动、身体保健和疾病治疗等用途，提高生活质量，保障身体健康，尽享幸福晚年。

十四、上班族的炒股经

李先生是上班一族，也是一个准股民，但他的炒股方式和一般专业股民不一样，用他的话说，叫“捂”股。自 2012 年买了几只股票，已经一年多了，他只是偶尔留意一下股票的价格，其他的股票信息很少去管，证券公司更是一趟也没去。后来，经朋友提醒，他到证券公司一查，原来，自己已经白白错过了一次低价配股的机会。同时，深沪股市实行了根据市值配售新股，他的这位朋友靠新股配售，年收益达到了 4% 以上，而他由于信息不灵，无数次配售新股均自动放弃了。李先生最后深有感触地说：“过去只知道炒股是赚取差价，真没想到如今股市上还有这么多可以利用的资源。”那么，怎样才能充分利用股市资源，提高炒股效率或避免损失呢？

（一）到证券公司办理自动配售新股业务

目前，新股配售的信息虽然公布得非常及时，但广大投资者需要密切关注媒体的信息，并且要到证券公司办理申购手续，这对多数上班族来说，时间上恐怕难以允许。现在各证券公司均开办了自动配售新股业务，你只需携股票账户和身份证件到证券公司签订“自动配售新股”协议，即可消除不能按时认购新股的顾虑和麻烦。此后，每当有新股发行，证券公司会根据你的有效市值，自动进行新股申购；如果申购成功，证券公司会按你留的联系方式，及时通知你办理存入资金或交割事宜。

（二）关注持有股票的分红、配股信息

像李先生这样只关注股票价格，不关注上市公司动态的股民绝非少数：股票配股不知道，错过了低价配股的时机；股票送股不知道，卖出时还是填写原股数；股票分红更是不知道，资金闲置在账户上，不能最大限度地发挥作用。因此，投资者要通过媒体或采取拨打证券公司服务电话等形式，关注所持有股票的相关信息，及时掌握配股和送派信息。如果分得了现金红利，生活中急需用钱时可以及时支取，也可以将红利进行再投资，提高资金的利用率。

（三）开办银证转账，节省宝贵时间

目前，许多股民特别是年龄稍大些的股民，还习惯于到证券公司存取现金，如此携带大量现金来往于股市和银行间，既不方便又不安全，还浪费了大量的时间资源。为了方便股民，各证券公司一般都开设了银证转账业务，你只需到证券公司或银行开通银证转账，即可利用证券公司或银行的服务电话进行股市和银行资金间的转账，也可以用银行卡直接提取或消费转账后的资金，减少了资金周转环节，避免了不必要的麻烦。

（四）利用网上炒股，提高操作水平

如今互联网越来越普及，证券公司大多开办了网上炒股业务，上网者只需到证券公司开通此项业务，就相当于把大户室搬到了家里。通过网络可以买卖股票，可以利用网上分析系统进行走势分析；还可以通过“网上个人理财”程序，对自己的股票进行自定义，以随时查看各股的保本价、盈利价、盈亏率、股票市值以及股票资产分布、净资产盈利分布等情况；也可以通过网上炒股程序设立每只股票止损点和获利卖出点，利用涨跌报警设置，可以最大限度地避免错过卖出机会。另外，网上炒股为证券公司节省了人工操作费用，因此，有的证券公司对网上炒股者还有一定优惠措施，网上炒股可谓一举多得。

十五、应对升息的七大理财举措

近年来，关于提高存贷款利率的讨论和猜测不时见诸各大媒体。经济专家说许多行业的过热现象需要用提高贷款利率来控制；普通老百姓也在说持续负利率挫伤储蓄积极性……虽然中央银行不断出来辟谣，但中国有句老话叫“无风不起浪”，各方面都出现了

加息的呼声，这最起码说明调息的条件正在日趋成熟。

近十年来，我国的利率调整都是一次接一次降息，提升存贷款利率对广大投资者特别是年轻投资者来说毕竟还很“陌生”。真正升息来临的时候，许多人还可能会有点措手不及。比如，住房贷款晚办了一天就要执行调高后的新利率；刚买了国债，可升息后一算，储蓄存款比国债合算……所以，作为一个精明的投资者，不应在升息之后手忙脚乱或后悔不迭，而是应在升息之前就未雨绸缪，做好各种准备工作，或者在升息之后立即有条不紊地开始家庭财务调整。

（一）尽早办理住房、消费贷款

银行贷款利率执行的是一年一定的政策，如果你有购房、消费等信贷需求，这时不妨提早办理贷款手续。贷款办完之后，如果中央银行提高了存贷款利率，这时你可以在一年合同期内享受升息前的低利率，从而占银行的便宜。2004 年 4 月末，各商业银行曾被要求“五一”之前尚未出账的贷款一律不得出账，这个消息被认为是中央银行升息在即，而又想保护商业银行利益的行为。所以，如果升息来临，有信贷需求的居民应立即办理贷款手续，尽早把贷款拿到手。

（二）暂缓购买国债

国债执行的是合同利率，也就是说今天买了国债，明天如果利率上调，你也只能按购买时约定的利率计息。另外，凭证式国债的提前兑付要蒙受一定损失，持有期不满半年兑付的不计利息，满半年不满一年的只能享受相当于活期的存款利率，同时提前兑付还要交纳千分之一的手续费，这样，如果购买国债后不久存款税后利率调整后高于同期国债，那你就等于被“套牢”了。所以，如果你认为升息条件已经具备，不妨暂时把钱存在银行，然后根据利率的变化再决定后期的投资意向。

（三）考虑将外币转成人民币储蓄

目前，美元、日元、港币、欧元等常见外币的存款利率均低于同期人民币存款，如果遇到人民币存款利率调高，这时存外币会更不合算。如果不考虑汇率的变化因素，单单为存款得利息的话，遇到人民币升息，可以将手中的外币通过正当途径转换成人民币储蓄，从而享受升息后的高利息收益。

（四）用好通知存款的特殊计息规定

通知存款，是指存款时不约定存期，支取时需提前通知银行，约定支取日期和金额方能支取的一个存款种类。个人通知存款最低起存额为 5 万元，按存款人提前通知的期限长短分为 1 天、7 天通知存款两个品种。通知存款的存单上不注明存期和利率，银行按支取日挂牌公告的相应利率和实际存期计息。也就是说，如果升息前存入通知存款，利率提升以后办理支取时，这笔存款可以享受调高后的新利率。充分利用通知存款的这一特殊规定，可以让临时无法决定投资意向的存款最大限度地生息。

（五）谨慎购买保险

投资型寿险和分红类寿险占到了目前整个保险品种的绝大多数份额，许多投保者是看中了此类保险的投资功能而将其当成了储蓄的替代产品。这样，存款利率上调后，这种产品的现金回报率可能会不如银行，加上近来分红保险的实际分红不太理想，所以，单纯追求现金回报率的投资者可以将收益低的保险改为收益高的银行储蓄。不过，根据个人的实际情况，投资者对投资分红型保险的其他保障功能也应充分考虑。

（六）把握好升息后的炒股思路

加息向来被理解为股市的利空，因为较高的利率会吸引部分股市资金。但这些年来，股市与利率的关系已经日趋淡化。自 1996 年以来股市经历了 8 次减息，按说这应当是大利好，但是每次减息的结果都让市场走出一根高开大阴线，并一蹶不振。所以，有关专家分析，升息对股市的负面影响同样是有限的。一般情况下，利率升降的幅度不会太大，零点几乃至一个百分点的升幅不会成为铁杆股民们撤资的理由。

（七）以消费来分享升息抑制通货膨胀的成果

利率上调之后，对通货膨胀会有一定的抑制作用——存钱的人多了，消费的人少了，一些相对价格较高的商品就会跌价，消费者这时购物会达到“少花钱、多办事”的理财效果。另外，理财的最终目标是为了生活得更好，只有适度消费、提高生活质量才符合理财的初衷。

十六、个人理财：选好理财师

张先生是某公司的销售主管，虽然收入不菲，但却不善打理自己的积蓄。他看见如今银行都建起了理财中心，可以为客户量身订做理财方案，于是他就想让专业理财师出谋划策，将自己的积蓄点石成金。

他先来到甲银行的理财中心，一位文质彬彬的年轻女理财师热情接待了他。一番交流之后，根据他月收入和积蓄情况，理财师出具了一份理财建议书：n 万元购买该银行发行的某某开放式基金；n 万元存成定期一年期储蓄；外币 n 万元参加该行刚推出的“某某赢”外汇理财。张先生虽然觉得这份理财建议有一定道理，但美中不足的是过于简单，于是他决定货比三家，经过一番衡量之后再做决定。

第二天，他来到了乙银行的理财超市，一位戴眼镜的男理财师给他出具了一份与甲银行理财师截然不同的建议书：n 万元购买该银行发行的记账式国债；n 万元参加该银行推出的“某某钱”人民币理财产品；n 万元购买该行代售的分红型保险。看到同样是银行理财师，但理财方案却差异较大，并且乙银行没有投资开放式基金的建议，张先生便谈了自己看好开放式基金的个人观点。这位理财师解释说，他们银行目前暂时没有代理开放式基金，并说“某某钱”理财产品比开放式基金更稳妥，某某分红型保险是储蓄的替代产品云云。

张先生一琢磨才明白，敢情理财师给客户理财的前提首先是推销自己的产品，其次才是考虑客户家财增值。为此，他又陆续接触了一些保险公司、证券等行业的理财师，但理财建议的内容均离不开自己的产品。这就和在农贸市场买菜一样，商贩们都说自己的菜好，即使别人的菜比自己的好，他们也不会推荐顾客去买别人的。这么一想，他不敢再找理财师了，直到现在，张先生的几十万元积蓄也一直没有找到合适的理财方式。

时下，理财中心、理财超市、理财工作室不断亮相街头，并都说“由资深专家为客户量身订做理财方案”，但实际却并非完全如此。和这位张先生遇到的情况一样，多数理财中心的理财师们总是建议你购买他们的理财产品或建议用该行的某某卡、某某网上银行等所谓“超值服务”，客户表面上拿到是一份理财规划书，实际上还不如说是一份产品推销书。同时，理财毕竟是一项新业务，各银行理财师的资质和水平也参差不齐。目前银行理财中心的工作人员对外一般都统称理财师，但实际上这些人仅仅是过去的储蓄员或信贷员，在经过系统内的短期培训之后，便摇身一变成了理财师。由于受银行经营观念和人员素质等因素影响，目前银行理财师们提供的服务存在一定局限，只能算是原来传统存贷款业务的拓展。而按国际惯例，理财师不但要有丰富的银行从业经验，还应熟悉保险、证券、信托等投资专业知识，并且还要经过国际权威部门统一认证后才能从事理财工作。目前，全世界持有财务规划师资质的专业人员仅有 64 000 名，其中一半以上分布在北美地区。目前，在我国出现的主要是来自中国香港的注册财务策划师（RFP），但数量极为有限，这部分人主要是从事理财研究和高层管理工作，能到银行前台接待客户的可以说微乎其微。

以上这些因素也就决定了银行前台理财师的实际理财水平暂时还很难与国际接轨，自然，客户接受的理财服务也很难谈得上是完美服务。

随着居民收入的增加和人们理财观念的转变，让专家为家庭理财出谋划策无疑是大势所趋，并且诸多国际理财师培训机构也相继登陆北京、上海、杭州等大中城市；国内各金融机构也加大了系统内理财师的培训力度；一大批具有资质和专业技能的理财师将逐步走入百姓生活，让优秀的理财师为你点石成金的梦想即将变成现实。不过，有关专家提醒，选择理财师应注意以下原则。

（一）尽量选择知名度高的“品牌”理财师

张先生遇到的两位理财师可能受阅历、知识水平、营销观念等因素影响，其设计的理财方案带有一定的局限性，给客户带来的实际理财效果可能不甚理想。所以，客户应尽量选择知名度高、有一定影响力的理财中心或理财工作室，因为这里一般汇集了银行的精英理财师，他们会在推销理财产品的同时，最大限度地考虑客户的财务规划，指导客户树立正确的投资理念，最终实现稳妥增值的投资目标。另外，选择理财师还可以按照“从高到低”的原则，一般情况下，市一级的理财中心要比区县一级的水平高，员工收入高的外资银行理财师水平会高于一般银行，因为高薪是留住和吸引理财精英的重要条件。

（二）有条件可以选择独立理财顾问

与专属某一银行、保险公司的理财师不同，独立理财顾问不属于任何单一金融机构，其出发点是站在客户的角度，设身处地为客户家财增值着想，理财方案往往会涉及基金、保险、债券、信托、税务等多项内容。找这种理财师需要支付一定咨询费用，但如果独立理财顾问的方案非常优秀，让你的家财实现了快速增值，那么你花的咨询费也是物超所值的。独立理财顾问适合积蓄较多，增值愿望强烈的客户。

（三）可以参考媒体特约理财师设计的方案

与理财相关的媒体从来没有像今天这样火爆，报纸有理财版，多数大网站均开设了理财栏目，各种理财杂志也不断面世，这些媒体一般会邀请全国知名的理财规划师，根据读者的需求定期设计理财方案。这些方案一般不带有广告性质，会最大限度地考虑个人的综合保障。虽然不能实现真正的量身订做，但可以对号入座，参考一些与自己财务状况相近的方案，这样可达到不花钱也能享受知名理财师服务的效果。

（四）学会和理财师沟通

几乎每位客户一见到理财师就会问："你们能让我的钱实现百分之多少的年收益?"显然，非常急功近利。其实，理财并不是投机，而是按照稳健、增值的原则，合理地将收入进行综合配置，其内涵并不单单是一年收益百分之几，而是增值、保险、子女教育、养老等多项内容的综合规划，所以和理财师打交道要注重说明自己的财务状况和远期理财需求，好让理财师有针对性地进行设计规划。另外，相信理财师，但不能迷信理财师，其理财建议仅是家庭理财的参考，个人可以根据理财师的建议适当做一些调整，最科学的理财方式是自己掌握理财知识。

第二节

理财方案制订

【案例 10－1】 公务员家庭投资规划

案例资料

公务员王刚，今年 33 岁，妻子在一家上市公司上班，女儿一岁，家庭月收入 1.2 万元，夫妻两人均有医保、社保等基本保障。妻子另外购买了重疾险和意外医疗保险，年付 4 200 元，重疾险需缴交 15 年，已缴 5 年，王刚自己没有另外购买保险。

王刚家现有一套房子、一辆轿车。家庭月支出 7 700 元，其中，生活费 1 500 元，房贷 1 400 元，孝敬父母 1 500 元，车贷 2 300 元，其他 1 000 元。房贷共 20 年，已支付 7 年，车贷至明年 9 月结束。在投资方面，15 万元投资股票，2 万元为一年期定存。另外，有 20 万元做实业投资，但因工程停滞，目前无法回收。

请问，该如何理财，能让王刚家未来的生活水准更高?

理财建议

从上述资料来看，王刚家庭收入稳定，但理财收入所占比例不高，流动备用资金过少，如发生应急用款情况，资金周转将遇到困难。家庭抗风险能力偏弱，家庭成员中仅有妻子一人购买商业保险。给该家庭做的理财建议是：

1. 保障加码，安享生活。

根据目前家庭收入状况，可每年支出 15 000 元用于保险投入。目前，妻子每年支付 4 200元用于购买重疾险和意外医疗险，建议每年支付 8 000 元左右为王刚本人购买缴费期 15 ~20 年的组合型保险产品，包括重疾防范、意外保障、养老分红，可使保障加码，安享生活。另外，还要搭配夫妇已有的医疗保险，可减轻高昂医疗费用所带来的资金压力，免除后顾之忧。

同时还要为孩子购买儿童保险计划，缴费期 15 年，年缴保费 3 000 元，既可作为孩子教育储蓄，按年领取教育金，又可提供重疾及意外保障，关怀守护孩子的未来。

2. 合理分配收益类品种投资。

王刚家庭收入稳定，扣除固定开支，每月有 4 300 元剩余，可将这笔资金做适当分配，以提高资产收益率和灵活度。王刚夫妇都有稳定的工作收入，属年轻一族，可承受一定风险投资，建议适当投资基金产品。

因王刚目前闲置资金不多，建议采取基金定投方式逐步投入，每月可支付 1 500 元购买指数型基金和混合型基金。“定投”可以通过长期分摊方式，使买入价格接近市场的平均持股成本，以规避市场波动带来的风险。

定投指数基金贵在长期坚持，当然，定投也并非意味着完全机械，在有绝对把握的情况下，也可以进行主动性的择时操作——当股市位于高位时，可以中止或赎回，所获利可用于提高生活消费水平和备用金。当股市持续低迷，也可以追加投入，摊薄成本。同时，建议王刚在车贷还清后，每月可增加 1 000 元参与基金定投，以增加投资。

3. 稳健投资规划，保证流动现金。

扣除定投开支后，王刚家每月还余 2 800 元，可购买货币基金。货币基金的优势在于与一年期定期存款利率相当，但货币基金的流动性却明显优于定存，基金赎回 1 ~3 个工作日即可到账。货币基金投资于货币市场上短期有价证券，其对中央银行货币政策反应迅速，投资者收益不易受到利率波动影响。

由于银行中短期理财起点金额多在 5 万元以上，可在本金投资货币基金的收益累积达到 5 万元之后，转入投资银行中短期理财产品，以提高投资收益稳定性。

建议王刚申请一至两张银行信用卡，可享受信用卡提供的免息期优惠，缓解资金紧张状况，同时开通自动还款功能，可视透支情况赎回货币基金，用于信用卡还款。

至于实业投资，建议在款项收回后，将本金投资于保本基金，保本基金在一定投资期限内，对投资者所投资的本金提供一定比例保证，通过利用基金产品本身的操作结构设计，锁住净值下跌风险，使市场无论如何下跌，基金净值到期时都不会低于保本目标。

【案例 10－2】 嫁入“豪门”的全职太太理财

案例资料

王兰兰今年 28 岁，刚刚从国内某著名高校 MBA 毕业。在读书之前，王兰兰在某民营电器类企业做销售，从每月 3 000 元薪水的职场菜鸟，到年薪 25 万元的销售骨干，她只用了短短 3 年的时间，这让所有同学和朋友都大吃一惊。不过王兰兰总是不走寻常路，就在她刚刚拿到 MBA 毕业证的同时，朋友们都接到了王兰兰的电话：“我要结婚了，都来喝我的喜酒吧，顺便说一句，结婚之后我就不工作了，在家做全职太太了。”

原来王兰兰在读 MBA 课程期间，认识了自己的先生——一个互联网公司的老板，标准的创业家一族。

王兰兰的老公今年 35 岁，是家中独子，向来尊重自己的父母，对父母的要求有求必应。老公家里对王兰兰只有一个要求，结婚之后在家里做全职太太。虽然王兰兰还是想继续工作，但是想到老公的高收入，自己不出去工作也会过上不错的生活，也就同意了。

婚后的王兰兰过着闲适而富足的生活。家里的所有花费都由先生承担，此外，每个月还给王兰兰 2 万元做零花钱，先生建议她可以学习烹饪、舞蹈等打发时间。目前，王兰兰练练瑜伽、出门购物、做美容，每个月的消费在 1 万元左右。对于一些额外的支出，以及王兰兰一些奢侈的要求，先生都尽可能地满足。

但是，在外人眼中嫁给“高富帅”的王兰兰，也有自己的苦闷。先生家里对于婚前财产的界定非常在意，结婚之前，王兰兰就签署了厚厚的“婚前协议”，协议中言明，先生的婚前财产包括两套一共价值 600 万元的房子、手中 400 万元的基金、一辆价值 80 万元的车，以及若干现金都和自己无关。

王兰兰在结婚之前也有一些积蓄，婚前自己名下拥有一套价值 170 万元的房子，但有 30 年的贷款。王兰兰想到以后被要求不能出去工作，自己的房贷怎么办？先生则表示不用担心，他一次性帮王兰兰还清贷款，当然，房产证上还是王兰兰的名字。

显然，物质的满足并没有给王兰兰带来足够的安全感。他们两个人的资产大部分都是婚前所有，王兰兰自己现在虽然每月可收入 2 万元，能攒下 1 万元，但是万一将来婚姻出现问题，这些钱显然不够用。尽管一旦离婚，这期间的家庭收入属于夫妻双方共有，但是老公具体赚多少钱，王兰兰也不清楚，而且老公的收入和公司的收入是混在一起的，也很难分辨清楚。

当然，老公也体察到了王兰兰的担心，于是一次性借了王兰兰 500 万元，告诉她可以用来做一些低风险投资。这 500 万元的所有权是先生的，投资收益归王兰兰所有，但老公的生意上有时候会急需用钱，所以先生要求这些投资需要保证一定的流动性，急需用钱时可以快速变现。

现在需要考虑的问题是：

1. 王兰兰手里这 500 万元该如何投资？

2. 王兰兰每个月会有 1.5 万元的自有资金（自己房子的租金每月 5 000 元、每月攒下的零花钱 1 万元），她想用这部分资金，一部分购买保险，其他用来做定投基金。这其中的比例应该如何分配，分别适合买什么样的保险和基金？

3. 假如7年后，王兰兰离婚，按照之前的理财方案，届时她可以攒下多少资金？又能从离婚财产分割中获得多少收益呢？

理财建议

1. 王兰兰手里的500万元可以做如下几个方案的投资选择，既可以有不错的收益，也不会有损失本金的风险，同时满足老公临时急用钱的需求。

王兰兰手里的500万元可以购买货币基金、开放式保本产品、期限较短的银行理财产品。每月取得的收益用于购买适合风险属性的基金组合。因为王兰兰没有投资经验，故推荐用购买基金的方式参与资本市场，既能分散风险，又能享受专家理财获取高收益。投资组合为20%债券基金、80%股票基金，预期收益为9.2%。

投资计划：老公借给王兰兰的500万元流动资金的月平均余额为400万元。全部购买货币基金，平均收益3%，每月产生的收益为10 000元。每月赎回货币基金收益10 000元做基金组合定投，投资组合为20%债券基金、80%股票基金，预期收益为9.2%。

2. 根据王兰兰的家庭情况和财务状况，理财师给出两个方案供选择：

方案一　重点考虑用每月结余投资快速累积财富，实现财务自由。

(1) 以个人身份办理社保，享受最基本的社会养老、医疗保障。选择月平均工资100%缴费，每月700元，年缴8 400元。

(2) 为丈夫投保，保障自己的生活。王兰兰家庭为单薪，使用遗属需求法计算保险需求，丈夫作为收入的唯一来源投保，当丈夫发生意外时，用保险理赔金提供王兰兰每月2万元的生活费，时间为10年。建议王兰兰为丈夫投保定期寿险，受益人为王兰兰，同时给自己配置重大疾病和住院津贴险，投保人、被保人和受益人都为王兰兰本人。

(3) 王兰兰的储蓄率较高，风险承受能力较强，没有短期目标，可以用基金定投来累积资产。

每月结余的1.5万元缴完保费后剩余资金全部投资基金组合。投资组合为20%债券基金、80%股票基金，预期收益为9.2%。

资金安排：保障型保险为每月1 800元，每月基金组合定投13 200元。

优点：因为家庭富裕，可投资资金多，积极投资能积累大量财富。

缺点：婚姻持久性不确定，随时都可能没有收入，从而中断投资，不能确保以后的生活。

方案二

(1) 以个人身份办理社保，选择月平均工资100%缴费，每月700元，年缴8 400元。

(2) 加强保险投入，保障自己日后的生活品质。用遗属需求法计算保险需求，用保险理赔金提供王兰兰10年的生活保障。每月2万元生活费，通货膨胀率3%的情况需要保额2 057 249元。建议王兰兰在方案一的保险品种上为自己增加一个终身年金险，受益人为王兰兰父母。

优点：配置了足够的保障，老有所养。

缺点：如果婚姻幸福，有可能过多投保。

3. 假如7年后，王兰兰离婚，按照之前的理财方案，届时可以攒下多少资金？又能从离婚财产分割中获得多少收益？

根据前文分析的王兰兰的两种理财方案中，可以得出两种资金结余：

方案一

丈夫借款收益1万元和自有资金1.32万元共2.32万元，每月定投基金组合，基金组合平均收益为9.2%，通过7年投资共累积资金2 577 161元（见表10－1）。

表10－1 王兰兰的投资品种及累积资金

投资品种	投资方式及金额	累积金额（元）
基金组合定投	每月定投2.32万元7年	2 577 161
总累积金额		2 577 161

离婚财产分割能得到的财产：

（1）王兰兰7年定投累积的资产为夫妻共同财产，要分给丈夫一半，自己可以分得1 288 580元。

（2）丈夫婚前400万元基金增值部分的一半，丈夫公司在结婚后股权投资收益的一半。

方案二

（1）丈夫借款收益1万元，每月定投基金组合，基金组合平均收益为9.2%，通过7年投资共累积资金1 110 845元。

（2）终身年金寿险每年趸交158 400元，保额为12 600元，7年共趸交了1 108 800元，保额$7 \times 12\,600 = 88\,200$元，王兰兰55岁后除红利外每年能保证领取88 200元。保单现金价值为53.7万元，累积红利约5万元。

离婚财产分割能得到的财产：

（1）王兰兰7年定投累积资产为夫妻共同财产，要分给丈夫一半，自己可以分得555 422元。

（2）终身年金寿险的分割和执行都很困难。一定要分割的只能是分割现金价值和红利，可以支付293 500元给丈夫，自己留下大额保障。

（3）丈夫婚前400万元基金增值部分的一半，丈夫公司在结婚后股权投资收益的一半。

进行理财规划之后，王兰兰的理财需求得到解决：

（1）500万元丈夫借款购买货币基金，用每月收益定投基金组合，既可以有不错的收益，也不会有损失本金的风险，同时满足先生临时急用钱的需求。

（2）对每月1.5万元自有资金给出两个方案配置保险和基金，通过配置，王兰兰能得到较好的保障和收益。

（3）按照之前的理财方案，7年后王兰兰离婚，不算从丈夫一方分得的财产，通过规划私房钱，方案一分得1 288 580元收益，可以度过没有收入的离婚期，王兰兰本身非常优秀可以再找工作或创业。如果王兰兰选择方案二，保险配置已经解决了55岁后的退休生活，分得的收益可以度过没有收入的离婚期，自己可以放心拼搏。

4. 王兰兰个人的财务问题及建议。

(1) 王兰兰的收入来源主要依靠丈夫，一旦丈夫公司经营不善或者婚姻发生变故，收入将大幅减少，建议关心丈夫的事业，经营好自己的婚姻，当好丈夫的贤内助。

(2) 王兰兰的资产主要集中在婚前的房产上，理财收入主要依靠房产出租，投资回报率低。建议加强自身学习，提高理财能力，积极投资，快速累积财富，使理财收入成为主要收入来源。

(3) 王兰兰对丈夫公司经营情况完全不了解，一旦丈夫突然去世，不知道公司和家庭投资情况，有可能丧失收益权或蒙受损失。如果离婚，不清楚丈夫的股权收益情况也会对自己造成损失。建议关心丈夫公司的经营情况，保留夫妻共同财产凭证。

(4) 王兰兰没有基本的社会保险和任何商业保险，保障能力不足。处于家庭理财弱势的情况下，全职太太更需要对自己多加考虑。建议做保险规划保障生活水平。

【案例 10-3】 重疾保额理财

案例资料

刘先生在一家知名广告公司工作，年收入达 50 万元，是家中无可替代的顶梁柱。不过就在今年年中，他被查出患有肝癌，这当头一棒让刘先生全家陷入危机中。

据了解，刘先生所在的公司为员工购买了 10 万元保额的重大疾病保险，同时他也自己投保了 10 万元保额的商业重疾险作为补充，加上社保能报销近半，所以短期来看刘先生在经济上没有太大压力。不过实际上，由于刘先生一家刚刚换了新房，积蓄不多，每月仍有贷款，且女儿的教育花费不菲、需要给老家的父母定期寄赡养费，这就让刘先生一家的长期经济条件亮起了“红灯”。由于这次疾病，刘先生不得不长期调养，未来很可能无法回到高压力的广告行业。因此，要想维持生病前的生活条件基本无望。

理财建议

卫生部统计信息中心数据显示，恶性肿瘤、心脏病、脑血管等重大疾病的治愈率逐年提高。以癌症为例，目前，从确诊为癌症开始，5 年后依然存活的概率已提高到男性为 65%、女性为 78%。技术在进步，重大疾病的存活率不断提高，我们应该未雨绸缪，为自己准备足够的风险基金，应对不断上涨的医疗费用。建议消费者在设置重大疾病的保额时，消费者通常会考虑到高额的治疗费用。不过，除医疗开支外，大家还应注意重疾给家庭经济带来的其他影响，比如长病假或辞职养病而导致的收入损失、康复调理期间的营养费、护理费、房贷车贷等固定支出、家庭正常生活运转的固定开销等。目前来看，重大疾病的医疗开销通常在 10 万元到 30 万元，根据用药和治疗方法的不同选择，医保能报销的比例也不等。术后恢复期通常在 6 个月到 5 年，期间的营养费、护理费也不可小觑。

消费者可以根据年收入水平，以及投保人个人收入对家庭总收入的贡献度来确定重疾保额。年收入在 12 万元左右的投保人，建议重疾险的保额至少达到 30 万元。而收入在 20 万元以上的投保人，特别是家庭的主要经济支柱，建议保额可以达到 50 万元，这样才不会因为家庭的经济支柱身患重疾之后，导致整个家庭的生活品质严重下降。

目前，市场上的重大疾病产品有主险和附加险两种，消费者可以根据现有保险情况和偏好进行挑选。

对毫无重疾保障的人而言，可以考虑市场上较受欢迎的“返还型”重疾险。它具有“有病治病，无病养老”的特点。以某公司“安康福瑞综合保障计划”为例，包含了20种未成年人重大疾病和45种成年人重大疾病；对于特定恶性肿瘤及12种轻症重疾，分别拥有额外20%基本保额金额的特别保障；在重疾赔付上，推出重大疾病三次赔付，将重大疾病分成三组，在罹患重疾之后，将豁免保险费，同时保险合同并不终止，如果一年后不幸罹患其他组别的重大疾病，一样可以获得同等保额的赔付，相当于一次购买，三重保障。与此同时，在重疾保障之外，保险期间也享受身故保障。若被保险人在保险期内健康平安，则在保险期满时还可以获得100%基本保额的满期金作为养老补充，安享晚年。

对于已有寿险保障，需要增加重疾险保额的消费者来说，可以在已经购买的寿险产品上附加一份重疾险，但很多保险公司对于主险和附加险的保额有搭配比例限制，且对于部分非保证续保的重疾附加险来说，需要每年续保，如果身体健康状况发生变化，存在保费提高或被拒保的风险，值得注意。

【案例10－4】 病困家庭渡过经济难关

案例资料[①]

欧阳先生是杭州一位小有名气的书评人，由于稿费并不稳定，他和妻子两人的工作大约只能为他们带来每月7 000元的收入。然而，夫妻俩三岁孩子的几场疾病打乱了他们平稳的生活，欧阳先生该如何应对眼前的经济危机呢？

欧阳先生一家原本过着安稳的生活，然而孩子长到三周岁仍旧不会说话。今年9月，欧阳先生的孩子被医院诊断出患有自闭症，紧接着又在一个月前被查出患有癫痫。这一消息完全打乱了一家人原本平静的生活。

疾病突来，负担巨大

现在欧阳先生和妻子依然每天忙着工作挣钱，这是治孩子疾病的唯一资金来源。

欧阳先生一家原本在杭州城西租了一套小房，临近欧阳先生所在的单位，每月租金1 800元。自孩子患病后，经人介绍欧阳先生找到了一家专门治疗自闭症的训练机构，每月需要治疗费用1 800元。夫妻两人均有繁忙的工作，目前由欧阳先生的父母照料孩子。由于机构位于杭州城东地区，为了孩子看病方便，一家人不得不在机构附近再租一套房，让父母和孩子居住，这样每月又增加了1 500元的支出。

夫妻俩每月的收入仅有7 000元左右。以前，不怎么关注经济的欧阳并没觉得有多大负担，如今孩子得了病，家庭支出成倍增长，让欧阳先生真是又焦急又痛苦。

支出频繁，存款有限

欧阳先生说：“我和我爱人工作多年积累下近40万元的存款，原本打算买房子，现在必须用来支付家庭支出了。”

目前，欧阳先生一家仅仅每个月的房租就要花费3 300元，训练机构每月花费1 800

---

① 本文作者是仇音歆。

元，再加上 2 500 元左右的基本生活开销（见表 10－2），凭借夫妻俩 7 000 元左右的月收入实在吃力。欧阳先生告诉笔者，他现在拿着存折本都不知道怎么办才好。“现在我们还没打算借钱，还没到这一步，但是这样下去也不是办法啊。”

理财问题，迫在眉睫

欧阳先生一家目前没有买任何理财产品，他觉得还是应该让手中的 40 万元存款起到一定作用。“照这样下去每个月入不敷出肯定不行。我们家又从来没做过投资理财，我还是希望能够通过这个途径让‘钱生钱’，但又不知道具体该怎么操作。”

表 10－2　　欧阳先生家的收入与支出　　单位：元

收入		支出	
本人月收入	4 000	房租	3 300
配偶收入	3 000	基本生活开支	2 500
其他收入	0	子女治疗费用	1 800
合计	7 000	合计	7 600
每月结余	－600		

理财建议

欧阳先生原本稳定的生活，因为孩子得病而被打乱了，经济状况每况愈下，每月入不敷出。该如何改善目前的家庭财务问题，要从开源和节流两方面做起，增加家庭收入，减少不必要支出，以下是几个理财建议。其实，欧阳先生现状是可以改善的，用积极的心态面对，就能化解危机，走出低谷。

1. 另觅工作，提高基本收入。

欧阳先生目前的工作虽然小有成就，但是收入却不稳定，这让原本不算富裕的家庭多了一份风险，尤其是孩子的医疗支出成了必要的支出时。建议欧阳先生根据自己的才能和特长，考虑另找一份相对稳定的工作，收入高于目前水平。或者欧阳先生考虑增加一些兼职工作，来提高收入。有了稳定的收入，在家庭支出方面就少一份顾虑了。

2. 投资理财，增加家庭财富。

欧阳先生目前有 40 万元资产，主要投资于活期和定期存款，灵活性较高，但是收益性相对低。考虑到欧阳先生目前家庭的风险承受度较低，不适宜高风险投资，所以可以选择低风险的投资理财工具，来提高资产收益。根据目前的市场情况，建议欧阳先生预留 3 万元活期资金外，可选择债券基金、货币市场基金来投资，投资期限灵活，投资风险较小，收益相对稳定，平均年收益率约 3%～5% 或更高。如果欧阳先生工作繁忙，选择银行的平台，通过网上银行或者手机银行，就可以完成基金、银行理财产品购买，查询、转账等各类业务，随时随地，方便又快捷。

3. 全家合住，节约两头开支费用。

欧阳先生因为孩子的康复治疗，特意另外租了房子让孩子和父母住，这样每个月要支出双份的房租，建议欧阳先生从经济角度考虑，为了孩子，牺牲一点自己的时间，和父母孩子合住一套房，以靠近孩子治疗机构为主，如果交通确实不便，就折中一下选择地点租房。一方面可以省下一笔房租、伙食费用，生活支出减少；另一方面父母和孩子合住，参与孩子的教育和治疗，对于孩子的康复也能起到积极作用。目前的研究已经表明，对于健康的孩子而言，只由爷爷奶奶进行日常照顾，父母很少参与其中，会对孩子造成不良的心理影响。对于欧阳先生患有自闭症的孩子而言，如果夫妻俩做“甩手掌柜”，对孩子的康复更不利。欧阳先生夫妇一定要主动承担起陪伴、照顾和训练孩子的基本责任来，全家合力，帮助孩子战胜困难。

4. 参与交流，善用社会力量。

目前，政府已经越来越关注自闭症儿童的社会保障，欧阳先生可以充分利用现有的政策，比如参加政府机构设立的自闭症儿童康复协会或康复中心进行康复训练，获得政府给予残障儿童的康复补助、免费的辅助器具等，在最大限度上获得社会给予的帮助。

欧阳先生夫妇还应该多参与自闭症孩子家长的交流圈，关注社会上对自闭症儿童的一些公益活动、最新的医疗进展、政府的保障新政策等，增加信心，获得孩子治疗的相关经验和有效信息。

父母是自闭症孩子身边最亲近的人，是最初的老师，家长的一举一动对于自闭症孩子的未来都有很大的影响，所以不仅仅是要把孩子送去康复机构训练，还要在家庭生活中给予关爱和教育。

欧阳夫妇作为孩子的爸爸妈妈，要以积极的心态，多和孩子交流，参与家庭的训练，父母付出更多的爱在孩子身上，让他处于一个放松心态的环境中成长，他的内心世界是可以感受到的，让孩子有更多的安全感和对他人的信任感。家庭的关爱和教育是自闭症最好的辅助治疗方法。

【案例 10－5】 资金定投助理财

案例资料

几个月前，卢女士丈夫意外死亡，让卢女士的生活蒙上了巨大的阴影。如今，37 岁的她该如何渡过养家供房的重重难关呢？

卢女士的收入并不低，但她家的开销很大。卢女士在一家外企任人力资源总监，月薪税后有 2.8 万元，同时还有年末奖金 6 万元左右，现有 80 万元存款。丈夫在世时，卢女士并不需要担心家中花销是否充足，甚至可以大手大脚地将自己的薪水花个精光。“我一直知道家里的开销大，但这几个月才知道原来有这么大。”丈夫生前的收入足以应付家中一切开销，比如房贷、养车费用、儿子的教育费以及老人的赡养费用。然而现在卢女士必须重新分配自己的开销，一套房子、4 位老人以及花销越来越大的儿子，家庭的重担几乎压得卢女士喘不过气来。“柔肩担道义”这句话也许可以用来形容卢女士今后要继续走下去的漫长人生路。4 位老人、一个 9 岁的孩子及全家的重担都将落在她一个人的身上。

理财建议

1. 调整结构，追求平衡。

卢女士在工作上已经达到一个较高的阶层，今后的发展只会比较稳定而不会突飞猛进，靠她工资性收入“开源”的可能性较小。为此，卢女士必须从“节流”上想办法。

在房贷调整弹性较差的情况下，建议卢女士从其他生活类开支上动脑筋。月度性开支方面，子女教育、养车、基本生活开销、孝敬老人等费用基本没什么弹性。不妨减少外出就餐和购物的次数，一方面可以省钱，另一方面也可以给儿子更多的家庭时光。年度性开支方面，年末购物这一项上，建议卢女士最好不要再按照以前的标准来制订采购计划，不妨将标准降低到 5 万元以内。如此一来，卢女士和儿子一年完全可以节省 6 万元。

2. 调整配置，实现盈余。

卢女士持有的 80 万元存款，除了拿出 5 万元左右作为家庭应急基金外，不妨拆分为三部分：10 万元以货币市场基金形式持有，保证资金流动性；50 万元投资两只左右的分级债基金的稳健部分，每年获取较稳健的收益；15 万元可以购买一定的中短期银行理财产品，以便抓取一定的市场投资机会。在资金总体安全稳健的前提下，让家庭资产为卢女士取得一定的投资收益。

此外，目前孩子还在小学阶段，等到高中以后，大学甚至留学费用、教育费将是一笔不小的数额。卢女士不妨从现在开始为儿子做一份基金定投计划，从每月结余中拿出一两千元，投资一两支基金，聚沙成塔，为孩子的教育金提早做好长期积累。

3. 建议购买一定额度的保险，解除后顾之忧。

特别需要提醒的是，为了应对潜在可能遭遇的各类风险，建议卢女士为自己安排好一定的保障，解除老人和孩子的后顾之忧。卢女士目前最需要的是一定额度的意外险、定期寿险和重大疾病类保障，这些险种都是纯保障型产品，费率低廉，一年几千元即可。今后，随着卢女士收入提高或家庭财产性收入增加，经济压力减少，可用于保险保障的预算增加后，还可以为自己购入一些收入保障保险、年金保险等。

【案例 10－6】 三口之家供房并储备教育金理财

案例资料

朱小姐今年 30 岁，老公 32 岁。儿子 5 岁上幼儿园，明年 9 月升小学。夫妻都在日资企业工厂上班，月收入 8 500 元左右。目前在公司附近租房子住，上班不需要交通费用。在老家有一套三层自建房居住，两层用于出租，每年收入租金 5 000 元。现有银行存款 19 万元。

朱小姐家生活支出费用不大，都在公司吃饭。房租水电费每月 450 元左右；生活用品等其他消费每月 800 元左右；小孩学费是 4 000 元/学期。

理财目标：

1. 希望在公司附近能按揭一套二手小三房，目前比较看好的房子要 65 万元左右，存款刚好够首付。可以方便小孩读书和夫妻两人上班，又可以不用支出交通费用。如果买房，将要承担每个月 3 000 元左右的房贷。

2. 小孩小学费用估计不多，但是要开始准备以后读书的花费。

理财建议

1. 房产申请信用卡支付部分首期款，留下应急开支。

家庭应急资金准备主要是能保证我们在遇到突发事情需要应急时还能保持家庭能够正

常运转，额度大约为3~6个月的日常开支。

朱小姐家庭最大的支出就是购房。一旦买房后家庭应急资金所剩不多，发生紧急情况便会陷入财政危机。购房后虽然少了房租支出，但相应会增加管理费、水电费及房贷等费用。为了预防出现突发情况而无任何资金应对，建议夫妻两人各办一张信用卡，以目前的收入来看，信用额度应各有10 000元以上。在购买房产时可临时申请调高额度至3万元左右用作部分房产首期，同时申请账单分期还款，这样原来19万元存款不至于全部用于首付，可以剩下3万元，也就解决了家庭应急资金不足的问题。

2. 金融资产购买不同种类基金和基金定投。

购买房产后家庭资产仅剩下3万元现金。每月工资扣除日常花费、管理费、房贷支出及账单分期支出后仅有2 000元左右剩余。太多的现金资产将会使家庭在高企的通货膨胀下加速资产贬值，家庭净资产增长速度极其缓慢。

为了提高资金利用效率，摆脱资金不足紧张局面，需配置金融资产，加快资产积累速度。3万元的应急资金可分做两部分，其中1.5万元购买货币基金，货币基金收益率约有3%~4%，比活期存款要高好几倍，又相当灵活，赎回一般3天到账。剩下的1.5万元购买债券基金，债券型基金主要投资于国债、金融债、地方政府债券、企业债和可转换债券，是一种固定收益型投资工具，风险不大，收益率约有6%~8%，赎回一般4天到账。

工资剩余部分建议1 000元做股票型基金定投（年平均收益约为10%），1 000元做债券型基金定投。当家庭资产有一定积累时再根据实际情况重新配置资产。

3. 教育配置储蓄分红型保险及基金定投。

学费是一项没有任何时间弹性和费用弹性的支出，具有强制性，没有我们讲价的余地，因此，准备教育金必须以稳健投资积累为主。建议为孩子配置储蓄分红型保险同时进行基金定投。每年投保10 000元保险费，分5年交，10年到期。此外，可将投资债券基金的1 000元中划分500元作为孩子教育基金。按照债券基金年平均收益7%来计算，500元债券定投在孩子读初中、高中及大学时账户累积金额分别为4.5万元、7.5万元、11.2万元。基金定投有着小额投资、大回报的特点。

【案例10－7】 女公务员理财

案例资料

李小姐，29岁，已婚，目前在北京远郊区县行政机关工作，副科级，月工资4 500元。丈夫小王，29岁，工作和收入与李小姐一样。

目前，李小姐家庭有5万元存款，汽车一辆，住房一套，房子有30万元贷款，由公公每月偿还。有一个一岁半的女儿，明年2月迎接第二个宝宝出生。目前每月主要开销是：交通费800元，女儿的保姆费、奶粉费等3 000元，家庭日常买衣服、请客、吃饭等需要2 000元。

李小姐夫妇均在国家行政机关工作，可谓标准的公务员家庭。事业方面两人职业发展非常稳定。李小姐一家每月的收支结构很简单，二人工资合计9 000元，各项支出合计约5 800元（每月房贷由公公支付，故不计为李小姐家庭支出），每月结余3 200元。目前，其家庭资产包括一套住房、5 万元存款，负债为 30 万元房贷，因为有公公资助，所以减轻了李小姐的压力。李小姐想 5 年后换一套大点的房子。

理财建议

1. 定投低风险基金攒教育金。

为两个孩子存幼儿园的教育资金，当地公立的幼儿园每个月的费用大约 1 000 元。

李小姐的两个孩子年龄相差不多，所以在教育金的储备方案上，两个宝宝也不会有很大的时间间隔，基本上是同期。

小孩子的教育金储备，最重要的特点是投资稳健且专款专用，到了孩子上幼儿园或是上学的年龄，就要确保学费已经到位，因而这是一笔不能推迟的开销。

按照李小姐的规划预计，未来两个小朋友上幼儿园的每月花销为 1 000 元，那么 3 年幼儿园的时间，要准备 36 000 元学费。考虑到大女儿大约 2 年后就要面临入园，所以李小姐可投资积累资金的时间相对较短，如果想要用积少成多的方式储备教育金，较好地利用家庭每月收支结余，建议李小姐可以考虑基金定投的方式。

因为可投资的时间不长，所以定投的品种可以选择风险相对较低的债券型或者货币型基金。以货币市场基金为例，目前市场上货币基金平均收益大约在 3.5% 左右，通过复利计算，如果需要在 3 年内积累 36 000 元，每月只需定投 940 元左右。目前，李小姐一家每月的结余资金完全可以覆盖。

2. 保险首保“家庭经济支柱”。

尽量想多存款，以防家里老人孩子生病等应急花费。

家庭成员生病或者发生紧急事件，需要急用钱，这个可能是每个家庭都最担心发生的风险事件。李小姐想多些存款，有未雨绸缪的打算，这是非常好的。除了用加强存款以应对突发事件的这个方案，购买相应的保险产品，也是非常有效且有必要的一个方法。保险产品存在的意义，就是通过最大化发挥资金的杠杆效应，实现把风险转移给保险公司。

从家庭构成来看，李小姐夫妻二人是家庭的财务支柱，一旦发生风险，势必会影响整个家庭的正常资金收入。所以，最应该投保的是他们二人。

建议夫妻二人各投保一份保额为 10 万元的重疾保险，为了不增加过多的支出压力，可以将缴费期和保险期暂定为 20 年。以某款银行代销的重疾保险为例，保费若选择为月交的形式，两人每月的保费合计约 1 000 元左右，并不是太大的开销，一旦发生问题，最高可获得 20 万元的保额理赔，很好地实现了资金的杠杆效应，而且这笔资金的投入也实现了财富积累的目的。如果未出险，20 年后会返还保额加分红大约 25 万元左右的资金。当然，随着时间的推移，李小姐夫妇的职位和收入都会相应增加，到时可考虑再增加保额或者延长保险区间，也未尝不可。

3. 置换购房，可将老人住房出租。

李小姐想 5 年后换一套大房子，现有住房 136 平方米，本地均价 1 万元/平方米，夫妻二人名下没有住房，可以走公积金贷款。对于李小姐一家来说，136 平方米的房子并不算太小，想要更换面积更大的住房，应该是想和老人同住。

按照目前国家购房政策，李小姐如是首次购房，首付比例不得低于房屋总价的 30%，如果考虑 5 年后购买一套 200 平方米左右的住房，按照 1 万元/平方米的房价，200 万元左右的住房需首付约 60 万元。李小姐现在的房子可以变现 140 万元左右，如果卖房款中的 30 万元用于偿还剩余贷款，剩余的 110 万元左右可考虑作为首付款。

如果公积金贷款 80 万元，贷款 30 年，每月月供为 4 000 元左右。以李小姐目前的存款和收入，可考虑双方父母适当资助。或者在换房后，如果和老人住在一起，可考虑将老人现有的住房出租，每月的房租收入也可以贴补小李夫妻的支出压力，以租养贷也是一个比较不错的方案。

【案例 10－8】 外出务工夫妇买房理财

案例资料

李先生今年 40 岁，来自重庆的郊区县，目前和妻子两人在主城区工作，夫妇月收入 7 000 元，租房 1 500 元，花销 1 000 元，基金定投 1 000 元，每月能剩下 3 500 元左右。因为老家有房子，李先生夫妇没有在主城区置业的打算。

李先生和妻子多年积蓄共有 20 万元存款，还有 1.5 万元的股票（已被套牢）。孩子 16 岁，在老家上高二。由于夫妻二人工作不固定，近几年才开始定时缴纳四险一金。

孩子上大学 4 年的学费，共计约 5 万元左右。李先生夫妇希望明年回老家购买一辆车跑运输，大概需 8 万元左右。

理财建议

根据李先生的具体情况，可以考虑从以下三个方面进行规划。

1. 教育金的提前储备。

孩子的教育金储备和运输车规划相对来说对安全性的要求较高，流动性的要求则适中。孩子的教育资金约一年后开始支出，连续 4 年每年约支出 1.25 万元，建议考虑从存款里取出 5 万元购买债券型理财产品，这类品种期限一般分为 3 个月、半年、一年，选择期限为半年或者一年的以后每年部分赎回即可。由于尚未确定运输车辆具体的购买时间，建议从存款里支取 8 万元滚动投入三个月期的银行理财，确定购买时间、购买品种后即转为活期。

2. 养老资金需提前规划。由于四险一金起步时间较晚，可考虑投入部分商业养老保险作为补充，投入金额可占年收入的 8%～10%。

3. 扣除上述支出及日常开销后，家庭剩余资产可供理财部分约为 11.5 万元（包括月入 3 500 元，存款 6 万元，股票 1.5 万元），此部分资金更多是要考虑保值增值，风险承受能力相对偏高，其中建议保留 2 万～5 万元银行存款以备应急之用，剩余资金的 20% 继续进行股票投资，40% 投入指数型基金等中风险产品，40% 投入债券等低风险品种。

【案例 10－9】 新婚夫妻买首套房理财

案例资料一

小金在国有企业任职，近期准备购买婚房，一年后办婚礼。小金的丈夫在外企工作，家庭月结余 1 万元。作为首套房，他们可以贷 60 万元公积金，目前已经凑了 50 万元的房款首付。可如果买总价150万元60平方米的房子，就没有多余的钱办婚礼；如果买总价120万元50平方米的房子，考虑到未来二至三年会养小孩，可能不够住。另外，是购置在单位附近的上海浦东世博板块的房子，还是离婆婆家较近的宝山地区的，也是小金需要解决的问题。

理财建议

可以考虑宝山板块地铁沿线的两居室，总价在120万元至130万元之间。小金考虑两三年内要孩子，而购房5年内的换房成本比较高，所以新房离亲人近方便相互照顾。在购房后，小金每月需承担的公积金贷款和商业贷款在4 000元至5 000元左右，建议其他家庭资产配置以低风险品种为主，可以考虑银行短期理财产品和货币基金。

案例资料二

28岁的张丰和未婚妻在北京租房，一年房租需近4万元，两人月收入共1.8万元，每月开销不定。有多余的钱就攒在卡里。现有存款12万元、3万元股票。计划二至三年后买婚房，但不知如何积累首付款。

理财建议

张丰和未婚妻都属于在职场打拼了5年左右的年轻人，两人的总收入处于中上水平，且上升空间较大，建议未来增加资产性收入。现有存款12万元，争取每月结余加年底分红，今后每年结余12万元至15万元左右。要积累购房首付款，资金安全性第一。从稳健的角度考虑，可以购买固定收益类产品，比如银行的短期理财产品，收益比银行定期存款高。若操作得当，年收益甚至可以达到10%。新结余的资金可以定投开放式基金。目前的股市前景不太明朗，可以持币观望，3万元股票继续持有。

案例资料三

孙先生今年29岁，从事IT技术类工作，准备明年结婚。月收入在6 000元左右，月支出在3 000元左右；有房产一套，房贷已基本付清；有现金存款5万元、基金5万元；有社保，无商业保险。他的理财目标是：近期准备购买汽车，价格在15万~20万元左右，需要一个家庭综合理财方案，包括家庭保险、子女教育储备金以及养老规划等。

理财建议

孙先生的家庭资产情况和现金流情况：现金5万元，投资性资产5万元，固定资产一套，每年工资性净收入（扣除日常生活费用支出）36 000元。将孙先生的生活目标按照顺序法排列并假设实现的时间：2年后买车，3年后结婚。

如果以基金定投来安排现有的存款和每月节余，为了在2年内实现投资目标，可选择较高风险较高收益的股票型基金，因为投资时间较短（只有2年），预期收益率不能设计得太高，假设年化收益率15%，每月定期定额投资3 000元，2年后累积本息83 000元左右。现有的50 000元活期存款一次性投资于混合型基金，假设年化收益率10%，2年后本息累积达6万元左右。三笔资金合计约209 000元左右，能满足买车的最高目标；但如果只购买价值15万元的车，还能剩余59 000元用于婚礼筹备。通过基金定投比单纯选择储蓄存款（每月节余存入活期，现有的活期存款选择2年定期）累积的资金多约19 000元，因为只有2年的时间做比较，还没有充分显示出定期定额投资的优势，如果将比较的时间延长至10年，基金定投将比储蓄存款累积的资金多60万元左右。

对于子女教育金和养老金的规划，有种简便易行的方法——以6年为期限进行筹集，每到一个6年就做一笔整体投资。假设投入定投每月2 000元（婚后虽然开支增加，但是加入妻子的收入仍能达到这个投资水平），每月定投2 000元，投入股票型基金预期年收益率15%，6年后累积23万元左右，转成整笔投资，投资于风险较小的稳健型银行理财产品，预期年收益率5%，20年后61万元左右，用于支付孩子高等教育学费。

在第二个6年，仍然继续每月2 000元的投资，6年满期后，转为整笔投资；依次类推，以每6年为一个阶段，来做定期定额投资与整笔投资，用于满足养老规划的需求。

商业保险主要作为社保的补充，在投保品种选择上，婚前可以重点考虑增强重大疾病的保障金额；婚后特别是有孩子后，为预防父母的意外导致孩子生活、学习失去保障、家庭生活质量下降，可考虑为孩子投保教育金保险；父母从养老规划的角度考虑可投保养老型分红险，比如中国人寿的“美满人生”分红型保险，以男性30岁投保为例，年缴保费30 000元，期缴5年后不用再缴费（保障至75周岁），红利的领取方式是从缴费第一年开始，每年固定领取年金1 915.5元，至74周岁共领取45次，在75周岁时还要一次性领取关爱年金63 850元，同时每年还享有可灵活领取的浮动分红。

【案例10－10】 三个家庭理财案例

案例资料一　先买房还是先买车

家庭基本情况：付先生今年28岁，参加工作4年，年收入14万元，已婚但没有孩子；妻子在事业单位工作，年收入6万元。仍在租房，租金为每月2 000元。目前，他们有银行存款30万元。

关心问题1：先买房还是先买车？

理财建议

从需求方面讲，付先生和妻子工作稳定，结婚几年且将来准备生育孩子，存在比较强烈的刚性住房需求，而租住的房子离单位距离不远，对汽车的需求不大。

从资产属性来看，房子属于不动产，汽车属于消费品。付先生资产积累并不多，应该把如何提高家庭资产放在首位，而不应是消耗家庭资产。另外，购入住房后可以减少租房支出。

从增值保值的角度来看，房屋具有一定的抗通货膨胀性与投资性，而家庭用车作为消费品，几乎不存在增值的可能。

综合以上几个维度的考量，建议买房为先。

另外，如果坚持先买车，假设购车资金10万元，如果一次性购买，将耗掉生息资产（30万元）的1/3。建议关注一些银行推出的“无息分期购车”活动，这样不会因占用太多生息资产而错失购置房产的时机。

关心问题2：存钱凑够房子的首付款需要注意什么？

理财建议

付先生的资金一部分为银行存款30万元。目前各大银行一般选取30万元作为贵宾客户的起点，因此，这部分资产可参与银行的贵宾理财产品，3个月、6个月期的理财产品年化收益率在4.5%以上。另外，参与短期理财产品不至于耽误购买房屋的时机。如果愿意承担一定的风险，可以配置一定比例的存款投资于债券型基金。目前，市场上债券型基金的预期收益率基本在5.5%以上。

另一部分是夫妻双方每个月的可支配收入，这部分可以设定周期性理财，如自动转存为7天的通知存款或者自动转存为3个月的定期存款。一次设定转存规则，可以一直延续使用，增强了周期性收入的现金管理。

付先生夫妇已经养成了比较好的理财习惯。在这里我们也提醒更多年轻人，把“着重攒钱，尝试投资”当成理财的一个原则，实现的方法就是“强制储蓄”——每个月强制拿出10%的钱储蓄。

案例资料二　买黄金理财合算吗?

家庭基本情况：王先生今年50岁，国企员工，年收入7万元；妻子为普通公务员，年收入5万元左右。一个孩子，正在读大学。目前王先生有两套房产，一套正在出租，每月租金3 500元，另一套自住。

关心问题1：现在“买黄金”理财比较火，投资黄金理财产品的收益和风险情况如何?

理财建议

“真金白银”赢得不少人青睐。平时大家见到的首饰金、艺术金条等，一般包含了较高的加工费且回购渠道较窄，适合装饰和收藏。至于与黄金交易所保持价格实时联动的可回购实物金条、黄金延期、黄金期货等，这其中黄金现货适合长期投资、保值增值，黄金期货、黄金延期等适合于专业投资者进行短期投资操作。同时也应该注意，黄金投资有风险。影响黄金价格的并不是我国物价波动，而是美元等主要货币的币值以及全球经济波动。从个人理财来看，需要较多的精力去关注、研究此类投资。总的来看，黄金投资需要一定专业能力，否则可能会耗费大量精力还不一定能收到好的投资成果。

关心问题2：考虑到即将面临的退休，养老账户之外还需要再买商业保险吗?

理财建议

个人养老账户应该结合自己的工作种类与职业规划制订。比如，国有企业或者公务员，退休以后收入下降不太明显，可以适当晚一些准备养老金；如果从事的工作在退休以后收入下降明显，则需要提早做准备。一般来讲，是在50岁左右、子女负担不重的情况下，分出一部分资金来做养老。养老投资的方式比较多，比如投资债券、银行理财、房屋、商铺等，实际考虑可以结合个人资产、预计收入等因素。

另外，考虑到目前我国医疗费用特别是大病医疗费用较高的实际情况，建议王先生夫妻双方各购买一份大病保险，用于降低大病风险。

案例资料三　存款如何不“变毛”

家庭基本情况：李先生今年68岁，老伴儿67岁。老两口是企业退休职工，年收入共6万元。房产一套，自住。独生女工作稳定，不需要太多支持，每月还能给老人1 000元左右的生活费。存款50万元，身体健康。

关心问题：如何让存款保值，以应对可能的大病等突发情况?

理财建议

所谓大病不等人，从两位老人的角度出发，要在保证资金流动性的前提下增加资产收益，以保值为主，增值为辅。

在其他要素相同的情况下，资产流动性越高，收益越低。从综合收益来分析应该考虑流动性相对较好、风险较低的产品，从应急角度来分析，老人应配置一定比例的超短期性理财产品。

（1）如果有合适的大病保险服务，在价格合适的情况下可以适当投保，以规避大病对于家庭收入造成的冲击。

（2）80%的存款可用于购买商业银行发行的保证收益类型理财产品，既保证了本金的安全性，同时具有一定的抗通货膨胀的作用。

（3）20%的存款可以作为家庭紧急备用金，可选择货币基金、超短期理财产品或"到通知"产品。"到通知"产品按照通知存款的利息计算，但是在支出需求出现时实现直接支取，只是将通知期限提前。比如，如果老人在12月28日临时购买日常药品需要提取2 000元，那么当天可进行资金的提取，同时通知存款的利息从存款计息日起至12月21日止，在通知日至实际支取日期间仍然可以获得活期存款利息。因此，最后20%的资金配置既保证了支取的及时性，也增加了存款的综合收益。

"你不理财，财不理你"是个道理，"市场有风险，入市须谨慎"也应该铭记。这样看来，家庭理财适合的才是最好的。不冒进，要考虑家庭承受风险的能力；不跟风，要有自己的期望收益率。理财心态多一份淡定，生活才能添一份精彩。

案例资料四　新婚夫妇家庭理财

33岁的王先生刚刚结婚，夫妇二人目前在深圳购买了一套100平方米的二手房作为婚房，首付60万元，向银行贷了140多万元，准备30年还清。目前，夫妇的年收入大约25万元，刚刚买了辆10万元的经济型轿车，夫妻手里还有积蓄15万元。王先生和妻子打算两年内要孩子。以王先生为例，新婚夫妇该如何进行个人和家庭理财？

理财建议

王先生的家庭是典型的一线城市白领家庭。从家庭生命周期来看，王先生的家庭处于家庭形成期：刚刚结婚，孩子还未出生。这一阶段的家庭财务特点是家计支出显著增加，开始背负房贷和车贷，高额的负债要求家庭主要收入者享有较高的保险保障。夫妻俩收入颇丰，从个人职业生涯来看，正处于关键的事业发展期，肯定要谋求进一步的升职和升值，工作压力较大，对健康保障也有一定需求。为了迎接两年后出生的宝宝，夫妻俩还须稳步增加收入，积攒教育基金。

1. 财务分析。

从家庭的资产负债情况来看，王先生一家有140万元的房贷在身，相比目前的资产，负债比例较高。假设按照等额本息还款法，以2012年7月利率计算，30年还款期限下，每月需还款8 895元，约占家庭月均总收入2万元的44%，还贷压力较大，可归为"轻度房奴"一族。从风险管理方面看，王先生一家背负较高的房贷，目前无商业保险，处于"财务裸奔"状态，一旦家庭主要收入者遇到意外或罹患重疾，房贷偿还将面临巨大压力。从投资情况看，王先生一家目前除15万元积蓄外，无其他高风险投资，家庭综合理财收益较低。

2. 理财目标。

首先，人即将到中年，又背负高额负债，家庭风险保障缺口较大，建议王先生及妻子配置合理的保险产品，发挥保险产品以小搏大的风险管理功能，建立家庭风险储备金和健康保障金，以应对意外、重疾等风险。

其次，两年后宝宝出生，家庭开支还会继续增加，建议王先生一家提早准备，建立教育储备金，保障宝宝有安全舒适的成长环境。

最后，家庭债务较高，应着眼于努力增收，降低负债比例，可对15万元积蓄进行合理投资，增加收益。

3. 理财建议。

风险规划及教育金储备：王先生一家背负高额房贷，适用“遗属需要法”和“双十原则”来制定合理的保险金额。建议家庭年度总保费约2万元，总保障为200万元以上。其中，王先生和王太太各配置50万元的定期寿险，保险期限为30年，交费期限30年，年交总保费约5 000元，每月416元，定期寿险费率较低，性价比高，用以保障房贷还款能力。

王先生与王太太还可分别配置保额为30万元的两全保险并附加30万元的重疾保险，保险期限为20年，可保证重大疾病治疗金并储备一定的教育金，以保障宝宝美好的未来。年度保费为1.5万元左右。20年后宝宝18岁，满期保险金可用作教育金。待宝宝出生后，若经济条件允许，还可为宝宝配置一份少儿保险。王先生和王太太的保险可交叉作为投保人，使用保费豁免条款，最大限度保障全家周全。

（1）现金规划。家庭应急基金最好储备3至6个月的家庭月支出额度，这部分资金最好采用活期存款或货币基金的形式保存，保证流动性和安全性。建议王先生一家预留2万元家庭应急基金，其余13万元积蓄可作其他用途。

（2）投资规划。扣除家庭应急基金和首期保险费用外，王先生一家还有11万元左右的积蓄，鉴于目前股市前景不明朗，投资机会不佳，等有较好的投资机会时再择期介入。建议可拆为5至10张定期存款，采用梯度滚存法，存为1年期至5年期不等的定期存款，既可获得较高利息，又能保证每年都有一笔现金到期，增加资金流动性。此外，每月偿还房贷和支出家计外的结余资金建议定投股票型基金，长期定投可平滑投资风险，获取稳定的收益，每月以定投1 000元左右为宜。

【案例10－11】 高收入单身女性理财规划

案例资料

37岁的王女士目前还是单身，不过已是一家中等规模公司的副总了，年薪25万元左右，有房有车。

因为一个人生活，收入也还不错，所以各方面的花销基本没有节制，每月花费在万元以上。年底孝敬父母的红包也不小，每人1万元。手上存款不足10万元，都是活期。不过，外债有40万元左右，都在亲戚朋友手上。

理财目标：两年内再买一套七八十平方米的两居室；如果贷款买房后还有适当余额，考虑换一辆30万元左右的小车；考虑购买重大疾病终身寿险来养老。

理财建议

目前，王女士手头上存款10万元，加上外借40万元及年收入25万元，除去日常开支14万元，年底的资产可达61万元。作为高收入阶层，其消费水平也较高，实际上除了外借的40万元，结余并不多。

如果要实现两年后买房的需求，应该提前进行合理规划。

1. 买房：收回借款作为首付。

对于单身的王女士来说，每月的开支可以节俭一些。假设每月能有结余5 000元，那么选择招商银行“五星之选”基金将这部分钱强制“零存”起来，两年总投入为12万元，按照过去10年资本市场平均年化收益率11.39%测算，将有一笔不错的红利收入。

同时，着手从亲戚处将外借的40万元收回转为银行短期理财，4%的固定年息流动性好。一年下来16 000元左右的利息，可作为年底孝敬父母的礼金；本金则可作为两年内买房的首付款。届时如果购买市区商品房，按均价10 000元/平方米计算，总价80万元左右，40万元用于首付后，再申请按揭贷款40万元，20年期限，按基准利率6.55%计算，每月还款2 994.08元。

2. 购车：首付三成后分期。

结合家庭及企业的流动性管理需求，将20万元纳入流动现金管理，但不要选择活期存款，可选择招行银行日日盈理财（年化收益2.5%）和货币基金（年化收益3.8%），一年下来会有6 000元左右的收益。招行日日盈理财当天赎回，及时到账；货币基金，T+1工作日到账，流动性可与现金媲美，但收益却是活期存款的好多倍。因而，6 000元的收益可用于一年三节走访父母的专项节日费用或自己的月消费。

另外，可选择开通招行白金信用卡作为日常消费记账工具，并通过“车购易”分期付款买车，首付30%，将流动资金除利息外的10万元作为首付款，选择36个月还款，每月还5 000元左右。

3. 养老：买年金外加重疾险。

王女士年轻有为，已任公司副总，正处在事业的上升期，是生命周期中收入较多，手头资金较为宽裕的时期，财务压力较小。但时年37岁仍单身，所以一定要未雨绸缪，积极做好退休养老的资金规划。

建议她在买房买车后拿出一部分资金，选择招商银行“幸福人生”终身养老型年金，作为家庭补充的养老金来源。“幸福人生”终身养老型年金，年交10万元，交10年，60岁前每年领取年金领取额的20%，60岁（含）每年领取年金领取额的100%直至终身。此外，还有意外身故、意外高残高额保障及保费豁免条款。

目前癌症已成为死亡的第一杀手，所以重疾保障不能少。招商银行代销的阳光安康组合保险计划，可选择10年交，年交2.2万元，保额50万元，保障所有肿瘤、癌症及18种重疾，保至75周岁。如无保险事故则按所交金额105%返还；另可附加住院医疗险，年交500元，住院按100元/天赔付。

【案例10－12】 年终奖理财

案例资料

张先生，现年35岁，在一家公司做管理工作，3岁的孩子在读幼儿园，妻子在学校教书。夫妻两人年终奖合计5万元。张先生觉得，父母都希望给子女最好的礼物。

不过，张先生无论是希望孩子在国内读书，还是把孩子送出国深造，都需要一笔数额不菲的费用。近年来，供孩子读书的费用也是节节攀高。调查显示，仅接受国内教育，孩子从幼儿园到小学，再到中学、大学、研究生，一路下来仅学费就需要将近30万元，如果要出国深造，动辄需要上百万元。

理财建议

使用年终奖来规划子女教育金是最好的选择。

1. 基金智能定投能满足子女教育金需求。

张先生夫妇参加了招商银行望子成龙定投计划，在招商银行开通了基金智能定投，这部分资金就定为子女教育金，每月定投2 500元，10年下来30万元的教育金基本能积攒够。

张先生得知，目前股票市场处于底部区域，是低成本建仓购买基金的最佳时机。随着国家宏观经济的复苏，未来资本市场好转，购买基金所获收益也能够抵消学费上涨的压力，完全能满足子女教育金的需要。

"基金投资的流动性很好，即使需要资金，赎回后4个工作日就能到账。这样在每年需要交学费的时候，就能够按照所交学费金额赎回部分基金份额，十分方便。"该行理财专家解释。

2. 养老问题不能光靠社保。

在规划了子女的教育金后，张先生在理财专家的提醒下想到了养老问题，这也正是他困惑的地方。退休后，怎么才能过上幸福的晚年生活呢？

"每个人都有追求幸福的权利，虽然金钱不是幸福的充分条件，但足够的养老金却是晚年幸福生活的保证。"理财专家提醒张先生。

那么，能够保证张先生晚年幸福的养老金，在哪里呢？"养老金问题也是近期热议的话题，按照生活水平，养老生活大致分成基本需求和舒适需求两个层次，要想过上舒适的养老生活，需要的养老金数额就会增加。"理财专家说。

但张先生也有疑问，单靠社保养老不就可以了吗？对此，理财专家给出数据，"目前，第一批参加社会基本养老保险的居民，超过两成已经开始领取养老金，人均领取金额是1 390元/月，按照现在的物价水平，这部分钱能满足退休后的基本生活。但是要想退休后踏遍大江南北，依靠这部分资金恐怕难以实现。"

所以，为了能够过上舒适的晚年生活，越来越多的人考虑投商业养老保险，这样能够实现双保险。社会基本养老保险能够保证基本的养老生活需要，商业养老保险能够在此基础上进一步提升生活品质，成为基本养老保险的补充。

3. 商业养老险。

假设每年能缴费5万元，连续缴费5年的话，退休后每年有3万元左右的养老金。

年终奖是家庭每年固定的大额收入之一，合理规划好年终奖，就能有效地解决重要问题，从而解决家庭生活的后顾之忧。从这个意义上说，合理规划年终奖，就是规划自己未来的幸福生活。

【案例10-13】 全职妈妈理财

案例资料一

王太太女儿两岁，今年再怀孕后，就辞职在家，一边带宝宝一边待产（两个宝宝都是境外户口）。家庭月收入12 000元；家庭总资产约200万元，其中，房产约为150万元。

“一年10万元的工资收入没有了，再过3个月第二个宝宝出生后开支会更大。”王太太粗略计算，现在每个月日常开支约要3 000元；生孩子约需准备8 000元，明年大宝宝上幼儿园，要准备5 000元，每个月还会再增加3 000元开支。

“好在房贷已经还清，家里的活期存款划分为几部分：一是日常开支，可以支撑到小宝宝半岁；二是额外开支，已经留出了1.5万元；三是应急开支1万元。到小宝宝半岁后我就可以再工作。”王太太说，“现在想尽办法节省开支，每个月为小宝宝增加的开支控制在500元内。”

此外，精明的王太太一直着眼将来：“现在我们家每个月还必须存下1 000元，在银行做5年期的‘零存整取’，留做教育基金。另外，过生日过节日女儿收到的利市钱给她买了储蓄型保险。”

家庭日常必要性支出约3 000元，半年后增至6 500元。

理财建议

活期存款为日常、额外、应急开支各自预留。此外，通过零存整取强制储蓄，为孩子教育支出早作筹划。

案例资料二　女儿半岁，辞保姆，日常在中国香港购物

陈太太一家来自中国香港，生下女儿后半年，她决定辞职做起了全职妈妈。陈先生在香港地区工作，每个月回广州三四次，光两地交通费就要花掉至少600元人民币。家庭月收入为3万港元，折合约24 000元人民币；家庭总资产约250万元，其中，房产约120万元。

辞职前，陈太太找了一位保姆白天照顾孩子，每个月工资是2 500元；辞职之后，家里省去了保姆的直接、间接费用，陈太太感觉家庭生活的质量反而大有进步。

陈太太说，她家的日用品和女儿的食品几乎全部从中国香港采购，都由陈先生直接从中国香港买回。“油盐酱醋、纸巾、洗发水等支出每月至少要1 500港元，女儿的奶粉、药品、食品开支大约1 500港元，可节省约800元。当然，日常生活的伙食费、水电费、交通费也还需要1 500~2 000元。”

家庭日常必要性支出：折合约4 500元人民币。

理财经验：辞去保姆亲力亲为，利用丈夫工作的便利从香港购物，借此补贴交通费。

普通三口之家建议日常消费参见表 10－3。

表 10－3 普通三口之家建议日常消费表

项目	消费品种	建议消费额	小计
必要性支出	伙食费用	2 000 元每月	小于 4 000 元
	电话费用	小于 500 元每月	
	交通费用（不包括有轿车的情况）	小于 800 元每月	
	非耐用日用消费品（如餐纸、洗衣粉之类）	300 元每月	
	住宅管理水电费	小于 400 元每月	
非必要性支出	着装支出	小于 1 500 元每月	小于 4 500 元
	聚餐费用	小于 1 000 元每月	
	礼尚往来	平均每月小于 500 元	
	娱乐费用	每月小于 500 元	
	旅游费用	每月小于 1 000 元	
子女教育支出	幼儿园或小学费用花费	每月 1 000 元（不包括伙食费）	小于 1 500 元
	业余爱好培养费用	小于 500 元每月	

理财建议

1. 消费篇：每月必要性消费低于 4 000 元。

（1）按照当地目前的生活水平，建议三口之家的“常规必要性消费”均控制在 4 000 元每月以下，四口之家则可控制在 5 000 元以下，具体支出建议如下表显示。

（2）“非必要性支出”建议控制在 3 000～5 000 元（每月）。其中，尤其应控制娱乐、旅游方面的支出。如下表所示，一个普通的“青年＋儿童”三口之家，每年的娱乐、旅游支出最好不超过 2 万元。

（3）对于“子女教育支出”，学校教育方面，是硬性支出，幼儿园费用相对较高，小学享受义务教育，但也会产生相应费用。全职妈妈需要控制的是“兴趣培养”、“业余爱好”之类的支出，一般每月支出不应超过 500 元。

综合三项，按照广州目前的生活水平，家庭年消费支出总额应控制在 12 万元以下，10 万元之下则更加理性。

2. 投资篇：一家人都要购买健康类保险

（1）打理好“私房钱”。每位全职妈妈在辞职回家之前，多数都有积蓄，或是多年工作所得，或是大额“陪嫁”金。建议这笔钱单独立项处理，且做保守方向投资。优先选择实物黄金；次之选择是国债，期限较长但利息比较高，风险较小。

（2）对于普通的城市“三口之家”来说，现阶段建议采用稳健为主、偏向进取的理财方式，将财产按照 1：5：4 的比例投资在保守、稳健与进取投资领域。

现阶段下，稳健产品优先购买债券基金与银行理财产品，保守产品可以配置货币基金与少量定期存款；而进取方面，股市回暖气息浓厚，可以开始购买偏股基金与混合型基金。

3. 建议为子女购买基金定投产品。

以偏债基金为主，每月每个子女的投资额为1 000元。除此外，建议为子女购买意外伤害险、健康医疗险。

4. 夫妻也要注意购买保险。

先生是一家的主力经济来源，建议配齐三类基本保险之外，还补充购买意外伤害险与重大疾病险；而作为全职太太，也不妨为自己购买健康保险与养老保险。

【案例10－14】 “421”家庭理财

案例资料

李先生夫妇，均为“80后”，有一个四岁儿子。妻子为一般公务员，年收入8万元左右，享受公务员医疗、养老待遇；丈夫是科研所一般工作人员，年收入12万元左右，单位为其购买五险一金。

李先生家有两套总共价值250万元左右的房产，一套自住，一套准备出租。自住房是妻子父母购买；准备出租的是按揭贷款的。有两辆车，存款15万元左右，其中3.5万元投资在朋友公司，年收益20%。

李先生家只购买了一份教育险，年交2 200元左右。没有购买任何理财产品和其他保险。

李先生家包括生活、养车、养房家庭月开销在8 000元左右，孩子每年学费2万元左右。双方父母健在，其中妻子父母有退休金，自己购买有部分商业养老保险和医疗险；丈夫父母均未退休，母亲患癌症，暂时大部分医疗费用靠社保和自己承担。

根据以上信息，李先生家庭三代同堂，双方父母健在，还有一个4岁的儿子。分析家庭结构可以看出，整个家庭呈现“421”结构特征，李先生夫妇可谓是上有老下有小，夫妇二人是家庭的主要经济支柱，压力自然不小。李先生一家年收入共计20万元，年支出共计11.6万元，结余8.4万元。

理财建议

李先生一家持家勤俭，支出较少，每年能有结余，这本身就是理财的好习惯。

1. 基金定投积累部分教育金。

李先生的宝宝今年4岁，未来教育花销总额需要约38万元。建议李先生考虑基金定投的方式帮助宝宝再积累一部分教育金。以每月1 000元为例，投资18年，按照年息6%计算，总共累计38万元，可以帮助宝宝顺利完成学业。

2. 黄金定投储备夫妻养老钱。

李先生和太太觉得购买商业养老产品缴费时间长，并且担心通货膨胀。建议李先生和李太太通过黄金定投的方式积累养老金。黄金定投有几个优点：首先，定投缴费期灵活，可以根据自身情况设定缴费期限，并且可以随时调整。其次，黄金具有抗通货膨胀的属性，具有锁定购买力的功能。最后，定投黄金变现容易，可以满足随时支取的需要。此外，如果有剩余资金，李先生夫妇还可以选择低点一次性购入黄金的方式储存养老金。这样就解决了李先生夫妻的养老忧患。

以上解决方案完全是建立在李先生夫妻预期几十年后通胀发生的前提下。但是，预期的通胀真的会发生吗？未来的二三十年会发生什么翻天覆地的变化？金银会不会被替代？这些我们现在都无法确定。基于以上的忧虑，建议李先生夫妻在定投黄金储存养老金的同时，还是最好购买部分商业养老产品。

商业养老产品具有确定给付的特点，我们在投保的时候能够知道退休后给付我们多少钱。就算未来发生通缩，这笔钱的数额也不会发生改变。通过这样的安排，能够降低黄金定投的风险，确保李先生夫妻一个安全美好的晚年生活。

3. 为父母养老建立保障专户。

李先生家三代同堂，是典型的“421”家庭模式，家庭重担几乎全部落在李先生和李太太的身上，可以说是“压力山大”。

由于双方父母年纪较大，现在选择投保保障类产品，会出现倒挂，不是很合适。建议李先生夫妻建立专用账户，通过理财配置的方式帮助父母建立保障专户。

另外，由于李先生夫妇是整个家庭的支柱，建议夫妻双方考虑给自身投保重大疾病保障计划或者定期寿险计划，如果夫妇二人平平安安，自然是由夫妻双方供养父母和子女。如果不幸出现意外，可以由保险计划获得赔偿，避免家庭财务风险。

4. 用生命价值法确定投保额。

建议李先生将剩余资金投资在夫妻双方的养老、医疗、双方父母的养老医疗储备金这三个方面。

（1）夫妻双方的医疗补充保障。李先生夫妇是家庭的顶梁柱，需要补充投保，增加家庭金融的稳定性。那么多大的保额合适呢？我们可以用生命价值法来确定。

生命价值法是以一个人的生命价值作为依据，来考虑应该购买多少保额的保险。该法则具体分三步：一是估计被保险人以后的年均收入；二是确定退休年龄；三是从年收入中扣除各种税收、保费、生活费等支出后剩余的钱。据此计算，可得出李先生的生命价值。比如，李先生今年30岁，假设其60岁退休，退休前年均收入12万元，用于自身的花销为6万元，按生命价值法则，李先生的生命价值是（60岁－30岁）×（12万元－6万元）＝180（万元）。同理可计算出李太太的生命价值是（55岁－30岁）×（8万元－4万元）＝100（万元）。

通过计算，如果给李先生夫妻二人单独投保储蓄性重大疾病保险，每年花费约为8万元，而李先生家每年结余不足8万元，因此建议李先生夫妇采用重大疾病保险加定期寿险混合的方式来投保。可以考虑每年拿出3万元投资重大疾病储蓄保险，2万元投保定期寿险。这样既覆盖了280万元的保障缺口，又能够兼顾重大疾病和养老。

（2）夫妻双方的养老保障。我们通过上述规划，给李先生夫妇配置了储蓄性重大疾病保障计划，再搭配前文给出的定投黄金，李先生夫妻可以获得一份兼顾抗通货膨胀和安全性的养老保障计划。

建议李先生夫妇每月拿出1 000元定投黄金，按照年息6%计算，通过30年的定投，到李先生退休时，可以累积100万元养老金。

（3）筑造父母养老储备金账户。本案中李先生夫妇有存款15万元，其中3.5万元投资在朋友公司，年收益20%左右，此外通过刚才的配置，每年还有结余。我们可以通过长短搭配的方式来提高这笔资金的回报率，满足父母养老所需。李先生夫妇可以留存5万元作为日常准备金，这笔钱可以购买按天计息的理财产品或者货币基金。剩下资金可以购买中期理财，提高收益。

【案例10－15】 单身妈妈理财

案例资料

张女士在一家外企任人力资源总监，月薪税后有2.8万元，同时还有年末奖金6万元左右。丈夫在世时，张女士并不需要担心家中花销是否充足，丈夫生前的收入足以应付家中一切必要的开销，比如房贷、养车费用、儿子的教育费以及老人的赡养费用。然而现在，张女士必须重新分配自己的开销，一套房子、4位老人，以及花销越来越大的儿子，张女士目前最主要的经济压力依旧是房贷。2009年初，张女士一家乔迁新居，如今，160平方米的房子虽然舒适，贷款压力却也不小。

张女士的房子购入价350万元（目前市值约600余万元），首付200万元，贷款150万元，20年贷款，每月按揭还款额为10 600余元。按照当时的贷款条约，张女士仍需要在今后的20年内每月支付这笔按揭款。

张女士9岁大的儿子还醉心美术。如今，张女士的儿子每个周末都要去老师家中接受培训，两天一共4节课，每周500元，一个月就是2 000元。此外，张女士还坚持每年带儿子到世界各地旅游，以拓展他的视野。随着儿子年龄以及绘画能力的增长，旅游及绘画工具的费用势必年年增高。

张女士家庭财务资料见表10－4。

表10－4 每月性收支状况 单位：元

收入（税后）		支出	
本人月收入	28 000	房贷	10 600
配偶收入	0	基本生活开销	3 000
		外出就餐购物等	3 000
		子女教育费	2 000
		孝敬父母	2 000
其他收入		养车费用	2 000
		其他	0
合计	28 000	合计	22 600
每月结余	5 400		
年度性收支状况			
收入		支出	
年终奖金	6	旅行费用	6
投资收益	0	年末大宗购物	10

续表

收入		支出	
其他收入	0	人情往来	1
		人身保险费	0
		车险	1
		其他	0
合计	6	合计	18
年度结余	-12		
家庭资产负债状况			
家庭资产		家庭负债	
活期及现金	20	房屋贷款（本金）	140
定期存款	60	其他贷款	0
国债	0		
股票（市值）	20		
基金（市值）	0		
汽车（市值）	20		
自住房	600		
投资房	0		
黄金及收藏品	10		
合计	750	合计	140
家庭资产净值	620		

理财建议

1. 调整开支结构，达到收支平衡。

张女士在企业工作上已经达到一个较高的阶层，今后的发展只会比较稳定而不会突飞猛进，靠她的工资性收入“开源”的可能性较小。为此，张女士必须从“节流”上想办法。

在房贷调整弹性较差的情况下（其贷款金额较高，贷款年数也已经有 20 年，若拉长到 30 年，月供可减少为 8 900 多元，但与目前相比只能每月减轻 1 700 元左右的压力，而且总利息会支付过多，因此不建议做此调整），建议张女士从其他生活类开支上动脑筋。

月度性开支方面，子女教育、养车、基本生活开销、孝敬老人等费用基本没什么弹性。张女士不妨减少外出就餐和购物的次数，一方面可以省些钱，另一方面也可以给儿子更多的家庭温馨时光。年度性开支方面，年末购物这一项上，建议张女士最好不要再按照以前的标准来制订采购计划，不妨将标准降低到 5 万元以内。

如此一来，张女士和儿子一年完全可以节省6万元下来，以便使家庭收支达到平衡。而且又能保证孩子的美术和旅游费用，让孩子多些学习机会。

2. 调整资产配置，实现年度盈余。

另一方面，张女士持有的80万元存款，除了拿出5万元左右作为家庭应急基金外，不妨拆分为三部分，其中10万元以货币市场基金形式持有，保证资金流动性，毕竟单亲家庭的财务风险比普通家庭更高些，需要更多可随时支取的资金。其中，50万元不妨投资两只左右的分级债基金的稳健部分，每年获取较稳健的收益；还有15万元可以购买一定的中短期银行理财产品，以便抓取一定的市场投资机会。在资金总体安全稳健的前提下，让家庭资产为张女士取得一定的投资收益。如此一来，就可以令家庭收支每年有几万元的盈余，用于今后不断积累。

3. 定期定额投资，准备孩子的教育金。

此外，目前孩子还在小学阶段，等到高中以后，大学甚至留学费用，特别是如果还要走美术专业培养道路的话，教育费将是一笔不小的数额。张女士不妨从现在开始为儿子做一份基金定投计划，从每月结余中拿出一两千元，投资一两只基金，聚沙成塔，为孩子的教育金提早做好长期积累。

4. 单身妈妈应注重保险保障。

为了应对可能遭遇的各类风险，建议张女士为自己安排好一定的保障，解除老人和孩子的后顾之忧。

张女士目前最需要的是一定额度的意外险、定期寿险和重大疾病类保障，这些险种都是纯保障型产品，费率低廉，一年几千元即可。今后，随着张女士收入提高或家庭财产性收入增加，经济压力减少，可用于保险保障的预算增加后，还可以为自己购入一些收入保障保险、年金保险等。

【案例10-16】 丁克家庭理财

案例资料

方晋和妻子吴蕾是一对丁克夫妇，结婚两年多了，他们不准备要小孩，打算将“丁克”生活进行到底。

方晋今年刚过而立之年，是IT工程师，月收入1.5万元；吴蕾28岁，是公司职员，月薪5 000元。年末两人还有一笔6万元的年终奖。两人的收入虽不算高，但也安排得井井有条。结婚时两人在双方父母的支持下贷款购买了一套住房，市价近300万元，30年还款周期，目前还有110万元的房贷没有偿还，每个月6 000元房贷是一笔固定的支出。家庭每月生活支出在5 000元左右，月结余9 000元。两年来，方晋和吴蕾也积累了些资金，有银行定期存款10万元，国债5万元。

理财目标：买车自驾游遍全国。

理财建议

方晋和吴蕾的工作和收入稳定，都有基本的社保。每月除了负担日常开支外，还有工资结余，目前生活可维持在较好的水平。但是，方晋所担心的房贷问题确实会有对未来家庭生活产生影响的潜在风险，同时也有可能会导致其他的家庭计划搁浅。

1. 加强保障解除后顾之忧。

（1）定期寿险。定期寿险是一种消费型的人寿保险，有固定的保障期间，保费开支不大，却可以获得较高额度的寿险保障，以防范投保人的身故和全残等人寿风险。可用于着重解决家庭责任期的保障需要，如偿还房贷期间，一旦未来发生风险，保险金将可用于偿还所欠房贷，避免为爱人带来负担。因此，对于这对丁克夫妇来说，可以首先考虑增加定期寿险的投入。

确定多高的保额？多长的保障期间？这些是方晋在投保时需要考虑的问题，可将未还完的房贷额，以及预计未来家庭生活开支两部分的和作为寿险保额。因此，方晋和吴蕾投保的定期寿险保额可定为170万元左右。保障期间则可以与房贷的剩余期限保持一致。

（2）重疾保障。重疾保障对于方晋和吴蕾来说，也同样重要，可以防范重大疾病发生后给家庭带来的医疗费负担，以免影响还贷计划的正常进行。按照目前的医疗水平，如果发生重大疾病，至少需要20万~30万元的医疗费用，这对于家庭而言，也是一笔不小的支出。所以，方晋可考虑利用保费较低的消费型重疾险来解决这个问题，为自己和吴蕾分别投保30万元和20万元的保额，保障到60岁。

根据测算，方晋和吴蕾增加定期寿险和重疾保险的年度保费支出为11 000元左右，仅占年度家庭盈余的7%左右。

通过保障规划，解决了方晋的担忧，方晋则可利用年度盈余和年终奖来购车，实现自驾游的愿望。

2. 随着未来家庭收入和储蓄的增加，在保证家庭备用金和现金流的情况下，方晋也可考虑部分提前还款，以减轻每月的还贷压力。同时，还应将目前的家庭储蓄中的部分资金转投至相对预期收益率较高资产中，如基金、银行理财产品中，同时利用每月定投基金的方式，来增加资产的回报率。

除此外，方晋还需定期的回顾家庭财务状况和理财安排，尤其是在家庭需求发生变化的时候，应随之调整现有的理财安排，以满足家庭的实际需求。

3. 可以通过“虚拟子女抚养费”的方法，也就是说，假设自己也有子女，在储蓄和投资中建立单独的账户，投入的标准可以在平均养育子女的费用上打一定的折扣。这部分资金单独进行留存、储备和投资，日积月累，越滚越大，可作为未来养老费用的补充，以替代子女缺失在养老生活中可能产生的费用。

【案例10-17】 中等收入家庭理财

案例资料

私企老板段先生，46岁，是一家装修公司老板，年收入30万元左右，家庭年支出10万元左右，有一个17岁的儿子明年高考。7年多来一直热衷于投资理财，“成果”却是屡战屡败。“除了2009年在股市踩准了一波行情，赚了10多万元，其他的理财都是亏损的。看着别人都在开开心心理财赚钱，自己心急。”段先生说，儿子马上高考了，想买点教育基金，都不知从何下手。

目前，他的家庭资产状况如下：银行活期存款约100万元；名下三套房子，两套用于出租，每月可收租金6 000元；购买基金20万元（目前亏损约6万元）；股票30万元（目前亏损约14万元）。

段先生目前有流动性资产100万元，流动性健康诊断数值为120，远高于标准值3－6，说明家庭中有过多的闲置资金，不利于家庭资产增值。段先生的现金流量指标为16667元，高于标准值0，说明段先生目前现金流状况非常健康，可以应付家庭的日常生活支出，有能力去理财并完成家庭的理财目标。段先生的财务自由度指标为72%，低于标准值100%，这意味着段先生并没有达到真正意义上的财务自由，一旦工作出现问题，其理财收入并不能持续的维持家庭的正常运转。建议段先生调整投资性资产的配置，使投资结构更加合理，逐步提高理财收入和理财的能力。

理财建议

1. 投资规划。

进行投资规划之前，应首先对段先生家庭的流动资产进行调整。段先生家庭的流动资产非常宽裕，达到了100万元，按照资产流动性的健康标准来看，段先生只需留下2.5万元的流动资产即可，其中0.5万元以活期存款方式留存，2万元投资于货币市场基金。

同时，段先生也可以申请银行白金贷记卡，其初始额度为10万元，最高可升级到100万元，不仅可以在做生意时缓解现金流压力，提高资金使用效率，还可以享受机场贵宾通道、免费全面健康体检、消费积分减免年费等增值服务。

根据段先生风险承受能力评分表和投资类型评分表的测评结果来看，段先生属于风险喜好型和投资激进型投资者。该类型投资者能接受的投资期限较长，风险承受能力很强，为了追求最大回报，愿意承受资产价格的短期大幅波动风险。对于像段先生这样的投资者来说，一味地投资股票，在牛市里只要大方向没错，就会赚个钵满盆满；可到了熊市或是震荡期，就会显得手足无措，甚至会出现亏损。

其实每个人都有自己的投资逻辑，段先生在完善自己投资逻辑的基础上，更应该了解股市的客观规律。任何事物都有其自身发展的规律，经济发展和股市运行也一样，只有顺应“规律”办事，才会获得较好的结果，这跟天冷需要加衣服适应天气是一个道理。其实投资理财很简单，只要把握住经济发展的脉络，用经济的周期策略武装头脑，理财就会变得游刃有余。

一般来说，经济周期可分为衰退、复苏、过热和滞胀四个阶段，每一个阶段都有其独特的经济运行特征，并且每一个阶段都对应着该阶段表现最优的投资品种，包括股票、债券、现金等。如果段先生觉得较缺乏专业知识，且并非专职，时间又有限，较难敏锐地洞察出经济运行规律和节奏，那么可以通过购买合适的理财产品来实现资产增值，尤其是遵循经济周期发展规律、具有行业轮动特征的基金产品。

2. 教育规划。

教育金规划首先要明确教育金的具体使用时间，根据使用时间，确定教育金缺口。段先生儿子明年参加高考，并在国内先读大学，4年后是选择参加工作或出国留学，尚不确定，因此假设两种情况以供参考：

假设段先生的儿子选择明年在国内上大学，4年后参加工作。目前国内大学本科的平均学费为每年 0.8 万元左右，生活费和其他相关费用每年 2 万元左右，4 年合计约为 11.2 万元（假设学费增长率和投资报酬率一样，都是 4%）。这笔教育金的储备可由现在开始准备，专款专用。由于时间较短，不适合投资于股票、期货等风险较高的产品，可选择银行定期存款、电子储蓄国债、银行理财产品来进行投资，以积累教育金。这样，在保证本金安全的同时，可为投资者带来了较高的潜在回报。

假设段先生的儿子选择明年国内上大学，4 年后出国留学。这需要从现在开始，准备 5 年后的出国深造相关费用。目前，主要的留学目的地国家每年的学费在 2 0 万元人民币左右或者更高，相关生活费用也需要 2 0 万元人民币左右，两年的大约花费 8 0 万元左右。对长达 5 年以上的长期理财目标，建议采用基金定期定额的投资方式，选择一只指数型基金，每月进行投资，达到小额投资、积沙成塔的效果。积累 80 万元的教育金，以指数型基金定投平均投资报酬率 8% 为例，积累 5 年，每月还需要投资 16 221 元左右。

【案例 10－18】 “80 后” 理财个案

案例资料一

顾小姐，1982 年生，北京某外企职员，税后收入 8 000 元/月左右，有独立住房，私家车。存款 2 万元，贷款 20 万元，还款期为 5 年，月还款 3 000 元，刚开始还款，月消费 3 000 元，交母亲 1 000 元/月。

理财建议一

首先，20 万元贷款 5 年还清，这可以通过 5 年定期寿险来解决 20 万元缺口。

其次，需要考虑对母亲的孝养。母亲今年 60 岁左右，还需要尽孝 20 年左右（按照平均年龄推算），那么这部分的资金缺口是 24 万元，可以通过收入补充保险来弥补 24 万元的母亲孝养金。

由于生活环境的变化，现在大病也有了年轻化趋势，即使是年轻人也要注意风险的防范。

单身人群没有了另一半的支持和家庭的保障更应该完善考虑这部分的风险。按照北京现在治疗一个大病的平均花费在 20 万～30 万元，可以购买保额 20 万～30 万元大病保险。

单身的养老现阶段只能依靠自己的力量，今后成家生育子女后可以适当调整规划。养老问题是不容忽视的大问题。结合自己的生活水准和对未来生活品质的预期可以考虑购买养老年金型的产品，额度可以根据个人情况设定。

另外，外企工作的顾小姐出差或出国的机会都不少，所以购买一份合理的意外险也是必不可少的。可以考虑保额 30 万～50 万元的意外伤害险。

案例资料二

小安，男，29 岁，今年 10 月刚刚结婚，IT 技术人员，有社保，月薪 8 000 元；

妻子小邦，27 岁，教师，工资 5 000 元，父亲经常住院治疗需要支持；筹办婚礼及蜜月旅行后还有 6 万元存款，但小安名下的婚房还有贷款 50 万元未还，小两口计划 3 年后要小孩。

理财建议二

婚后的新生活要做长远规划，尤其在小家庭的成长期，是资产初步积累的阶段，不仅需要勤奋工作增加收入，更要规避和转移风险，减少不可预期的大额支出，保证家庭财产的稳定安全。

小安名下有 50 万元贷款未还，所以保障额度以此作为基础；发生疾病住院时某些费用会在社保报销范围之外，20 万元大病保障和每年 1 万元的住院医疗保险可解决部分自付费用，也可作为就医不能工作时的收入补充；此外，年轻人好动又经常外出游玩，意外保障是最基本的设置。

小邦最大问题在于，如果自身发生风险，父亲的医疗费用和赡养会出现问题。住院医疗和重大疾病同样是社保和收入的补充，保额多少建议以大约年收入的 10 倍作为参考，以体现对父母的责任和孝心。

进入保险账户资金的使用没有银行灵活方便，但恰恰是不方便使用的这个"优点"，可以避免年轻人的冲动消费，把小家庭必备的资金留存下来，保证小两口在婚姻的每个阶段都顺利地度过，享有幸福美满的生活！

案例资料三

安先生 32 岁，外企工作，月收入 2 万元，加奖金年收入约 28 万元，有社保及社保补充医疗，今年喜得贵子；妻子安太太 29 岁，目前是全职妈妈，在家悉心照顾孩子，社保处于中断状态。居住的房子已全额付清房款，没有贷款压力。

理财建议三

很多初为父母的年轻朋友都觉得给孩子买很多保险就是对孩子的关爱，这种心情能够理解，说明有一定的风险意识，但不够全面。但是，如果刚刚为人父母的自己出现了风险，家庭收入锐减甚至中断的话，给孩子的保费由谁来交呢？后面的日子又怎么过呢？所以一定要清楚，保险的本质是风险的转移，就是将自身及家庭风险转移出去，用小钱（保费）来换取大钱（保额），家庭收入高的人才是最应该有保障的，有了孩子后，他（或她）的保障应该随着家庭责任的增加而有所增加。

安先生是家庭经济收入支柱，孩子和妻子目前都依靠他的收入来源生活，万一发生风险，妻子、孩子的生活就完全没有保障了，所以他一定是保障的重点，保额则参照孩子成年前家庭生活开销数额及预计教育金总额而定。

案例资料四

许小姐是某健身集团总经理，年收入 35 万元左右，佟先生自由职业，年收入 10 万元左右。双方都是 1980 年出生，结婚 5 年，决定丁克，都享有社保，拥有两套住房，私家车。存款 20 万元，房贷 60 万元，为期 15 年。月消费 1.5 万元，父母孝养 2 000 元/月，储蓄 3 000 元/月。

理财建议四

首先，房贷 60 万元 15 年还清，万一主要的经济支柱许小姐发生风险，那么这部分的资金需要通过定期寿险来解决。

其次是父母的孝养问题。每个月每人分别给父母 1 000 元孝养金，两边父母年龄都在 65 岁左右，这部分资金缺口也需要通过双方各自的定期寿险来解决，受益人的选择上一般是各自的父母。

随着社会的发展、生活环境的变化，大病也有年轻化趋势，大病也不再属于某个特定人群，对于健康险也需要双方重点考虑。丁克家庭的特点是没有子女的维系，同时也可能出现大难临头各自飞的情况，所以可以采取夫妻互保（夫妻互为投保人、被保险人和身故受益人）寿险、健康险的形式也会大大提高彼此的忠诚度。

丁克家庭虽然不用再养儿防老，但是同时也没有了精神上的寄托和依赖，一切只能靠自己，所以养老问题是不容忽视的大问题。尤其是“80后”，那么到了2040～2050年正好是养老压力非常大的时期。随着医疗水平的发展，“80后”的晚年时光跨越百岁将不是梦想，那么一笔能终身领取的养老金就是不可或缺的了。

许小姐是公司经理，出差和外出的机会比较多，可以考虑意外险的购买，同时要兼顾意外医疗的保障。对于佟先生也是，自由职业的工作性质也要适度考虑意外风险的降临和防范。所以，每人保额30万～50万元的意外伤害险是很有必要的。

【案例10－19】

案例资料

熊小姐，24岁，工薪族，未婚，目前做销售工作，月收入12 000元左右，每月开支4 000元，无保险，存款20万元近期都给父母用于买房装修了。

理财目标：想在两年内自己创业开一间小店，到时父母预计能赞助20万元本金；明年去欧洲旅行一趟，因为男朋友在欧洲。

理财建议

1. 投资开店熊小姐打算在两年内开一间小店，目前每月的结余为8 000元，一年下来有96 000元的结余。从熊小姐的资产结构来看，除了每月的结余，几乎没有存款。熊小姐要在未来两年内开一间小店，属于自主创业。虽然创业是许多上班族的梦想，也是致富的快捷方式，但创业并不是所有人都能成功。有统计数据称，创业的失败概率超过六成。

一是选择与自己专长及兴趣有关的行业。过去在工作生涯中所积累的经验和人脉可以派上用场。隔行如隔山，假如所创的事业是当前热门的行业而非自己熟悉的行业，往往会低估一窝蜂投入的风险，即使短期获利也不能持久，容易导致失败。二是选择与创业资金相匹配的行业。有些行业有较高的资金门槛，除了技术之外还要大量募集资金。创业初期应慎选自有资金能负担的行业。三是选择风险低且回收较快的行业，成本回收快有利于公司不断发展。四是选择可服务于大众的行业，投机倒把的事情切记不可取。

再就是选择适合的营业场所，根据营业性质选择场所，店面要看人潮或人气，办公室也要尽量选择交通方便之处。租房不要急于决策，以免过高的房租拉垮公司。

小店的前期投资和运行成本保守估计需25万元左右，父母到时还能赞助20万元本金，剩下的5万元需要根据现有的收入情况进行统筹规划。建议熊小姐进行零存整取账户的资产配置。

根据熊小姐的收支情况，建议每月发工资后，先考虑到银行存钱，开立一个零存整取账户，同时为熊小姐制订了一个保险规划，建议每月向零存整取账户定额存入5 000元，按目前一年期零存整取利率 2.85% 计算，年末可积累出本金 60 000 元和利息，一年左右就可以将开小店的本金凑齐。这样一来，在打算开店的时候，熊小姐手头还会富余一些本金，将这部分钱进行有效的理财规划，可以有效地规避创业初期的风险。

“金本位”的时代早已一去不复返，在各国纸币发行量与黄金储备早已脱离的现代社会，黄金在资产结构中的保值作用尤为重要，所以建议熊小姐可以拿剩余的资金投资实物金条，这样的资产配置不仅可以将短期不用的资金运用起来，还可以有效地抵御通货膨胀，使资金保值、增值。

2. 投资货币基金用做旅游经费

熊小姐计划明年去欧洲旅游，而男友在欧洲，所以开销相对较少，以机票为主，旅游经费可以通过货币市场基金进行积累，每月存入货币市场基金 1 000 元，作为明年 12 000 元的旅游费积累，存够即可随时支取去旅游，剩余资金也可作为备用资金，以备不时之需。

货币基金投资起点低，通常 1 000 元起，且无申购、赎回费，适合小量资金临时存放，年化收益率在 3% ~4% 之间，虽然收益不高，但流动性强，在保证资金安全和流动性的同时提高资产相对收益，且操作方便，建议办理网上银行专业版进行操作。

3. 为父母配置终身养老年金险

父母有社会养老金，本人有“五险一金”，请问如何规划自己和父母的保险？

就目前熊小姐的资产状况来看，不难看出少了保险规划这一部分，在熊小姐找到第一份工作的同时就应该投保一张保单。因为父母养育子女至 20 岁至少花费 30 万元，因此第一张保单可以设定 30 万元保额，以父母为受益人，以此作为万一保险状况发生时，对父母的回馈。

熊小姐可以考虑搭配一款重大疾病保险产品，用小投入换取大回报，每月缴费 711.72 元，缴费期限为 20 年，共缴 170 812.8 元，在没有出险的情况下，熊小姐 70 岁时可返还 30 万元保额，并享受保险公司红利（红利不确定）。不仅为自己获得了一份 30 万元保额的重疾保障，还可以将未知的风险分摊给保险公司。

随着我们年龄的增长，父母的养老是我们不可回避的问题。由于父母退休以后还会持续生活几十年，如何让父母在退休后保持一个良好的生活水平，成为我们每个人都要面对的现实问题，鉴于现阶段养老金政策尚未明确，所以现代社会退休金的筹措主要还是靠个人或家庭通过金融理财加以解决，规划准备着手越早，父母退休时也会越轻松。

熊小姐的父母有社会养老金，按照熊小姐的年龄推算，父母的年龄大概在 50 岁左右，建议熊小姐可以考虑给父母配置一款终身养老年金保险计划，以此来实现稳定的现金流，使资产保值增值，同时让熊小姐的父母可以安享自在的退休生活。这种保险形式为每年缴费终身领取，熊小姐的父母还可以分享保险公司年度红利（分红是不确定的），具体的情况可以到专业机构进行咨询。

市场瞬息万变，资产配置需要定期检视，并随之作出相应调整，建议熊小姐定期到专业机构进行全面的资产检视，以保证作出合理的资金配置。

【案例 10－20】 中西和壁家庭理财

案例资料一

公司在越秀区的服装行业商人王先生，与美国人结婚，目前还在坐“移民监”。生在华侨之乡的他在美国有多名亲戚。2008 年金融危机之后，美国房价一度暴跌了近三成左右。看到亲戚低价入手房产转租投资后，2010 年年底，王先生在旧金山托亲戚帮忙物色了一套公寓，100 多平方米，交通比较方便。房子过户后，一连串的问题便缠上了他。

据王先生透露，一年大部分时间他在广州居住，由于担心房子出租不安全，他一直放任房子空置。按当地管理，每套房子都需要每月缴纳房屋管理费和垃圾费，每年还要交房产税。王先生计算了一笔账，一年的各项支出已高达数万元。此外，有一次卫生间漏水了，他又付出了几千美元的维修费。2011 年，他不得不考虑用租金抵消日常维护费用和税费。

理财建议一

美国的养房费用主要包括房产税、租房管理费等部分费用。而部分公寓类小区将垃圾处理费包含在房产税里，部分社区型房产则另收取。以亚特兰大为例，如果房子 10 万美元，一年养房费在 1 500 美金左右；而旧金山相对高些。大概来说，美国的房产税是房价的 1%～1.5%。租房管理费则取决于中介的规定，一般能占年租金的 6%～10%。美国的租房净利润在 5%左右（即租金减去养房费用）。

租房达到一定的缴纳限度，要计算个人所得税。一般来说，美国房产税在 1%左右，不同的州收取不同的房产税。为了保持稳定的租金收入，建议个人投资者选择大型的物业管理集团，可选择包租的方式。在美国，物业管理公司可提供包租服务，假如一年的包租费占房价的 7%，则无论租金是 8.5%还是 6%，个人投资者均可获得 7%的包租费。

案例资料二

从美国回到中国的广州人曾先生称，最近一年身边朋友在美国投资房产屡遇问题。曾先生的一位朋友在老城区看上一套双人间公寓。“我朋友觉得房子构造很好，位置也可以，出租完全不成问题。”曾先生说，他朋友在美国从事技术行业获银行的部分贷款。卖家此前也告知，该楼盘属于商改民，是当地需维修的老建筑，必须对房子进行加固。考虑到价钱相当便宜，在要求得到折扣后甚至放弃了房屋检修的机会，曾先生的朋友并未留意房子加固的问题。

曾先生透露，事实上在海外（美国和英国）等地会遇到类似的情况，这类文件有可能导致银行的贷款发生变化，甚至有可能取消。当时朋友面临两难问题，如果修，则需要花一笔额外的钱；不修，可能面临房子被拆的风险。“海外投资的朋友，有的也遇到同样的问题，但签约前卖家并未如是告知，最后只好找律师打官司，白白花了一笔钱。”

理财建议二

首先需要寻找一个专业的房屋检测机构帮助客户对房屋进行评估，以及需要维修的地方所需要的费用，等检测报告出来以后，再与卖家进行协商，看这个房屋维修费用如何承担。在美国是有这样的房屋质量检测机构的，他们可以帮助客户对房屋的结构质量进行评估，然后指出所需要维修的地方以及估算所需要的费用。所以客户在购买二手房的时候可以找这样的一个机构。在买房子前，个人投资者一定要选择评估公司，提出对房屋的构造以及整修的专业意见。

美国房产中，有钢筋混凝土结构的项目，也有砖木结构的项目。不少美国州政府规定房屋必须购买房屋保险和房屋维修费，所以购房前一定要弄清楚房屋的年代和修缮情况。在美国购房，一般来说，没有美国缴税证明比较难贷款，并且贷款的额度也不高，所以如果是国内投资者，投资额度不算太大的话，建议不要贷款。

【案例 10－21】

案例资料

张女士，28 岁，已婚，夫妻感情很好，并新任服务行业高管，丈夫经营一家自己的公司，女儿 2 岁。现有活期存款 35 万元，收藏品 10 万元，自住房一套现价 150 万元，投资住房一套 150 万元，均无房贷，其他资产 10 万元，机动车一部价值 20 万元，目前没有任何理财产品。张女士年收入 12 万元，女儿的生活费由丈夫全权代理，父母财务和身体状况良好无负担。

理财目标：独立规划自身财务，规避丈夫的经营风险。

1. 家庭财务状况分析

张女士上述财务数据可以形成以下的家庭资产负债表与收入支出表，见表 10－5、表 10－6。

根据表 10－5 和表 10－6 的数据，可从 6 个主要方面来评估张女士家庭的财务情况，见表 10－7。

表 10－5　　张女士家庭资产负债　　单位：万元

资产	金额	负债	金额
活期存款	35	房屋贷款	0
收藏品	10		
自住房	150		
投资房产	150		
其他	10		
机动车	20		
资产总计	375	负债总计	0
净资产	375		

表 10－6　　张女士家庭收入支出　　单位：万元

年收入	金额	年支出	金额
工资	8	生活开支	2
其他	2	房贷还款	0

续表

年收入	金　额	年支出	金　额
年终奖	2	其他支出	0
年总计	12	年支出总计	2
年结余	10		

表 10－7　张女士财务比率

项　目	参考值	实际数值
结余比率（%）	30	83
投资与净资产比率（%）	50	43
清偿比率（%）	50	100
负债比率（%）	50	0
负债收入比率（%）	40	0
流动性比率/倍	3	209

2. 结余比率

结余比率＝年结余/年税后收入。张女士家庭的结余比率为10/12×100%＝83%，实际结余比率与理想值相比高出很多，反映张女士家庭提高其净资产水平的能力很强。另外，张女士的负担很小，丈夫撑起了家庭的多半边天，并且有非常强的储蓄和节余意识，未来家庭能够较快积累财富。

3. 投资与净资产比率

投资与净资产比率＝投资资产/净资产＝160/375×100%·＝43%，参考值为50%。该比例能反映张女士家庭通过投资提高净资产规模能力。实际比率稍低，说明张女士投资意识较低，在投资方面仅仅有房产的投资，而没有任何可以及时变现的理财产品。这一点恰恰是张女士家庭的最大欠缺，将投资过于集中地放在房地产上。众所周知，投资的大忌就是把鸡蛋放在同一个篮子里，况且房地产市场的最大影响因素是国家政策，在目前紧缩政策的前提下，如果不是在北京、上海这些大城市的有利地段，做房地产投资的风险不小。

4. 清偿比率

清偿比率＝净资产/总资产＝375 /375×100%＝100%。一方面说明资产负债情况极其安全，另外张女士还可以更好地利用杠杆效应以提高资产的整体收益率。但是不能仅仅看数字表面，按照指标的常规意义来考虑，张女士的理财目标是为丈夫的经营风险搭建屏障，也就是说，万一丈夫的公司出现意外，张女士可以为丈夫提供一个正常生活的经济环境，这种情况下看清偿比例的数值意义不是很大。

5. 负债收入比率

负债收入比率＝年负债/年税后收入＝0/12＝0。该指标反映支出能力的强弱，临界值为40%，达到这一数值则说明短期偿债能力可以得到保证。该比例能反映客户在一定时期财务状况的良好程度，张女士家庭目前的负债收入比率仅为0，远在合理范围的40%以下，说明张女士家庭短期偿债能力很好，没有还债压力。

6. 负债比率

负债比率 = 负债总额/总资产 = 0/375 = 0。这是反映张女士综合偿债能力的指标之一，通常控制在50%以下，张女士的这一指标过低，与清偿比率反映了相同的问题。说明其家庭负债为零，不存在偿债压力。

7. 流动性比率

流动性比率 = 流动性资产/每月支出 = 35/（2/12） = 210。该指标反映支出能力的强弱，参考值为3～6，张女士的此项指标已经达到210，实际值高于参考值太多，说明流动性资产可以支付未来210个月的支出。张女士家庭抗风险和应付财务危机的能力很强，但现金及活期存款太多，虽然可以保持充足的流动性，但也存在收益过低的问题。

总体来看张女士家庭的各项财务指标，都可以说明财务结构不尽合理，太过关注资产的流动性，流动性资产完全可以应付负债，结余比率较高。从资产配置情况来看，张女士的意图也在保障，但是保障并不是持有活期存款才可以实现的，建议增加商业保险，转换保障家庭财务安全的方法。

8. 修正理财目标

张女士的理财目标中存在一个误区，她假设丈夫出现了经营风险，只要自己的财务没有问题就可以让全家幸免于难，不会让风险危及全家。其实不然，夫妻双方生活在一个屋檐下，为一个家庭目标打拼，AA制的家庭模式不为大多数中国人所接受，即使张女士可以接受，但是单纯理好自己的财，是远远不能给丈夫提供避风港的。张女士完全可以通过商业保险转移丈夫的经营风险，这才是最有效的措施。因此，建议将理财目标修正为——规划家庭财务安全屏障，为丈夫搭建安全港湾。其实，丈夫的财务安全更重要。

9. 规划保障

张女士和大多数人一样，理财的目标看起来很明确，但是不够具体，规划家庭财务安全保障，为丈夫提供安全港湾。这一目标的实现包括以下四方面的内容。

（1）张女士的保险规划。根据风险管理与保险规划原则，保险规划保额设计为10倍的家庭年结余，保费则不宜超过家庭年结余的10%，这样的保障程度比较完备，保费的支出也不会构成家庭过度的财务负担。张女士并非家庭收入的主要来源，有关张女士每年的各项风险保障费用加总不宜超过1.2万元，这1.2万元的保险分配建议为首先购买1 000元的意外险，包括意外伤害和意外医疗；考虑到30岁以后会进入女性特有疾病的高发年龄段，配置6 000元的重疾险；余下的5 000元可以适当配置一些分红型的寿险等。总保额最好可以达到120万元的水平，避免意外发生后资不抵债。

（2）丈夫的保险规划。张女士必须为丈夫购买足额的保障金，假设丈夫的年净收入为50万元，个人名下的负债为100万元。设计保额有两个思路，一是年收入的10倍，二是至少要覆盖到个人名下的所有负债。取前者，保额为500万元，足可以覆盖到个人名下的负债100万元，根据市场上的保险品种有如下建议供选择。

第一种是定期寿险。低保费、高保障的优点适合于每个人，可以转嫁人生黄金期间的家庭责任风险。这种纯消费型的保险将会支出30万元，年交保费保费1.5万元，交费期20年，保费将不再返还。

第二种是终身寿险。保单的现金价值随着时间逐渐增加，加上时间、复利和分红累积，最后的赔付金额和账户价值远高于所交保费。较适合于家庭经济支柱，用来弥补其身故或失去劳动能力后带来的家庭收入的减少，保证家人的生活水准。终身500万元的高保障，保额年年随分红递增；晚年的保单价值较高，可以作为养老金补充。交费期20年，年交保费5万元。

第三种是定期寿险终身寿险混搭。350万元保额的20年期定期寿险，年交保费1万元，交费期20年；150万元保额的终身寿险，20年的交费期，年交保费4.5万元。

（3）儿童的保险规划。2岁的女儿投保基本保额为5万元的分红型保险，并且可以锁定一部分教育金，现在市场上此类产品的价格为年交保费1.5万元左右，交费期为5~10年。

（4）房屋抵押贷款保险。假如日后张女士的丈夫出现经营风险，需要将房产进行抵押，此时建议张女士考虑个人抵押贷款房屋保险，费率在0.6‰~1.5‰，保费=房屋总价×费率×保险年限，张女士届时的保费为150万元×1.5‰×20=4.5万元。用这一杠杆可以减轻风险带来的损失，进而保证一家人的生活质量。

【案例10-22】 提前退休如何才能安享晚年

案例资料

李先生今年41岁，是一位在工作岗位上奋斗了20年的创业者。从最初只有3名员工、10万元的小厂子开始，坚守发展到今天，李先生现在已经成为拥有员工50多人、年平均税前利润60万元的区域代理公司的负责人。20多年的拼搏奋斗中李先生甚少关注自己的身体，最近越来越感觉力不从心，打算50岁就退休。

李先生的爱人王女士今年40岁，是一名医院护士，月薪5 000元左右，有五险一金。二人的儿子今年12岁，读小学六年级。

李先生家庭现有活期存款1万元、银行理财产品105万元、房产1套（市值180万元），房贷余额80万元（贷款期限还剩13年），自用轿车1台，25万元。日常生活开支方面，家庭生活支出10万元左右，自用轿车一年费用2万元，孩子学习相关费用支出每年3万元。

1. 理财需求

李先生家庭对于理财的需求集中在李先生早日退休上。李先生希望能合理的提前安排好退休生活，保持退休后生活品质不受影响，并兼顾家庭其他的例如教育方面的资产需求，希望理财师能提供一份投资建议。

2. 家庭财务分析

（1）李先生可用于及时变现的流动性资产远低于标准值3~6倍，应建立家庭准备金来应对家庭生活中遇到的现金流断裂、事故等意外状况及突发事件。

（2）从保险保障指标来看，李先生的家庭目前没有购买商业保险，未获得足够的保障。由于李先生的自营企业风险较高，为自已和家人考虑，也应该选择合适的保险，防止意外情况发生而导致家庭理财目标难以实现。

（3）从资产负债率的指标来看，负债在资产中的占比为25.73%。李先生可以选择适当提高负债比率，利用财务杠杆，提高资金利用率，更好的完成理财目标。

（4）从财务自由度的指标来看，李先生的财务自由度指标远低于标准值100%，这意味着家庭支出完全依赖于李先生的工作收入。建议李先生使用适合的理财工具，逐步提高理财收入。

理财建议

1. 备用金规划

李先生当前活期存款只有1万元，所以首要问题就是建立家庭紧急预备金，主要用来保障家庭生活的正常运转和意外时的应急需要。

家庭紧急预备金不能过多或过少，需要在资金的流动性和收益性之间平衡。根据李先生的月支出状况，建议储备家庭3～6个月的日常支出额度，约为4万元。其中，1万元存银行活期存款，另外3万元则购买货币市场基金。

此外，李先生达到了银行贵宾客户级别（资产105万元），可以申请起始额度为10万～100万元的白金信用卡，不仅享有机场贵宾通道、免费健康体检等多重增值服务，还可以为自己事业和家庭储备一笔备用金，以备不时之需。

2. 投资规划

根据风险承受能力评分表和风险态度评分表的测评结果来看，李先生属于稳健型投资者，其投资类型的特点是对风险的关注要大于对收益的关注，希望在较低风险下获取稳健的收益。建议的投资组合如下。

李先生的可用于投资的资金105万元，可以均衡配置于股票类资产和债券类资产（或股票型基金和债券型基金）以及少部分信托类资产，拿出30%资金用于定期存款或购买银行理财产品，期限以一年期为主，以满足家庭每年可能的大额支出需要。

30%投资股票或股票型基金，满足家庭资产增值需要；

30%资金投资于债券型基金，满足资产保值需要；

10%的资金用于投资信托类资产或贵金属账户类产品，满足资产的分散或平衡需要，起到资产平衡器作用。

构建后的投资组合的年平均收益率为6%～8%。

3. 养老规划

李先生想要实现提前退休并安享晚年的目标，首要的条件就是要有稳定且足够的现金流，而且来源是工作收入和理财收入两方面，以这两方面作为实现提前退休的基础。其次，要保证家庭财务不出现巨大波动，尽可能的提高理财收入，这就要现在就对未来可能出现的风险做好规避和安排。

李先生在未来没有大的变故的情况下，每年大约有29万元的节余（净储蓄减去贷款本金减少的部分），这是一笔很可观的财富。管理未来现金流的最有效工具之一，是进行基金定期定额投资。以李先生每月定期定额投资2万元，投资方向以股债平衡的保本基金，如果以年收益6%为例计算，9年后可积累约700万～800万元。

4. 教育规划

李先生在理财观念上还有一个误区，就是在养老金储备和子女教育金储备上，优先把子女教育金储备放在了第一位。中国的父母都愿意为子女教育作出牺牲，甚至是自己的未来，但自身保障没有做好，怎么保障子女的教育？而且未来还会给子女带来负担。因此在两者发生冲突时，一定要首先考虑养老金的储备。

在养老基金之余，家庭剩余的月收入有大约1万元，这部分钱可以做为子女教育的费用积累。这部分投资相对保守一些，最好以国债和纯债类产品为主，年收益在5%左右，6年后孩子上大学时有近百万的教育金，大学和今后留学的费用都可以比较有保证。

5. 保险规划

从理财的角度来看，李先生家庭在家庭生命周期理论中处于家庭成长期，是人生最辛苦的“上有老，下有小”的夹心阶段。作为家庭的经济支柱，且自身经营企业属于较高风险投资，应当根据家庭状况，选择适当的保险。

建议首选重疾险，同时需为自己购买较高额的寿险、意外险和特种疾病险，再配合住院险和津贴型保险。这样，万一发生意外，可使孩子和家庭得到经济保障。

以某保险公司重大疾病险为例。年交保费2 430元，连续10年，从保险合同生效之日起至身故，发生保险合同指定的重大疾病即可获赔30万元；住院费用险的作用更大，某险种年交保费1 400元，一旦住院，最高保额可达10万元。这两者都很好地规避了因意外造成的收入风险。

【案例10－23】 事业单位女员工理财

案例资料

某女，事业单位工作，年收入税后13万元，其中3万元为年终奖，预计总收入每年有5%左右的提升空间。今年29岁，单身，和父母同住，每月汽车油费和购物开支约3 000元。另外购买了一套市中心90平方米的房产，每月按揭还款2 500元，其中2 000元为住房公积金还款，实际承担500元。目前存款及6个月的理财产品总共仅15万元。希望合理安排节余资金，使得资产保值增值。

理财建议

年收入13万元，由于3万元为年终奖，月均收入为8 300元，月支出为3 000元其他支出，500元公积金以外房贷支出，此外拥有15万元6个月期限理财产品。该客户处于事业上升期，收入有一定的成长性，有一定资产，负债小。由于客户收入分配的特点，每月可支配收入为5 000元左右。根据她让财富保值增值的理财目的，其资产应配置一定比例中等风险产品，混合型基金、股票基金都是适合的选择，积累一定投资经验以后也可以考虑尝试进入股票市场。

【案例10－24】 单亲妈妈如何理出养老金并送女儿出国

案例资料

付女士的家庭财务状况尚佳，资产较为充裕，且流动性较强，但由于其缺乏理财观念，投资渠道单一，对家庭支出没有合理的安排和准备，若要满足女儿教育及自己养老的需求，还要对资产进行组合分配及投资。另外，家庭保障不足，致使应对突发事件能力较弱，应加大对家庭的保险保障投入。

理财建议

1. 留足备用金存款组合投资

付女士存款基本是活期，虽然流动性较强，但收益率较低，建议留出家庭3～6个月的日常支出作为紧急备用金，这部分资金可投资农业银行"天天利滚利"等理财产品，随时支取，还可获得相对活期存款近6倍的利息收入。剩余留存资金的50%可投资于农行"安心得利"、"本利丰"等理财产品，期限灵活、收益稳定；留存资金的30%投资于开放式基金产品，如股票型基金、债券型基金、货币型基金等，依据投资环境的改变修正各产品的投资比例；剩余资金可投资农行贵金属，比如具有较高收藏价值的实物黄金，或者易变现易保管的纸黄金。

2. 智能定投积攒小孩教育金

付女士的小孩目前仅四岁，准备教育金留有比较充足的时间，建议采取基金定投和黄金定投相结合的方式进行积累。

黄金定投（存金通）是农行新推出的一款投资理财工具，与基金定投的投资方向不同，互补性较强，两者结合组成稳定性较高的风险投资组合。假设小孩在14年后（学前班2年，小学6年，初高中6年）出国留学，在考虑通货膨胀等因素的情况下，预计届时每年学费加生活费共计20万元，那么从现在起每月定投3 000元左右（基金、黄金各占50%）即可完成大学四年教育金的储备。

3. 三种方式加大保障养老不差钱

养老基金方面，付女士可通过三种方式积累：一是参加社会保险的形式，参照南昌最低社平工资的三倍自助参与社保，退休后可领取养老金。二是利用商业保险补充，从目前情况来看，付女士为家庭唯一收入来源者，若自身发生意外，对家庭及女儿今后的生活会产生较大影响，因此建议加大保险保障，每年可花2万～3万元为自己购买大约200万元保额的定期寿险、50万元保额的医疗保险、50万元保额的年金保险以及20万元保额的意外伤害保险，另外应为女儿购买50万元保额的医疗保险，满足家庭保障需求的同时，积累一定的养老资金。三是通过自身的投资积累，尽量减少生活中不必要的开支，争取留存更多的结余资金用于投资，来保证退休养老的需求。

【案例10－25】国企三口之家理财有道

案例资料

李先生今年32岁，妻子30岁，宝宝半岁，都在国企工作，有"五险一金"。目前有一套72平方米房子，公积金贷款31.5万元，20年还清，已还本金15万元，月供1 280元；本人月收入5 100元，年终奖2.4万～2.8万；妻子月收入3 500元；月生活费2 200～2 500元；三人各买一份万能险，年费用共1.7万元。目前有现金存款2万，股票投入1万、定投三只基金各500元，已定投12 500元（现亏714元）。目标是3～4年内还清贷款，购置一辆10万元左右的家用车；未来5～8年，换一套120平方米的三居室；为孩子储备教育基金。

理财建议

购车规划：随着孩子的成长，家庭用车的需求将会增加，建议客户1年以后购车。购置汽车不仅是一次性大额消费，还伴随着很多相关支出，如油费、保险费等，因此建议客户在购买前积累一定的资金。

孩子教育规划：建议家庭沿用定期定投的方式，待还清贷款，且有一定的经济基础后，再做大额的教育规划，可进行基金定投和纸黄金定投。

保险规划：家庭虽已购买保险，但是保险额度不能覆盖房贷等风险缺口，一旦出现意外将会给家庭带来重大影响，因此，建议家庭补充定期寿险。

换房计划：计划可行，需要从现在起做准备和积累。

虽然目前不用还清公积金贷款，但在购买新房前有必要将贷款还清，因此安排好家庭收入、支出和投资比例十分重要。

【案例10-26】

赵先生25岁，所在地附近新楼13 000元/平方米。个人从事二手房产交易，提成较高，平均工资10 000元，但没有五险一金。不包吃住，合租每月房租500元包水电，吃饭800元，购买定投基金三只各200元，已经定投8个月。本有4万元存款，寄回家1万元，借给亲戚2万元，目前剩余1万元，此外预计到年底还有3万元工资。想在明年买一套40万~50万元的住房。

理财规划

买房时间：因客户首次购房，需支付20%的首付款，即10万元。目前手中资金储备：7万元=现金1万元+借给别人的钱3万元+未来3个月的工资3万元。首付款额的缺口为3万元。

客户如果明年买房，首付款压力很大，建议客户延后买房，目前主要是积累资本阶段，没有充足的准备尽量不要仓促购房。

偿贷准备：建议买房之前除了要准备好首付款外，还要准备一部分资金，即购房的其他费用和3~6个月的应急准备金，这样能应付未来发生的财务变化。

保险规划：客户非常年轻，正处于事业的起步阶段，所能支付的保险费不多，因此客户可考虑的保险种类为重大疾病险、意外险和意外医疗保险。

投资规划：维持目前的基金定投投资，待个人收入稳定后，可加大定投本金，待积攒大笔资金后，再做产品投资。

【案例10-27】

案例资料

赵先生，30岁，是某金融机构高管人员，月收入8 000元。目前单身，自己租了一套一室一厅的房子，每月租金1 500元，日常生活费用2 000元/月，另外每月基金定投

3 000元，剩余的1 500元放在活期账户作为日常备用金。存款方面，活期账户有资金2万元，基金市值6.5万元。

理财目标：赵先生想利用手中资金以及工资收入，在长春市内买套房子，早日安定下来。

从银行活期存款来看，2万元作为应急资金对于赵先生来说已经足够，由于银行活期利率较低，赵先生日后结余不必再存活期，用于其他投资增加收益可早日帮助他实现买房梦。

理财建议

对于现有的基金定投，张金迪建议赵先生进行组合投资、分散风险，如选择“股票型基金+平衡型基金”的方式。同时，还需多关注股市走势，如果市场有明显的上涨或下降，适时调整基金持仓比例或品种。当股市大幅上涨时，要锁定赢利；当股市连续下跌时，要考虑加大买入份额以摊薄成本；当股市有大的波动而后市看不清方向时，可先暂停定投或者采取基金转换的方式，转换至同一基金公司旗下的债券基金或者货币基金中去。此外，考虑到赵先生目前正处于事业上升期，未来收入还有可能继续提高，建议他购买消费型的保险产品，用最少的钱获得最大的保障。如果条件允许，还可再购买重疾+养老于一身的返还型产品。

对于住房，由于赵先生目前单身，因此房屋面积不宜过大，如果选择面积60平方米左右，大约需35万元购房款。按首套房三成首付款计算，准备12万元首付款即可，最好选择公积金贷款、办理20年还款按揭，这样每月房贷约1 455元，无论对日后工作还是生活而言，都不会形成负担。

【案例10-28】

案例资料

45岁的王庭先生是一位企业中层管理人员，过去一年的税前月薪资收入是1.5万元，年终奖10万元，40岁的王太太在银行任职，过去一年的税前月薪资收入5 000元，每季有奖金收入2万元，还有年终奖金3万元，女儿13岁，即将就读初中二年级，家庭年消费支出15万元，年学费支出2万元，王先生夫妇6年前热衷房地产投资，目前有自住房现值250万元，房贷100万元，剩余贷款期限8年，此外还有3处投资房地产：现值500万元的门面房，房贷余额200万元，剩余贷款期限10年，月房租收入2万元；现值300万元的住宅，房贷余额70万元，剩余贷款期限12年，月房租收入5 000元；现值200万元的住宅，贷款余额40万元，剩余贷款期限16年，月房租收入3 000元，所有房贷均为等额本息摊还。夫妻均加入社保，养老金账户余额先生10万元，太太5万元，两人住房公积金账户都用来缴房贷，没有余额。除了房产以外，家庭资产还有现金与存款1万元，国内股票成本50万元，市价40万元，还有王先生夫妇各投保终身寿险30万元，年缴保费2万元，已缴8年，还要缴12年，目前现金价（1 703.50，7.70，0.45%）值共12万元。由于购房导致过去一段时间资金紧张，目前还有信用卡债5万元，利率18%，王太太25万元的行员贷款余额（免息），保单质押贷款8万元，利率5%。

理财建议

1. 目标与规划

（1）房产调整与减债规划：目前4处房产的房贷平均利率约7%，投资房产的房租收入都不足以还月供，造成现金流的压力，加上房产调控政策下房价下行风险加大，因此王庭先生打算至少出售一处投资房产，来解决目前的财务困境。

（2）子女教育与创业资金：准备让女儿高中毕业后到英国念本科与硕士，预计6年，每年开销1.5万英镑，回国后再赞助100万元的创业资金。

（3）购车规划：3年后打算购买一辆现值60万元的自用车，以后每6年换同级车一次，共换4次，购车后每年养车费用增加2万元现值。

（4）退休规划：夫妻15年后同时退休，退休后每年生活费用现值合计12万元。

（5）保险规划：根据家庭风险制定合理的保险规划。

根据王庭家庭的基本情况，我们可以看出，王先生虽然房贷较多，目前因还贷压力较大而使得现金流紧张，但其净值仍较高，与一般的“房奴”有很大的不同，因此我们可以称其为“富裕房奴”。

我们先来编制其家庭资产负债表和收支储蓄表。根据规划需要，我们需要做出以下假设：当地社会养老保险、医疗保险、失业保险和住房公积金缴费率分别为8%、2%、1%和12%，企业对等缴纳住房公积金；房租成长率、教育金成长率、生活费增长率、收入成长率、车价成长率、社平工资增长率、养老金账户投资报酬率均为5%，上年社平工资为3 000元。

2. 家庭财务诊断

根据家庭资产负债表和收支储蓄表，我们对家庭财务情况进行了诊断，可以看出，目前虽然王庭先生家庭收入较高，但由于房产贷款较多，使家庭财务方面存在问题不少，主要表现在：

（1）家庭紧急备用金倍数太低，不到1，也就是说可以随时拿来急用的资金不能维持一个月的家庭生活支出，这样一旦家庭出现急事，将难以应对。

（2）财务负担率较高，超过了80%，远远超过了40%的合理上限，这使得家庭负担太重，可以说是“入不敷出”，这其中还不包括生活支出和教育支出等。

（3）平均投资报酬率较低，刚刚超过3%的合理下限，使得家庭资产不能有效增值。

（4）自由储蓄率为负数，虽然家庭储蓄率较高，但由于房产贷款本金支出太高，储蓄全部拿来归还贷款本金都不够，家庭没有可以自由运用的储蓄资金。

（5）保险严重不足，虽然王先生夫妇二人均有终身寿险30万元，但相对于其收入、支出和房贷余额等因素来说，是远远不够的。

理财建议

根据王庭先生家庭目前的基本情况，我们认为首先需要解决的是房产调整和减债计划，在此基础上，做好子女教育、购车、退休和保险等全方位规划。

1. 房产规划

目前王庭先生家庭资产较多，收入较高，但负债太高，特别是房产太多，且四套房产均有贷款，合计贷款410万元，如果加上消费性负债，债务合计高达448万元。考虑到投资性房产太多，而在政策的严厉调控下，房价下行压力较大，或者在一段时间内大幅上涨的可能性不会太大，且贷款利率较高，投资房产的房租收入不足以还月供，造成现金流压力太大。为此，我们建议，除自住房外，留下门面房，将其他 2 套投资性房产出售，这样，扣除贷款可以增加 390 万元（230 + 160）现金流入，每年可减少近 13 万多元（70 万元贷款为 88 131 元，40 万元贷款为 42 423 元）贷款本息支出。对出售房产的收入，在扣除房贷后，建议先将高利率（18%）的信用卡债还清，由于利率较低甚至免息，保单质押贷款和王太太的行员贷款可以暂时保留，其中保单质押贷款利率 5%，低于后面我们测评的适合王先生的投资报酬率 8.4%，且一般期限较短，可以在到期后归还。经过这样的调整，王先生的现金流压力大大减轻，家庭财务状况得到有效缓解。以下为出售两套投资房后的调整收支表，可以看出，王先生家庭的房贷利息支出和本金还款支出大大减少，自由储蓄由负变正，为 22 563 元，也就是说每月储蓄额在供完房贷、缴完保险等事项后还能剩下 2 万多元可以自由支配的资金，这其中不包括非经常性收入，即出售房产收入 390 万元。

2. 紧急备用金和理财准备金规划

目前，王庭先生的家庭流动资金仅 1 万元，难以应对日常紧急事项需要，建议增加至 3 ~ 6 个月的生活支出，目前家庭生活支出年 15 万元，月 12 500 元，建议保留 4 个月的支出，约 5 万元较为合适，这部分资金可以以活期存款或者购买货币基金、银行短理财产品等形式保留，以提高资金使用效益。出售房产前，王先生家庭资产 1 318 万元，但扣除房产投资、短期负债、既得权益（社保余额）和紧急备用金后，可以用于理财的准备金为零。出售房产后，资产增加 390 万元，负债减少 110 万元，扣除房产投资、短期负债、既得权益（社保余额）和紧急备用金后，理财准备金为 387 万元，这部分资金可以用于子女教育、退休、保险等理财目标。

3. 子女教育与创业规划

目前王先生女儿每年学费支出 2 万元，计划让女儿高中毕业后到英国读本科与硕士，预计 6 年，每年开销 1.5 万英镑，目前英镑汇率约 9.9 元，折合人民币约 15 万元，预计 5 年后进行，届时终值为 19 万元，另外回国后再赞助 100 万元的创业资金。从生涯仿真表来看，目前现金流难以满足该两项需要，但如果现在将两套投资性房产出售后，则可以满足该需要。对此，我们建议可以购买整笔基金、基金定投或者教育金保险的形式进行积累。

4. 保险规划

王先生和王太太收入较高，家庭净资产也较高，且退休后生活费用现值也低于当前生活支出，同时，出售两套房产后，理财准备金较多，因此，按照遗属需求法，王庭先生理论上不需要寿险保额，但王先生家庭处于成熟期，家庭责任重大，还是应该再配置一部分保险。如果按生命价值法，不考虑成长率，王先生需要保额约 371 万元，王太太需要 233 万元，我们建议以此作为意外险保额，约需费用 7 500 元，附加补偿医疗保险，保额各 5 万元，费用约 3 350 元；对自用房贷余额 100 万元，建议投保随房贷额递减的 10 年期房贷寿险，预计保费约 10 370 元；同时，王先生购买 15 年缴 20 万元、王太太购买 20 年缴 20 万元重大疾病险，合计保费约 8 300 元，女儿可以购买少儿系列健康保险计划，年交保费240元，包括意外保障5万元，重疾10万元，住院医疗5万元等。加上之前的每年2万元终身寿险保费，合计保费48 750元左右，相当于王庭家庭年税后工资收入的12.09%，基本符合家庭保费支出约为家庭年收入10%左右的标准。另外，根据生涯规划，王先生百年之后会留下大笔遗产，建议及时购买终身寿险以做好遗产传承。

经上面计算，出售房产后，王庭先生家庭的理财准备约387万元，建议按该比例进行调整配置，鉴于股票投资风险较高，又需要一定的投资知识、经验和时间，因此，建议王先生逐步将现有股票出售，并换为共同基金，其中债券也可以收益相当的银行理财产品来代替，如信托产品等。综合考虑过往收益和风险以及公司服务、规模等情况，货币类推荐华夏现金增利、易基货币、国泰货币等，债券基金推荐富国天利增长债券、国投瑞银行融华债券、工银增强收益债券A等，股票型基金选择嘉实研究精选、兴全全球视野、富国天瑞强势等，仅供参考。

5. 综合规划

将上述假设条件和资产负债表、收支储蓄表以及各项理财目标规划的相关数据编制生涯仿真表，我们可以发现，由于出售房产后家庭理财准备较多、夫妻二人收入较高等原因，内部报酬率算不出来，但以无风险利率和适合王先生的投资报酬率计算的每年理财准备均为正数，说明所有理财目标均可以达成。

【案例10－28】 月薪1万元的“经济适用男”，如何实现3年买车买房

案例资料

某男，现年27岁，在一家广告设计公司工作的张先生，是一位被同事公认为“经济适用男”：“身高一般、发型传统，相貌过目即忘；性格温和，工资自愿上交给妻子或AA制；不吸烟、不赌钱、不泡吧，无红颜知己；月薪1万元左右，有支付住房首付的能力；一般从事教育、IT、机械制造、技术类行业。”尽管相貌平平，但是张先生待人随和，在公司有着很好的人缘和口碑。

迫于女友父母物质要求的压力，与女友拍拖1年的张先生希望能尽快买房表明自己的决心，并且能在3年内即自己不超过30岁时成为车房一族。

目前，担任公司项目主管的张先生月薪1万元，年终奖3万元，单位配有五险一金。平时无不良嗜好、崇尚简洁生活的他每月必要生活开支2 000元，房租及水电费用开支1 500元。几年勤恳工作下来，张先生已小有积蓄，现有定期存款30万元，活期存款8万元。

理财诊断

张先生现有的资产皆以风险较小的银行存款形式持有，并且负债为零，财务安全性很高，但资金利用率不足。目前，张先生正处于单身期，风险承受能力较强，而且单身期是培养未来获利能力的关键时期，所以张先生应将资产进行合理配置，适当投资。

张先生目前家庭月总支出3 500元，每月支出占月收入的比重为35%，低于50%，说明张先生控制开支能力较强。每月还贷为零，说明财务风险较低，处于较为安全的水平。从年结余来看，张先生每年可节余10.8万元，留存比例为72%，高于50%，说明张

先生的储蓄能力较强，而储蓄能力是未来财富增长的关键，能为未来财富增长奠定坚实的基础。

理财建议

张先生现阶段的主要理财目标应锁定在购房、买车两方面，以助其尽快实现成家立业的人生目标。

1. 应急准备

为防范短期内家庭收入来源中断或突然出现的大额现金支出需要等风险，张先生有必要留足 3～6 个月的月生活支出金额以备不时之需，一般以活期存款或货币基金等流动性强的资产形式保留。

张先生目前每月开支 3 500 元，可预留 2 万元作为应急储备金，以50% 活期存款和50% 货币市场基金的形式持有。

2. 保障

张先生正处于事业奋斗期，自身的健康保障很重要，为自己购买一份商业保险既是对五险一金基本保障的有益补充，更是一种家庭责任心的体现。购置保险一般遵循“双十原则”，张先生目前年收入 15 万元，可为自己购置一份保额为 75 万元的商业保险，年交保费 1.5 万元，可重点考虑人身保险。

3. 购房

由于张先生首次买房，加之目前房价仍处于高位，建议处于资本积累期的张先生购买 80 平方米左右的小户型房。按照目前广州房价均价 1.25 万元/平方米计算，张先生可购置一套 100 万元左右的房产，首付 30 万元，剩余 70 万元房款采用商业贷款或公积金贷款的方式交纳。若采用商业贷款，按贷款期限 30 年，现行商业贷款利率 6.55% 计算，每月需还贷 4 450 元。

4. 买车

扣除每月开支和 4 450 元的房贷后，月入 1 万元的张先生每月节余 2 025 元。配置商业保险后，每年年终奖余下 1.5 万元。银行存款扣除应急准备金和购房首付，还剩 6 万元。这便是张先生可以用于购车的所有资本。

目前购车贷款有 3 种方式：信用卡分期购车、汽车金融公司贷款和银行个人购车贷款。

信用卡分期购车不存在贷款利息，但银行会收取一定的手续费。选择不同的期数，手续费率不同，一般还款期限越短，手续费率越低，最长期限不超过 3 年。

汽车金融公司贷款在国外发展较为成熟，但目前在国内尚处于起步阶段。至今国内已获批的汽车金融公司主要有上汽通用、宝马、大众、丰田、福特、东风标致雪铁龙等主流品牌汽车公司。汽车金融公司贷款的优点是不需提供任何担保，审批过程较短，还款方式灵活。但汽车金融贷款的利率较高，一般至少高出同期银行贷款利率 2 个百分点，有些甚至翻倍。

银行个人购车贷款与房贷类似，一般若所购车辆为自用车，首付比例最低 20%，最长贷款期限不超过 5 年，贷款利率由各商业银行自行在中央银行贷款基准利率的基础上上浮 10% 左右，不同银行的购车贷款利率不同。

结合张先生目前的财务状况，银行购车贷款更适合。将现剩余存款6万元用作首付，张先生可考虑价位在10万元左右的代步车。

张先生可根据个人风格喜好以及购车用途选择自己心仪的汽车型号。假设最终协商的汽车价格为11万元，可选择首付40%，其余车款通过银行贷款分36个月交纳。加上牌照费用和税费车险等，首次付款约6万元，月供2 027元，总计花费13.25万元，比全款购车多花费6 972元。目前每月2 050元的结余资金刚好够张先生支付车贷款，而每年的养车费用则可由年终奖的另一半来支付，平摊至12个月，大概每月养车花销1 250元。

5. 实施策略

（1）从活期存款账户中取出1万元购买货币市场基金，剩余7万元中6万元用作购车首付款，1万元则继续保留在账户中作为短期应急储备金。

（2）购买一份保额为75万元左右的商业保险，年保费支出1.5万元。

（3）购置价值100万元的房产，首付30%，选择30年分期付款。首付款由定期存款30万元支付，之后每月还房贷4 450元。

（4）挑选一部价值11万元左右的经济适用型代步车，通过银行个人购车贷款的方式购买，首付40%，3年分期付款。加上其他费用首付款约6万元，从活期存款账户中支付，每月需要还车贷2 027元。

规划调整后张先生的资产和负债都有明显增加，每月收入支出差不多相抵，这也意味着张先生要开始为资产的增值做“月光族”。不过现年27岁的张先生正处于事业上升期，预计未来3年内其薪酬收入将会呈递增趋势，每月节余将会逐渐增加。

（5）3年后车贷结束，每月会多出2 000元的结余资金，再加上女方的收入，张先生家庭每月将有一笔可观的闲置资金，可一部分用于提高婚后生活水平，一部分进行基金定投，为将来子女的教育费用或夫妇二人的养老费用未雨绸缪。

【案例10－29】 初入职场者理财“节流”

案例资料

小楼22岁，今年7月刚在广州参加工作，是某网络销售平台的摄影师，月薪5 500元，年底应有5 000～15 000元的分红。

小楼现与朋友租住在公司附近的一套公寓中，月租金700元。经过近半年的积累，小楼现在积攒了15 000元人民币的现金收入。

小楼年薪在7.1万～8.1万元之间，在刚刚毕业的大学生中，属于中等收入水平；从事的职业有一定优势，为此，小楼的理财成长性较高。目前，职业之路刚刚起步，流动资金不足，理财空间并不大。当务之急是养成良好的消费习惯，为未来理财奠定基础。

小楼资金有限，不适宜太过分散投资，即使算上年底分红，投资品种总数也应控制在3种以内。

1. 从稳健偏保守的理财策略出发，小楼的15 000元资金可一分为二，1万元购买债券型基金，以作中线投资之选；5 000元购买货币基金。

2. 对于春节前的收入沉淀，建议追加到债券型基金上去；而对于5 000～15 000元的年底分红，建议开设纸黄金账户，炒卖纸黄金。

3. 对于2013年的投资，如果股票市场走好，可在第一、第二季度购买1万~2万元的偏股型基金，但整体数额不应超过流动资金30%的比例。

理财建议

对于小楼来说，目前阶段下，如何消费的重要性大于如何投资的重要性。

1. 购买定投基金产品，每月约支出1 000元，建议购买风格灵活的混合型产品，既可规避股市风险，也能在长线投资中获益。

2. 出门在外，健康与安全最为重要。如果公司已为小楼买齐了三类基本保险，建议只补充人身意外伤害险。

3. 按照广州目前的生活水平，单身青年的月消费应能控制在2 000元以内（房租除外）。

【案例10-30】 工作4年如何实现游学梦

案例资料

今年26岁的张小姐是电视台的一位节目编导，收入和工作稳定而充实。据张小姐说，自己的游学“间隔年①”已经计划已久，未能出国的原因主要还是来源于父母，他们认为除非是那些常春藤名校，不然只是浪费钱罢了。毕竟，就目前国内形势而言，与其去个不知名的美国大学镀个金，还不如在国内读个一流的大学。

大学期间杨小姐参加了大学组织交换生项目，在大学三年级的时候前往瑞士斯德哥尔摩的大学就读一个学期。张小姐觉得国内的大学相对于实践而言，还是更注重理论。

张小姐将目的地定于澳洲，留学前的准备包括体检费、机票费、申请费、签证费以及包括雅思考试费用在内的其他费用，精打细算下来至少10 000元。留学期间，学文科专业的费用是11 000~23 000澳元。在澳洲学习的生活费用也较高，张小姐想去的西澳州、首都地区每年约为8 000~15 000澳元。因为花费太高，所以张小姐必须工作一段时间来赚取学费。

张小姐的父母在崇明经营一家花店，年收入26万元左右。此外，父母除了在崇明的住处外还有一套位于宝山区的房产。“父母其实可以在我一毕业就资助我去留学的，只是我觉得用父母的钱去‘赌博’不好。”因此，张小姐就工作了4年。张小姐4年的工作给她带来了40万元左右的收入。“钱的话基本够了，实在不行只有请父母资助一点。”张小姐目前比较担心的是并不是资金问题，而是回国以后的发展。张小姐的收支状况见表10-8。

① “Gap Year”，这几年是一个很流行的词汇，中文里大多翻译为间隔年。间隔年这一传统来自于西方，上世纪60年代很多年轻人选择在升学或是毕业之后工作之前做一次长期的旅行，体会与之前生活环境完全不同的生活。在中国，像张小姐这样工作几年后，以游学或是旅行的方式“间隔”，也有一个词汇叫做“迟到的间隔年”（这个词来自于孙东纯的《迟到的间隔年》一书）。

表 10－8 每月收支状况 单位：元

收入（税前）		支出	
本人月收入	9 000	房贷	0
父母收入	20 000	基本生活开支	5 000
其他收入	0	养车费用	4 000
		娱乐	3 000
合计	29 000	合计	12 000
每月结余	17 000		

家庭资产负债状况 单位：万元

家庭资产		家庭负债
活期及现金	30	房屋贷款
定期存款	0	其他贷款
国债	0	X
股票（市值）	20	X
基金（市值）	10	X
自住房（市值）	0	X
合计	60	合计
家庭资产净值		60

分析及建议

首先是所学习的专业和内容，是否能够为自己未来的职业生涯加分。与在校时候的学习相比，职场人士工作一段时间后再求学，往往更加具有针对性，因为几年的工作已经让他们非常了解自己所需要的是什么。因此，张小姐在进行专业选择的时候，不能为留学而留学，选择对自己并无帮助的专业，而是需要对未来的职业生涯做出规划，进行有针对性的游学。

其次，就涉及海外留学所需要的资金了。几年工作，张小姐已经积累了一笔财富，这显然对未来的留学很有帮助，加上适当的规划基本可以满足游学的需要。

需要提醒张小姐的是，澳元作为一种商品货币，汇率波动一直较大，如在金融危机的低谷后，澳元兑人民币的汇率已经上升了30%。为了防范可能出现的汇率风险，张小姐可以提早进行换汇。对于这部分资金，也可以选择一些稳健的投资渠道，其中包括：

——外币储蓄，是最基础的外币投资方式，风险低、安全性高。张小姐可以多关注银行定期推出的优惠定期利率活动，以获得更高的回报。

——外币保本理财产品，这种产品在提供100%本金保障的同时，有可能为投资者带来较高的潜在回报，适合能够承受一定风险的投资者。

——代客境外理财海外债券型，根据留学资金需求的时间，选择相匹配的海外债券作为投资对象，不仅能够获得票面金额回报，还可有票息来增加自己的投资收益。

此外，随着海外留学移民的升温，越来越多的银行开始推出出国留学一站式金融服务，可以帮助留学人士在出国前就办理好如境外账户见证开户，提供优惠换汇等一系列服务，尤其是具有海外网点优势的外资银行，像张小姐前往澳洲，就可选择澳新银行所提供的服务，这家银行在澳洲拥有较多的网点，为满足中国留学生的需求，还可在当地提供会说中文的客户经理为新留学生们提供金融与生活上的帮助。有了这些，一定能让张小姐的游学“间隔年”更顺利更精彩。

【案例 10－31】 中产家庭如何理财

案例资料一 家庭资产保值增值规划

刘先生，32 岁，已婚，三口之家，子女年龄 5 岁，家庭年度税后收入 37.7 万元。刘先生有 20 万元定期寿险、10 万元定期重疾险和 20 万元终身重疾险，孩子有意外险、医疗险和万能险；妻子有 6 万元定期重疾保险、20 万元终身重疾保险和若干储蓄型保险。此外，夫妇二人每年还要买消费型的意外险。

刘先生的理财需求是希望资产平稳增值，回报率要超过定期存款，至少达到 6% ~ 8%，理想状态是能达到 10% ~ 12%。

家庭理财规划最主要的目的就是针对未来的开销，在合理假设的条件下，事先运用理财规划的工具进行资产配置，有效运用家庭资源来满足未来的需求，化不确定为相对确定。

从现阶段来看，刘先生家庭未来所面临的主要风险大致有以下几个方面：家人的健康医疗费用准备不充分；未来养老资金未曾考虑；子女的教育基金没有妥善安排和储备；家庭资产缺少保值增值计划。

第一项的解决方案，唯有保险这一有效理财工具才能实现，显得迫在眉睫；而后三项既可用投保方式、也可用其他理财工具来实现，刘先生每年节余的 26 万元左右的资金可做养老金和教育金的安排。

目前，刘先生的保额为 60 万元，妻子的保额为 27 万元。对于刘先生来说，比较合理的保额比例是家庭年收入的 3 ~ 5 倍，建议刘先生的保额增加到 120 万 ~ 200 万元，妻子的保额增加到 60 万 ~ 100 万元。

刘先生属稳健型的投资者，在投资活动中比较强调资本金的稳定，也能适度参与资本市场的投资，可以承受一定的投资波动。有较高的收益目标，且对风险有清醒的认识，愿意将一部分资产投资于高风险高收益的产品，以换取长期较高的回报，并将一部分资产投资于低风险收益的产品，以取得投资组合的均衡发展。

对于刘先生一家来说，每年所交保费为家庭年收入的 10% 左右（仅指保障类保费），即以家庭收入来看，约为 3.7 万元较为合理。

一般来说，保险额度需考虑家庭成员的生活及家庭债务，各家庭成员的保费比率遵循 6 : 3 : 1 的设计原则，即家庭主要经济支柱保费支出占总保费的 60%，一般家庭收入成员的保费支出为 30% 左右，无收入来源的成员保费支出不超过总保费的 10% 即可。建议刘先生的保费在 2.22 万元左右，太太的保费在 1.11 万元左右，孩子的保费在 0.37 万元左右。

案例资料二　个人养老规划

张先生，40岁，单身，年度税后收入为30.4万元，包括房产、汽车等在内的家庭总资产为345万元；包括房屋贷款在内的总负债为41.7万元。

张先生目前40岁，打算60岁退休。根据张先生的风险承受能力测试，张先生属于稳健型投资者。

退休养老规划一般要分为三个阶段：

第一阶段尚处于青壮年时期，这时应当积极理财，发展事业，为退休养老储备资产。这是建立个人财务基础最重要的时期。在努力工作、保障家庭收入稳定增长、家庭财务充分安全的同时，要对家庭目前的资产和节余的资金适当采取一些相对积极进取的策略进行理财安排，使家庭财产实现较快速的增加，为未来的退休生活打下财务基础。

第二阶段退休前5~10年左右的时间，该阶段生命进入成熟稳定期。经过上一阶段的理财规划和实施，家庭已取得了坚实的财务基础。此时应当稳健理财，享受生活，实现自我的全面发展。此时的投资组合，将由积极型转向稳健型，减少风险较高的投资，而增加收益平稳、风险也较低的投资，主要考虑的是资产的安全性和收益的稳定性之间的平衡。

第三阶段已经进入退休和养老阶段。保守理财，安心生活，过一个健康安心的晚年是这一时期理财的基本操作策略。此时，有些人可能还会花些时间继续做一些自己感兴趣的工作，但更多的时间会用来享受一生耕耘的成果，享受生命的从容和自在。此时的投资，将向保守型转变，主要将资产进行一些有稳定收入、风险很低的投资，以保住一生的劳动成果为主，可采用两全保险（分红年金）加上带轻症保障的重大疾病保险。

每年的投入养老保险金5.1万元左右；从45岁起，每年领8 000元，一直领到69岁，70岁时，一次性领取84.46万元；从现在起到85岁，如因意外或疾病患上10种轻症之一，则可领取4万元保险金，最多可领三次。从现在起到85岁，如患上37种重大疾病之一，则可领取20万元保险金。

案例资料三　子女教育规划

林先生，33岁，家中有一男孩年龄4岁，家庭年收入40万元。目前，已准备2万元子女教育资金，想为孩子未来的教育储备更多的资金。

林先生家庭目前正处于成长期，子女学前教育、智力开发、子女上大学期间教育费用和生活费用开支比较大，负担比较重。

林先生目前精力充沛，又积累了一定的的工作阅历和投资经验，风险承受能力增强，可以考虑建立不同风险收益的投资组合。在投资方面亦可考虑以创业为目的，如进行风险投资，也可用部分资金投资房产以获得稳定的长期回报。

随着子女年龄的增长，子女教育费用和生活费用逐渐成为理财重点，孩子的教育被放在了重要的位置。

一般来说，教育费用特别是非义务教育费用的增长速度远超过通货膨胀水平。而孩子教育费用通常又是若干年以后才需要使用的，因此在孩子教育费用的准备，需要充分考虑到教育费用在未来潜在的增长，也就是说，应着重规划孩子在高中之后教育费用的积累。

通过计算得出，林先生孩子高中、大学、研究生阶段的教育费用总计是267 694元。

林先生目前已经准备了2万元的子女教育资金，以后每年打算为子女教育投入的资金为1万元。根据林先生的投资偏好，林先生的投资回报率为2%，因此林先生的孩子要完成各阶段教育，教育费用按目前价格水平计算，缺口为10.8万元。建议采用“目标实现投资法”来准备筹措教育资金，具体方式是：首先投入2.1641万元的资金到林先生家庭的教育基金中，一年后追加投资（或提出资金）保证该账户有4.3283万元，两年后再追加资金（或提出资金）保证该账户有6.4924万元。依此类推，直到12年后，该账户拥有10.8208万元教育资金。

根据林先生预期的投资回报率，建议投资组合包括80%的低风险品种，比如银行理财产品、债券等，以及20%的中等风险品种，如混合型基金、信托等。这种投资组合的预计回报率达到3.4%。

案例资料四　风险保障规划

孟先生，32岁，本科毕业，IT行业，月收入2.5万元；妻子，26岁，本科毕业，管理工作，月收入0.4万元。准备两三年后要小孩。家庭每年日常开支11.26万元，有银行存款及股票48万元；家中老人都有退休金，目前每年敬老支出1万元。没有任何商业保险。

孟先生夫妇目前正是年富力强、精力最充沛、体魄最健壮的时期，但是因为工作压力大，经常会加班，加上环境因素、食品安全问题，所以应考虑选择一些对家庭经济会造成重大影响的重大疾病保险。孟先生是家庭的经济支柱，应当重点考虑。考虑到收入不稳定，定期寿险也很重要。

另外，以后如果生小孩，子女教育费用将是家庭最大的开支，且是刚性需求，应该及早准备。由于孩子在高中和大学期间肯定是需要专款专用的账户，而保险教育金具有这样强制储蓄的作用。而且保险独有的保费豁免功能也是教育金保险的最大优势。

综上所述，应补充重大疾病保险、保障险、意外险及教育金储备保险，建议保费计划年支出3万元左右。

理财建议

1. 寿险保障

应投保金额=家庭未来10年（可根据个人情况调整）的生活费用+教育基金+赡养基金+贷款总额-家庭可生息资产

应考虑未来18年的生活费（至孩子成人），目前考虑孩子未来在国内读大学，预计至少需要40万元的教育费用，目前有可生息资产48万元。

按上述公式算下来：应投保金额=11.26万元/年×18年+40万元-48万元=194.68万元，实际按200万元计算。

根据夫妻二人的收入比例分配，孟先生的保额应为170万元，妻子的保额为30万元。

2. 重疾险保障

计算重疾险保障额度时，可从以下三方面考虑：治疗费、工资损失、康复费用。

治疗费用主要是考虑社保报销后的自付部分（最主要的是自费部分）；而一旦得了重疾，都会给自己2~5年的康复期，康复期间收入有可能会中断或减少；康复费用主要是一些营养品及护工费。

重疾险额度太低起不了什么作用，至少要弥补四五年的收入损失，建议孟先生上 70 万元重疾险，妻子上 40 万元重疾险。

3. 意外险保障

意外风险发生后，残疾对一个家庭的影响会很大。

建议购买意外险的额度至少是年收入的 5 倍。孟先生至少 150 万元，妻子至少 50 万元。

4. 教育金保险

由于教育金保险属于储蓄类保险，存多存少完全根据家庭的经济状况。教育金的储备有多种方式，目前没有孩子时，可以选择积累分红年金保险。将来有小孩时，选择保险最主要的是其有保费豁免功能，可以规避大人的风险：当投保人发生身故、残疾或重疾风险时，可以免交后面还没交完的保费，而孩子的教育金不受影响，保险公司继续履行合同，按期发放教育金，使孩子能够顺利地继续完成学业。

另外，为了增加收益，建议在保险之外，也可以选择一些长期绩优的基金或债券、信托进行投资。

5. 基金定投

基金定投是一个很好的投资工具。强制储蓄、平均成本、分散风险、复利效果、积少成多，这些都是基金定投的优势，并可以根据家庭情况、个人投资风格、对孩子期望的不同，选择不同的起点金额和不同类型的基金。

但是，基金定投是风险与收益相伴的，在选择定投时应注意每月定投金额有所控制，投入的金额应该是满足日常生活以外的资金。

此外，要注意适时获利了结。例如：累计报酬率达到 30%、60%、100% 时，投资者可以分阶段赎回，落袋为安。如果考虑定投 16 年，但并不意味着办理定投之后不再打理，而应该适时把获利部分转为低风险的固定收益类产品，再用本金继续进行投资。

6. 信托

信托理财是比较安全的理财方式，也使许多人在其资产配置中加入了信托产品。信托已成为高端客户重要的低风险稳健回报的投资品种。信托产品一般收益固定为年化 10% 左右，期限一至两年，一般质押物的价值为一个信托计划总规模的两倍以上，一般还有大集团担保，风险控制方式与银行贷款类似。

【案例 10－32】

案例资料

王女士，今年 39 岁，未婚，目前在一家外企工作，税后月工资 10 000 元。目前单身，目前家庭固定存款 161 万元。

目前每月主要开销：房租 2 900 元，饭费/交通费/电话费公司承担，日常生活支出 800 元/月。

理财建议

通过以上资料显示，王女士目前处于财富积累期，同时可以算为现在所说的黄金剩女。每月税后收入达到1万元，在外企工作也属高薪，另外每月支出节余超过总收入的60%，这与当今社会女性同胞普遍的高比例支出相比，属于理智节俭型。

从目前状况来看，王女士每月支出仅包括两项：房租2 900元和日常支出800元，从工资收入比例看支出非常合理，属于善于积累型。目前不到40岁家庭积累的固定存款有161万元，现金存款在社会中属于中高级水平的层次。但如果从资产配置的角度来看，长期纯粹固定存款的理财配置显得过于单一，考虑到王女士在外企工作强度相对较大，无闲暇精力处理理财方面事宜，这样的配置是可以理解的。下面我们将根据王女士的理财需求做进一步的理财配置分析。

1. 减小住房面积灵活配置资金

理财目标：打算一两年内买套七八十平方米的两居室。

从目前王女士的资产情况看，如果只是考虑买房的需求，王女士在一到两年内买一套七八十平方米的两居室应该不是问题。但想既要做到首期投入少，又要剩余资金获得较高收益，就需要仔细安排一下资金的用处了。

我们建议王女士购买一套交通相对便利、价位又相对合适的房子。这样上下班时间有保障，每月还贷压力不大，不会因为房贷影响现在的生活质量，做个轻松的房奴岂不是美事。

从资料显示来看，王女士现在租房生活，应该暂无房产，因此如果买房属于首套购房，不仅可以使用住房公积金贷款，还不会增加额外的贷款利率。如果考虑四环周边购买七八十平方米房产，以房屋单价在3万元左右为例，总价在220万~250万元，使用公积金贷款最划算。

贷款5年以上利率为4.5%，建议贷款期限最大化，根据王女士的年龄最大贷款年限为17年。如果首付30%这样算来每月还款金额约为1万元左右，大大透支了王女士的月工资。如果提高首付至50%比例，每月还款额也在8 000元以上，还款压力也相对较大。如果坚持使用更多的存款去支付首付，或月供占收入比例太高，都会在一定程度上增加王女士的生活压力，甚至可能影响到现在的生活质量。因此，从减轻房贷压力的角度考虑，我们为王女士策划了两个方案：一是减小购买房子的平方米数；二是降低房价总值。这样一来手头的资金就能相对宽裕，不仅每月还款压力不大，剩下的资金还可以有较好的资产配置。

我们建议支付首付及装修后剩下的资金15%作为流动资金，85%的资金配置到固定收益类产品当中，如高收益理财和债券基金的组合，根据目前市场理财产品收益相对固定及债券市场慢牛行情走势明显特征的情况下，总收益大致在4%~6%之间。这样积累的投资收益既可以大大减轻还款的压力，又可以实现流动资产的保值升值，可谓是一举两得。

2. 买房三年后再考虑购车

理财目标：如果贷款买房后还有适当的余额，考虑买车。

大多数的人都有买房买车的需求，但真的要量力而为。王女士本来在生活方面属于基本无压力类型，但如果选择购置房产，北京房子的价格将使王女士改变了原有的生活方式。按照最经济实惠的贷款方案计算王女士每月还贷金额应该占总收入的50%左右，如果买房不久就选择买车这确实不是明智之举。

因为买房之后不但要每月支付房贷，还要准备一部分资金用来装修，如果短期支出过于集中，手中的流动资产过少，能在短期可以实现保值升值的配置太少，可能会对王女士在经济方面产生一定的压力。所以，我们建议王女士可以在买房3年后选择购车，这样一来不仅经济上压力会很小，也更有利于王女士整个资产的提升。

3. 优先考虑重大疾病终身寿险

理财目标：如何为养老做好准备。

一个人生活要考虑的事情有很多，提早为自己的养老做准备是非常有前瞻性的，所以制订一个周全的养老计划是很有必要的。

王女士在外企工作，保障福利方面相对全面，本该建议配置重疾险和养老年金的组合，但考虑到房贷的压力，及生活品质的保障，建议优先考虑配置重大疾病终身寿险。例如某银行正在销售的重疾险加分红形式的险种，建议王女士选择保障至70岁，每月缴费金额不超过总收入的10%，到期时返还保额及累计红利作为养老金，这样一来把风险转嫁给保险公司，不会给家人带来因发生意外导致无法正常还贷款的压力，也给自己在重疾和养老两个方便做到相对均衡。

未来随着王女士现金资产的稳定增长，可适当把一部分资金单独拿出做养老方面的准备，所谓专款专用账户到时按期支付，方便省心是最好不过的。总之，把存款类资产按合理的比例配置到保障性需求上，这样不仅能使家庭在未来抗击各类突发性风险的能力大大增强，也会让家庭财富不断地保值升值，有效地抵御由通货膨胀带来的资产减值损失。

【案例10-33】 年过半百如何理财能环游世界

案例资料

老张今年刚过50岁，是一名漂泊大半辈子的船员，税后年薪40万元；老伴是一名中学老师，今年45岁，年收入为8万元。夫妇俩育有一子，目前正在读大学二年级。

老张一年中大半时间都不在家，家中事务全靠老伴主持。老张的父亲已去世多年，老母亲被接到家中一起生活；老伴的父母都还健在，在老家由兄弟照顾。

老张几年前全额付款买了一套新房子，目前市值400万元；家中还有一套老房子，目前价值150万元，用于出租，房租每月2 500元。老张夫妇很少理财，除了银行存款80万元，没有别的金融资产。

理财目标：退休后环游世界

老张的船到过世界上很多地方，看过域外各地美景的老张希望能在退休之后能带着老伴一起环游世界。

儿子再过两年就大学毕业了，常年在外的老张对自己不能陪伴孩子成长心有愧疚，因此打算在儿子工作几年后，为儿子准备好婚房，他希望可以一次付清购房款，不让儿子为还贷而苦恼。

另外，老两口毕竟年纪也大了，养老的事情也想及早筹划一下。

理财建议

1. 三大支出有升有降

老张家庭处于上有老，下有小的夹心层里。家庭支出主要由日常开销、儿子教育费用以及孝敬老人费用三部分组成。

日常开销目前是家庭最主要支出项目，每年大概需要 7.5 万元左右。

儿子的教育费用，随着儿子考入大学已经不再是家中的主要支出项目，每年的学费大约 1 万元左右，并且成绩优秀的儿子也经常抱奖学金回家。

赡养父母的费用逐年上升。老张夫妇都十分孝顺，老伴每个月总是会寄一笔钱回老家孝敬父母，过年回家探亲也会给老人一笔钱，这些支出一年约 4 万元左右。另外，老张的母亲年纪渐大，医药费用支出逐年增加，目前要 1.5 万元左右。

这样算下来，老张家庭每年大概能有 37 万元的净结余。

2. 资助儿子，但不要包揽一切

老张对于儿子的愧疚是可以理解的，一直漂泊在外不能时时陪伴妻儿，但也正是他，给妻儿提供了很好的生活条件。这一点，相信老张的妻子和儿子也是能够理解的。

中国目前的房价对于刚出校门的年轻人来说，确实高不可攀，但也没必要一步到位给儿子买套大房子，那样，儿子容易丧失奋斗意志。

建议老张可以帮儿子买套两居室的房子，先支付首付，并垫付初始几年的还贷款，等儿子工资收入稳定并有一定积累后，由儿子自己去承担房贷。按照目前的房价测算，给儿子支付首付准备 100 万元即可。

3. 资产配置，保值为第一要务

老张家庭资产比较单一。除了两套不动产外，就是 80 万元银行存款。一方面，对儿子还需加以扶持，另一方面，三位老人养老看病还要资助，同时，夫妇俩自己的养老问题也该早做安排。因此，稳健理财是他们的重要课程。

老张不妨可以考虑好好打理这笔资金。参考家中现有的支出水平，在留出 10 万元以备家中的不时之需后，剩余的 70 万元完全可以拿出来通过合理的资产配置来获得较为稳健的收益。这笔钱，两人可以列为旅游的专项资金。

考虑到老张夫妇俩渐渐接近退休年龄，家庭理财以保本为第一要务。可以考虑在配置中多配入一些债券型基金。目前我国正处在债券慢牛行情中，随着经济基本面上积极因素延续，信用债的价格仍有进一步上涨空间，在选择债券型基金时，可以多关注中高等级信用债占比较多，配置中长久期债比较多的债券型基金，比如万家增强受益和鹏华信用增利 A 等都是比较不错的信用债基。

值得一提的是，债券型基金中一般也有一定份额的股票投资，虽然现在股市正在筑底，但年过半百的老张，没有必要再投资风险较大的股票型基金。

此外，组合中还可以投资一些货币类产品，比如银行理财产品，收益高于银行定期存款。若需要更高的流动性，则可以投资货币型基金。

4. 打理结余资金，储备养老金

老张收入颇丰，每年有数十万元的结余资金，这笔钱，可以考虑以定投的方式投资基金，将来用于夫妇俩的养老补充。

基金定投的方式一方面比较适合老张和老伴这种没有投资经验并且平时较忙的人，另一方面也可以在分批投资中摊低成本，累积收益。老张家平均每月能够有3万元左右的净结余，这笔资金也可以考虑按照一定的比例分配到债基以及货币型基金中去。

在未来的五年时间中，这部分收入带来200万元的资产是很容易的事情。到时候，老张不但有了环游世界的资本金，也积累了丰厚的养老金，让自己的老年生活更加富足。

【案例10-34】中低收入“准新人家庭”买房投资两不误

案例资料

今年28岁的小许，现在某事业单位工作，月收入5 000元。小许的女友比他小3岁，在一家企业做财务，月薪3 000元，两人的年度收入（含年终奖金）约11万元，目前有8万元的存款。两人生活上比较节省，每月除了房租1 500元外，日常开销控制在2 000元左右。

小许近期订下一套80万元小户型期房，打算在2013年交付后作为婚房。虽然婚房在双方父母的支持下解决了首付款，但按揭贷款五成，要40万元，加上装修、家具以及婚礼等开销，小许坦言，从无忧无虑的单身生活到组建家庭，压力真的挺大，希望能有一个中长期的投资方案。

理财建议

留适当的流动资金。应充分利用银行贷款，可以将原计划的五成贷款改为七成贷款，避免手头资金过于紧张，至少留3万元的流动资金，应对家庭紧急情况。

适当增加投资提高收益。建议小许将部分存款投资于风险相对较低的债券型基金，既能获得较高收益，也容易变现。

增加保险策划降低家庭风险。以全年收入的10%～15%用于家庭保障比较合理，鉴于小许这两年的开销较多，建议双方每年拿出2 000元规划一份集寿险、意外险及重大疾病保险于一体的综合保险计划。

中长期投资策划宜多元化。当资产上升到一定比例后，可以考虑适当增加在偏股型基金、股票、黄金等方面的投资。

【案例10-35】海归夫妻理财

案例资料

今年30岁的李先生曾在国外留学，去年回国后从事证券投资工作，李太太在医院工作。夫妻俩月收入超过5万元，共有70万元人民币和10万美元外币存款，现有一套房屋自住，月供1 700元，在国外他们还有一套房产空置。夫妻二人均无保险，打算在3年内要宝宝。李先生准备变卖国外的房产提前还贷，然后投资商铺为孩子将来的教育金和自己的养老金做准备。

理财建议

从案例来看李先生与太太的收入颇丰，由于二人均无保险，无论是个人还是家庭均缺乏保障，都需要一个完善的保险规划。

李先生准备将国外房产变卖后偿还目前的房贷，这一点从投资角度来讲并不合理。李先生目前从事证券投资，风险较大，可以利用现有存款与国外房产变现资金，进行投资组合，以减小单一证券投资风险。在规划中李先生计划投资商铺作为将来孩子的教育基金，但因为商铺投资变现能力较差，所以并不是一个很理想的选择。

在投资规划上，李先生可将10万美元外币存款进行外汇投资，分散集中投资风险；70万元的人民币存款可以根据自身消费水平预留出充足应急资金后，剩余资金合理规划保险投资，以便为家庭建起充分的保障；将国外房产变现的资金投资信托业务，每年可有10%～20%的获利，用于孩子的教育基金储备；养老规划方面如不考虑通胀因素，退休后，夫妻二人的月收入要不低于目前的80%才能够保证不影响生活质量，因此，建议第一将日常部分投资收益进行养老保险方面投资，第二可以考虑退休后仍继续相关投资，如此可有效保证退休后的生活品质。

【案例10－36】70后新婚夫妇理财规划

案例资料

广州姚先生今年35岁，刚与34岁的李小姐喜结良缘。姚先生在电视台做策划类工作，年薪在30万～50万元之间，现有一辆“路虎”汽车，折旧后价值50万元，另有偏股基金市值39万元（被套21万元），银行活期55万元。李小姐是保险公司的经理，年薪15万元，现在天河区有一套价值180万元的小面积住宅，已经供完；另有现金7万元，混合型基金12万元（被套8万元）。请问，新婚后该如何理财？

理财建议

家庭资产总额达343万元，其中流动资产总额113万元，约占1/3，具有一定的理财空间。但两人年龄偏大，生育要求更近，理财成长性并不算强。投资市场较好的情况下，一般建议采取进取为主、偏向稳健的投资策略。

反观姚先生财务现状，最大问题在于偏股基金被套资金合计29万元；虽然不建议低位割肉，但也不建议继续投入。中线建议多买稳健产品，如银行理财产品、债券基金，补充购买黄金以求避险，来逐步弥补偏股基金的巨大损失。

无论财务合并与否，都建议流动资产以4∶5∶1的比例投资在进取、稳健与保守领域。

如果夫妻两人财务分开，债券基金、银行理财产品、货币基金与纸黄金打理容易，中线风格，均可由姚先生以自己的名义购买后负责管理。2012～2013年里，应可获得5%以上的综合投资收益率。

消费规划

1. 李小姐各类保险应已十分齐全；建议为姚先生补充购买重大疾病保险、人身意外保险。

2. 为孩子建养育基金与教育基金，姚先生可购买偏债方向、稳健的定投产品，每月支出2 000元即可。

3. 两人年收入高达45万～65万元，应将生活费控制在10万元之内。

中线投资表见表 10－9。

表 10－9 建议姚先生中线投资表

理财品种	原有资金市值	建议该项目在流动资产中的占比	建议投资资金	预期年化收益率	操作建议
现金	62 万元	—	无	—	—
债券型基金	无	22%	25 万元	4.5% 以上	可配置大型基金公司的常规债券基金、老基金
纸黄金	无	8%	10 万元	5% 以上	350 元每克以下位置分批建仓、中线投资
偏股型基金	51 万元	45%	51 万元	无法确定，但中线应在 5% 以上	可做一定调整，向灵活风格、蓝筹配置的基金转化
银行理财产品	无	23%	25 万元	4% 以上	建议购买 6～9 个月期限的常规理财产品
货币基金	无	2%	2 万元	2% 以上	用作家庭应急准备金，灵活理财

【案例 10－37】 中年夫妻理财

案例资料一

张先生今年 34 岁，是一名司机，身体健康。妻子 29 岁，职业是人力资源管理，计划 55 岁退休，夫妇二人目前居住在上海郊区，并都购买有社保，丈夫购买了一份商业保险，已在 28 岁前缴纳完毕，55 岁时能一次性返回本金及分红。有一个两岁大的女儿。妻子年度税后收入 7 万元，丈夫收入 5 万元，年度开支合计约 5 万元。夫妻两人积累了丰富的资产，目前有 1 处自住兼投资的房产，价值 55 万元，自已有套市中心的一室两厅的房子在出租，3 年后再装修自住，有现金及存款 1.3 万元，其中，5 000 元定期 1 年，5 万元投资股票，另外，有信用卡债务 2 000 元，向公婆借了 9 万元购房，希望在最近几年能归还，这样的情况下，想要了解下该如何配置接下去的财富希望理财目标上，可以尽可能偏向孩子。

在家庭储备金上，家庭可将其中的 1 万元存于银行活期存款，1 万元用于购买货币型基金。另外，家庭可以办理一张信用卡，以备不时之需；保险上，建议夫妻二人增加重疾险，意外卡单，根据身体状况酌情增加医疗险。这一阶段家长的事业趋向高峰，对孩子的抚养和教育也将成为家庭中最重要的部分。在保额设定和保费支出方面，保额应该为家庭年收入的 10 倍，每年支出的保费，建议不要超出 1 万元。刚满 2 周岁的孩子，除了参加当地政府基本医疗保障和住院医疗互助基金外，购买一份意外险和重大疾病险是有必要的。理财建议上，可采用基金定投，买债券型基金可兼顾收益与稳妥，少量配置指数型基金。为孩子准备教育基金，最需要规划的教育金主要是大学以上的费用。大约需要准备教育金 10 万元。家庭可以采用一次性投入，15 年后领回教育金的方式。

案例资料二

彭先生今年42岁，一家有五口人，大儿子读大学二年级，二儿子下半年读高一，女儿上幼儿园，老婆在家无业。全家只有他买了重大疾病险，家人参加农村合作医疗保险，彭先生自己买了一辆小汽车，银行一年期理财产品20万元，一年定期存款10万元以及家用活期存款6万元左右。而每年的工资年收入12万元左右，与朋友合伙开一皮鞋厂，估计年红利20万~25万元左右。彭先生的理财目标是今年年底换一辆30万元左右的小车，长期目标则是希望给孩子的大学学费和可以购房。

彭先生可以在活期存款余3万元作为紧急储备基金，而先生与太太每年支出约1万元重点购买重疾险，保额不低于30万元；太太每年额外支出1 500元左右购买普通医疗险。另外，考虑到彭先生开车存在一定风险，建议购买卡式意外险，保额不低于300万元。对于短期购车目标，彭先生可以出售现有车，约得车款5万元，另取年终结余22万元，活期存款3万元，现金支付购车30万元；在投资方面，若以每年结余20万元投资债券型基金4年后估计可得本利约86万元，敲可购置家用电器。如果预计未来房贷利率并不低，且金融市场行情不稳定，并没有好的投资机会，建议一次性付现购房。但如果投资机会较好可考虑贷款，将原本用于购房的钱投资风险适中的金融产品；对于女儿的大学学费，以大学学费生活费每年增长4%计，14年后女儿大学四年总费用计约18万元。若以每年7%的中等投资回报率计，现在需投资约7万元。可以把银行理财产品到期后提取约8万元投资于一些混合型的基金。

案例资料三

小李夫妻二人均41岁，独子13岁，上初一。两人均在企业工作，还算较稳定，丈夫六金齐全，妻子四金齐全。每月家庭税后收入24 000元，年终奖合计5万元，每月公积金合计3 500元。支出：房贷100万元，为期15年，每月还贷近8 000元，生活支出五六千元左右。孩子每年学费1万元，旅游费1万元。另有一份保险，年保费3 500元，夫妻各有80万元的意外险，孩子只有学平险。双方老人均为企业退休，只有养老保险，每年大约只花1万元左右。每年结余约为20万元。有一套上海的房产，约为250万元，股票加股票型基金30万元，现金20万元左右，主要是打新股。

理财目标：5年后送孩子去美加留学，另想未来几年在房价合理时再买一套供自己今后住的环境好一些的300万元左右的房子，现在的一套出租，以补贴收入下降后的生活开支。如有可能，想在近两年买一辆车。

生活方面，月供8 000元，相对于每月收入24 000元，比例在33%，较合理，还贷压力不是很大。如果以后年央行加息较大，可以考虑部分提前还贷。

投资方面，基金定投确实是个不错的选择，建议可以定投主动性指数基金，长期坚持，分享股市长期上涨带来的回报；现如今购房值得商榷，毕竟夫妻双方现在还有房贷负担，会给自己的生活带来很大的压力，影响生活质量。从投资的角度来讲房产投资的边际收益很低，租售比非常高。建议慎重买房；从您家庭生活来看，买车应该是家庭必须品。每月养车支出平均1 000元左右足够，不会影响到家庭生活质量。

在以上的案例中，都对保险和稳定作出了选择，其实针对中年夫妻的理财，我们要更多考虑到自身的年轻、健康、子女教育等等问题上，处在事业巅峰期，特别是保护身体，需要特别注意，那接下来，我们就通过几点重点内容展开对中年夫妻理财的计划建议：

理财建议

1. 家庭资产重心需调整

首先，从宏观上看，随着经济转型的进行，以往依靠投资拉动地价，进而推动房价上涨、经济繁荣的模式，将难以继续。其次，加上限购、利率上调、房产税等各类宏观调控“重拳”因素的影响，靠投资房产已经很难再取得以往的高收益。更加关键的是，一旦房产的“聚富效应”、“赚钱效应”减弱甚至消失，那么房产的流动性将一落千丈。

根据我们这些年来收到的读者家庭财务状况分析表，以及采访过程中接触到的各类家庭情况来看，除非没买过房的，大多数手中有房的家庭，其资产中固定资产（主要为住宅房产）的比例往往高达70%，甚至80%、90%，具有强流动性的金融类资产比例往往偏低。但如果我们真的进入经济滞胀期，那么当经济萧条时，你手中持有再多套房产也有些无济于事，因为房产的流动性会很差，要将房产变现为货币，变现为现实生活所需的各类资金，就比较困难了。而且很多时候，说起来，你可能还是个不错的中产人士，甚至还是别人眼中的“小富翁”，可是盘点一下家庭资产，你或许会发现，自己的家庭财务状况已经暗藏危机。所以，未雨绸缪，从现在起，大家就要理下思路，审视一下自己的家庭资产结构，如果固定资产比例过高，流动资产比例过低，就要注意逐步调整了。

2. 设置紧急备用金

在增加家庭资产总体的流动性之际，也要提醒大家特别设置一笔家庭紧急备用金。

这笔家庭紧急备用金通常以流动性最强的活期存款或者货币储备金形式来储备。

建议一般人群，家庭的紧急备用金大约为家庭月度开支的3~6倍为宜。如果家庭负债比例特别高的，这个备用金指数还应提高。这笔钱不能省，也不能挪作日常随意消费。有了备用金，相当于是自己家庭财务的一个“安全阀”。一旦发生暂时性失业，或碰上临时破坏性支出，这个“安全阀”可供临时“救救急”，不至于让日常生活突然变得拮据甚至难以应付，一定程度上可以减低家庭财务风险。

另外，特别要多提醒一句，因为在目前的职场中，高等职位空缺数量较少，如果身为企业的高管人士主动或被动失业，想要再找寻一份与之前职位、薪酬相当的工作，难度反而比一般中低职位的人员要高。如果你是高收入、高职位人士，家庭紧急备用基金的倍数最好能储备到家庭日常月支出的12倍左右。

3. 见缝插针寻求更好收益

高流动性的资产，有时候也可以通过一些投资手段来获得较客观的收益水平。见缝插针，积极投资，比被动挨打显然要高明得多。

如果手中流动资产较多，个人投资者也可以尝试一下国债逆回购操作。按照我国证券市场的规定，只有机构账户才可进行国债回购的操作，普通的个人投资者只能进行国债逆回购，也就是说把自己的钱借给市场上的机构以获得一定的利息收益。

简单地说，国债逆回购的本质就是一种短期贷款，也就是说，个人通过国债回购市场把自己的资金借出去，获得固定的利息收益。而回购方，也就是贷款人用自己的国债作为抵押获得这笔借款，到期后还本付息。操作上，国债逆回购也相当便捷，无需将资金转出到银行账户，直接在证券账户中就可进行交易操作。

事实上，国债回购利率与资金市场的供求有着密不可分的关系。我们可以看到，在每个月末、季末前夕，国债回购利率明显地跳高。通常这也是银行不惜“高息揽储”的时间，市场上的资金需求量较大，此时进行国债逆回购操作，收益率也往往能高些。对于投资者来说，掌握这些规律，将获得比资金临时搬家到银行更高的收益。

【案例 10－38】 大学毕业生该买房还是创业

案例资料

左先生今年 23 岁，刚大学毕业，在一家生物公司担任技术员，每月开到手的基本工资 1 500 元左右。此外，每个季度有 5 000 多元的奖金。但他不安于现状，和大学同学在网上开了一家小店，每月净收入因季节不同而波动很大，每年大约有 2 万元左右。资产方面，由于刚刚参加工作，目前还没有积累自己的资产。支出方面，每月的固定开支主要是房租 1 000 元（合租）、餐费 500 元、交通费 200 元、电话费 100 元、其他支出 300 元等。另外，左先生喜欢偶尔和朋友逛街、参加聚会、一起买衣服等，这方面平均每月额外支出有 1 000 元左右。

家庭财务分析

（1）流动性健康诊断。左先生目前还没有攒下钱，流动性资产远低于标准值 3～6 倍，应建立存款准备金，当生活中遇到失业、事故等意外状况时，可以获得更多的现金使用权。

（2）消费健康诊断。左先生的净结余比率为 34.96%，低于平均标准值为 40%，这说明左先生目前消费过高，未来完成各项理财目标稍有难度。需要提醒左先生的是，开源节流永远是完成理财目标的第一要素，做好资产的原始积累，才能更好的实现资产的保值和增值，完成自己的理财目标。

（3）家庭保险保障诊断。左先生的家庭目前没有购买保险，未获得足够的保障。可根据自己的实际情况选择合适的保险，防止意外情况发生而导致家庭理财目标难以实现。

（4）财务自由度诊断。左先生的财务自由度指标为零，这意味着左先生工作收入即是自己的全部收入，一旦工作出现问题，就相当于切断了全部收入来源。建议左先生学会使用适合的理财工具，逐步提高理财收入，更快地适应理财的生活，防范风险，提高理财的能力。

理财目标

左先生并不了解理财规划的相关知识，经过沟通，列出的理财目标如下：

（1）左先生现在和同学一起租住一套公寓，但左先生父母一直希望能出资 50 万元，帮助其购置一套住房，希望自己的孩子能稳定下来，而不是在外继续漂泊。左先生目前比较犹豫，一方面自己刚刚毕业，特别希望能开创自己的事业，另一方面又怕房价继续上涨，希望理财师能给出建议。

（2）左先生想看看自己在其他方面还需要哪些理财规划。

理财建议

1. 现金规划

对左先生来说，首先应准备一定的流动资产，建立紧急预备金，因为流动资产是家庭日常消费和意外状况及突发事件的保障。建议左先生留出1万元作为个人的紧急预备金，其中，0.2万元以活期存款方式留存，0.8万元投资于货币市场基金。由于左先生刚参加工作，且现阶段资金比较紧张，也可以采用申请信用卡的方式来建立紧急预备金。信用卡也是一种理财方式，可以得到银行给你的一定期限的免息贷款，不仅能在左先生急需资金的时候应急使用，还可以提高资金的使用效率。

2. 保险规划

保险是对我们的人身健康和生命进行保障。作为社会的稳定器，无论是出于对自己的保护，还是出于对家庭的责任，都应该配置一定的保险。左先生目前刚参加工作不久，尚未成婚，又没有多少家庭负担，应重视的是自身的意外和意外医疗类保障。可考虑一定数额的重疾险和定期寿险，万一发生意外，可得到充分的赔偿，用于治疗和渡过受伤后的难关；万一身故，也可为父母提供抚恤金，用于晚年的生活费。建议左先生选择年缴保费的重大疾病保险（附加住院费用保险），保额10万元，每年支出566元左右。定期寿险方面，建议左先生选择保额为30万元，年缴保费1 260元的定期寿险。

3. 创业规划

对于是选择创业或买房的问题，左先生可以参考一下，作出自己的决策。

假设选择购房，通过父母的赞助，左先生可以选择购买一套50万元左右的房子（由于左先生的净结余比率为34.96%，目前其攒钱能力并不适合贷款购房）。其优点是：可以提高左先生目前的居住质量，拥有一个让自己和父母都满意的居住环境，同时还可以分享房产增值的机会，为自己未来成家打下基础。当然，购房的缺点也很明显，首先是缺乏流动性，若急需用钱时，可能要被迫降价出售该房产；其次，目前购房存在房屋市场价格整体下跌的系统风险与所居住社区管理不善造成房价下跌的个别风险。

假设选择租房并创业，50万元的创业资金可以让张先生有很大的选择空间，能够应对经济形势和所处行业的变化趋势，寻找更有利的运用渠道。而且租房有较为自由的搬迁权利，当左先生工作地点发生变化时，可以变更租房地点，较为方便，且租房不用考虑房价下跌风险。缺点是租房时，房主可能不选择续租或房租可能增加，存在被迫搬家的风险。

无论是选择创业还是买房，最重要的是左先生应该做做好自己的职业规划，衡量一下是继续自己的职业生涯，还是选择离职并创业。如果选择创业，应估算一下投资事业的回报，和房产投资相比，哪个对自己更有利。有创业的梦想很好，但对自己和家人来说，稳健或许更重要。

【案例10-39】 工薪家庭理财

案例资料一

陈女士，年龄29岁，已婚，在南宁一家事业单位上班，月收入3 000元左右，丈夫在南宁一家企业上班，月收入4 000元左右，夫妻俩年终奖加起来2万元左右。家中现有存款12万元，有三房二厅住房一套，在百色老家的县城，闲置。市值约25万元，无贷款。

两个人有一个5岁的小孩，正在上幼儿园，夫妻俩有基本的社保，但没有任何商业保险及保障措施，平时上班在外租房，1 200元/月，生活费月支出约3 200元。夫妻俩想买车，又想在南宁买房，不知道怎样理财才能实现目标？

理财建议

根据陈女士家庭经济收入和支出情况，目前家庭每月节余2 600元，加上年终奖一年约5万元。但考虑每年春节、清明、中秋节等重大日子回百色过节的因素，每年可以用于投资或积攒的资金约为4万元。

家里5岁孩子明年开始上小学，因此孩子的教育费用将会加大，须做好提前安排。建议这部分支出可以通过出租百色的空置房来解决。

针对陈女士欲购买房的目标，分两种情况。

一是百色三房二厅的房子属于夫妻任何一方的名下或两人共有。按照目前我国房产政策和个人税收政策，在购买第二套房时，银行贷款只能发放房款的四成，利率将在基准利率基础上上浮10%～20%（具体上浮比例各家银行有所不同），依据目前南宁市郊区的房价分析，100平方米的房子价格约为65万元，个人购买二套房至少需要准备42万元（含各种税费），因此，目前陈女士不适宜再购房，除非有出售百色房子的安排。

二是百色的房子不属于夫妻任何一方的名下或两人共有。在购买房子时，银行贷款能发放房价的八成，利率将在基准利率基础上下浮10%～15%（具体下浮比例各家银行有所不同），按100平方米的房子价格约65万元来计算，个人购买二套房需要准备首付金15万元。按目前陈女士家的经济情况，购房计划预计要在明年才能勉强实现，但购房后则家庭所剩现金寥寥无几，一旦有紧急情况发生时，必然会出现严重的经济危机。因此建议在购买房时可考虑以下方面：出售百色房产；购买面积较小的房子；将购房计划延后3～5年。

对于购车计划，如果家庭已将购房计划延后，则家庭真有迫切需要购车的，以下购车建议可以考虑：购买5万～6万元的微型国产汽车；购买6万元左右的质量、性能尚好的品牌二车手；选择车贷利率低的融资机构和方式购车。

投资理财建议：按当前市场情况，如果延期购房可将12万元存款进行股票型基金投资或购买比较优质的股票，每月结余中拿出2 000元（如果将百色房出租，则有3 000元），通过基金定投的方式投资债券或股票型基金，一年半左右全部赎回使用。

【案例10－40】 准备攒钱买房

案例资料

农先生，今年33岁，技术工人，月收入4 200元，妻子每月收入为2 500元。夫妻俩每年可拿到年终奖1.5万元左右。两人的女儿今年9岁，随他们在南宁读书，家庭月均生活费支出2 600元。夫妻俩均已交足10年的社保且还在继续交，一家三口还有定期保障类商业保险，夫妇保额均为15万元，农先生年缴保费4 500多元，妻子年缴保费4 000多元，女儿年缴保费1 500余元。

目前，农先生家庭有现金及活期存款8万元，债券4万元。夫妻俩来南宁打工多年，目前仍在租房住，每月交租金 1 000 元左右。

理财目标：

（1）想攒钱在南宁买房，在江南区或者仙葫那边都可以，八九十平方米左右的两房也可以。不知道按照家庭现有财务状况，几年内可以买房？

（2）如何筹集女儿的教育金？

（3）如何利用家庭剩余资金积累资产，以使生活过得更好些？

理财建议

农先生的家庭类型属于家庭成长期，这一时期的特点是家庭支出固定，教育负担增加，保险需求较高。农先生主要的需求在于子女未来的教育资金安排，建议提前做好资金规划，可使用基金定投或保险方式准备子女教育资金。另外，建议农先生可适当增加负债，通过财务杠杆，用较少的资金尽早实现购房目标，提升生活品质。同时，通过对现有资金的理财可获取比银行贷款更高的收益。

1. 家庭应急金规划

考虑到农先生的财务安全和投资稳定性，建议保持 3～6 个月开支的最低现金储备，以备不时之需。农先生目前 1.6 万元活期存款作为应急资金足够农先生 6 个月的家庭经常性支出。

农先生还可以申请银行信用额度 2 万元的贷记卡作为临时应急资金。与前项相加，足以应付日常流动资金需求。

2. 买房规划

农先生目前有流动性资产 10 万余元（剔除家庭应急金），目前南宁江南区或仙葫的房价最低大概为 4 500 元/平方米，购置一套 80 平方米的房子需 36 万元，如贷款首付三成则需一次性支付 10.8 万元。针对目前房地产市场低迷现象，建议农先生本年内开源节流，先减少家庭应急金的储备，筹集首付立即购置房产，提升生活品质。在购买新房子时，建议申请银行住房贷款，首付 10.8 万元，贷款 25.2 万元，贷款 25 年，每月还款 1 710元，同时办理银行的存贷双赢房贷理财账户。它可以将农先生在银行的理财账户和贷款账户相关联起来，根据农先生理财账户的存款情况和贷款情况，按照约定为借款人计付理财收益，以存款利息收入抵减贷款利息支出，突显理财增值的特点；让农先生轻松供款，实现理财增值。

3. 女儿教育金规划

小学到初中我国实行 9 年义务教育，这段时期花的钱不多，重点是筹划高中、国内大学、研究生的教育金，测算未来整个教育金水平后，估计约需要 30 万元教育金。买房后，农先生即可建立教育金专用定投账户，从日常结余中每月投资基金定投，农先生有很好的收入和投资愿望，投资运作得当完全能实现农先生家庭的教育金储备。

4. 投资规划

在目前的经济状况下，经济增长放缓，企业盈利微弱并且实际收益率下降，中央银行降息以刺激经济，进而导致收益率曲线下行，因此债券或债券型基金是最佳的选择。

考虑到农先生的家庭情况，买房后可以用来投资的家庭剩余资产为每月结余及年终奖结余。建议农先生夫妇开源节流，多为家庭创造剩余资金，流动资产的配置为：稳健型理财产品50%，预期年化收益率为4%；股票基金10%，预期年化收益率为8%；债券（货币）基金30%，预期年化收益率为4%；黄金10%，预期年化收益率为10%。四种产品配置的综合收益率为5%。

【案例10-41】 买房全款和按揭哪种更划算

案例资料

父母认为，买房一次付清省钱省心；子女认为，按揭买房手头还有余钱。

在房价高企的今天，普通家庭在婚房购置的问题上往往因为倾囊而出而慎之又慎，不过即使在资金到位、房子选定的情况下，买房究竟是"一步到位"还是"分步走"还会成为纠结"两代人"的问题：父母大多希望一次性付款，因为省心省钱，子女希望按揭，想给自己点压力，究竟谁的方案最"经济"呢？

胖胖和小兔准备结婚，月初，他们在鄞州看中了一套期房，面积89平方米，如采用一次性付清方式，可享受9.5折优惠，总价为142万元，如果采用按揭方式，则三成和六成首付的优惠分别为9.8折和9.7折。为了筹集房款，胖胖和小兔的父母共筹集了100万元的现金，尚有40余万元左右缺口。

在一次性买房，还是按揭付款的问题上，两代人产生了分歧。胖胖的父母考虑到自己有一套60平方米左右的投资房，如果出售可以套现90万元左右，使用一次性付款后尚有余钱作为婚嫁金储备，可以避免未来小两口按揭产生的经济压力。孩子则认为，以房换房不划算，卖掉意味着少了固定资产，双方都有公积金，还能享受首套房的优惠，最重要的是父母不会因此拮据。

为了解决两代人的分歧，记者带着案例咨询了兴业银行灵桥支行的国际金融理财师傅浩达，让他为两代人来支支招，看看谁的方案更经济。

情况分析

胖胖是政府部门的企编人员，年收入4万元左右，公积金月缴225元；小兔在一家企业上班，年收入六七万元左右，公积金月缴285元，双方的工作稳定，双方组合家庭后，合计年收入11万元。考虑到一年后的装修及结婚所需婚嫁金，需留存40万元。

目前，胖胖家的投资房在出租阶段，月租1 300元，地段不错，但不是学区房，也暂无拆迁可能，房屋陈旧，每年有一定的维修支出。经计算，房屋的年化租售比仅为1.73%，远低于市场无风险利率3%，可以考虑出售。

按双方实际情况，公积金最高贷款额度为40万元。目前公积金贷款利率为4.5%，5年以上商业贷款利率为6.55%，考虑到双方公积金都在缴纳，如不使用，意味着公积金只能存在账户中不能取出，只能按银行活期利率累积。

方案一：卖房，不贷款，全额付款

从数据看，投资性房产不是学区房而且租售比过低，建议卖房回收资金90万元，可合计持有现金190万元，预留婚嫁金40万元，剩余150万元，通过以房换房的形式，可以全额付清购买婚房。

适用人群：保守型家庭

优点：没有贷款压力，生活质量可以得到保障。

缺点：

1. 供父母养老的投资性收入减少，若父母养老收入不高，需考虑未来父母养老问题。

2. 夫妻双方公积金部分不能得到充分利用。

方案二：不卖房，公积金和商业组合贷款，四成首付

将房产作为父母未来的养老收入保留，考虑不卖房。现有资金 100 万元，扣减 40 万元婚嫁金，实际可用于购房款为 60 万元，加上公积金部分尚不足以购买婚房，故还需要配置商业贷款 45 万元，扣除公积金部分，自己还需缴纳大约 4 800 元/月，年还款约 5.76 万元，约占总收入的 52.4%，将会直接影响到以后的生活质量，不建议采纳。

适合人群：预计将来双方收入会有明显增加的家庭

优点：

（1）保留父母的投资性房产，一定程度上保障了父母的晚年生活质量。

（2）充分利用了公积金贷款。

缺点：

（1）贷款比例较重，会影响以后生活质量。

（2）并没有解决投资性房产租售比低的状况。

推荐方案：卖房，公积金贷款，六成首付

卖房加上现有现金，扣除婚嫁金 40 万元，实存现金 150 万元。按揭 20 年，除去公积金贷款，实际月还款额约在 1 500 元左右，在可支配收入的合理范围内。

如选择六成首付，只需支付 87 万元左右，考虑到资金结余比较充足，可以考虑付款 105 万元，剩余 40 万元选择公积金贷款。购房后剩余 45 万元现金可用作父母养老，按目前兴业银行一年期理财 5% 的收益计算，年收益达 2.25 万元，已经超过之前租房收入。而对于月收入 9 160 元的家庭来说，每月 1 500 元左右的还款，也不会有太多压力，完全可以保证现有的生活质量不受影响。

优点：

（1）虽然父母投资性房产已出售，但是结余 45 万可用于父母养老，且普通理财收益已经大大超过原来租房收入，不但不会影响父母晚年生活，反而还有大笔投资现金流来保证不时之需。

（2）充分利用了公积金贷款。

【案例 10 – 42】 二线城市家庭理财

案例资料

陈小姐今年 33 岁，在成都某大型企业工作，丈夫在外企任职，两人年薪加起来 50 万元左右，有车有房，无房贷，每月日常开支 7 500 元，家庭目前有现金及活期存款 60 万元。陈小姐家住房价值 120 万元，股票投资 50 万元，这两三年缩水后还有 30 多万元，夫妻两人有基本社保。每年全家出游一至两次，花费在 2 万元左右。陈小姐有一个 6 岁的儿子，即将上小学，且计划在儿子高中毕业后送到美国留学。

理财需求：在儿子上小学到高中毕业期间，保证孩子的教育质量，且准备好孩子的出国费用，也保持家庭生活水平。

财务状况分析：工资收入：50 万元 + 资产生息收入 0.3 万元 = 50.3（万元）；支出合计：生活费 9 万元 + 旅游 2 万元 + 子女教育费 2 万元 = 13（万元），年结余 37.7 万元。

总体上来看，陈小姐的家庭财务情况稳健有余，回报不足，流动性资产过高，股票等高风险投资占比过高。

理财建议

1. 理财结构调整

陈小姐家活期存款占比较高，建议保留 20 万元作为家庭应急之用，其余可转作基金定投和银行短期理财；鉴于近两年股市低迷，风险较高，建议全盘退出，转投基金。

陈小姐家庭收入结余较多，建议理财规划现金及活期存款为 20 万元，股票型基金投资 30 万元，可以用 10 万元配置基金定投。将现有资产中的 30 万元用作银行短期理财，供周转、应急所用。

2. 家庭财务规划

建议陈小姐每年保留 20 万元做家庭日常周转和儿子教育费安排，而每年理财规划的收入（除基金定投）还有 2.6 万元，能够满足全家每年旅游资金安排。

儿子高中毕业后将出国留学，建议陈小姐为儿子规划一个长达 10 年的基金定投，每年定投 10 万元，在儿子高中毕业时，可一次性领取 112 万元的出国留学金。

参考书目

1. 乔治·克拉森/比尔·李:《巴比伦富翁的理财课》,中国社会科学出版社。

2. (新西兰)约翰·克拉克:《要金钱还是要生活》,中国纺织出版社。

3. (美)托马斯·J. 斯坦利、威廉·D. 丹科:《邻家的百万富翁》,海南出版社。

4. (美)鲍勃·普罗克特著,何云译:《富足一生》,中华工商联合出版社。

5. 康德:《哈佛理财成功学》,陕西旅游出版社。

6. 唐庆华:《如何投资——华尔街理财实践记》,上海人民出版社。

7. 罗伯特·清崎:《富爸爸财务自由之路》,电子工业出版社。

8. 李姜:《轻松理财的48个寓言》,北京邮电出版社。

9. 刘彦斌:《上班赚钱,下班理财》,中信出版社。

10. 沈源、金伯寅:《通胀背景下的理财之道》,机械工业出版社。

11. 曾昭逸:《一生的理财功课》,北京大学出版社。

12. 赵彦锋、李秀菊:《投资理财细节全书》,企业管理出版社。

13. (美)史蒂文·兰兹伯格:《一个经济学家给女儿的忠告》,中信出版社、辽宁教育出版社。

14. 耿建平:《女人眼中的经济学》,中国财政经济出版社。

15. 中国就业培训技术指导中心:《理财规划师基础知识》,中国机械出版社。

16. (韩)朴铁著,金顺善译:《决定孩子一生的理财教育》,中信出版社。

17. 消费者行动制作:《精明理财系列与青少年谈“钱”》。

18. 宗学哲:《变成有钱人并不难》,东方出版社。

19. 苏毅平、任书美:《理财钥匙　家庭理财实务》,机械工业出版社。

20. 中国银行业从业人员资格认证办公室:《个人理财教材》,中国金融出版社。

21. 麦基尔:《漫步华尔街》，机械工业出版社。

22. (美) 理查德·尼尔森·鲍利斯:《你的降落伞是什么颜色?》，中信出版社。

23. (美) 基思·法拉奇:《别独自用餐》，世界知识出版社。

24. (美) 罗伯特·T. 清崎、莎伦·L. 莱希特:《富爸爸，穷爸爸》，世界图书出版公司。

25. 李佳东:《三十而富》，海潮出版社。

26. (美) 凯·R. 雪莉著，冯利译:《营造一生幸福的理财之道》，天津人民出版社。

27. 卡普尔等著，梁超群译:《成功理财》，上海人民出版社。